문화재단

국립중앙도서관 출판시도서목록(CIP)

문화재단/김경욱 지음. -- 서울 : 논형, 2007
 p. ; cm. -- (논형학술 ; 34)

권말 부록으로 "재단의 정책 만들기" 수록
참고문헌과 색인 수록
ISBN 978-89-90618-59-7 94350 : ₩20000

600.6-KDC4
700.6-DDC21   CIP2007002873

문화재단
CULTURE FOUNDATION

아름다운 문화 거버넌스를 위하여

김경욱 지음

지은이 김경욱

초판 인쇄 2007년 9월 15일
초판 발행 2006년 9월 22일

펴낸곳 논형
펴낸이 소재두
편집위원 이종욱
편집 최주연, 김현경

등록번호 제2003-000019호
등록일자 2003년 3월 5일

주소 151-805, 서울시 관악구 봉천2동 7-78 한림토이프라자 5층
전화 02-887-3561 **팩스** 02-887-6690

ISBN 978-89-90618-59-7 94350
값 20,000원

논형출판사와 한림토이북은 한림토이스의 자회사로 출판과
문화콘텐츠 개발을 통해 향유 문화의 지평을 넓히고자 합니다.

저자 서문

'재단'은 일반인에게는 친숙하지 않은 기관이다. 따라서 재단이 무엇을 하는 기관인지 모르는 사람들이 많이 있다. 저자가 재단에 근무하면서 "거기가 무엇을 하는 곳이냐?"는 질문을 많이 받았다. 심지어는 "옷감을 재단하는 곳은 아닌가?"라는 생각을 하는 사람도 있었다. 이는 재단이라는 기관이 우리의 고유한 자생적 형태의 기관이라기보다, 압축경제성장으로 인해 발생한 기업의 부를 분배하기 위해 서구에서 차용하여 설립한 기관이기 때문이다. 또한 재단의 수혜자가 학술재단의 경우에는 교수 및 전문연구자, 복지재단의 경우에는 사회복지기관, 문화재단의 경우에는 예술가나 예술단체에 국한되고 있는 실정이라서 일반사람이 재단의 사업을 알고 참여할 기회는 거의 없는 실정이기 때문이기도 하다.

이 책은 필자가 두 민간재단(대우재단, 서울문화재단)에서 근무한 경험과 예술경영이라는 학문을 공부하면서 가졌던 비영리 문화재단에 대한 그간의 연구와 관심의 집합체다. 이 책은 영국, 미국, 한국에서 예술을 지원하는 민간재단의 특성을 분석하고 이를 바탕으로 이들 재단이 문화예술계의 발전에 이바지한 성과를 구체적으로 파악하고자 한다. 또한 정부 지원과 기업의 스폰서십과의 차별성을 갖고 있는 이들 문화재단의 지원의 특성을 바탕으로 더 발전적인 새로운 문화예술 지원 모델을 제안하고자 하는 의도를 지니고 있다.

문화예술 지원 영역에서 국가의 역할을 보완할 주체로서의 민간섹터는 '문화 거버넌스'라는 시대적 조류에 발맞추어 그 어느 시기보다 역할이 중요시 되고 있다. 특히 재단은 정부의 지원이 쉽게 미치지 못하고 기업이 관심을 갖고 있지 않는 틈새분야niche areas를 지원함으로써 문화의 다양성 향상에 기여하고 있다. 이런 환경에서 정부와 예술계는 재단의 역할에 큰 기대감을 가지고 있다. 재단과 아울러 기업도 예술 지원의 주요한 파트너다. 영국, 미국, 그리고 우리 정부는 기업의 예술 협찬을 운영하기 위한 기관인 예술과 기업(A&B, 영국), 기업예술위원회(BCA, 미국), 그리고 한국메세나협의회(KBCA, 우리나라)를 설립하여 기업의 지원을 촉진하였다. 기업협찬은 효과적인 마케팅 전략과 대중 이미지의 향상, 직원과의 관계 개선 등을 위한 기업의 목적에 따라 개발되어 왔다. 하지만 협찬이 갖는 이러한 목적 때문에 나름의 한계를 갖고 있다. 기업협찬은 이윤추구라는 기업의 본연의 목적을 바탕에 깔고 있으며 이를 실현하기 위해 예술 지원에 참여한다는 점을 일단 주목할 필요가 있다. 또 다른 기업협찬의 특성으로는 기업의 CEO의 네트워킹에 의하여 비전문적으로 지원이 결정되며, 경기 침체와 같은 경제적 상황에 따라 지원 규모가 쉽게 변화될 수 있다는 점 등을 들 수 있다. 이와 같은 기업협찬에 의한 지원에 비해 재단의 예술 지원은 특별한 장점을 지니고 있다.

비록 미국과 영국의 대형 재단들이 예산 중 적은 부분만을 예술을 위해 사용하고 문화예술 분야에 대한 지원의 우선순위도 낮지만, 이들 재단은 재단만이 지닌 독특한 성격을 바탕으로 중요한 예술 지원자로 자리매김해 왔다. 이러한 특성에는 독립적이며 다양한 목적, 최소 책임성에 의한 자유로운 의사결정, 단순구조로 인한 빠른 지원 결정 과정, 전문적 운영 등을 들 수 있다. 기업의 협찬과 달리 재단은 직접적인 반대급부를 바라고 지원하지 않으며 근본적으로 예술과 예술기관의 발전을 목적으로 한다. 재단은 또한 지원이 결정된 예술기관의 활동방향에 대해 세세히 간섭하지 않는다. 이렇게 하여 재단은 수혜자에게 프로젝트를 운영할 최대한의 자유를 보장해 준다. 재단의 구조와 지원 결정 과정은 유연성flexibility, 위험감수risk-taking, 최소책임성minimum accountability 등을 특성으로 하고 있다. 특히 기업재단이나 개인재단의 경우, 공공기관과는 달리 지원에 있어서 예술 장르 및 지역 간 안배를 고려하지 않아도 된다. 재단은 나름의 특화된 지원 분야가 있으며 이러한 분야에 대한 지원을 전문화하려고 노력한다. 이러한 독특한 성격들로 재단은 예술을 위한 추가적 지원금을 제공하며 정부기관이 지원하지 못하거나 하지 않는 틈새 분야에 대한 지원을 할 수 있다. 이에 따라 우리나라 지자체 정부들은 자기 지역 내 문화예술 활동에 관련된 전문적 지원을 하는 문화재단을 경쟁적으로 설립하고 있는데, 이는 재단의 설립·운영이 관료사회가 지닌 순환보직을 기초로 한 담당 공무원의 비전문성과 장기적 지원 전략 수립의 결핍에 따른 단점을 보완할 수 있는 효과적인 수단이 되기 때문이다. 문화부문을 지원하는 민간재단의 정책 및 역할을 구체적으로 살펴보기 위해 영국, 미국, 그리고 우리나라의 잘 알려진 문화 지원 재단들을 선택하여 사례연구를 통해 분석하였다. 또한 재단의 예술 지원에 대한 정확한 로드맵을 얻기 위하여 재단이 처한 전반적인 지원 환경을 살펴보았다. 따라서 위의 세 나라의 정부의 문화 지원 체계, 정부의 예술 지원의 정당성 관련 논의, 기업협찬, 기부에 대한 세제혜택, 재단에 관한 법규 등도 살펴보았다.

재단이 지원하기에 적합한 분야로 필자는 문화예술교육, 새롭고 실험적인 예술, 논쟁적인 예술, 문화적 균등성과 다양성, 그리고 개별 예술가들에 대한 지원, 문화정책 연구지원 등을 제안하면서 그 이유를 다양한 사례 등을 통해 구체적으로 제시하고자 한다. 이들 분야들은 재단의 지원에 의해 기존의 정부 지원과는 다른 효과를 불러 올 수 있는 분야다. 이 책의 결론으로는 재단의 독특한 성격과 이를 통한 예술에 대한 재단의 역할 및 공헌과 아울러 재단의 특성을 예술지원에 있어서 잘 활용하기 위한 전제조건들을 제시하였다. 이와 함께 미래사회의 변화에 따라 요구되는 재단의 역할도 제안하였다.

이 책의 개별 재단에 대한 사례연구의 경우, 우리나라와 영국 재단은 인터뷰를 통해 이루어졌으며, 미국의 재단은 이전에 해당 재단에 근무했던 사람들이 직접 쓴 저서에 의존하였다. 비영리기관 전반과 관련된 저서 및 참고문헌은 미국에서 출판된 것들이 영국에 비해 월등히 많았다. 따라서 비영리기관의 발전 그 자체 및 이에 대한 연구가 미국이 앞서 있음을 참고문헌 및 연구 자료를 조사하면서 느낄 수가 있었다. 이는 영국의 경우, 국가의 지원이 주종을 이루기 때문에 비영리 기관의 역할이 상대적으로 작기 때문이다. 이러한 이유로 미국의 재단들은 지리적으로 자국뿐만 아니라 국제적으로 활동하는 경우가 종종 있는데 비하여 영국의 재단은 자국의 국경을 넘어서 활동하는 경우는 매우 드물다.

또한 국내의 비영리기관 경영에서 거의 소개되고 있지 않은 '벤처지원venture philanthropy' 및 '사회사업social entrepreneurship'이라는 흥미로운 지원방식을 외국의 재단을 공부하면서 배울 수 있었다. 필자가 근무하는 서울문화재단에서도 '유망 예술 집중 육성'이라는 프로그램에 '벤처지원'의 철학에 기초한 지원 방식을 도입하고 있다. 흔히 포드재단 혹은 록펠러재단 등 미국의 유수 재단의 활동에 대하여 상세한 정보가 거의 소개되고 있지 않은 상황이라서 이들 해외 유명 재단의 예술 지원 활동의 정책과 내용을 통하여 현재 방향 정립에 고심하고 있는 문화재단의 정책의 수립과 지원프로그램의 개발에 일조하고자 한다. 우리나라에서는 비영리기관에 관련된 학문적 논의가 1990년대 중반에 들어서서야 본격적으로 시작되었기 때문에 이 분야 저서의 폭이 그다지 넓지 않다. 특히 문화를 지원하는 재단에 대한 연구는 개별적인 사례연구 외에 전무하다는 점에서 이러한 저서의 발간은 의미가 크다는 생각이 든다. 비영리기관의 연구자 외에 이 책은 문화정책학, 예술경영 등의 연구자들에게 도움이 될 것이다. 또한 부록으로, 지원을 위주로 하는 재단을 위한 정책 관련 저술인 다이애나 리트Diana Leat의 『재단의 정책 만들기Grant-giving: A guide to policy making』(1992)를 번역하여, 원서를 출간하는 데 지원을 하여 준 조셉 로웬트리재단 Joseph Rowntree Foundation의 허락을 받아 게재하였다. 이 책에는 정책을 만들기 위하여 재단이 고려해야 할 기본적인 사항들을 잘 정리하여, 재단에서 일하고 있는 사람들이 어떻게 재단의 정책 만들기에 접근해야 하는가를 보여 주고 있다.

　　이 책을 마무리하는 중에 개인적으로 직장을 옮기게 되는 변화가 있었다. 3년 조금 넘게 근무한 서울문화재단에서의 경험은 이 책을 집필하는 데 많은 도움을 주었다. 영국 유학 기간에 논문 지도교수였던 런던 시티대학City University의 에릭 무디Eric Moody 교수님과 이 책에 실린 영국의 재단들

과의 인터뷰에 동행하여 도움을 준 런던 시의회 의원인 친구Evelyn Carpenter
와 영국의 문화정책의 변화 및 재단 연구 전반에 대한 조언을 아끼지 않은
런던 킹스 칼리지King's College에서 강의하고 있는 이혜경 박사와 이 책을 발
간하는 기쁨을 함께 나누고 싶다. 또한 멀리 영국에서의 유학을 지원하여
주신 이석희 대우재단 명예이사장님, 학문의 길을 끊임없이 독려해주신
홍윤식 전 동국대 문화예술대학 원장님, 문화경제학에 대한 관심을 일깨
워주신 전택수 한국학중앙연구원 교수님, 그리고 재단의 올바른 역할에
대한 고민을 함께 나누었던 서울문화재단의 동료들, 이청수 수석전문위원
님을 비롯한 서울특별시의회 식구들과의 좋은 인연에 감사드리고 싶다.
고정 독자의 수를 확신하기 어려운 '문화재단'이라는 특수 분야의 전문서
의 출간을 기꺼이 응해주시고 내용 면에서 조언을 아끼지 않으신 논형의
소재두 대표님과 꼼꼼히 교정을 봐 주시고 좋은 책을 만들기 위한 수고를
아끼지 않은 편집부의 최주연님께 감사를 드린다. 또한 부족한 아내와 엄
마로서의 필자를 있는 모습 그대로 사랑해 주는 멋진 남편과 착하고 성실
하게 잘 자라주는 두 아들에게도 고마움을 표하고 싶다. 그리고 마지막으
로 딸이 일하면서 공부까지 할 수 있도록 도와주신 부모님께 깊은 감사를
드린다.

차례

서장
왜 문화재단을 연구하는가?

재단은 재단에서 근무하거나 관련이 있는 사람이 아닌 경우에는 생소한 기관으로 다가온다. 1980년대까지는 재단의 수가 매우 적었기에 이 분야에서 일하고 있는 사람이 아닌 경우 그 곳이 정확하게 무엇을 하는 곳인지 아는 사람이 드물었다. 지금은 많은 사람들이 막연하게 재단은 자체 사업비를 갖고 특정기관을 운영하거나 지원을 하는 곳으로 알고 있다. 하지만 그 구체적인 사업의 내용에 대해서는 해당 재단과 연관된 일을 하는 사람이 아닌 경우에는 관심도 없고 잘 알기도 어렵다.

하지만 필자는 현대사회에서 재단의 역할과 중요성은 점점 커지고 있다고 생각한다. 기업의 부의 축적으로 인하여 이들 기업들이 사회적인 공헌을 할 것을 요구하는 소비자의 요구가 증대하고 기업 자체도 이러한 활동을 통해 이해기관이나 소비자와의 관계를 원활하게 할 목적에 따라 재단을 설립하고 있다. 또한 지자체 정부도 관료적 행정에서 자유롭고 유연하게 전문적으로 특정분야를 지원할 수 있는 기관으로서의 재단 설립에 대하여 긍정적인 생각을 갖고 1990년대 중반부터 복지재단 및 문화재단 등을 설립하고 있다. 이처럼 재단에 대한 기대는 크지만 실제 재단의 성장과 입지는 그 기대를 따라가고 있지 못한 것이 현실이다. 이러한 기대와 현실 사이의 간극을 메우기 위해서 재단에 대한 연구가 필요한 것이다.

우리나라의 재단은 일반적으로 대기업을 중심으로 문화재단과 복지재단이 설립되어 운영되고 있다. 외국의 재단과 우리의 재단이 다른 점 중 가장 두드러지는 바가 우리는 재단 이름에 재단이 지원하고 육성하는 분야를 포함하고 있다는 점이다. 즉, '~복지재단', '~문화재단' 형식의 이름이 보편화되어 있다. 이에 반해 영국과 미국의 경우에는 지원 분야의 이름이 재단명에 나타나는 경우는 거의 없다. 대개 설립자의 이름에 따라 재단명이 사용되고 있다. 이는 이들 재단 대부분이 문화 이외의 분야도 광범위하게 지원하기 때문이기도 하다. 예를 들면, 미국의 포드재단의 경우 문화 분야에 대한 지원은 포드재단의 광범위한 사업 중 일부일 뿐이며, 영국의 칼로스테 굴벤키안재단의 경우에도 문화 분야 이외에도 교육과 사회복지를 함께 지원하고 있다. 영미의 재단과 우리의 재단이 또 다른 점은 이사회의 역할 부분이다. 영미의 경우에는 이사회의 구성원들은 재단의 중요한 사업의 결정에 참여하고 특히 재원의 투자처의 결정권자 혹은 재원 조성가로서 역할을 하고 있다. 하지만 우리의 경우에는 다소 형식적으로 소위 바람막이 형태로 존재하는 것이 대부분이다. 우리나라 기업 재단의 경우, 기업주가 가까이 하고 싶거나 대우하고 싶은 사람, 혹은 기업의 결정에 잘 따라줄 수 있는 사람이 이사회 일원으로 지명되는 경우가 많다. 반면 개인이 설립한 재단이 많은 영미에서는 재단 설립자의 가족이나 친인척이 재단의 이사회의 구성원이 되어 참여하는 경우가 많다. 따라서 설립자의 이름이나 성을 따서 재단 이름으로 만들어 운영하는 영미 재단의 사업보고서에서 이사회의 명단을 살펴보면, 같은 성을 가진 사람들이 이사회 구성원으로 일부 참여하고 있음을 확인할 수 있다.

현재 문화 분야를 지원하는 재단으로는 기존의 기업재단인 삼성문화재단, LG연암문화재단, 대산문화재단 외에 각 지자체 정부들이 설립하는 지역문화재단이 생겨나고 있다. 이들 지자체 정부들은 지역민의 문화적 향수권의 신장을 위하여 문화예술 분야만을 전문적으로 지원하는 문화재단을 앞 다투어 설립하고 있다. 이에 따라 1997년 경기문화재단을 필두로 강릉문화예술진흥재단(1998), 강원문화재단(1999), 부천문화재단(2001), 고양문화재단(2004), 서울문화재단(2004), 인천문화재단(2004) 등이 설립되었다. 서울·경기 이외의 지역에도 제주문화재단과 강릉문화재단 등이 설립되어 운영되고 있다. 광역시도가 설립한 재단은 주로 문화예술 지원 관련 업무가 주종을 이루지만, 기초단위 지자체가 설립한 재단은 주로 예술회관이나 공연장 등 문화시설의 운영을 주로 하고 있다. 지역문화재단은 시나 도에서 지원을 받아서 재원 면에서는 비교적 안정적으로 운영되고 있지만 이러한 재원을 지원하는 지자체 정부로부터의 운영의 독립성을 확보하는 것과 전문화된 지원 프로그램의 개발 및 시행을 주요한 과제로 안고 있다. 먼저 지자체 정부로부터 독립하려면 사업비를 충당할 정도로 자체적인 기금을 보유하고 있어야 하지만 지자체 정부의 지원을 받는 재단에 대한 민간, 즉 기업의 지원은 사실상 어려운 여건이며 수익을 창출하는 사업을 하는 구조도 아니므로 경제적으로 독립한다는 것은 현실적으로 요원한 과제다. 하지만 해당 지자체의 문화마인드에 따라 또는 정치적 역학관계에 따라 재단 운영의 독립성과 자율성의 폭은 얼마든지 달라질 수 있다.

또한 전문적인 지원 프로그램의 개발 및 운영과 관련된 이슈는 개별 재단의 역량과 노력에 달려 있다.

재단은 정부와 기업의 문화예술 지원과 차별화될 수 있는 독특하고 긍정적인 성격을 지니고 있다. 재단은 사실상 재단의 구성원들이 느끼고 있는 것보다 강력한 장점을 많이 소유하고 있다. 재단은 기업에 비해 안정적인 지원을 제공할 수 있으며 또한 실험적인 새로운 프로젝트에 대한 과감한 지원이 가능하다. 또한 작은 규모로 파일럿 프로젝트를 운영하다가 이러한 프로젝트가 성공하면 향후 여러 곳으로부터 지원받을 수 있도록 만들 수도 있다. 이와 더불어 정부와 기업의 도움이 손길이 미치지 못하는 틈새분야를 개발하여 이에 대한 전략적인 지원을 함으로써 사회적인 기여를 할 수도 있다. 또한 재단은 예술 분야의 급변하는 요구에 맞추어 정부기관에서 직접지원 하는 것보다 전문적으로 융통성을 갖고 신속하게 할 수 있다. 이에 비해 지원을 중심으로 하지 않는 기업재단의 경우에는 이러한 특성이 잘 구현되지 못하고 있다. 즉, 지원업무보다 박물관, 미술관 및 아트센터 등의 자체 문화예술기관의 운영에 치우쳐 있으며 운영에 있어서 모기업의 영향을 강하게 받고 있어서 위의 특성들이 제대로 구현되지 못하고 있는 것이다.

그런데 기업재단은 이미 기업이나 기업가가 자신의 재산을 사회에 환원한 것으로 볼 수 있다. 따라서 법적으로도 재단이 더 이상 운영을 할 수 없는 사정이 생기면 그 재산은 국가의 것으로 귀속된다. 그러므로 재단을 운영하는 데 필요한 전문적인 노하우들이 공익적인 입장에서 연구되어 이러한 연구의 바탕에서 재단이 제대로 기능을 하도록 한다면, 재단의 존재 가치가 더욱 더 사회적 의미를 갖게 될 것이다. 이러한 지향점이 바로 재단을 연구하는 의미다. 또한 지역문화재단의 경우에도 전문가 직원이 활동을 하고는 있지만 전체적인 틀이나 운영전반에서 지자체 공무원들의 간섭을 받고 있는 것이 현실이다. 세금으로부터 나온 재단의 사업비 사용과 관련하여 책임성과 투명성을 담보하여야 하며 이를 위해 지자체 공무원들이 감사 권한을 갖고 있는 것은 바람직한 현상이지만, 사업의 전문적인 내용 및 운영의 측면에서 재단이 독립성을 갖지 못한 채 해당 지자체의 지시와 감독을 일일이 받아서는 위에서 언급한 재단의 장점이 제대로 구현이 될 수 없을 것이다. 즉 지역문화재단이 재단을 설립한 해당 지자체로부터 전문화된 영역에서의 독립성을 확보하지 못한다면, 지자체가 별도로 지역문화재단을 설립하여 운영하는 것은 지역민을 위한 전문적인 문화행정을 구현하는 것이라기보다 해당 지자체의 문화행정 업무를 재단에 떠넘기는 행정편의주의에 그치게 될 가능성이 크다. 따라서 이 책에서는 재단의 장점과 특성을 살펴보고 이러한 긍정적인 특성을 실제적으로 재단의 활동 속에 구현하는 방법을 여러 해외 재단의 사례를 통해 살펴보게 될 것이다.

재단 연구의 현황

우리나라에서 재단에 대한 연구는 신생 학문의 영역을 넘어선 상태기는 하지만 여전히 소수의 학자에 의해 이루어지고 있는 실정이다. 1980년대 후반에 필자가 재단에 입사하였을 때 재단과 관련된 학문이 존재한다는 사실도 몰랐었다. 하지만 1990년대 중반에 연세대 '동서문제연구소'에서 경제학을 전공한 교수와 사회복지학을 전공한 교수들을 중심으로 비영리기관을 연구하는 모임이 만들어졌다. 이 연구소는 1995년에 아시아태평양 필란트로피 콘소시움Asia Pacific Philanthropy Consortium에 가입하여 미국의 재단을 중심으로 아시아 몇몇 국가의 재단들의 직원들과 비영리기관 경영 관련 전공학자들이 교류하기 시작하였다. 이때 국내 대기업의 재단 중 삼성, LG, 대우에서 설립한 재단들이 아시아태평양 필란트로피 콘소시움의 자료실을 필리핀의 마닐라에 설치하는 비용을 분담하여 지원하였다. 그 이후 아시아태평양 필란트로피 콘소시움 관련 학술회의에 이들 재단의 직원들도 참석하게 되었다. 필자도 대우재단에 근무하면서 홍콩과 하와이에서 열린 학술회의에 참석하였으며 이러한 기회를 통해 재단의 인기 지원분야로 부상하고 있는 예술과 관련된 '예술경영'이라는 학문에 관심을 갖게 되었고 이를 본격적으로 공부하고 싶은 마음에 유학까지 결심하였다.

　　1990년대 중반 이후에 주로 미국의 대학에서 사회복지학 분야의 비영리기관 경영Non-Profit Organization Management을 전공한 연구자들이 국내의 대학에 자리를 잡게 되면서 경희대와 성공회대를 중심으로 비영리기관 경영을 전공하는 대학원이 생겼다. 이러한 대학원의 탄생은 1990년대 비영리기관인 시민단체의 빠른 성장과 이들 시민단체의 종사자를 위한 전문적 교육의 필요성과 맞물려 있었다. 또한 비영리기관 경영과 관련된 책만을 전문적으로 출판하는 출판사인 '아르케'도 1990년대 후반에 생겨났다. 이 출판사에서는 미국 학자인 살라몬Lester M. Salamon의 책 *America's Non-profit Sector: A Primer*(1999)를 『NPO(비영리기관)란 무엇인가?』로, 안하이어와 토플러Helmut K. Anheier & Stefan Toepler가 편집한 *Private Funds, Public Purpose: Philanthropic Foundations in International Perspective*(1999)를 『재단이란 무엇인가: 세계의 재단과 민간기부』란 제목으로 2000년대 초반에 번역·출간하였다. 하지만 지금까지 국내에 소개된 비영리기관 관련 서적은 주로 미국에서 공부한 국내 학자에 의해 일부 저자들의 책을 중심으로 소개되었다.

비영리기관과 관련된 연구는 미국이 가장 앞서 있다. 이는 포드재단이나 록펠러재단 등 국제적인 활동을 하는 비영리기관이 일찍이 1950년대 이후 미국에서 탄생하고 성장하였기 때문이다. 재단의 내부적 경영과 관련된 구체적이며 세부적인 정보를 알고자 하는 경우에는 재단에서 근무한 사람이 저술한 *Inside American Philanthropy: The Dramas of Donorship*(Waldemar A. Nielsen, 1996)과 *The Insider's Guide to Grant making*(Joel J. Orosz, 2000)을 읽어 보면 도움을 많이 받을 수 있다. 이 밖에도 우리나라 국회도서관의 참고열람실에 소장되어 있는 *The Nonprofit Sector: A Research Handbook* (1987)은 재단과 관련된 가장 일반적이며 포괄적인 내용을 담고 있는 서적으로서 1980년대 미국의 비영리기관 경영 관련 학자들의 우수한 논문을 집대성하여 비영리기관 연구의 훌륭한 입문서 역할을 하고 있다.

특히 미국의 대형 재단의 경우에는 국세청Inland Revenue Service, IRS에 매년 연례 사업보고서를 제출해야 하기 때문에 개별 재단과 관련된 사업 등 구체적인 내용은 이들 사업보고서를 통해 알 수 있다. 또한 사업보고서의 앞부분에 실린 이사장의 인사말은 해당 재단의 철학과 기본 방향, 미래 비전 등을 축약하여 보여준다. 이 밖에도 미국의 대형 재단들은 자신의 사업을 전문화하기 위하여 정책개발을 위한 연구를 전문가에게 의뢰하고 있기에 이러한 출간물이 재단의 연구에 많은 도움을 준다. 최근에는 각 재단의 홈페이지를 통하여 사업보고서와 재단 간행물을 열람할 수가 있어서 이들 자료에는 누구나 쉽게 접근할 수 있다.

미국과 비교하여 영국의 경우에는 재단과 관련된 연구가 그다지 활발하지 않다. 비영리기관 전문출판사인 The Directory of Social Research는 매년 『주요 재단 가이드 *A Guide to the Major Trusts*』라는 책을 발간하는데 이 책을 통해 영국의 개별 재단과 관련된 간략한 핵심 정보를 접할 수 있다. 영국의 개별 재단 중 칼로스테 굴벤키안재단Calouste Gulbenkian Foundation(이하 굴벤키안재단으로 약칭함)은 전문화된 지원을 위한 정책을 개발하기 위해 필요한 분야의 연구를 전문가에게 의뢰하여 지속적으로 출간하고 있다. 이들 저술 중에서 *Help for the Arts* (1959), *Support for the Arts in England and Wales* (1976), *Artists and People* (1978), *The Economic Situation of the Visual Artists* (1985), *Amateur Arts in the UK* (1991), 그리고 *Joining In* (1997)이 영국의 문화정책을 공부하는 사람들에게 가장 많이 알려진 책이다. 영국에서 가장 잘 알려진 비영리기관 경영 전문가는 다이애나 리트Diana Leat 교수인데, 그녀의 책 *Grant-giving: A Guide to Policy-making*(1972)과 *Trusts in Transition: Policy and Practice of Grant-giving*(1992)은 비영리기관을 공부하는 사람에게 비영리기관의 정책 및 전반적인 위치에 대한 도움을 준다. 특히 후자의 책은 영리기관과 비영리기관의 이론적인 차이점을 분석과 함께 실제로 점점 이들의 차이점을 구분하기가 어려워지는 현상을 논하고 있다.

비영리기관과 관련된 조직으로는 미국에는 재단센터Foundation Center와 재단연합회Council on Foundations가 대표적이다. 재단센터는 재단과 관련된 정보를 원하는 지원 요청 기관이나 개인이 이용하는 기관으로 이들 이용자를 위한 재원조성 방법 등을 무료로 강의하기도 한다. 특히 뉴욕의 재단센터의 자료실은 재단과 관련된 가장 방대한 자료를 소장하고 있으며 해당 자료실에 없는 자료의 경우에도 그 자료가 어디에 있는지에 대한 정보를 데이터베이스화하여 제공하고 있다. 반면에 재단연합회는 재단들 간의 정보교류 모임의 성격을 띠고 있어서 재단의 구성원이 아닌 사람들에게는 폐쇄적으로 운영된다. 앞서 언급한 아시아태평양 필란트로피 콘소시움의 경우에는 재단연합회가 그 운영에 주도적인 역할을 담당하였다.

일반적인 비영리기관으로서의 '재단'에 대한 연구는 지금까지 어느 정도 축적되어 있지만, 문화예술 분야를 지원하는 '문화재단'을 중심으로 분석한 저술은 국내와 국외를 통틀어 전무한 실정이다. 이러한 상황에서 본격적인 문화재단 관련 연구서로 이 책을 출간하게 됨은 매우 커다란 의미를 지니고 있다.

1장
재단

1. 비영리기관과 재단

1) 비영리기관으로서의 재단의 역할과 위치

비영리기관들은 정부로 대변되는 공공기관(제1섹터)과 기업으로 대변되는 이익추구집단(제2섹터) 그 어느 쪽에도 속하지 않기 때문에 이를 '제3섹터'라고 부른다. 이러한 비영리기관은 공식절차에 의해 설립되고, 정부와 분리된 기관이며, 비영리를 추구하고, 운영에 있어서 상당한 자율성을 갖고 있는 등의 특성을 가진다Salamon & Anheier, 1996: xvii. 이들 기관은 공공영역과 시장의 바깥에 놓여 있기에 현대의 사회 · 경제생활에 점차 중요한 기관이 되고 있다. 이러한 비영리기관에는 일반적으로 자선단체, 종교기관, 지역단체, 캠페인단체, 노동조합, 사교클럽, 서비스 제공기관, 정치단체 그리고 기타 봉사기관들이 있다. 푸트남Putnam, 1993: 175-176은 "비영리기관은 사람들에게 참여의 기회를 제공하고 총체적 행위의 딜레마를 해결하는

수평적인 해결책을 만든다는 측면에서 '사회자본social capital'인 공공재를 창
조함으로써 민주주의를 강화하는 역할을 한다"고 하였다. 이러한 기관들
의 사회적 역할의 중요성이 커짐에 따라 비영리섹터는 전세계적으로 미래
의 사회보장과 정책 발전에 대한 토론의 중심에 위치해 있다.

　　비영리기관은 여러 가지 면에서 기업으로 대표되는 민간기관이나 정
부로 대표되는 공공기관으로부터 자신을 차별화 한다. 비영리기관의 목적
은 경제적 이익보다 사회적 혜택과 관련되어 있기에 공공기관에 가깝다.
그러나 비영리기관은 공공기관과는 다르게, 세제혜택을 통한 공공 지원을
받음에도 불구하고 이에 대한 직접적인 정부의 통제를 받지 않는다. 그 외
에도 민간기관과 다르게 비영리기관은 이익을 소유주나 주주에게 분배하
지 않는다. 그들은 엘리트적인 지향점을 갖고 활동할 수도 있고 대중지향
적일 수도 있고 혹은 이 양자를 모두 추구할 수도 있다. 그러므로 정부나
기업과 다르게 이들은 일반 대중이나 소비자를 크게 의식하지 않는다. 비
영리 기관의 이사들은 자신의 기관의 프로그램과 지원의 범위를 결정하는
기본적인 책임과 권한을 갖는다.

　　그러나 실제로 공공, 비영리, 민간기관들의 경계선은 그다지 명확하
지 않다. 비영리섹터는 하나의 실체가 아니라 일련의 중복되는 섹터들로
구성되어 있기 때문이다. 공공기관과 민간기관, 교육기관과 사회복지기
관의 구분은 역사적으로 그다지 명확하지 않다. 정의에 의하면, 비영리기
관은 회계 상으로 이윤을 창출할 수 없지만 이러한 법적인 구분은 근본적
이라기보다 외형적인 차이일 뿐이다. 가끔 상업기관이 자선기관으로 보이
기도 하고 자선기관이 성공적으로 이익을 창출하기도 한다. 박물관, 학교,
병원 등 비영리적 기반에 의해 설립된 기관들이 이윤추구 시스템으로 옮겨

가기도 한다. 또한 공공 프로그램은 공공지원을 통해 세제혜택을 받는 비영리 기관으로 확대되어 운영되기도 한다. 그 외에 각 영역의 이사들은 서로 중첩되기도 한다. 알빈 라이스Alvin H. Reiss, 1992:11는 많은 수의 기업인이 비영리 문화예술 기관의 이사로 자리를 옮겼다고 밝혔다. 이는 문화예술 기관들이 이들 기업임원의 개인적 도움, 재정적 판단 능력, 마케팅 관련 전문 기술, 재원 조성의 노력 등을 필요로 하기 때문이다. 비록 이들이 개별 기업에서 비영리기관으로 자리를 이동한다 하더라도, 이들의 시장지향 marketisation적 태도는 지원 결정에 있어서 유사한 경향을 유지하기 쉽다. 최근 예술이 시장지향적인 모습을 보이는 것은 공공지원을 받는 예술이 점차 유행적으로 민간영역의 상품과 같이 취급된다는 데서 그 이유를 찾을 수 있다. 이러한 여러 가지 현상에 따라 공공기관과 민간기관과의 경계선이 점차 흐려지고 있다.

　　복잡한 현대사회에서 정부가 사회적인 문제를 모두 해결하기란 불가능하다. 따라서 정부의 힘이 미치지 못하는 틈새영역이 점차 커지고 있는

표 1. 제3섹터, 공공섹터, 민간섹터의 경계

섹터	기관
공공섹터	중앙정부, 건강기관, 지방정부
공공섹터와 제3섹터 사이	주택위원회, 교육기관 및 대학, 준정부기관, 박물관
제3섹터	비영리기관, 캠페인기관, 노조, 재단
제3섹터와 민간섹터 사이	독립학교, 친교모임
민간섹터	기업, 단독 무역업자, 협동자

출처: 마이크 허드슨, 『이익창출 없이 운영하기- 제3섹터 기관을 운영하는 기술』(Mike Hudson, *Managing without Profit – The Art of Managing Third-sector Organisations*, Penguin Books, 1995:27)에서 일부 수정하여 인용.

상황으로 인하여 비영리섹터는 점차 성장하고 있다. 급변하는 사회·경제적 상황은 정부의 능력에 대한 신뢰의 쇠퇴를 불러왔으며 동시에 비영리기관의 역할에 대한 기대와 관심을 증대시켰다. 살라몬Salamon, 1999에 의하면, 미국의 비영리기관은 1995년에 전체 기관의 6%, GDP의 7%, 고용의 11%를 담당함으로써 농업 인구의 3배를 기록하였다. 무엇보다도 약 80%의 미국인이 한 개 이상의 비영리기관의 회원이라고 한다. 우리나라의 비영리기관은 1980년대부터 본격적으로 사회적 발전에 견인차 역할을 하고 있다. 1980년대 후반의 민주화 운동과 더불어 다양한 사회운동으로 시민운동단체는 경제적·정치적 정의 그리고 환경과 관련된 이슈와 연결되어 성장하였다. 특히 2002년 12월 대통령 선거에서 시민사회단체와 관계를 맺어 온 노무현 대통령이 당선되고 참모로 시민사회단체 출신들이 대거 기용됨에 따라 이러한 비영리기관이나 시민단체들의 역할은 더욱 커졌다. 하지만 이들 시민단체의 역할은 기본적으로 정부의 역할을 보완하고 견제하는 것인데, 이들 구성원 중 일부가 정부부처의 정책 결정의 핵심 업무를 담당하게 되고 이들 단체의 발언권이 커짐에 따라 오히려 정부의 정책을 비판하고 견제하는 본래의 역할을 제대로 수행하지 못하는 양상도 보이고 있다.

일반적으로 비영리기관의 중요성과 역할이 커짐에 따라 이들의 활동을 독려하기 위한 정부의 노력도 뒤따르게 된다. 이러한 정부의 노력으로는 비영리기관에 대한 지원금 지급과 세제혜택 부여를 들 수 있다. 예를 들면, 미국의 비영리예술기관은 이들 기관의 목적사업과 관련된 수입에 지방세, 연방세, 그리고 지역판매세를 부과하지 않으며 저렴한 우편요금 혜택(3등급 우편요금의 60% 할인)을 받고 있다Cummings, 1991:39-41. 우리나라의 경우에도 2002년 김대중 정부 시절에 비영리민간단체의 성장과 육성을 위하여 비영리민간단체지원법(2000)을 제정하였는데, 이는 정부가 비영리기관이 사회에 긍정적인 영향력을 발휘한다는 사실을 인정하고 이들의 비영리 활동을 도울 법률의 필요성을 깨달았기에 가능한 것이었다. 이러한 법률에 의거하여 정부는 비영리기관의 활동에 지원금을 지급하고 있다.

대표적인 비영리기관인 재단에 대한 정의는 나라마다 조금씩 상이하다. 미국의 재단 협의체인 재단센터Foundation Center의 정의에 의하면, 재단은 비정부, 비영리 기관으로서 자체 기금을 갖고 자체 이사회에 의해 자선적, 교육적, 종교적 목적 등을 위해 봉사하며 다른 비영리기관을 지원함으로써 공공재를 활성화하는 곳이다Renz, 1994:57. 즉 다양한 비영리기관 중 재단은 자신의 기본 자산과 독립적인 이사회를 갖고 자선적 활동을 목적으로 설립된 기관인 것이다. 볼프강 프리드만Wolfgang Friedmann은 근대사회에서의 재단의 역할과 영향을 다음과 같이 묘사하였다.

재단은 민간기관이라기보다 공공기관으로 기능을 한다. 이들 재단은 근대사회의 주요한 동력이 되고 있다. 재단의 경험은 교육정책의 결정, 모든 분야에서의 연구, 국제 문제에 대한 사고의 방향과 관련하여 점차 중요해 지고 있다(Wolfgang Friedmann, 1972:318).

다양한 비영리기관 중 민간재단은 개인과 기업의 이윤을 공공적 목적에 분배하는 중요한 채널로서의 역할을 하고 있으며 이러한 재단은 자신의 개별 재원을 공공의 이익과 필요를 위해 배분하므로 비록 민간 재원으로 구성 되었지만 사업 수행을 중심으로 보면 공공성을 목적으로 하는 일종의 공공기관으로 볼 수 있다. 그러므로 재단의 투명한 운영은 대중들이 재단 운영의 공공성을 체감하게 하는 중요한 기초가 된다. 재단의 회계와 관련하여 관련 법률은 기본 재산과 운영 상황을 연차보고서나 다른 출판물을 통해 공개할 의무를 규정하고 있다. 재단의 역할이 점차 커져서 사회문제 해결의 중심적인 위치로 옮겨오게 됨에 따라 더욱 효과적이고 전문적인 경영에 대한 압력도 커지고 있다. 이미 대규모의 재단들은 전문화되지 않으면 자신들의 입지가 매우 불안하다는 인식을 갖고 있기 때문에 전문성 고양을 위해 많은 노력을 기울이고 있다.

많은 국가에서 재단은 엘리트 파워 구조를 통해 다양한 정책 결정에 영향을 미치고 있다. 예를 들면, 미국의 국립예술기금NEA의 두 번째 의장인 낸시 행크스Nancy Hanks는 이곳에 부임하기 전에 록펠러형제재단The Rockefeller Brothers Fund에서 특별 프로젝트의 코디네이터로 활동하였다. 포르투갈의 굴벤키안재단의 경우는 국가 전체에 미치는 막강한 영향력으로 한때 포르투갈의 제2의 정부로 불려졌다.

예술 분야 지원에 있어서 재단은 정부와 시장실패를 모두를 보완할 수 있는 기관으로서의 가능성을 보여주고 있으며 어떤 경우에는 정부기관보다 공적인 문제를 다루는 데 더 효과적인 것으로 증명되었다. 예를 들면, 정부는 시급하고 작은 규모의 문제를 효과적으로 다룰 수 없다. 왜냐하면 정부가 어떤 일을 하기 위해서 정해진 절차에 따라 예산을 미리 배정 받았어야 하기 때문이다. 이렇게 정부가 해결하기 힘든 많은 틈새영역에서 재단은 정부의 역할을 보완해 줄 수 있다. 전반적으로 재단의 지원을 받는 분야와 프로그램은 정부의 지원과 경쟁적 혹은 보완적 관계를 갖는다. 이들은 정부와 같은 분야를 지원할 수도 있고 혹은 같은 분야를 지원하더라도 목적의 지향점이 다른 프로그램을 통해 차별화 할 수도 있다. 한정된 재원으로 예술의 틈새영역과 정부지원과 차별화되는 수많은 분야를 지원함으로써 재단은 사실상 현대를 살아가는 사람들의 삶의 질의 향상에 영향을 미칠 수 있는 중요한 기관으로 자리매김하고 있다.

2) 민간재단의 성장

유럽에서 재단은 상업의 발달로 인한 중세 후기 첫 성장기와 산업혁명으로 인한 19세기 말의 제2의 성장기를 겪었다. 그 후로도 재단 설립의 증가 및 사업 영역 확대 등을 통해 꾸준히 성장해 왔다. 중세시대에는 건강과 교육 분야를 중심으로 활동했던 종교기관이 재단의 역할을 대신하였다. 이들 기관은 고아원, 병원, 학교와 대학을 운영하였다. 중세 중기에 도시중산층이 재단을 설립하였으며 이들은 종종 특정 무역이나 길드와 연결되어 있었다Schiller, 1969. 산업혁명시대에는 기계화와 저임금 노동을 통해 대량 이익을 창출한 부르주아계층이 귀족과 성직자들의 역할을 대신하여 대표적인 사회공헌활동가로 등장하였는데 이 과정은 19세기 산업화로 인해 더욱 촉진되었다.

　　미국에서 민간재단의 성장은 정부의 사회보장 역할을 제한했던 개인주의적 전통과 힘 있는 정부에 대한 미국인의 저항적 정서에 기인하였다. 1930년대에 재단은 개인의 과도한 부를 사회에 재분배하는 독특한 미국적 해결방식으로 간주되었다. 미국 재단의 성장에 대한 마고Margo, 1992: 214-5의 연구는 재단의 설립이 국가의 경제적 상황에 크게 영향을 받고 있음을 보여준다. 예를 들면 대공황 초기에는 새로운 재단의 설립이 주춤하였다가 1930년대 중반에 미국 경제가 회복세를 보이자 재단 설립이 다시 증가하였다. 재단의 성장은 다시 제2차 세계대전 시기에 감소하였다가 1940년대 말과 1950년대 초에 증가하였다. 재단 설립에 영향을 주는 다른 요소는 재단이 지닌 면세 위치다. 미국에서 많은 기업이 1950년대 초반에 기업 재단을 설립한 것은 당시 높은 법인세에 대응한 나름의 감세 전략으로 볼 수 있다. 반면에 강력한 세제와 관련된 법안이 새로운 재단의 설립을 저지하기도 하였다. 1970년대 미국의 낮은 경제 성장은 그 자체로 재단의 탄생을 저해했지만 그보다 재단의 사업비 사용과 관련하여 엄격한 규정이 포함된 1969년의 세제법The 1969 Tax Act[1]의 영향으로 재단의 설립이 감소되었다고 한다.

우리나라에서는 재단의 탄생과 성장이 기업과 연결되어 있다. 1960년대의 경제성장 이후로 기업은 다른 분야보다 성장속도가 빨랐다. 부의 사회 환원을 요구받게 된 기업은 기업재단을 설립함으로써 자선사업에 참여하였다. 1960년대 이전에는 단지 4개의 기업재단만이 존재하였으나 1960년대에 5개의 기업재단이 1970년대에는 24개의 기업재단이 추가로 설립되었으며, 1980년대에는 38개의 기업재단이, 1990년과 1993년 사이에 10개의 기업재단이 추가로 설립되었다박태규, 1994:75. 이와 같이 우리나라의 재단은 최근 반세기에 나타난 현상이어서 그 역사가 매우 짧다.

빠른 경제성장과 대기업의 등장 그리고 금융 시장의 발전은 개인 재산의 증가로 이어지면서 민간재단의 설립 기반을 제공하였으며 자선활동에 대해 기부금을 면세 혹은 감세의 장점으로 인해 재단의 설립이 촉진되

---

1 이 법안은 재단의 투자수입에 세금을 부과하였고 재단의 지원 범위를 규정한 동시에 재단 자체 소득 대비 최소지원액의 비율을 정함으로써 재단이 공익적 목적을 중심으로 운영됨을 엄격히 규제하였다.

었다. 이와 더불어 또 다른 재단 설립의 이유는 재단이 지닌 운영의 자율성과 융통성에 있다. 재단은 외부의 변화 요구에 즉각 반응할 수 있고 새로운 방향으로의 전환이 빠르며, 한 지역사회만을 대상으로 지원하든지 아니면 전 지역을 대상으로 지원하는 등의 총체적인 결정권을 갖고 있다. 만일 정부가 특정 분야나 특정 지역에 집중하여 지원한다면 왜 이러한 지원을 했는지를 납세자들에게 상세히 설명하고 그들의 동의를 구해야 하지만, 재단은 자체 정관에서 규정하는 범위 내에서 자신들이 원하는 지역이나 분야를 선택하여 자유롭게 지원할 수 있다. 재단의 영향력은 논쟁적일 수 있는 프로젝트라도 위험을 감수하고 지원할 수 있는 융통성, 그리고 서로 다른 목적을 갖고 다양한 방식으로 지원할 수 있는 다양한 재단이 존재한다는 사실로 인하여 발휘될 수 있다.

3) 재단의 정책과 운영: 일반적 경향과 과제

재단의 방향을 정하고 성취목표를 세우기 위해서는 정책이 필요하다. 재단의 정책은 재단의 설립자나 이사들에 의해 기본 토대가 세워진다. 재단은 자신의 정책을 지원 분야의 상황, 사회적 여건, 그리고 국가 전체의 변화에 맞추어 바꾸고 수정한다. 재단은 정책과 관련하여 전략적으로 자신들이 지원하는 분야의 반응에 민감하게 대응한다. 또한 재단은 외부기관에 의뢰한 연구 결과에 따라 정책을 수정하기도 한다. 예를 들면 영국의 굴벤키안재단Gulbenkian Foundation은 위탁 연구에 근거하여 가장 적합한 지원 분야와 프로그램의 내용을 결정한 후 이를 정책화하여 지원한다. 굴벤키안재단은 이러한 방식으로 어떤 분야가 특별한 지원이 필요하며 어떻게 지원하는 것이 가장 적합한지 등에 대한 연구서들을 출간하였다. 미국에서는

1960년대에 정책연구추진팀을 구성하여 예술과 인문학에 대한 정부의 지원 정책을 만들고 논의를 진전시키는 데 결정적 역할을 한 기관이 바로 민간재단이었다. 오늘날 미국의 퓨 채리터블재단Pew Charitable Trusts은 정책 연구를 통해 예술기관과 관객의 관계를 이어주는 작업, 즉 관객개발을 시도하고 있다.

그러나 많은 소규모 재단은 실제로 재원이 한정되어 있기 때문에 자신의 재단에 적합한 정책과 지원 분야를 찾는 데 다소 소극적인 모습을 보인다. 따라서 이러한 재단들은 통상적으로 지원 신청서 접수를 통해 새로운 지원 분야를 파악하는 모습을 보인다. 재단은 때로 매개자 역할을 함으로써 재원의 한계를 극복하려 한다. 재단은 프로젝트의 내용은 좋으나 재단의 예산이 한정되어 있어서 전액을 지원할 수 없다고 판단될 때에는 신청자가 다른 기관에 도움을 청할 수 있게 권유하거나 이에 따른 정보를 제공한다. 또한 재단은 특정 기관의 특정 프로젝트에 대한 지원의 결과를 확신할 때 비슷한 흥미를 지닌 다른 재단이나 다른 지원기관을 개입시켜 해당 프로젝트를 공동지원으로 발전시킬 수도 있다.

대부분의 재단의 주 관심은 프로젝트 지원이다. 재단은 경상비용으로 지원금이 사용되기보다 프로젝트 비용과 같이 뚜렷한 목적을 갖고 사용되기를 원한다. 재단은 대부분 재원이 한정되어 있어서 특별한 경우를 제외하고 3년 이상 특정 프로그램을 지원한다는 약속을 하지 않는 경향이 있다. 이렇게 함으로써 상황에 따라 지원 분야를 변경할 수 있다. 예를 들면 포드재단Ford Foundation은 동일 프로젝트에 대해서는 5년 미만으로 지원한다고 규정해 놓았다. 대형 재단은 그들의 외부적 이미지에 대한 관심이 크기 때문에 이슈 중심의 지원보다 기관 중심의 지원을 하는 경향이 있다. 이러한 이유로 재단은 기존의 대형 예술기관에 대한 지원을 지역에 기반을 둔 소규모 예술단체에 대한 지원보다 선호하게 된다. 그러나 어떤 재단은 소수민족이나 장애인 등 소외된 사람들에 대한 지원을 중시한다. 비록 이러한 지원에 그다지 큰 지원금이 쓰이지는 않지만 이러한 정책에 기반을 이루는 철학은 재단의 특성과 장점을 반영한다. 이러한 재단의 정책과 함께, 자유로운 지원 결정이 가능하고, 관료적 구조로부터도 자유로운 특성 때문에 재단은 문화 분야 지원에 있어서 문화민주주의를 그 어느 기관보다 잘 구현할 수 있다.

　재단이 성취한 업적은 재단의 직원, 임원, 그리고 이사회의 조화로운 관계의 결과물이다. 재단의 이사회는 지원을 결정하고 재단의 운영방향을 정하는 역할을 한다. 이들은 재단의 지원금이 재단의 고유 목적을 위해 쓰이도록 감시함으로써 재단을 관리하는 역할을 한다. 효과적인 경영을 위해 재단 이사진들은 정책을 만들고, 지원의 우선순위를 정하고, 잠재 지원 대상자를 위한 지원 신청 안내 기준을 만든다. 이들은 재단 재산의 관리인의 역할도 한다. 재단의 명성은 대부분 전문 직원의 보유 여부와 이사진 개개인의 전문성에 의존하는 경우가 많다. 소수의 대규모 재단에서는 전문 직원이 이사회의 동의 없이 지원 신청서를 평가하여 지원 여부를 결정할 수도 있다. 그러나 실제로 많은 소규모 재단은 지원 분야에 대한 전문 직원을 고용할 정도의 재정적 여유가 없는 경우가 많다. 하지만 최근에 급성장하고 있는 지역문화재단의 경우에는 대부분 공채 형식으로 경력을 지닌 전문가를 직원으로 충원하고 있어서 이들 재단은 그 전문성을 내세우면서 문화 분야에서 매우 빠르게 성장하고 있다. 따라서 이들 재단은 자체 문화예술관련 미술관 및 박물관 혹은 예술센터를 운영하는 방식으로 간접 지원에 치중하고 있는 기업재단에 비해 지원 영역의 폭이나 전문성의 면에서 문화예술 분야에 미치는 영향력이 훨씬 크다고 볼 수 있다.

재단이 사업을 하면서 현재의 프로그램을 모니터링 하는 일은 매우 중요하다. 모니터링은 수혜자의 사업을 참여 관찰하여 그 성과를 살펴보는 것으로서 지원 결과의 중요한 판단 근거로 쓰인다. 재단은 지원한 프로젝트의 진행과정 및 결과를 전반적으로 평가함으로써 프로그램의 운영성과를 확인할 수 있다. 이러한 모니터링 과정에는 일정을 정리·보고하는 것, 지원 계약서에 있는 세부 목적에 따라 지원금을 사용하였는지 점검하는 것, 계획한 활동을 이행하였는지를 확인하는 것 등이 포함된다. 모니터링이 제대로 계획되어 시행된다면 운영적·재정적 책임성 문제를 미리 해결하는 데 아주 중요한 역할을 한다. 새로운 관객의 증가와 관련되어 있는 프로젝트의 성과를 평가하기 위해서는 지원받은 예술기관이 확보한 새로운 예술 관객의 성격이 분석되어야 한다. 만일 재단이 한정된 재원 때문에 스스로 이러한 작업을 할 수 없다면, 프로젝트를 수행한 예술기관에 이와 관련된 리포트 제출을 요구할 수도 있다. 이러한 방식으로 재단 정책의 적절성과 프로그램의 성과 등이 평가된다면 이러한 평가 결과에 의해 필요한 경우 지원의 분야와 방법 등을 바꿀 수도 있다. 편견이 없는 객관적인 평가를 위해서는 외부의 평가팀을 정기적으로 이용할 수도 있다. 미국의 퓨 채리터블재단은 이러한 방법을 사용하여 외부 평가 위원들에게 다음과 같은 주요 질문에 답하게 하는 형식으로 평가를 시행하였다.

첫째, 재단이 지원한 프로젝트가 적절했는가?
둘째, 다른 효과적인 지원 방식이 있었는가?

셋째, 지원 금액이 적절했는가?

넷째, 재단의 지원이 근본적인 도움을 주었는가?

이러한 평가는 집단평가cluster reviews로 불리며 단순한 책임을 평가하는 이상의 기능을 한다The Pew Charitable Trusts, 2000:5. 평가가 중요하다는 사실은 누구나 알고 있지만 구체적으로 신뢰할 수 있는 평가를 하는 데 시간과 비용이 상당히 소요되므로 소규모 재단에는 부담이 될 수 있다. 그러나 지원 프로젝트에 대한 평가를 통해 현재 재단이 운영하고 있는 프로그램의 성과나 실패에 대한 파악 없이는 재단이 발전하기 어렵다는 점에서 평가의 중요성은 매우 크다.

재단은 정부로부터 받는 여러 가지 혜택에 대한 사회적 책임감을 지녀야 한다. 민간 재단이 비록 개인이나 기업으로부터 출연된 민간의 재산을 바탕으로 만들어졌어도 설립 목적은 공공적인 것이다. 이러한 이유로 인해 민간재단은 민간기관이어도 일정의 세제혜택을 받으며 이러한 세제혜택은 곧 재단의 공공적 목적을 위한 올바른 운영을 전제로 한 것이다. 그러므로 재단은 이와 같이 운영되는지를 점검받아야 한다. 또한 재단은 지원 대상자를 선정할 수 있는 권한과 자체 재원을 어떻게 사용하고 있는지에 대하여 모니터링받아야 한다. 재단의 이러한 책임성accountability에 대한 정부의 규정은 나라마다 다르지만 일반적으로 재단은 재정적 기록을 적절하게 유지하고 정해진 과정을 따르고 정관에 명시한 목적을 성취해야 한다는 점에서 재정·과정·프로그램과 관련된 책임성을 갖는다. 이에 따라 재단은 연례보고서나 다른 출판물을 통해 자신들의 활동을 외부에 알리고, 특별한 안내 팜플랫을 통해 지원 신청자들에게 정보를 제공하고, 신청인에 대한 개별적인 조언 등의 서비스를 제공해야 한다. 또한 자체 서류를 일정 연한 보존하고 공개적인 평가와 심사를 진행함으로써 과정과 관련된 책임성에 응답해야 한다. 이 밖에도 변화하는 환경에 적절히 대응할 수 있는 적합한 프로그램을 끊임없이 개발하여 효과적으로 시행하여야 한다. 이렇게 함으로써 재단은 '세금의 도피처'라는 대중의 부정적 견해를 탈피하여 사회공헌 활동기관으로서의 입지를 확보할 수 있다.

2. 재단의 유형

재단은 설립자의 성격에 따라 다음과 같이 나뉜다. 이러한 유형의 분류는 재단의 역사가 가장 오래되고 재단이 가장 발달한 미국의 분류 방식을 따른 것이어서 우리나라 재단의 유형과는 다소 거리가 있다.

독립재단

부유한 개인 기부자의 기부금이 독립재단Independent Foundation의 기본 재산을 형성한다. 어떤 경우에는 기부자가 매년 재단에 기부하는 방식으로 재단을 운영하기도 한다. 재단의 재산은 주식, 채권, 부동산, 혹은 기타 수익사업들로 구성되어 있다. 독립재단의 경우 재단의 목적과 수혜자의 이익을 강조한다. 즉 만일 독립재단이 예술을 위해 설립되었다면 원래 설립자의 소망을 성취하는 것보다 예술 분야의 혜택을 성취하는 일에 더 관심을 가질 것이다. 그러므로 이러한 종류의 재단은 모든 지원 재단 중 가장 중요한 역할을 담당하고 있다. 미국에서 가장 크고 유명한 재단은 대부분 이 유

형에 속한다. 우리나라의 경우 이름은 기업재단이지만 실제적으로 재원의
출처로 보아 독립재단인 경우가 많다. 대우재단의 경우 언뜻 기업이 세운
재단으로 오해하기 쉬우나 실제로는 대우그룹의 김우중 회장의 사재 출연
이 재단의 기본 재산을 형성했다는 점에서 독립재단의 성격을 지닌다.

기업재단

기업재단Corporate Foundation은 기업이 자선적 목적으로 자본을 수탁자에게
이전함으로써 설립된다. 이러한 행위는 기업이 기부에 있어서 융통성과
세제 지원을 얻고자 할 때 취해진다. 기업은 자신의 이미지를 자선활동을
통해 강화하기 위해 기업재단을 설립한다. 기업은 자본금을 한꺼번에 재
단의 기본 재산으로 편입하여 재단을 설립하거나 매년 일정 수입을 세제혜
택을 받아가면서 기부하는 형식으로 재단을 운영한다. 많은 기업재단이
세제혜택의 위치를 이용하여 단순히 모회사의 정책을 수행하는 데 활용된
다는 점에서 이들 재단에 대한 기대는 그다지 높지 않다. 예를 들면 독립재
단이나 지역재단에 비해 기업재단의 목적의 이면에는 모기업의 이미지 마
케팅의 의도가 숨어 있는 경우가 많다. 우리나라의 재단은 대부분 기업재
단의 형태를 띤다는 점에서 이러한 사실은 종종 재단이 기업과 정부 사이
의 균형을 잡는 제3섹터의 역할을 한다는 사실에 대한 의구심을 갖게 한
다. 많은 경우 이들 재단은 모기업과 긴밀한 관계에 있으며 때로는 모기업
의 지주회사로서의 역할을 한다. 하지만 문화 분야에서는 점차 지방정부
로부터 지원을 받는 지역문화재단이 문화 분야를 지원을 대표하는 기관으
로 급성장하고 있기에 기업재단도 새로운 변신의 노력이 절실한 시점에 와
있다. 즉 재단 소유 미술관, 박물관, 예술센터를 운영하는 운영재단에서 벗

어나 문화예술을 위한 지원재단으로서의 역할을 해 줄 것을 강하게 요구받고 있는 것이다.

지역재단

이러한 형태의 재단은 소수다. 지역재단Community Foundations은 다양한 기부자로부터 지역이나 마을을 위한 기부금을 받아 공개적으로 지원하는 기관이다. 미국에서는 대부분의 지역재단이 공공 자선기관처럼 취급되어 민간재단보다 세제혜택을 더 많이 받고 있다. 몇 가지 종류의 재단 중 지역재단은 지역의 요구에 부응하기 위하여 기부자로부터 직접 기부금을 받으며 미국의 재단 중 가장 빠르게 성장하는 재단 유형이다. 많은 지역재단은 기부자의 추천이 구체적인 지원 분야와 대상자의 선정에 영향력을 발휘하는 '추천된 기금advised funds'을 가장 활발하게 활용하고 있다.

재단은 또 '지원재단grant-giving foundation'과 '운영재단operating foundation'으로 나뉘기도 한다. 지원금을 배분하는 것을 주 활동영역으로 하는 재단을 '지원재단'이라고 부르며 자체 소유 기관을 운영하는 것을 목적으로 하는 재단을 '운영재단'이라고 한다. 어떤 재단의 경우에는 두 가지를 모두 수행한다. 우리나라 기업재단은 대부분 자체의 미술관 혹은 박물관 등을 운영하는 운영재단에 속하지만, 지역문화재단은 광역시도의 재단은 지원이 중심이 되기에 지원재단에 속한다. 중소도시의 지역문화재단은 자체 공연장 운영 등이 사업의 중심이므로 운영재단에 더 가깝다. 영국에는 1998년 현재 최소한 2,500개의 재단이 있다고 추정된다Leat, 1999:121. 미국에는 1995년 현재 4만 개가 넘는 재단이 존재한다. 이들 중 89%가 독립재단이며 기업재단과 운영재단은 각각 5%이며, 지역재단은 겨우 1%에 불과하다

Renz, 1997. 우리나라에는 1993년 현재 4,000개 이상의 비영리기관이 존재하는 것으로 추정된다.

재단은 또한 운영 스타일로 구분된다. 기부자, 투자자, 그리고 협동적 사업가 유형으로 나누거나Leat, 1999:126-129 행정형과 사업형으로 나눌 수 있다.[2] 사업형으로 구분되는 재단은 사회적 요구와 필요성에 맞추어 일을 추진함에 있어 개혁적이고 모험적인 성격을 보여 준다. 이러한 유형의 재단은 단기적 프로젝트보다 장기적인 프로젝트를 선호한다. 또한 미래의 발전을 위해 프로젝트의 평가에 주안점을 둔다. 개혁적이고 모험적인 목적을 추진함에 있어 재단은 상당 수준의 전문성, 풍부한 인력, 충분한 운영비가 필요하다. 소규모 재단은 이러한 요소를 갖추기 힘들기 때문에 단순한 지원자에 머무는 경향이 있다.

3. 재단 설립의 동기

1) 경제적 동기

민간재단의 설립은 국가의 경제적 상황과 세제혜택과 같은 경제적 동기에 영향을 많이 받아왔다. 우리나라 재단의 설립은 1980년대 경제성장으로 부를 축적한 기업이 기업재단을 설립함으로써 활발하게 이루어졌다. 미국의 재단의 성장에 관한 마고Margo의 연구1992:214-5는 이러한 이론을 증명하고 있다. 미국의 경제 대공항 초기에 신규 재단의 설립이 현저하게 감소하

2 이러한 각각의 유형에 대한 구체적인 내용은 이 책의 부록으로 첨부된 번역서의 2장에 상세히 기술되어 있으므로 참고하기 바란다.

였으나 1930년대 중반에 경제가 다시 살아나기 시작하자 재단의 설립이 다시 증가하였다. 안하이어와 토플러Anheier & Toepler, 2000:3 또한 미국의 민간재단이 성장한 이유를 1980년대와 1990년대 주식시장의 성장에서 찾고 있다.

둘째, 재단의 설립은 재단에 대한 면세 혜택에 기인한다. 우리나라 기업재단 설립의 가장 중요한 동기 중 하나는 기업주가 자손에 대한 상속세를 면제받기 위한 것으로 알려져 있다. 미국에서 비영리기관은 지역판매세, 지역재산세 등으로부터 면세를 받는다. 따라서 정부는 이러한 세제혜택을 이용하여 재단이 탈세의 수단으로 사용되는 것을 막기 위하여 법을 제정하여 관여하고 있다. 이에 따라 미국의 경우, 민간재단은 자선, 종교, 교육기관이 해당하는 여타 501(c)(3)[3] 기관보다 엄격한 세법 규정의 적용을 받는다. 실제 미국에서는 1950년대 초반에 많은 기업이 기업재단을 설립한 것은 고율의 기업세율에 대한 대응의 일환이었다. 특히 세대 간의 부의 이동을 제한하는 상속세가 이들 재단의 설립을 촉진하였다. 다음의 인용문은 이를 증명하고 있다.

포드재단의 설립은 프랭클린 루즈벨트에 의해 이루어졌는데, 이는 상속세와 재산세를 인상하는 것을 골자로 하여 통과된 1935년의 세법에 의하여 촉진된 것으로 알려져 있다(Sutton, 1987:42).

많은 재단들이 고율의 세제가 적용되었던 시기에 설립된 것은 우연이 아니다

---

[3] 미국의 국세법에 속하는 기관의 분류 중 하나임. 비영리, 종교, 교육기관이 이에 해당하며 이들은 모두 국세와 지방세를 면세받는 기관이다.

(Odendahl, 1987:21).

비영리기관에 대한 관대한 세제는 재단이 세금의 도피처로 사용된다는 의심과 비난을 불러 일으켰다. 미국에서 1950년대와 1960년대에 재단이 부유한 재단 설립자들의 세금 도피처로 사용된다는 주장과 관련하여 공개 토론이 있었다Anheier & Toepler, 1999:5. 재단에 관하여 일찍이 미국 의회는 포드재단처럼 록펠러재단의 경우도 세금 회피를 위한 정교한 장치로 이용되었다고 주장하였다. 왜냐하면 록펠러재단이 1937년도에 설립되었지만 10년이 훨씬 지난 1950년대가 되어서야 비로소 본격적인 지원활동을 하였기 때문이다Bulmer, 1999:42. 부를 많이 소유한 사람들이 상속세를 회피하기 위한 수단으로 재단을 활용하고 있다는 일각의 염려에 대응하여 미국 의회는 1969년에 재단에 대한 세제를 강화하였다.

미국 내 재단의 성장이 1970년대에 느려진 이유는 1970년도의 경제 성장률이 둔화된 까닭도 있지만 1969년 세제법 개혁의 영향도 컸다. 이 법안은 재단의 투자 수입에 대하여 세금을 부과하고 최소의 목적사업비 minimum payout rate의 비율을 지정하고 재단의 지원 방식을 규정하였다. 재단 설립자가 개인의 이익을 위해 재단을 사용하지 못하게 하는 엄격한 규정이 이 법안을 통해 제정되었다. 하지만 이러한 제한적인 법률의 제정이 새로운 재단의 설립을 저해하는 요인으로 작용하기도 하였다.

2) 사회적·정치적 동기

사회·심리학적 효과 또한 재단 설립에 영향을 끼친다. 부자들은 사회공헌을 통해 자신의 부를 정당화함으로써 부의 소유에 대한 심리적 위안을 얻을 수 있다. 사회공헌은 엘리트 의식에 기반을 두고 있으며 자신들이 상위 계층이라는 생각을 갖게 하는 데 일정 역할을 한다Ostrower, 1995:13-14, 25-26. 재단은 엘리트 파워 구조의 일부로서 공공 및 민간기관의 지원 결정에 영향을 끼친다. 어떤 비평가들은 재단을 설립하는 동기가 사회적 혁명에 대한 두려움 때문이라고 이야기하고 있다Karl & Katz, 1987:17. 따라서 부자들이 재단을 설립하여 사회에 공헌하는 것은 자신의 부를 정당화시켜 이를 지키기 위한 동기에 의한 것으로도 볼 수 있다.

설립주 혹은 모기업은 재단의 설립을 통하여 장기적으로 자신의 계급적 헤게모니를 강화하고 산업자본을 지지하는 역할을 하게 된다. 닐센 Nielsen은 이러한 헤게모니의 강화와 유지를 위한 '영속성'과 '영원성'을 재단의 중요한 특징으로 보고 있다.

> 재단이 가지고 있는 놀라운 특징 중 하나는 재단이 '영속적'으로 사회공헌을 하기 위하여 설립되었다는 점이다. 이러한 영속적인 성격은 재단이 갖고 있는 강력한 힘이다 (Nielsen, 1996:245).

많은 재단은 지배계층의 이익을 대변한다Fisher, 1983: 224. 예술을 지원하는 데에도 재단은 엘리트 계층의 기호를 영속적으로 추구하는 대형 예술기관에 대한 지원을 선호한다. 그러므로 우리는 이러한 재단의 사회공헌을 '엘리트 사회 공헌elite philanthropy'이라고 부른다. 재단의 설립자가 재단을 지배계층의 이익을 반영하고 강화하는 데 활용함에 따라 사회공헌기관으로서의 재단의 역할에 대한 비판을 종종 받게 된다.

산업자본과 연관된 지식계층을 '헤게모니 계층'으로 만들기 위하여 재단이 막대한 재원을 사용하고 있는 것이 아닌가?(Karl & Katz, 987:5).

재단은 산업화 사회에서 지배계층이 문화적 헤게모니를 유지하고 그들에 대한 도전을 제한하는 메커니즘이다(Bulmer, 1999:45).

엘리트 기관으로서의 대표적인 재단의 사례가 바로 카네기재단 Carnegie Corporation이다.

캐펠(Keppel) 재직시 카네기재단은 소위 엘리트 문화를 많은 대중에게 전파하려는 목적을 천명하였다. … 캐펠의 문화 프로그램은 문화적 엘리트 계층이 만든 높은 문화적 기준을 강화하는 데 사용되었다(Lagemann, 1989:7, 97).

예술 지원에 있어 카네기재단은 대중의 기호가 교육과 문화 프로그램을 통하여 향상될 수 있다는 믿음을 가지고 예술에서의 전문적 리더십과 수준을 강조하고 있다. 대형 재단들이 엘리트 고등교육에 관심을 갖는 것은 미국에서뿐만 아니라 우리나라에서도 강하게 나타나는 현상이다. 우리의 대형 재단은 대부분 대학에 연구기금을 활발하게 지원하였고 또한 기업은 새로운 건물 건축 비용을 지원하여 왔다. 따라서 국내 유명 대학에는 기부자나 기부기업의 이름이나 아호를 딴 건물이 상당수 존재하고 있다.

많은 경우 민간재단은 재단이 지닌 장점 때문에 설립되었다. 이러한 장점으로는 융통성, 자율성, 영속성 등을 들 수 있다. 재단은 자율성과 융통성을 지니고 있기에 자체 신념에 따라 한 지역만을 지원할 수도 있고 전

세계를 대상으로 지원할 수도 있다. 재단 지원의 자율성에 대하여 나이트 Knight는 다음과 같이 표현하였다.

재단은 자유로운 돈을 지닌 기관이다. 재단은 자신들이 원하는 그 어느 것도 법에 저촉되지 않는 한 지원할 수 있다(Knight, 2002:195).

또한 재단은 새로운 필요에 자유롭게 반응하여 새로운 방향으로 나아 갈 수 있는 융통성이 있다. 이는 재단의 자율성 때문에 가능하다.

재단은 대부분의 정책 영역에서 완전한 자율성을 보유하고 있다. 재단은 정부의 사회공헌 영역 안에서 지원 프로그램의 영역이나 목표를 자유롭게 개발할 수 있다. 재단은 이론적으로 자신들이 원하는 대로 사회적 욕구에 반응할 수도 이를 무시할 수도 있다(Boris & Wolpert, 2001:76).

보리스와 월퍼트Boris & Wolpert가 지적한 바와 같이 재단은 지원 영역과 지원 대상을 선택하는 데 자율성을 갖고 있다. 게다가 재단은 설립자의 생 전에는 물론 설립자의 사후에도 나름대로 사회적인 영향력을 행사할 수 있 다. 특별히 재단의 설립자가 갖는 권한은 재단과 다른 비영리기관을 구분 해 주는 특징이 되어 이러한 요소가 재단을 설립하는 이유가 되고 있다. 오 덴달Odendahl은 설립자의 권한이 재단 설립의 주요 동기가 된다고 하였고 위테커Whitaker는 포드재단이 바로 대표적인 사례라고 주장한다.

시스템적인 영속적인 장치의 가치를 중시하는 사람은 사회공헌에 활용되는 강력한 설립자 권한 때문에 재단을 설립한다(Odendahl, 1987:24).

포드재단은 설립자가 사망한 이후에 모기업인 포드자동차에 대한 설립자의 영향력을 유지하기 위한 수단으로 여겨졌었다(Whitaker, 1974:54).

책임성과 투명성의 문제는 민간재단과 관련한 중요한 이슈들이다. 과거에는 재단의 민주적 거버넌스 및 책임성에 대해 거의 의문시하지 않았다. 이는 재단의 탄생과 더불어 경영과 관련하여 자유로운 의사결정을 하는 것을 당연한 권리라고 생각했기 때문이다김준기, 2003:187. 이러한 전통과 재단의 설립자 및 그 가족들에 의한 탑다운식 의사결정구조로 인하여 많은 기업재단은 내적·외적 책임성을 실현하기 위한 프로그램의 평가나 결과 중심적인 시스템을 구축하는 일 등은 중요시 하지 않았다. 재단에 대한 정부의 감사가 소홀한 점도 이러한 재단의 태도에 영향을 끼쳤다. 그 결과, 어떤 재단들은 민간 기금을 공공 목적에 사용하기 위해 탄생한 재단 고유의 성격을 발현하기보다 공공기금(세제혜택으로부터 나옴)을 개인적 용도로 사용하는 경우가 생겼다. 따라서 이러한 재단의 사적인 이용을 막기 위하여 책임성과 투명성이라는 이 두 가지 이슈는 매우 중요하다. 이는 또한 재단이 대중을 위한 진정한 공공서비스를 제공하게 하는 데 중요한 역할을 한다.

4. 재단의 역사

1) 국내 재단의 역사

우리나라의 재단은 법적으로 종교, 교육, 의료, 사회복지 분야로 분류된다. 대부분의 재단은 이들 분야 중 한 분야와 연관된 정부 부처에 등록이되어야 하나, 특별히 이 중 한 분야만을 지원하지는 않는다. 재단은 보건복지부, 교육인적자원부, 과학기술부, 문화관광부 중 한 부처에 등록된다. 우리나라의 기업들은 단지 이윤을 내는 활동 이외에도 사회복지와 문화 등 공공선을 위한 투자에도 활발하게 참여하고자 하므로 이들 기업들은 기업재단을 만들어 운영하면서 설립 초기에 가장 활발하게 지원했던 분야는 학생들 장학금과 교수들에 대한 연구비 지원이었다. 우리나라의 첫 재단은 삼양사가 일제강점기인 1939년에 설립한 '양영회養英會'였다. 이 재단의 설립자인 김연수 회장은 일제로부터 나라를 되찾기 위해서는 우수한 인력을 키우는 일이 가장 시급하다고 생각하였다. 따라서 국내의 첫 재단인 '양영회'는 국내와 국외에서 공부하는 사람들에게 장학금을 지급함으로써 당시 우리나라의 가장 시급한 분야였던 경제발전에 필요한 인력을 개발하고자 하였다.

재단이 생기기 이전에 우리 농촌에서는 가까이 사는 마을 사람들끼리 서로 생산품과 노동력을 공유하는 '두레'라는 협동모임이 있었다. 그러나 1960년대와 1970년대에 산업화가 시작되자 농부들은 농촌을 떠나 도시의 공장으로 이동하였다. 이로 인하여 농촌지역에서 사람들의 끈끈한 협동적 유대는 끊어지고 상부상조의 '두레' 전통도 사라지게 되었다.

재단과 관련된 서구의 이론에 의하면, 재단의 탄생과 성장은 산업 성장과 연관되어 있다. 우리나라의 경우에도 마찬가지다. 1960년대 이후의 경제성장의 가속화로 기업들은 다른 어느 분야보다 급성장을 이루었다[박태규, 1994:60]. 그 결과 대기업은 기업재단을 설립함으로써 사회에 공헌하기 시작하였다. 우리나라에서 재단이라는 형태의 조직의 역사가 매우 짧지만 지속적으로 활동분야가 확장되고 그 숫자도 증가하는 추세를 보이고 있다. 이는 우리 사회가 이제는 정부가 공급할 수 있는 서비스보다 더 다양하고 질적으로 우수하고 표준화되지 않은 대체적인 서비스를 요구하고 있는 수요적 측면에 기인한다. 이러한 수요는 재단을 비롯한 비영리기관의 성장을 촉진하였다. 공급적인 측면에서도 우리나라의 기업재단은 공공정책에 영향력을 행사하고 자신들의 이익에 부합하는 이미지를 형성하기 위하여 재단을 활용하였다.

사회보장제도가 잘 발달되어 있는 선진국에 비하면 우리나라 정부의 사회복지에 대한 지출은 매우 낮다. 2000년도에 정부의 사회보장 지출액은 전체 예산의 2.7%에 불과하였으며 이는 국민총생산의 0.7%에 불과한 수치다(www.nso.go.kr). 이러한 미비한 사회보장 상황으로 인하여 만일 한 가정의 가장이 직장을 잃거나 집안의 구성원 중 한 명이 매우 심각한 질병에 걸렸다면 이 가정은 이전에 누렸던 삶의 질을 유지하기가 어렵다. 따라서 경제적인 성장의 열매를 나누는 역할을 요구받던 기업재단은 초창기에 지원 분야를 사회복지와 교육에 주력하였다.

하지만 경제성장이 1970년대부터 활발하게 이루어지면서 박정희 정권기의 대기업은 막대한 재산을 축적할 수 있었다. 또한 이러한 대기업은 정부의 '친재벌정책'에 의해 중소기업의 희생 아래 보호되고 육성되었다. 당시에 이러한 대기업의 이익을 위해 노동운동도 최대한 억제되었다. 그

러나 1980년대에 들어서자 이러한 대기업이 축적한 재산을 사회에 환원해
야 한다는 목소리가 점차 높아졌다. 이에 따라 대기업들은 기업재단을 설
립하여 본격적으로 사회공헌 활동에 참여하기 시작하였다. 또한 정권이
바뀌는 과정에서 과도한 정치자금에 대한 요구를 피하기 위하여 대기업의
기업주는 사재를 재단의 기본 자산으로 출연하기도 하였다.

재단은 다양한 사회적 요구에 더욱 주의를 기울이기 시작하여 1990
년대에는 문화 분야를 포함한 새로운 영역으로 사업 범위를 확대하기 시작
하였다. 특히 교육 및 생활수준이 향상되면서 문화에 대한 자각 및 질 높은
문화예술 체험에 대한 수요도 증가하였다. 기업재단도 대중의 요구에 부
응하기 위하여 사업 분야를 다변화하기 시작하였다. 특히 대기업의 사주
들은 문화예술에 관여함이 기업의 명성을 향상시키는 데 유용한 수단이 될
수 있음을 인식하였다. 따라서 대기업이 박물관이나 미술관을 경영하기
위하여 기업재단을 설립하는 일이 유행하기 시작하였다. 기업의 사주의
부인이나 딸이 특히 이러한 예술기관의 경영에 관여하게 되었다. 그 결과,
문화예술 분야는 대기업 재단의 인기 사업 분야가 되었다. 오늘날 국내 최
대 기업인 삼성그룹이 설립한 삼성문화재단의 가장 핵심적인 사업 분야가
바로 문화예술이다. 국내의 기업재단 중에서 삼성이 설립한 5개의 재단이
전체 기업재단의 83.3%의 지원액을 차지하고 있다. 이러한 재단 중 가장
사업비 규모가 큰 곳이 바로 삼성문화재단이다.

삼성문화재단은 호암미술관과 로댕갤러리 그리고 리움을 용인과 서
울에서 운영하고 있으며 서양미술사 및 음악사 관련 교육 프로그램도 운영
하고 있다. 또한 이 재단은 외국에서 음악, 무용, 예술경영, 영화 및 연극
분야를 공부하는 학생들을 후원하였으며 국악경연대회 및 전통어린이동

요대회 등도 개최하였다. 이 외에도 해외 유명 박물관의 한국관 설치와 관련하여 국제교류재단과 함께 지원을 하였다. 이러한 정부기관과의 협동지원 사업은 모기업의 명성을 향상하는 데 도움을 주었다. LG연암문화재단은 1999년 서울의 강남에 LG아트센터를 설립하여 운영하고 있다. 이 재단은 1997년 국제만화페스티벌을 주최하였고 남원의 춘향제, 진도의 영등제, 강릉의 단오제 등 20개 지역의 축제를 지원하였다.

2000년대에는 지방정부가 지역문화재단을 설립하기 시작하였다. 기업재단이 주로 자체 예술기관의 설립과 운영을 중심으로 활동을 하는 데 비하여 지역문화재단은 예술단체 및 예술기관에 직접 지원한다. 하지만 이러한 지원 중심의 재단은 광역시도의 경우이고 소규모 도시의 경우에는 해당 도시가 운영하는 예술관련 기관을 운영하기 위한 목적으로 재단이 설립되었다. 7개의 지역문화재단 중 서울문화재단은 가장 영향력이 큰 재단으로 새로운 프로그램의 개발을 통해 다른 정부 지원기관이나 재단이 이러한 프로그램을 벤치마킹하게 하였다. 이러한 서울문화재단의 활동에 대해서는 5장의 사례연구에서 상술할 것이다.

2) 미국과 영국 재단의 역사

서양에서는 가난한 사람들을 돕기 위하여 오늘날 재단과 유사한 기관이 설립되었다. 중세시대에 재단은 보건과 교육 분야를 중심으로 활동했던 종교기관과 유사한 기관이었으며 이들 기관은 고아원, 병원, 학교 등을 운영하였다. 중세 후반에는 재단의 설립자가 될 도시중상계층이 성장하기 시작하였다Schiller, 1969. 산업 혁명기에 기업과 공업의 성장으로부터 부를 축적한 부르주아지가 지배적인 기부자 그룹으로 부상하면서 젠트리[4]와 성직자의 역할을 대신하기 시작하였다. 안하이어와 토플러는 재단의 성장이 산업혁명에 기인하였다고 밝히고 있다.

> 몇몇 유럽 국가에서는 중세 이후의 첫 번째 재단의 성장과 산업혁명으로 인한 19세기 말의 두 번째 성장에 이어 상업과 재정의 발달로 새로운 세 번째의 '재단의 물결'이 나타났다(Anheier & Toepler, 1999:3).

지라드Graubard, 1987: xix 또한 부르주아지가 출현하여 사회공헌을 통한 사회적 역할을 담당함으로써 기존의 상류계층의 기부 전통을 위협하였다고 밝히고 있다. 그러므로 부유한 부르주아지는 상속받은 재산과 권력이 아닌 스스로 획득한 부를 통해 그들의 사회적 위치의 상승을 꾀하였다.

미국에서 재단의 역사는 기부 전통 자체와 연결이 된다. 일찍이 정착 초기에 미국인들은 자체적으로 상부상조하는 전통을 키워나갔다. 그 결과 시민들이 자발적으로 지역사회의 일에 발 벗고 나서고 개인들이 공공의 복지를 위해 참여하는 전통이 생겨났다. 종교적 신앙심 또한 사회공헌 활동에 중요한 동기가 되었다. 종교 지도자들은 교회가 이끄는 사회봉사 활동에 깊이 관여하게 되었다. 많은 사람들은 지역사회에서 도움을 필요로 하는 사람들과 가난한 지역민 그리고 자연재해의 희생자와 자신들이 속한 교회를 위하여 기부를 하는 것을 당연하게 생각하였다. 반면에 정부의 역할은 매우 제한적이었다.

4 14~15세기경에 영국에 생겨난 신흥계층으로서 중산적 자산보유자계급을 칭하는 용어다.

유럽의 사회공헌과 달리, 미국인들은 사회공헌을 하는 데 대하여 정부의 간섭이나 귀족들의 독점이 없었다(Foundation Center, 1991:1).

　　미국에서의 사회공헌은 종교적 믿음과 상호부조의 역사와 시민 참여라는 민주화된 원칙 그리고 개인의 자치와 제한된 정부의 역할이라는 요소들에 뿌리를 두고 있다. 이러한 전통은 미국을 전 세계적으로 민간의 사회공헌이 가장 강한 나라로 만들었다. 미국에서 민간재단은 1700년경부터 만들어졌다. 그러나 19세기 말에서 20세기 초가 되어서야 지금의 대규모 재단처럼 발달된 재단의 모습을 지니게 되었다. 2차 세계대전 후 수 십 년 간 재단의 수는 기업재단의 출현, 가족재단의 설립, 그리고 세제의 변화와 관련되어 급격하게 증가되었다The Foundation Directory, 1981:xiv. 1969년의 세법 The Tax Reform Act of 1969은 재단의 지원 행위를 규정함과 동시에 투자 수입에 세금을 부여하고 '최소 지원 비율a minimum payout rate'을 부과하였다. 이러한 엄격한 규정 때문에 1970년대의 재단의 설립 비율은 현저히 감소하였다. 그러나 1980년대와 1990년대에 다시 민간재단 설립 비율이 증가세를 보였다. 이는 주식의 급등, 거액 기부의 증가, 새로운 지원 분야의 등장 등이 새로운 재단의 탄생과 재단의 지원액을 높이는 데 일조를 한 덕분이었다. 1990년대의 낮은 인플레와 높은 경제성장, 그리고 1995년부터 시작된 주식 수익의 증가 등의 요소로 인하여 재단의 거액 지원금의 유입과 이를 통한 지원액의 실제 가치의 향상을 가져왔다.

　　미국에서 기업재단의 설립은 최근의 경향으로 볼 수 있다. 비록 기업재단의 시작은 1870년대로 거슬러 올라가지만 제2차 대전 이전에는 거의 존재하지 않았다. 1950년대의 높은 법인세는 새로운 기업재단 설립에 붐을 이끌었다. 이 붐은 1970년대 초반까지 지속되었으며 1970년대 말과 1980년대에는 더욱 강해졌다. 부자나 부유한 가문에 의해 설립되는 대부분의 독립재단과는 달리 미국의 기업재단은 기본 재산이 그다지 크지 않다. 오히려 기업의 이윤이 해마다 재단으로 전입되는 경우가 많았다Edie, 1991:205. 지역사회재단 설립은 클리브랜드재단The Cleveland Foundation이 설립된 1914년, 즉 20세기 초로 거슬러 올라간다. 이러한 재단의 탄생은 경기 침체기에는 다소 약해졌지만 2차 대전 이후에 다시 강해졌다. 지역재단의 설립 비율은 1969년 세법이 개정된 이후에 현저히 증가하였다.

1987년과 2000년 사이에 활발하게 지원 활동을 하는 재단 수는 2만 7,700개에서 5만 6,600개로 거의 2배가 늘었다Renz & Lawrence, 2002:8. 대략 삼분의 일(31.6%)에 해당하는 재단이 1990년대에 설립되어 이전 시기의 설립 비율을 월등히 앞질렀다. 1980년대 중반부터 문화예술은 재단의 지원 분야에서 교육, 건강, 서비스 분야 다음으로 위치하여 우선순위 면에서 4위를 차지하였다Renz, 2002:1. 그러나 예술 분야 전체 지원액 중 재단의 지원이 차지하는 실제 지원액은 그다지 크지 않다. 재단에 의한 지원금은 1990년대 말 전체 민간 기부금의 10.4%에 불과하였다. 재단 지원의 중요성에 대한 인식에도 불구하고 민간 지원 중 가장 많이 차지하는 개인 지원에 비하면 재단의 지원 비율은 미비하다. 그러나 재단의 지원 비율은 개인 지원보다 작지만 기업 지원보다는 크다.

버몰과 보웬Baumol & Bowen, 1966은 1960년대 초 단지 4%에서 7%의 재단 지원금이 예술과 인문학에 지원되었다고 추정하였다. 1970년대 후반 민간재단은 문화 활동에 15% 이상을 지원하였다DiMaggio, 1984:69. 1980년대의 재단의 예술 지원은 국립예술기금NEA과 주정부 예술 지원금보다 총액

면에서는 작아도 실질적 지원액의 증가율은 크다Renz, 1994:58. 1989년과 1992년 사이에도 국립예술기금의 지원이 9%, 주정부 지원금이 18% 감소한 데 비하여 재단의 예술 지원금은 13%의 실질 증가를 보였다. 재단의 예술, 문화, 미디어, 인문학에 대한 2000년의 지원은 36억 9천만 달러로 1996년의 18억 3천만 달러와 비교했을 때 배로 증가하였다Renz, 2002:1. 경제적 불황에도 불구하고 2001년 재단 지원은 5%의 성장세를 보였다. 선두 재단의 높은 지원 경향(1990년대 말에 붐을 이루었다가 2000년 중반까지 지속)과 2001년 9월 11일 세계무역센터 빌딩의 폭격 여파로 인한 추가적인 기부의 유입은 재단의 지원이 지속적 성장세를 보였다Renz & Lawrence, 2002:3.

1992년과 1996년 사이 미국 재단의 공연예술과 박물관에 대한 지원은 계속 강세를 보였고 미디어와 커뮤니케이션, 복합예술에 대한 지원은 증가세를 보인 반면 역사에 관련된 지원은 제자리걸음을 하였다. 각 분야 지원 비율은 5년 동안 급격한 변화를 보이지 않았다. 공연예술은 5%정도 지원 감소세를 보였으나 박물관에 대한 재단의 지원 선호도 여전했다.

표 2. 미국 재단의 분야별 지원 비율의 변동 추이

예술 분야/ 연도	1992	1996
공연예술	38%	33%
박물관 활동	31%	30%
미디어 · 커뮤니케이션	8%	11%
복합 예술	7%	8%
예술관련 인문학	5%	4%
역사적 활동	6%	6%
시각예술	3%	3%
기타	2%	4%

출처: 로렌 렌츠와 스티븐 로렌츠, 『예술 지원』(Loren Renz & Steven Lawrence, *Arts Funding*), 1997:x.

또한 미디어·커뮤니케이션, 복합예술과 같은 새롭고 인기 있는 분야에 대한 지원은 신장세를 보인 반면 전통적인 예술 형태인 공연 예술은 감소 추세를 보였다.

연방정부와 주정부의 복지 분야 예산지원의 감소는 예술과 인문학 분야가 여타 지원 분야와의 경쟁을 더 치열하게 만들었다. 예술과 인문학대통령위원회The President's Committee on the Arts and Humanities(1995)는 전반적인 지원의 방향이 예술보다 폭력과 아동 학대 방지 등 어린이를 위한 복지를 포함한 넓은 의미의 복지 프로그램 지원에 무게를 두는 쪽으로 옮겨가고 있다고 지적하였다. 순회예술과 박물관 전시보다 예술교육, 예술시설, 오페라와 댄스 쪽으로 예술 지원이 움직이고 있다. 재단의 지원 또한 미국 전역에서 불균등하게 지원되고 있다.『창조적 미국Creative America』이라는 보고서(1997)에 의하면 재단의 5개 주에 대한 지원이 예술과 인문학 전체 지원액의 거의 3분의 2를 차지하고 있다고 한다. 4개 주 - 뉴욕, 캘리포니아, 펜실베니아, 텍사스 - 에 위치한 예술기관과 콜롬비아 지역이 재단에 의한 예술과 인문학 지원의 거의 55%를 차지하고 있다.

미국 재단은 초창기 정부의 지원이 제한되었던 시대부터 전문적으로 프로그램화된 지원을 통하여 국가적 규모의 사회적 개혁을 실천해 왔다. 초기에는 재단의 지원 의제에서 예술 분야가 별로 주목을 받지 못하였기에 당시 예술을 지원한 재단은 매우 적었다. 가장 먼저 예술 지원을 한 대규모 재단은 카네기재단The Carnegie Corporation으로 프레드릭 케펠Frederick Keppel이 회장직을 맡은 1923년 이후에 이러한 지원이 이루어졌다. 이 재단은 하버드와 프린스턴 대학의 큐레이터, 예술, 음악코스의 장학금 프로그램에 많은 금액을 지원하였다. 1930년까지 카네기의 예술 분야 예산은 40만 달러를 돌파하였으며 줄리어드재단The Julliard Foundation과 록펠러재단이 지원하여 설립한 일반교육위원회The Rockefeller-sponsored General Education Board와 더불어 문화 지원의 트리오를 이루었다McCarthy, 1994:12.

1900년과 1930년 사이에 상업적 오케스트라와 미술관은 부유한 엘리트 남성이 설립한 비영리박물관과 심포니 오케스트라에 의해 그 중요성이 감소하였다. 당시 미국의 예술전통은 아직 형성되지 않아서 유럽의 작품이 부유한 스폰서의 지원을 받고 공연·전시되었다McCarthy, 1994:2. 예술 감상시 필요한 드레스 코드와 높은 입장료의 도입으로 인하여 예술소비는 이러한 요구조건을 충족시킬 수 있는 사람들에게 제한되었다. 따라서 그 당시 예술은 공공재라기보다 경제적, 사회적 엘리트 계층 및 부유한 남성 엘리트의 소유물이었다DiMaggio & Useem, 1978:357; McCarthy, 1994:1.

1965년 국립예술기금이 설립되기 이전에 미국의 예술 활동은 박스오피스 수입과 세제혜택이라는 수단을 통해 모금된 민간기부금에 의해 이루어졌다. 주로 개인 기부자가 규모면에서 민간지원금의 중심적 위치에 있었지만 민간재단도 문화예술기관의 사업에 대한 지원금을 제공하는 데 중추적 역할을 담당하였다.

> 20세기 초반 북부 산업도시인 시카고, 보스톤, 뉴욕에는 백만장자가 증가하였다. 이러한 갑부들은 새로운 규모로 문화 사업에 필요한 자금을 제공하였다. … 1965년까지 재단은 엘리트 중심으로 이루어진 문화기부를 국가적 규모의 민주화된 문화프로그램으로 바꾸었다(McCarthy, 1994:4, 13).

미국의 민간 기부자들은 예술에 대한 공공지원 논쟁을 촉발하는 데 중요한 역할을 담당하였다. 헤커Heckscher의 20세기 기금, 포드재단, 록펠러형제기금 등이 이 분야에 관련한 리포트와 연구결과를 발표한 대표적인 민간기관이었다. 록펠러형제기금의 연구로 1965년에『공연예술: 문제와 전망The Performing Arts: Problems and Prospects』이 출간되었고 20세기 기금의 지원을 받아 1966년 버몰과 보웬은『공연예술: 그 경제적 딜레마Performing Arts: The Economic Dilemma』를 출간하였다. 이러한 예술의 공공지원과 관련하여 중요한 이슈를 제공하는 연구서들에 의해 안정적인 연방지원에 대한 필요성이 제기되면서 국립예술기금NEA이 설립되기에 이르렀다.

영국에서는 재단을 종종 '트러스트trusts'라고 부르며 재단과 여타 형태의 자선기관과의 사이에는 법적인 구분이 없다. 1901년 미국 워싱턴의 카네기 인스티튜트와 록펠러의학연구기관의 설립에 자극을 받아 영국에서는 1904년 조셉 르웬트리Joseph Rowntree재단이 설립되었다Bulmer, 1995:276. 다른 대표적인 영국의 재단들, 예를 들면 뉴필드재단Nuffield Foundation, 칼로스테 굴벤키안재단 그리고 카네기재단Carnegie Trusts 등의 설립이 그 이후에 이어졌다.

영국에는 최소한 2,500개의 재단이 총지원액이 알려지지 않은 채 존재하고 있다고 추정되며, 이들 재단은 영국의 전체 비영리기관의 지원 총액의 적은 부분(대충 150억 파운드)만을 차지하고 있는 것으로 알려져 있다Leat, 1992:4. 벌머Bulmer는 영국 재단의 일반적 특징을 다음과 같이 묘사하였다.

영국의 재단은 미국의 재단과 비교하여 비교적 소규모이며 중심적 기관이라기보다 주변적 기관에 가까우며 한정된 범위에서 해외지원을 하고 있다(Bulmer,

1999:50).

영국에서는 재단이 그다지 보편적인 기관이 아니며 미국의 포드재단이나 록펠러재단처럼 세계적으로 유명한 재단도 없다. 이들은 국제적인 프로젝트를 거의 지원하지 않으므로 이들의 활동은 영국 내에 머무는 것이 특징이다. 또한 재단의 지원액도 소수의 재단에 편중되어 있는데 10여 개의 대형 재단이 대부분의 지원을 제공하고 있다Selwood, 2001:165. 더욱이 일반적으로 재단은 예술 지원에 높은 우선순위를 두고 있지 않는 바, 영국의 재단도 예외는 아니다.

> 400개의 대형 재단으로부터 40%의 지원금이 보건과 복지기관에 지원되고, 29%가 연구(대부분 의료 및 과학)에 지원되고, 7%가 교육에 지원됨에 비해, 4%의 지원금만이 예술과 환경 분야에 지원이 되고 있다(Leat, 1992:5).

리트Leat에 의하면 재단의 예술 지원금은 과학, 사회복지 그리고 교육 등 여타 분야에 비하여 적다는 것을 알 수 있다. 영국의 예술 지원 재단의 전통적인 지원 분야는 지역예술인데 이는 재단의 사회복지 프로그램의 부분으로 지원이 이루어지고 있다. 대부분의 재단과 예술기관은 런던이나 남동부에 위치해 있으며 지원도 재단이 위치한 지역에 집중되어 있다.

영국 재단은 미국 재단에 비하여 규모도 작고 사업비도 크지 않다 Ware, 1989:136; Bulmer, 1995:285. 이외에도 지역재단이라는 재단 형태도 영국에서는 새로운 개념이다Siederer, 1996:119. 영국 재단에 있어서 재단에 대한 공공의 감사 기능이 미국만큼 적용되지 않아서 '투명성'이라는 이슈는 향후 성취되어야 할 과제로 남아 있다Leat, 2001:103; Association of Charitable Foundations, 1997.

요약하면 미국과 영국에서 근대적 의미의 재단의 탄생은 부르주아지의 탄생과 이들이 상업과 기업을 통하여 막대한 부를 축적한 데 기인하였다. 미국에서는 포드재단이나 록펠러재단과 같이 몇몇 대형 재단이 존재하는 반면에 영국에서는 재단의 사회공헌 범위가 자국 내에 머물고 그 규모도 작다. 또한 미국은 민간 기부 전통, 특히 개인의 기부가 영국이나 다른 세계 국가보다 강하다. 따라서 영국에 비하며 미국 재단의 역할은 상대적으로 크다. 반면, 영국의 경우에는 정부가 예술 지원의 대부분을 차지하고 있기에 재단이 보편적인 지원기관도 아니며 그 규모도 작고 재단에 대한 연구도 그다지 활발하지 않다.

5. 각국의 문화재단 개괄

1) 영국: 틈새영역의 예술 지원

영국에서는 재단이 다른 종류의 자선사업 단체나 기관과 법적으로 큰 차이가 없다. 놀랍게도 재단의 수, 재원, 정책, 경영, 지원액 등에 대해 상세하게 분석된 연구서가 없다. 이는 영국에서 재단은 그다지 드러나는 기관은 아니며 그 숫자도 별로 많지 않다는 것을 시사하고 있다.

아래의 표 3은 1998/99년의 연구에 근거를 둔 것으로써 이 기간 동안 약 6,715만 2,000파운드가 예술과 문화재 분야에 지원되었음을 보여준다. 13개의 재단은 1백만 파운드 이상을 지원하였으며(조사대상의 12%에 해당) 이들이 지원한 총액은 5,400만 파운드가 넘는다(전체 지원액의 81%

차지). 이와 비교하여 63개의 재단(57%)은 10만 파운드보다 적게 지원하여 총 200만 파운드에 못 미치는 금액을 지원하였다(총액의 3% 미만). 이로써 10여 개의 대형 재단이 지원의 대부분을 담당하고 있음을 알 수 있다. 따라서 영국의 지원재단은 매우 불균형하게 배치되어 있음을 알 수 있다.

표 3. 영국의 재단의 문화 분야 지원(1998/99)

지원액(£)	재단 수	총지원액(£ 백만)	총지원액 대비 비율
£1 million 이상	13	54. 673	81. 4
£500,000-£999,000	8	5. 395	8. 0
£250,000-£499,999	7	2. 526	3. 8
£100,000-£249,999	19	2. 969	4. 4
£50,000-£99,999	11	0. 789	1. 2
£10,000-£49,999	32	0. 729	1. 1
£9,999 이하	20	0. 071	0. 1
계	110	67. 152	100. 0

출처: 사라 샐우드, 『영국의 문화 분야』(Sara Selwood(ed.), *The UK Cultural Sector*), 2001:165.

전통적으로 영국 재단의 예술 지원은 사회복지 프로그램의 일환으로 지역예술을 지원을 중심으로 이루어졌다. 정책연구소The Policy Studies Institute, PSI는 1993/93년 재단의 총 지원액의 40%가 박물관, 미술관, 시각예술 분야에 지원되었고 나머지 32%는 공연예술 분야에 지원되었음을 밝혔다. 이는 예술 지원 분야에서 시각예술과 공연예술이 가장 인기 있는 분야임을 보여 주는 것이다. 일반적으로 재단은 예술 지원에 우선순위를 그다지 높게 두고 있지 않으며 지원한다 하더라도 대부분 전통적인 예술 형태에 제한된다.

레드클리프 모드Redcliffe - Maud, 1976:111-112경에 의하면, 실험예술에 대한 과감한 지원은 공공기관보다 비교적 자유롭다고 알려진 재단의 경우에도 어려운 일이라고 한다. 재단이 지원하는 예술 분야 예산의 대부분은 크고 유명한 예술기관을 중심으로 지원된다. 또한 대부분의 예술기관이 런던이나 잉글랜드의 남동부에 위치함에 따라 지원의 지역적 차이도 심하다. 그러나 이러한 차이를 극복함으로써 문화적 균등성을 이룩하려고 노력하는 재단들이 있다. 이들 재단은 지역적 지원의 편중 현상을 경감하고 정부가 잘 지원하지 않는 분야를 과감하게 지원하기 위하여 노력한다. 이들은 또한 효과적인 지원을 위해 경영을 전문화하여 영국의 예술계에 좋은 평판을 얻고 있다. 정부의 지원과 비교하여 재단의 지원은 규모는 비록 작지만 재단 이외의 다른 지원기관으로부터 소외되었던 예술의 틈새분야를 혁신적으로 지원함으로써 그 기여도는 상당히 크다고 볼 수 있다.

지원의 지역적 형평성을 위해 배링재단Baring Foundation은 영국 내에서 소외지역으로 분류되는 북동부와 북서부 지역에 자문위원을 두고 특별 지원하고 있다. 재단은 이들 지역으로부터 지원 가능한 신청서의 접수가 거의 없는 경우, 지역예술 소식지에 알리거나 지역예술위원회를 통해 좀 더 많은 신청서를 내도록 장려하고 있다. 비록 배링재단은 기업재단이지만 모기업의 간섭을 거의 받지 않는다. 이 재단의 예술 지원의 목적은 예술 활동을 장려하고 예술 활동의 기회를 확대하여 제공하는 것이다. 이 재단에는 1명의 자문위원과 2명의 예술 분야 전문위원을 보유하고 있으며 이들은 지원 결정 과정에 영향력을 행사한다. 이 재단은 특별히 장애인, 소수민족, 어린이와 청소년층에 관심을 갖고 지원한다. 또한 지원했던 모든 프로젝트에 대한 공식적인 평가절차를 밟으며 지원 대상자에게 지원 통보문을 보낼 때 자체 모니터링 양식을 동봉해 준다.

에스메 훼베른재단Esmée Fairbairn Foundation은 영국에서 가장 대규모로 예술 지원을 하는 재단으로 알려져 있다. 이 재단은 작은 프로젝트를 다수 지원할 경우, 평가에 어려움이 있다고 판단하여 소규모 기관은 지원하지 않는다. 또한 내용상 개혁적인 프로젝트를 선호하여 지원하고 있으며 소수민족이나 장애인이 제출하는 지원신청서를 우대한다. 예술 지원에 있어서 우선 지원되는 분야는 관객개발, 지역사회와 관련된 예술교육, 그리고 대중을 위한 전시나 공연 분야다.

굴벤키안재단은 정기적인 운영비용을 지원하기보다 독창적인 프로젝트에 대한 지원을 우선시 한다. 이 재단은 지역예술, 민족예술, 실험예술 등 소외된 분야의 예술 지원에 중점을 두고 지원한다. 이를 위해 이 재단은 소외된 그룹이나 지역에서 지원 신청서를 제출하도록 독려한다. 또한 이 재단은 이러한 직접 지원 외에도 각종 정책연구서를 지원하여 출판하는 것으로도 유명하다. 이러한 출판물들은 예술계뿐 아니라 정부기관과 다른 재단의 활동에도 많은 영향을 준다. 한 민간재단이 제한된 재원으로 다방면에 커다란 영향을 끼칠 수 있었던 것은 지원 분야를 끊임없이 연구하고 틈새분야를 중점적으로 지원하였기 때문으로 분석된다.

폴 햄른재단Paul Hamlyn Foundation은 예술 분야를 중점적으로 지원한다. 이 재단의 예술 지원의 목적은 모든 사람들에게 예술에 대한 접근과 기회를 증진시키는 것이다. 이 재단은 예술에 대한 인식을 키우는 특정 프로젝트나 많은 사람들에게 새로운 예술경험의 기회를 확장하는 활동을 지원한다. 이 재단은 예술교육을 중점 지원 분야로 삼아 특정 분야에 재능 있는 예술가들을 발굴하고, 예술에 대한 인식과 기회의 향상 등의 영역에 지원한다. 이사, 자문위원, 독립적 평가위원이 지원 여부를 결정하지만 전반적으로 조직을 유연성 있게 운영하도록 노력하며 특히 소액의 지원 신청서에 대해서는 지원 결정 또한 신속하게 이루어지도록 하고 있다. 지원의 우선순위를 사회적 통합에 두고 있기에 범법자를 포함하여 사회에서 소외된 젊은 계층의 능력을 키우는 일과 관련된 프로젝트를 우선 지원하고 있다.

위에서 언급한 재단들의 활동에서 우리는 예술 지원에 있어서 공통의 정책 지향점을 발견할 수 있다. 이들 재단은 모두 예술교육과 관련된 프로젝트를 지원하고 있다. 또한 이들 재단은 정책을 통해 소외된 계층과 이러한 계층의 문화적 접근성을 향상시켜 줄 수 있는 프로젝트를 지원하고 있다. 이들은 정부의 지원정책과 차별화하여 지원의 중복을 피하고자 한다. 또한 이들 재단은 공공지원기관이 지원하기 어려운 알려지지 않은 소규모의 예술기관을 시범적으로 지원한다. 만일 이러한 프로젝트에 대한 지원이 성공적인 것으로 증명된다면, 재단은 동일한 유형의 지원을 다른 지원기관에 연결시켜 지원받게 할 수 있다. 이 경우 재단은 다른 새로운 틈새분야로 이동하여 지원하게 된다.

2) 미국: 세계적 명성을 지닌 대형 재단의 선구자적 역할

미국의 재단은 세계적으로 가장 발달하였으며 사회 발전과 성장에 중요한 기여를 하고 있다. 미국의 기부 전통은 종교적 신념, 상호부조의 역사, 시민의 참여라는 민주주의의 원칙, 개인의 자율과 제한된 정부라는 독특한 미국식 전통에 뿌리를 두고 있다. 유럽과 달리 미국인은 기부나 자선과 관련된 활동에 정부의 규제와 왕실의 독점을 경험하지 못하였다Foundation Center, 1991:1. 정착 초기에 정부의 영향력이 미비하여 미국인들은 자치를 통해 지역사회의 활동을 하였다. 이러한 경험을 통해 미국인들은 공공복지에 대한 시민 발의와 참여 의식이 강하다. 신앙심 또한 자선적 활동에 중요한 역할을 하였다. 종교 지도자들은 신도들에게 가난한 사람을 돕고, 교회에서 하는 자선사업에 참여할 것을 역설하였다. 자신의 지역사회에서 도움이 필요한 사람들과 이웃 마을의 가난한 사람들, 자연재해의 희생자들, 그리고 교회 등에 기부하는 것에 대하여 미국인들은 의무감을 느꼈다. 이러한 전통이 미국의 민간 기부를 강하게 키우는 데 중요한 역할을 하였다.

국립예술기금NEA이 창립된 1965년 이래로 새롭고 다양한 지원 방법들이 도입되었다. 포드와 록펠러재단은 정부보다 몇 십 년 앞서 문화 지원의 족적을 남겼다. 록펠러재단은 1913년 첫 영구 수입 세제 규정이 도입되어 개인의 기부금에 추가적 혜택을 주게 된 사실을 계기로 설립되었다. 이 재단은 미국에서 가장 역사가 오래된 민간재단으로, 국제적인 지원을 많이 하는 소수의 재단 중 하나다. 이 재단은 인문학을 1920년대부터, 예술을 1930년대부터 지원하였다. 이 기간 동안 재단은 하버드 포그박물관 Harvard's Fogg Museum의 폴 샤츠Paul Sachs의 지도하에 큐레이터 훈련과 예술사 과정에 50만 달러를 지원하였다. 1930년대에 이 재단은 뉴욕과 같은 주요 도시 이외의 지역극장의 공연의 질을 향상시키기 위해 실험적인 지원을 하였고 대학 캠퍼스의 연극 프로그램을 지원하였다McCarthy, 1994:13. 록펠러재단은 포드재단이 구현한 예술 전문화의 가치를 지원하였으나 포드재단과는 달리 대학에 중점을 두고 지원하였다. 1950년 후반부터 재단은 대학에서의 전문화된 교육, 창조적 예술가에 대한 지원 프로그램, 혁신적·실험적 기관이나 프로그램에 대한 지원 등으로 예술 지원의 범위를 확대하였다 DiMaggio, 1986:117. 록펠러재단의 사업은 주로 미국에 국한되었지만 라틴아메리카, 아프리카, 중동 지역에 대한 지원을 계속 확대하였다.

오늘날 록펠러재단의 '창조와 문화' 프로그램은 3개 분야를 지원하고 있다. 첫째, '활발하고 창조적인 지역사회'로서 박물관에 대한 지속적인 지원과 소외된 비서구 문화의 공헌을 강조함으로써 문화의 회복과 혁신을 지향한다. 또한 이 재단은 소멸되어가는 예술작품에 대한 지원, 문화유산의 보존과 문화적 상황에 대한 연구를 지원한다. 둘째, '공공 영역에서의 지식과 자유'로서 독립적인 문화예술기관을 지원하고 공공영역에 대한 대중의 이해를 향상시키는 활동을 장려함으로써 시민사회를 강화하고자 한다. 셋째, '세계화 시대의 창조성과 혁신'을 위해 재단은 자체 프로그램인 '통합예술 생산기금The Multi-Arts Production (MAP) Fund', '박물관을 통한 문화의 회복과 재생산Recovering and Reinventing Cultures through Museums', '미국 예술가와 국제 축제를 위한 기금The Fund for U. S. Artists and International Festivals', '미국과 멕시코 문화 기금The U.S.- Mexico Fund for Culture', '창조적인 자본 기금Creative Capital Fund', 그리고 '영화/비디오/멀티미디어지원금Film/Video/Multi- media Fellowships' 등을 통해 정보화 시대에 어떻게 창조성을 이해하고 성숙시키는가를 탐구하는 계획을 실천하였다.

포드재단은 민간재단 중 예술 분야를 지원하는 지도자로서 활동하여 왔다. 이 재단은 예술과 문화가 민족의 우수성과 사람들의 생활을 향상시키며 사회에 대한 참여를 강화시킨다고 믿었다. 포드재단은 국가차원의 프로그램을 만드는 데 필요한 예술 이슈를 연구하였다. 초기에 뉴딜정책이 남기고 간 과제를 받아서 개인의 창의성을 강화하는 데 초점을 맞추었다. 1958년에는 80만 달러를 작가, 시인, 화가, 조각가, 극작가, 예술기관의 이사와 콘서트 연주자들을 지원하는 데 사용하였다. 맥카티McCarthy, 1994:23에 따르면 1962년까지 포드재단은 미국에서 가장 예술 지원을 많이 하는 재단이었으며 재단의 재산이 40억 달러에 달한 이후에는 프로그램

확대에 집중하였다. 시민 오페라, 레파토리 극장, 심포니와 발레 회사들이 포드재단의 영역 안에 있었다. 지원금의 크기도 커져서 1962년에 6백만 달러를 오페라에 지원하였으며 거의 8백만 달러가 7개의 발레 회사에 이 듬해에 지원되었다McCarthy, 1994:23. 포드재단의 지원은 오케스트라의 시즌 공연을 연장할 수 있게 하였으며 연주자들의 재정적 상황을 향상시켰다. 또한 포드재단의 지원으로 인하여 오케스트라 단원들의 연봉이 전반적으로 대폭 인상되었다(135%)Netzer, 1978:108. 즉 포드재단의 지원을 받는 심포니 오케스트라의 단원의 급여의 급증은 다른 심포니 회사에도 동일한 압력으로 작용하여 단원들의 연봉을 일제히 올리게 됨에 따라, 이들 회사의 경상수지 적자 또한 늘어나게 되는 현상을 낳았다. 일반적으로 1957년부터 시작하여 특히 1962년 이후 포드재단은 예술 지원에 활발히 참여함으로써 그 당시 가장 주요한 문화예술 분야 지원기관의 역할을 하였다. 이로써 재단은 1960년대와 1970년대에 미국의 전문적 예술 활동을 위한 예술기관들의 성장기반을 제공하였다DiMaggio, 1984:69.

1970년대와 1980년대 문화지원은 민간재단의 일반적인 지원 분야가 되었다. 1980년대에 설립된 2개의 대형 재단 - 폴 개티재단The J. Paul Getty Trust과 릴라 왈라스 - 리더스 다이제스트재단The Lila Wallace- Reader's Digest Fund - 은 주로 예술 분야를 지원하였지만 그 방식은 달랐다. 개티재단은 1991년에 기본자산 35억 달러를 추가로 적립하여 예술 지원에 추가적으로 지원할 수 있게 되었다. 폴 개티재단은 1990년 예산 2억 5천만 달러로 미국의 50개 주의 모든 예술위원회의 지출을 추월하여 지원하였다. 자체 박물관을 운영하는 것 외에도 이 재단은 로스엔젤레스 근처에 예술사와 인문학을 위한 개티센터를 건립하였다. 예술교육, 박물관 운영, 보존 훈련 등이 이센터의 활동 영역이었다. 미국에서 가장 활발하게 공연예술과 시각예술을 지원하는 릴라 왈라스 - 리더스 다이제스트재단은 소수인종 예술가들의 작품과 이러한 예술가들을 지원하는 예술기관을 활발하게 지원하고 있다. 1990년도에 이 재단은 예술 분야만을 지원하는 미국에서 가장 큰 재단으로 성장하였다. 1992년에는 거의 5천 6백만 달러를 지원하였는데 이는 지원액 규모로 두 번째에 해당하는 앤드류 맬론재단Andrew W. Mellon Foundation 의 두 배에 달하는 것이었다Wyszomirski, 1999:184. 1999년에 이 재단은 42개의 비영리극단을 포함하여 500개의 예술기관의 관객개발 활동을 지원함으로써 관객층을 넓히고 다양화시켰다Wallace-Reader's Digest Fund, 1999:4-5. 결론적으로 개티재단과 릴라 왈라스 - 리더스 다이제스트재단은 문화적 다양성을 고양시키기 위한 지원을 통하여 20세기 미국의 문화 후원에 중요한 역할을 하였다.

위에서 언급한 재단 이외에도 많은 다른 미국의 재단들도 예술 지원을 하고 있다. 앤드류 맬론재단은 시각예술의 보존, 박물관과 공연예술, 예술행정의 발전과 관련된 수 년 간의 프로젝트를 지원하였다. 크레스게재단Kresge Foundation은 대학의 자본 확충과 독립예술기관에 대한 지원을 하였다. 존 사이몬구겐하임재단John Simon Guggenheim Foundation은 예술가들에 대한 장기 지원을 제공하였다. JDR 3세 기금The JDR 3rd Fund과 록펠러형제기금 Rockefeller Brothers Fund은 예술교육과 국제 문화 교류를 지원하였다. 또한 휴렛재단The Hewlett Foundation, 맥아더재단MacArthur Foundation, 마블 퓨 미린재단 Mabel Pew Myrin Trust, 그리고 아만슨재단Ahmanson Foundation 등은 지역사회에서 평판이 좋은 프로젝트를 광범위하게 지원하였다DiMaggio, 1986:118.

결론적으로, 미국의 민간재단은 다른 비영리기관보다 예술 분야를 지원하는 데 큰 역할을 담당하였다. 왜냐하면 예술은 보건 및 복지 분야와는 달리 민간 기부에 대부분 의존하기 때문이다. 특히 포드재단과 같은 독립재단은 미국의 문화 발전에 큰 기여를 하였다. 포드재단과 더불어 록펠러재단과 앤드류 멜론재단, 그리고 릴라 월러스 - 리더스 다이제스트재단도 예술을 활발하게 지원하였다. 미국의 대형재단은 정부의 지원이 부족한 분야를 집중적으로 지원하였다. 예술 지원에 있어 재단들은 개척자의 역할을 하였으며 문화예술 지원과 관련하여 정부보다 몇 십 년 먼저 그 족적을 남겼다. 이들은 정부의 역할을 보완하여 오페라, 발레, 오케스트라, 연극, 박물관 등 전통적인 예술 분야를 지원함으로써 유럽의 문화에 종속되어 있었던 미국의 문화를 꽃 피우는 데 디딤돌 역할을 하였다.

3) 한국: 기업재단의 자체 예술기관 운영

기업재단은 비교적 기업 자체의 직접지원에 비해 경제적 상황의 영향을 덜 받고 운영된다. 따라서 기업재단은 모기업이 호황일 때 그 돈을 자선적 목적으로 저장하는 역할을 한다. 이로 인해 모기업의 경제적 상황이 나빠졌을 때도 재단은 비교적 안정적인 지원을 할 수 있다. 왜냐하면 재단과 관련된 비영리 법인 규정에 의하면 세제혜택을 받기 위해서는 재단은 예산의 80% 이상을 목적사업을 위해 사용해야 하기 때문이다. 만일 재단이 없는 회사라면 경제적으로 어려운 시기에는 기부금을 쉽게 줄이게 될 것이다. 기업재단은 또한 지원 요청자와 기업임원 간의 완충 역할을 담당한다. 기업의 임원은 거절하기 곤란한 지원 요청을 받더라도 "모든 지원의 결정은 기업이 설립한 재단에서 정해진 소정의 평가과정을 통해 지원한다"고 답변을 함으로써 정중하게 거절할 수 있다. 이외에도 기업재단의 지원은 기업에 의한 지원보다 더욱 조직적이고 선택적으로 이루어질 수 있다. 왜냐하면 기업은 지원을 담당하는 전문가 직원 없이 통상 홍보실에서 이 일을 담당하지만 재단은 지원하는 일만 전담하는 전담직원을 두고 있기 때문이다.

우리나라의 기업재단은 초기에는 교육과 사회복지 분야를 중심으로 지원하였다. 하지만 이들 기업재단은 곧 그들의 제한된 재원으로 엄청난 예산을 투자해야 하는 복지 분야를 효과적으로 지원하기 어렵다는 사실을 깨달았다. 그래서 재단들은 지원 분야를 다양화해 1990년대 이후에는 여러 분야에 대한 지원을 시도하였는데 문화예술 분야도 이 중 한 분야였다. 새로 설립된 기업재단은 사회적 환경의 변화에 부응하여 다양한 사회적 요구에 부응하기 위해 기존의 재단과 지원 분야를 차별화하고 있다. 예를 들면, 대우의료재단은 낙도·오지지역에서 저렴한 진료비로 의료행위를 제공하여 이 지역 주민들의 환영을 받았다. 그러나 대중교통수단의 발달과 전 국민의 의료보험화로 인하여 이러한 필요성은 점차 감소하였다. 주민들은 오히려 차를 타고 나가 주변 도시에 위치한 대형병원에서 의료보험 혜택을 통한 저렴한 수가로 진료를 받는 것을 더욱 선호하게 되었다. 사람들의 교육과 생활수준이 향상됨에 따라 양질의 문화적 생활에 대한 요구도 증대되었다. 이러한 상황을 반영하여 대기업이 박물관이나 미술관을 설립하여 기업총수의 부인이나 장성한 딸이 운영하는 경우가 늘어났다. 이에 따라 예술 분야는 대형 기업재단의 새로운 지원 분야로 급부상하였다. 현재 우리나라에서 가장 큰 기업인 삼성그룹에 의해 세워진 삼성문화재단의 주요지원 분야 또한 문화예술 분야다. 다른 대기업도 문화예술 지원 사업에 참여하여 LG그룹에 의해 LG아트센터가, 대우그룹에 의해 선재아트센터가 설립되어 운영되고 있다. 그럼에도 불구하고 예술 지원은 여전히 정부의 복지제도의 혜택을 늘 부족하다고 생각하는 사람들에게는 그다지 긴요하지도 않은 지원 분야로 취급받고 있다. 게다가 이들 기업재단의 예술지원은 자체 설립 문화예술기관의 운영을 통한 간접지원에 그치고 있어서 일반 시민들이 피부로 느끼는 지원보다 모기업의 이미지 홍보에 주력하여 이루어지고 있는 실정이다.

기업재단과 모회사와의 관계는 우리나라의 재단을 이해하는 데 매우 중요한 요소다. 독립된 개인재단과 달리 기업재단은 비록 독립적으로 운영된다고 하더라도 모기업의 종업원, 주주, 경영진들의 눈치를 봐야 한다. 대부분의 재단은 모기업의 임원들에게 간섭과 통제를 받는다. 비록 기업재단이 모기업과 독립된 법인으로 별도의 이사회를 구성하고 있더라도 이사회 임원으로 모기업의 임원이 임명되거나 모기업의 이사 중에서 파견되는 경우가 많다. 기업재단은 모기업에 재단의 예산과 활동을 정기적으로 보고해야 한다. 이로 인해 기업재단은 일반적으로 독립된 법인으로 인식되기보다 모기업의 자회사의 일종으로 간주된다. 그러므로 기업의 임원은 재단의 지원 결정에 참여하거나 기업의 이익과 관련된 분야로 지원이 제한되거나 기업이 위치한 지역사회를 중심으로 활동이 이루어지는 경우가 종종 있다. 그러나 기업재단의 기본 재산이 커짐에 따라 대중들의 재단에 대한 인식도 증가되어 지원 결정이 기업주나 기업의 임원에 의해 행해지던 것이 점차 전문경영인에게 옮겨지게 되었다. 하지만 재단의 중요한 사안과 관련되어 기업주의 영향력은 여전히 크다. 예를 들면, 대우재단의 전반적인 업무를 관장하는 사무국장은 이 분야 전문가를 채용하기보다 대우기업의 임원들 중에서 임명되었다. 이런 상황에서 비록 지원 결정이 독립적인 위원회를 통해 이루어진다 하더라도 이 사무국장은 재단의 정책 전반에 커다란 영향을 끼친다는 점에서 모기업의 영향이 재단에 항시 존재한다고 볼 수 있는 것이다.

우리나라의 재단은 서구의 재단과 구분되는 몇 가지 특징이 있다. 재단 이사진들은 주요한 정책 결정에는 참여하지만 프로그램이나 지원 신청의 평가에는 거의 참여하지 않는다. 어떤 경우 이사들은 단지 이름만 이사로 등재하고 재단의 활동이나 프로그램에 아무런 관심도 표시하지 않는 경우도 있다. 이들은 공식적 회의에 참석하기 위해 일 년에 몇 차례 재단을 방문한다. 다른 중요한 특성은 재단이 자신의 자산과 예산 규모에 대해 대중에게 공개를 꺼린다는 점이다. 우리나라의 기업재단은 보통 예산, 모든 지원 대상자들의 목록, 자세한 지원방식과 지원 분야에 대한 설명, 자산의 정확한 가치 등에 대해 제대로 공시하지 않고 있다. 이러한 점 때문에 국내 기업재단들이 세금을 회피할 목적으로 설립·운영되는 것은 아닌가 하는 의구심이 끊임없이 제기되어 오고 있다.

우리나라의 기업재단 중 삼성그룹은 5개의 재단을 설립하여 기업재단 지원 총액의 83. 3%를 차지하였으며 삼성그룹이 설립한 재단 중 삼성문화재단이 가장 규모가 크다. 널리 알려진 다른 기업재단으로는 LG연암문화재단이 있다. 그러나 이 두 재단은 예술기관을 직접 지원하지는 않고 있다. 이 두 재단은 자신들이 설립한 박물관, 미술관 혹은 예술센터의 운영을 하는 것이 주업무다. 이로 인해 예술 분야에 지원된 이들의 지원금은 기존의 예술기관에 직접 지원된 것이 아니라 자신들이 설립한 예술기관의 건립과 운영비용에 대부분 사용되었다. 국내 대표적인 기업재단의 이러한 재단 운영의 기본방향은 재단의 정책에 커다란 영향력을 행사하는 모기업의 총수나 임원들이 내용을 잘 알지 못하는 예술기관에 지원금을 주기보다 자신들이 운영하는 예술기관의 운영비로 지원하는 것이 더 안전한 투자라고 생각했기 때문이 아닌가 한다. 미국이나 서구유럽에 비해 예술기관으로부터의 지원요청을 이해하고 대응할 수 있는 문화엘리트계층이 이들 기업의 임원들 중에는 그다지 많지 않은 까닭에 대부분의 기업가들은 예술프로젝트의 가치를 제대로 인식하지 못하고 있다. 이에 따라 확신이 서지 않는 프로젝트에 투자하기보다 자신들이 소유한 문화시설을 운영함으로써 이를 통해 기업의 이미지 향상에 투자를 하는 것이 안전하다고 믿고 있는 것으로 보인다.

삼성문화재단은 미술관과 박물관을 서울과 용인에 두고 있으며 서울 시내에 로댕갤러리도 운영하고 있다. 문화재보존연구회를 보유하고 있으며 서양미술사와 음악사와 관련된 교육프로그램도 운영하고 있다. 이 재단은 외국에서 실용예술 분야를 공부할 사람들을 선발하여 지원하였는데 이러한 분야에는 음악과 무용, 예술행정, 영화 그리고 연극이 속해 있었다. 하지만 1999년 IMF로 인한 국내의 전반적 경기 침체로 이러한 지원이 중단되었고 그 이후 더 이상 운영되지 않았다. LG연암문화재단은 1999년 서울의 강남에 LG아트센터를 건립하였다. 이 재단의 주 활동은 이 예술센터의 운영에 집중되어 있으며 예술기관이나 예술가들에 대해 직접 지원은 하지 않고 있다.

우리나라에서 가장 큰 이 두 문화재단의 프로그램을 검토해 보면 이들의 예술 지원이 자체 예술기관 운영과 같은 간접적인 지원에 집중되어 있음을 알 수 있다. 이에 따라 우리의 기업문화재단은 예술기관의 입장에서 미리 협의되지 않은 채 지원요청서를 보낼 수 있는 곳이 아니다. 그러므로 예술기관은 이들 재단이 예술 자체를 위한 지원을 하고 있지 않는다고 생각하기에 지원 요청을 위해 재단보다는 기업을 방문하여 후원요청을 한다. 하지만 비록 세금의 회피를 위해 기업재단을 설립했다는 의구심과 이들 재단이 직접 지원을 거의 하지 않는다는 제한성이 존재함에도 불구하고 기업문화재단이 인프라가 훌륭한 박물관과 예술센터의 운영을 통해 예술 전시장과 공연장의 질이 높아졌음은 그 성과로 인정해야 한다. 하지만 이러한 활동은 사실상 기업재단이 모기업의 이미지를 광고 및 홍보하려는 전략의 일환인 측면에서 개인이 설립한 미국의 독립재단과 같은 적극적인 활동을 하는 재단의 모습을 찾아보기는 어렵다. 문화 분야에서 이러한 역할은 이제 기업재단이 아닌 각 지자체에서 설립한 지역문화재단에 부여되고 있다.

지역문화재단은 그 사업비와 운영비가 지자체 정부로부터 지원되기에 순수한 민간재단이라기보다 공공기관에 가깝다. 하지만 이러한 재단들이 민간재단이 갖고 있는 자율성과 독립성을 어느 정도 확보하지 못하면 실제로 재단을 별도로 세울 명분이 없어진다. 즉 재단의 사업방식이나 성격이 기존의 지자체의 공무원이 직접 시행하는 것과 별반 차이가 없다면 재단의 사무실 임대료와 직원들의 급여 등을 정당화할 근거를 갖기 어렵다. 하지만 또 다른 한편으로 지자체 재단은 시민의 세금으로 운영되기 때문에 공공기관에 준하는 회계적 책임성을 가져야 한다. 지자체 재단의 설립은 지자체 단체장의 정치적 입지를 강화할 목적과 관료체제에서 자유롭게 문화예술을 지원하는 것이라는 두 가지 목적을 동시에 갖고 있다. 따라서 지역문화재단의 올바른 운영과 바람직한 방향의 정립은 이를 설립하고 운영을 감독하는 지자체 정부의 역량에 달려있다. 예술단체 및 예술가에 대한 직접 지원을 위주로 하는 지역문화재단의 경우, 기존의 자체 예술기관의 운영을 중점으로 하는 기업재단의 영향력을 월등히 능가하는 재단의 형태로 부상하고 있다. 따라서 이러한 지역문화재단의 올바른 성장은 우리나라 재단의 역할에 대한 중요성을 일반 시민들에게 인식시킬 수 있는 계기로 이어질 수 있을 것이다.

재단에서 일하기

필자는 특별히 의도하지 않았지만 지금까지 주로 재단에서 근무해왔다. 첫 번째 재단은 민간재단인 '대우재단'이었고, 두 번째 재단은 지역문화재단인 '서울문화재단'이었다. 기업의 수출부에서 근무하다가 대우재단으로 이직한 후 든 첫 생각은 '돈을 버는 일만큼 돈을 의미 있게 쓰기도 어렵다'는 것이었다. 그러나 이러한 어려움에도 불구하고 사회적인 공헌과 의미에 대하여 고민하는 일은 항상 금전적 가치보다 사회적 가치를 추구한다는 점에서 그 자체가 즐거움이었다. 또한 잦은 야근과 거의 자정까지 이어지는 회식이 익숙한 기업의 문화와 민간재단의 문화는 굉장히 달랐다. 대우재단은 모기업에 비하여 소수의 인원이 근무하기에 직원들의 가족들을 대부분 알고 있을 정도로 직원 간의 관계가 가까웠다. 그리고 복지후생이나 근무환경의 면에서도 모기업보다 좋은 편이었으며 정시퇴근이 일반적이었다.

민간재단은 행정업무 처리에 있어서도 일반 기업에 비해 규정에 얽매이지 않고 자유롭게 결정할 수 있는 부분이 많았다. 그리고 담당자의 의견이 사업에 반영되거나 사업의 방향을 결정하는 데 상당한 영향력을 끼칠 수 있다는 점은 어느 직장에서 쉽게 볼 수 없는 커다란 장점이었다. 이는 인원이 많지 않아 결재단계가 기업에 비해 매우 단순하다는 데에서 기인하였다. 그리고 재단에서 일하는 사람들은 재단의 총무와 회계를 담당하는 관리직과 실제 지원업무를 담당하는 기획직으로 나뉘어 있는데 이 두 부류의 직업 사이에는 출신 배경이나 학벌, 관심 분야 등의 측면에서 보이지 않는 간극이 존재하고 있었다. 재단을 움직이는 핵심적인 일은 기획부에서 담당하고 있었지만 관리직의 도움 없이는 기획 자체가 무용지물이라는 점에서 이 두 부서는 매우 유기적인 협력을 전제로 일을 진행하여야만 하였다. 하지만 기획과 관리가 명확하게 구분되지 않는 영역이 존재하기 때문에 가끔 이 두 부서 간의 갈등관계가 조성되기도 하였다.

대우재단 기획부에서 근무한 필자가 가장 많은 시간을 투여했고 가장 보람이 있었던 업무는 새로운 사업을 만드는 일이었다. '~사업 기획(안)'이라는 이름으로 새로운 영역의 사업이 왜 필요한가에서부터 이를 수행하기 위한 전반적인 프로세스를 정리하여 정기적인 기획회의에서 발표하였고 여기서 채택이 되면 바로 예산이 투입되어 사업으로 진행되었다. 대우재단에서 근무하면서 만든 사업 중 가장 기억에 남은 사업이 '박사과정 장학연구지원' 사업이었다. 이 사업은 우수한 인재들이 국내에서 박사과정을 하기보다 해외 대학을 선호한다는 사실에 착안하여 재단에서 인정한 기초분야의 우수한 교수에게 추천권을 주어 그 교수에게 지도를 받는 박사과정 학생들에게 1년간 장학금을 지원하는 프로그램이었다. 이 사업 기획의 핵심은 이러한 학생을 추천하는 권한을 가질 수 있는 우수 교수를 어떻게 선발할 것인가와 추천된 학생을 어떤 기준으로 선발할 것인가, 그리고 동일 학생에 대한 연속 지원을 할 경우 전년도 지원의 결과를 어떻게 평가할 것인가에 대한 재단 나름의 방침과 이에 따른 근거를 마련하는 것이었다.

하지만 재단은 전반적으로 역동적이며 자주 변화되는 직장이기보다 안정적이고 다소 보수적인 직장이었다. 따라서 새로운 기획과 새로운 사업을 하기보다 핵심 사업의 경우에는 10년 이상 그 형태가 바뀌지 않고 진행되었다. 따라서 어느 정도 경험이 쌓이면서 담당하고 있는 업무를 처리하는 것이 기계적으로 가능하면서 점차 반복적인 일상에 대한 권태감이 쌓이기 시작하였다. 하지만 비슷한 유형의 사업을 하는 재단이 거의 없고 재단 직원들 사이의 이동이 거의 없는 관계로 이전 직장을 경험을 바탕 삼아 다른 직장으로 전직을 하기가 어려웠다.

그러다가 유학을 통해 예술경영과 문화정책이라는 학문을 공부하게 되고 이러한 학문적 배경을 활용하여 다시 입사한 직장은 또 재단이었다. 두 번째로 근무한 재단은 지역문화재단이라는 성격의 신생 재단으로서 서울시가 출연하여 만든 기관이어서 법적인 지위는 민간지관이었지만 실제로 내부적인 행정은 공무원의 시스템을 그대로 따르고 있었다. 특히 초창기에 행정적인 절차와 서류양식들을 재단에 파견 온 공무원들이 대부분 만들게 되어 거의 서울시 행정서류 절차와 유사하게 행정이 이루어졌다. 따라서 이러한 재단에서 몇 년간 근무한다면 공무원으로 일해도 전혀 불편이 없을 정도로 서울시의 행정체계에 익숙해지게 된다.

서울문화재단에서 일을 하면서 '대우재단'이라는 민간재단과 무늬만 민간인 지역문화재단의 성격이 비교가 되었다. 가장 큰 차이점은 서울문화재단의 경우 대우재단에 비하여 행정절차가 무척 복잡하였으며 이를 충실히 따르기 위해서는 직원들의 자율성이 상당히 침해받는다는 점이었다. 대우재단에서 평직원과 대리로 근무할 때보다 서울문화재단에서는 부장이나 팀장이라는 직책을 갖고 있었음에도 불구하고 필자가 개인적으로 제기하여 채택되거나 개인적 의견이 사업에 반영되는 비율은 민간재단의 평직원 시절이 더 높았었다는 사실을 깨달았다. 이는 조직의 크기가 필자가 근무했던 민간재단보다 2배는 더 커서 결재과정의 단계가 많다는 데도 기인하지만 직원들의 자율성이나 창의성을 인정하기보다, 직원들을 통제하고 조정해야 할 대상으로 보고 이를 가능하게 하는 세부 복무규정을 자꾸만 만들어서 옥죄어 가는 조직문화가 새로운 시도나 제안 자체를 불가능하게 하였다. 또한 신설재단이라는 특성상 외부에 보여줄 수 있는 가시성을 중심으로 재단의 정책이나 사업이 결정되어 일회성의 이벤트적인 사업이 많았고 수차례의 조직개편을 통해 자주 자리를 이동한 점 등이 조직 구성원들에게 피로감을 주어 안으로는 보신주의적 업무처리, 밖으로는 지원금을 나누어 주는 권력기관으로서의 위압적 태도 등의 바람직하지 못한 태도가 일부 직원에게서 형성되기도 하였다.

재단에서 일을 하면서 재단과 관련된 가장 중요한 두 가지 이슈는 '책임성accountability'과 '투명성transparency'이라는 생각이 들었다. '책임성'은 민간재단의 경우, 세제혜택을 받는다는 입장에서, 지역문화재단과 같이 공공적 성격의 재단의 경우 시민의 세금인 공공기금을 받는다는 측면에서 중요한 요소로 작용한다. 즉 민간이든 공공이든 재단은 공공적인 성격을 추구하고 바람직한 사회자본Social Capital을 창출하는 역할을 해야만 하는 것이다. '책임성'을 실현하기 위한 하나의 수단으로 '투명성'을 들 수 있다.

흔히 기업재단의 경우 규모가 큰 재단은 사업보고서를 발행하지만 규모가 작은 재단은 이마저도 발간을 하지 않아서 해당 재단이 어떤 사업을 어떤 방식으로 하고 있는지는 이를 감독하는 기관만이 알 수 있다. 우리나라 재단과 관련된 세미나에 참석하여 보면 많은 학자들은 세금을 탈피하기 위한 수단으로 기업들이 재단을 만들고 운영한다는 생각을 갖고 있었다. 재단 자체는 이러한 생각을 오해라고 주장을 하면서도 사업보고서에 지원한 단체명과 이들 단체를 선정한 이유, 재단의 예산집행 실적, 재무제표와 대차대조표 등의 자료를 사업보고서에 상세히 기술하는 재단은 많지 않은 것이 현실이다.

이에 반해 지역문화재단은 시의회 및 서울시 관계 공무원의 감사를 받고 시 행정이 그러하듯이 모든 절차를 재단의 홈페이지를 통해 공개를 하여야 한다는 내부규정으로 인하여 이러한 '투명성'은 기업재단에 비해 잘 지켜진다. 하지만 지역문화재단의 경우에도 심사자 선정이나 지원관련 요강의 내용의 조정을 통해 결정권을 가진 사람이 원하는 사람이나 단체를 지원할 수 있게 분위기를 조성하는 것은 어느 정도 가능하다. 따라서 이러한 '투명성'의 철저한 실천을 위해서는 재단의 대표이사 등 고위층의 높은 도덕성이 요구된다. 따라서 이러한 재단을 이끌 사람을 선정하는 데 있어서 리더로서의 능력도 중요하지만 자신이 가진 파워를 자신의 친분 네트워크 내에 있는 단체나 개인의 지원을 위해 남용하지 않는 도덕성을 갖춘 사람이 임명되는 것은 더욱 중요하다.

2장

예술 지원과 재단

1. 예술을 위한 공공지원과 민간지원

1) 정부의 예술 지원의 정당성

정부는 왜 예술을 지원하는가? 이것은 정부의 문화예술 정책과 관련된 핵심 질문이다. 이 질문에 대한 대답을 통해 왜 대부분의 정부가 교육이나 복지와 같이 문화예술 분야를 정부 관여의 영역으로 취급하는지를 파악할 수 있다. 선진국들은 대부분 문화 분야를 관장하는 정부 부처를 갖고 있고 이를 통해 정부가 예술 지원에 관여한다. 대부분의 정부는 높은 수준의 공연 혹은 세계적으로 유명한 박물관의 존재에서 나타나는 문화적 성취 이미지가 그들의 국제적 이미지를 높여줄 것이라고 믿고 있다. 그 외에도 북한과 소련과 같은 공산주의 국가들은 예술을 국가 이미지를 고양시키는 데 사용하기보다 경제적 실정을 가리기 위한 위약이나 정치권력을 홍보하는 도구로 사용하고 있다.

버몰과 보웬Baumol and Bowen, 1966:161-172은 '비용-질환cost disease'이라는

유명한 이론을 통하여 예술기관 및 단체가 자신들의 경영의 잘못으로 인한 것이 아니라 수지격차로 인하여 적자에 허덕이므로 정부가 이에 대해 지원 해야 한다는 주장을 설득력 있게 제시하였다. 이들의 이론에 의하면 여타 제조업과 비교하여 공연예술 분야는 새로운 기술의 발달로 인해 노동비용의 절감효과를 기대할 수 없는 내재적 요인이 있다. 즉 100년 전의 오케스트라가 연주한 곡을 연구하기 위해서는 오늘날에도 같은 수의 단원이 필요한 것이다. 그 밖에도 연주자들이나 극단 단원들의 임금을 포함한 공연과 관련된 제반 비용은 물가인상에 따라 상승하지만 수지격차를 메울 정도로 티켓요금을 인상할 수는 없다. 고가의 티켓가격에 대한 가격 저항으로 인하여 공연 관객이 줄어 들 수 있기 때문이다. 이러한 현상을 그들은 공연예술의 '시장실패market failure'라고 불렀다. 따라서 이러한 공연예술의 '시장실패'가 공연예술단체 자신들의 잘못이 아닌 외부요인에 의해 이루어졌기에 버몰과 보웬은 정부의 예술지원이 정당화될 수 있다고 주장하였다. 이들은 또한 예술을 교육과 마찬가지로 일부는 공공재적 성격이, 또 다른 일부는 사적인 성격이 있는 '혼합재mixed goods'로 규정하여 정부의 지원에 대한 정당성과 관련된 근본적인 이유를 부여하였다. 어느 면에서 예술은 개인 구매자에게 혜택을 주므로 사적인 재화라고 볼 수 있지만 사회 전체의 창의성을 높이고 풍부하게 한다는 점에서 공공재이기도 하다는 것이다. 또한 예술은 한 사람에게 공급되어도 필연적으로 그 사회의 다른 구성원이 이용할 수 있는 특성이 있으며 그러한 예술의 보존에 실패하면 미래세대에는 복원이 매우 어렵다. 그러므로 이들은 예술 지원과 문화정책에의 정부의 개입의 정당성을 공연예술의 '비용질환'과 '시장실패' 그리고 예술의 공공적 성격과 관련된 이론에 근거하여 주장을 펼쳐 보였다.

예술에 대한 정부 지원의 또 다른 근거는 예술의 내재적 가치 및 예술이 가져오는 파급효과와 연관되어 있다. 예술은 혁신과 창조성의 원천으로서 또한 경제효과의 촉매자로서 간주되어 오고 있다. 정부 지원은 예술이 창조성과 혁신의 원천으로 지원할 만한 가치가 있다는 것을 사회에 공언하는 행위이기도 하다. 과학과 의학처럼 예술은 인간의 삶의 질과 깊게 연관되어 있다. 문화산업의 급격한 발전과 수출에서의 문화상품의 중요성은 공연예술 및 시각예술 등 기초예술에 기반하여 이러한 산업이 발전하여 왔음을 보여주고 있다. 경제적 효과를 기반으로 정부의 지원을 받으려는 다른 의제들과 경쟁하면서 예술에 대한 정당성 이론들을 더욱 공고히 하기 위하여 예술계는 노력하고 있다.

일반적으로 정부가 예술을 지원하는 이유는 다음과 같이 요약될 수 있다. 국가 정체성의 고양, 경제적 중요성, 공공재로서의 외부효과, 문명화와 교육효과, 미래세대를 위한 복지 등이 바로 그 이유들이다. 그러나 이러한 이유들은 가끔 다른 측면에서 공격을 받는다. 가령, 예술이 공공재로 여겨진다 할지라도 대부분의 사람들은 예술에 대한 취향을 개발하지 못하였기에 예술을 건강, 교육, 주택 문제만큼 자신들에게 중요하다고 생각하지 않는다. 오히려 사람들은 예술을 사회재 혹은 공공재라기보다 사치재라는 생각을 많이 한다. 특히 예술을 즐길 만한 기회를 가져보지 못한 사람들은 더욱 더 그러하다. 이러한 관점에서 바라보면 다른 분야의 정책과 비교하면 문화정책은 주변적 중요성만을 지닌다. 따라서 문화예술이 공공지원과 관련된 정당성을 공고히 하기 위해서는 대중적인 합의에 기반한 논리의 개발이 필요하다. 일반적으로 논의되는 예술의 정당성과 관련된 논쟁의 내용은 다음과 같다.

국가 권위와 정체성 고양

특정 국가의 국제적 위상과 명성은 그 나라의 예술의 발달과 연관되어 있다는 생각은 문화적 성취가 정치적·경제적 영향력과 마찬가지로 힘을 발휘하고 다른 분야에도 영향력을 행사할 수 있다는 주장으로 이어진다. 이러한 논리에 의해 많은 국가들은 정치적이나 경제적으로 어렵고 민감한 시기에 웅장하고 화려한 예술기관을 설립하였다. 예를 들면, 제2차 세계대전 이후에 많은 유럽 국가들은 경제적 어려움에도 불구하고 대형예술기관을 건립하였다. 우리나라에서는 독재정권하에서 1986년 아시안게임과 1988년 올림픽게임의 준비와 관련하여 예술의 전당과 과천현대미술관을 건립하였다.

그러나 이러한 주장을 다음의 두 가지 측면에서 다시 생각해 볼 필요가 있다. 첫째, 국가적 위신을 확립하고 국가의 대표적 예술기관의 질을 올리려는 정부의 지원은 종종 대중의 접근성을 희생한 상태에서 이루어질 수 있다. 왜냐하면 이러한 혜택은 예술계가 다른 나라의 예술 수준과 비교하여 매우 뛰어난 경우에만 가능하기 때문이다. 그 결과 이러한 측면에서의 예술 지원에 관한 정당성의 주장은 문화민주주의에 대한 고려를 결여하고 있음을 보여 준다. 예를 들면 첫째, 공연예술 분야에서 오페라나 발레와 같은 소수의 엘리트 애호가를 위한 공연 형태가 공공지원의 많은 부분을 차지하고 있다. 미국의 경우, 국립예술기금의 상당 부분이 심포니 오케스트라나 오페라와 같이 티켓 가격이 비싸도 공연을 즐길 수 있는 관객들이 즐기는 예술을 위해 지원되고 있다. 이와는 대조적으로 대중예술은 대부분의 사람들이 즐기고 있지만 자생력으로 시장에서 살아남을 수 있다는 이유로 인해 공공지원의 사각지대에 놓여 있다. 둘째, 예술 이외에도 국가 위신을 향상시킬 수 있는 것들은 많다. 예를 들면, 세계적인 축구팀과 유명한 기업 상품, 그리고 노벨상 수상자들이 바로 그러한 요소들이다. 만일 예술이 국가의 권위와 위신을 향상시킨다는 이유 때문에 공공지원을 받아야 한다면 이러한 기여를 하는 다른 모든 것들도 함께 지원받아야 할 것이다.

국민의 신체적 복지와 마찬가지로 한 나라의 문화적 정체성은 보호되고 유지되어야 한다. 문화적 정체성은 자의식이나 자존심과 마찬가지로 국민들에게 중요하다. 이러한 주장은 소중한 예술품의 수출을 제한하고 타국으로부터의 문화산업의 생산물이 대량으로 유입되는 것을 방지하는 활동과 연관이 된다. 영국 정부는 국가문화유산과 뛰어난 예술품을 자국 내에 보존하기 위하여 세제혜택을 활용하고 프랑스와 캐나다는 미국 문화의 자국 내 세력 확장을 염려하여 '문화적 예외 조항'을 강하게 주장하고 있다. 글로버만Globerman, 1983은 국가 정체성의 혜택은 사회적 융합이나 조합과 동의어이며, 이러한 융합은 사람들 사이의 사회적 소통과 연관되어 있다고 한다. 따라서 예술이 우리가 누구이며 어떻게 살아야 하고 우리 삶에서의 문제가 무엇인지를 이해하도록 도와준다면, 이는 마땅히 부분적으로나마 국가의 지원을 받아야 한다고 주장하고 있다. 오하간O'Hagan, 1998:24은 이것에 대한 반론을 제기하면서, 만일 예술에 대한 공공지원이 사회적 소통의 증진과 관련하여 정당하다면, 신문이나 잡지 등과 같은 다른 커뮤니케이션 미디어도 예술과 마찬가지로 지원을 받아야 할 것이라고 하였다. 그러므로 예술에 대한 강력한 정부의 지원 토대를 만들기 위해서는 유사한 다른 분야와의 차별성을 분명히 하여야 할 것이다. 동시에 예술이 국가적 위신과 정체성을 고양한다는 주장은 문화민주주의나 문화적 다양성이라는 다른 중요한 개념과 함께 고려되어야 할 것이다. 국가적 위상이나 정체성 측면만을 너무 강조하다 보면 역사가 증명하듯이 결국 히틀러식 쇼비니 즘[5]에 빠지게 될 수도 있기 때문이다.

경제적 중요성

예술의 경제적 중요성은 예술에 대한 정부 지원의 이유 중 가장 전형적인 것이다. 이 주장은 공공지원을 받고 있는 예술이 그 자체로서 뿐만이 아니라 상업예술과 문화산업에 중요한 기초를 제공함으로써 경제적으로 기여한다는 것을 강조한다. 화이스트Feist, 2001:195는 공공지원을 받고 있는 예술이 문화산업의 중요한 연구와 개발R&D 역할을 담당하고, 젊은 예술가와 기술자들이 문화산업계로 이전하기 이전에 경험을 쌓고 기술을 개발하는 중심 훈련장으로서의 역할을 한다고 보았다.

마이어스코프Myerscough는 『영국에서의 예술의 경제적 중요성The Economic Importance of the Arts in Britain』(1988)이라는 저서를 통해 예술의 경제적 중요성을 입증하는 다양한 통계자료를 제시함으로써 영국에서의 예술의 공공지원의 정당성의 논리를 확립하는 데 기여하였다. 정책연구소The Policy Studies Institute는 이 저술을 굴벤키안재단과 예술과 도서관위원회The Office of Arts and Libraries, 미술관 및 박물관 위원회The Museums and Galleries Commission, 영국예술위원회The Arts Council of Great Britain, 공예위원회The Crafts Council 등 주요 국책기관의 지원을 받아 출간하였다. 이 연구는 영국의 문화계가 정치가들이 좋아하는 용어인 '경제적'인 측면에서 예술 지원을 중심으로 예술에 대한 공

5 배타적(排他的) 애국주의를 뜻함. 프랑스의 연출가 코냐르가 지은 속요(俗謠) 「삼색모표(三色帽標), La Cocarde Tricolore」 (1831)에 나오는 나폴레옹 군대에 참가하여 분전하고, 황제를 신(神)과 같이 숭배하여 열광적이고도 극단적인 애국심을 발휘했던 쇼뱅이라는 한 병사의 이름에서 유래한 말이다.

공지원을 강력하게 주장한다Taylor, 1997:442. 마이어스코프는 예술소비의 '복합효과multiplier effect'에 대한 주장을 발전시키면서 간접소비와 고용이 예술에 대한 직접소비에 의해 촉진되었으며, 특정 도시지역에 기업을 유치하는 데 예술이 중요한 역할을 한다는 것을 보여주었다. 예술의 경제적 중요성에 관한 이 같은 주장은 영국 정부가 예술을 비롯한 제반 분야에 정부의 재정지출을 축소했던 1980년대 말에 예술에 대한 공공지원의 논리를 정당화하는 데 사용되었다. 이와 같이 예술이 고용촉진, 관광객 유인, 지역개발의 중요한 도구로 사용된다는 주장은 당시 영국의 대처리즘의 '돈의 가치value for money'라는 실용주의적인 철학을 만족시켰다.

그러나 이 책이 언론의 집중을 받은 만큼 또한 반대 논리의 측면에서 공격을 받았다. 최소한 영국에서의 예술은 직업을 창출하는 데 그다지 적합한 방법은 아닌 것으로 보인다는 것이 그 반박 논리 중 하나였다. 왜냐하면 대체적으로 예술계에 종사하는 사람들은 급여수준이 낮아서 다른 분야의 경제활동을 통한 소득보다 예술관련 직업을 통한 국가수입의 증가가 낮기 때문이다Towse, 1997:701. 경제학자인 휴즈Hughes, 1989:35는 마이어스코프의 연구에서 문화산업의 정의가 너무 넓어서, 100억 파운드 규모의 예술계의 총수입의 10% 미만만이 전통적인 예술 분야로부터 산출된다고 주장했다. 그는 마이어스코프에 의해 정의된 나머지 90%인 28억 파운드가 방송, 영화, 미디어 제작을 포함한 기계적 공연에서, 36억 파운드가 책, 레코드, 예술품 거래에서, 그리고 26억 파운드가 예술과 연관된 소비인 식당, 호텔 등의 서비스 비용으로 지불된다고 보았다. 따라서 그는 전통예술 분야가 공연예술과 시각예술로 한정되어 있어서 마이어스코프에 의한 문화산업을 포함한 예술에 대한 이러한 넓은 정의는 현실적으로 별다른 의미를 주지 못한다고 결론지었다.

마이어스코프의 예술의 경제 효과에 반대하는 다른 주장들이 있다. 베넷Bennett, 1994:24은 고용과 관련되어 마이어스코프의 저서의 통계가 잘못되었다고 주장하였다. 그리고 예술과 관광과의 관계는 아직 한 번도 제대로 증명된 적이 없으며 도시개발과 관련된 예술의 공헌 또한 과장되었다고 주장하였다. 푸펠른Puffelen, 1996:241 또한 "예술의 경제적 중요성과 관련된 이러한 연구가 친예술적 태도를 지닌 기관의 지원에 의한 것"이라는 사실에 근본적인 문제를 제기하였다. 한센Hansen, 1995:309-322은 예술의 경제적 중요성을 증명한 사람들에 대하여 예술을 근본적으로 잘못된 잣대로 평가하는 오류를 점하고 있다고 지적하였다. 한센은 예술의 영향력을 개혁과 창조성 혹은 사람들의 삶의 질과 연관하여 살펴보는 것이 고용과 수입이라는 경제적 용어로 평가하는 것보다 더 낫다고 주장하였다. 즉 예술의 중요성을 경제적인 것으로 바라보기 시작하면 우리는 예술이 우리에게 주는 본질적인 혜택인 창의성 함양 및 삶의 질의 향상 등을 부차적으로 보게 되기 때문이다. 프로더로프와 픽Protherough & Pick 또한 한센의 견해에 동의하면서 다음과 같은 주장을 제기하였다.

마이어스코프의 연구에서는 음악, 드라마와 같은 예술의 질이 중요하지 않다. 예술은 단순히 경제적 산물로 존재하며 상업적 경향을 강화시키고 있을 뿐이다 (Protherough & Pick, 2002:54).

파이스트Feist, 2001:214 또한 경제적 주장과 관련된 근본적 이슈를 지적하였다. 그에 의하면, 경제적 효과 연구를 둘러싼 가장 기본적인 이슈는 예술의 궁극적 목적과의 관계다. 왜냐하면 직업과 판매증진 등의 경제적 효과란 예술 활동의 부수적 결과일 뿐 궁극적 목적은 아니기 때문이다. 파이스트Feist, 2001:216는 마이어스코프의 연구에는 잠재적인 사회적 혜택이나 개인의 심리적 혜택을 전혀 측정하지 않았다고 지적하였다. 결국 마이어스코프는 경제적 혜택에만 논의의 초점을 맞추었기 때문에 예술의 사회적 영향이나 지역사회에 미치는 긍정적 영향, 지역 내에서의 자신감을 고취시키는 시민적 정체성의 원천과 같은 눈에 잘 띄지 않는 혜택을 분석하지는 않았다는 것은 사실이다.

　　마이어스코프의 연구가 보여주듯이 지금까지 예술의 경제적 중요성에 대한 주장은 전통적인 예술 분야에만 국한되지 않는다. 문화산업의 경제적 중요성에 대한 인식은 고용의 가능성, 지역개발에서의 역할, 그리고 관광투자 등으로 인해 오히려 증가하고 있다. 예술의 경제적 효과에 대한 연구는 예술의 경제적 성공을 증명하는 학술적 이론의 근거로서 개발된 것이 아니라, 오히려 정부와 국민들로 하여금 예술이 공공지원을 받을만한 가치가 있다는 것을 설득하려는 취지에서 개발된 것이기 때문이다. 그러므로 예술의 경제적 효과에 대한 연구가 과장되었다거나 예술의 총체적 가치를 표현하는 데 실패했다는 등의 비판에도 불구하고 문화예술을 지원하는 중요한 논리적 근거를 제공하였다는 점에서 이 연구는 중요하게 취급되었다. 이러한 연구는 또한 정부가 예술을 더 활발하게 지원하도록 설득하는 가장 효과적이고 성공적인 방법으로 볼 수 있다. 또한 영국의 예에서 보듯이 경제적 불황기에 이러한 연구서는 정부의 예술 지원의 필요성에 대해 강조하는 데 중요한 역할을 담당하였다.

　　그러나 예술은 통계를 내고 수치로 측정할 수 없는 눈에 보이지 않는 다양한 혜택을 우리들에게 제공하여 준다. 예를 들면, 훌륭한 고전음악이 젊은이들에게 주는 영향과 한 편의 영화가 실의에 빠진 사람에게 용기를 주는 긍정적 영향은 통계화 될 수 없다. 만일 우리가 예술이 개인이나 사회에 대한 창조성, 상상력, 영감에 끼치는 영향을 보여주려고 한다면 이것은 경제적 관점을 넘어서야 가능하다는 것은 자명하다. 그러므로 경제적 중요성에 대한 연구가 설득력 있는 예술에 대한 공공지원의 근거를 제공한다 할지라도 이것이 예술 지원의 중심적인 이유는 될 수 없다. 오히려 예술의 존재가 우리의 삶에 주는 의미와 가치 등이 정부의 예술 지원의 근본적인 근거로 고려되어야 할 것이다.

공공재로서의 외부효과

경제학자들이 말하는 '시장'의 개념은 '재원을 효율적으로 분배하고 욕구를 충족시키는 메커니즘'이다. 이상적인 시장은 소비자의 개별적인 소비 결정이 완전한 정보에 근거하여 이루어지는 곳이다. 하지만 현실적으로 독과점과 매점매석 등이 이상적 시장 형성을 방해하고 있다. 또한 생산자와 소비자 사이의 정보 불균형이 존재하므로 정부가 양자 사이의 동등하고 협동적인 관계를 위해 중재자로서 개입하기도 한다. 현실세계의 다른 시장처럼 예술시장도 소비자의 정보가 완벽하지도 않고 종종 예술소비자 사이의 구두 의사전달 수단에 의존하므로 이상적이고 완벽한 시장과는 거리가 멀다. 고급 예술 장르의 경우, 교육, 수입, 직업 등의 요소에 의해 관객이 제한되므로 이러한 예술 분야는 만성적으로 수요가 적다. 이에 따라 이러한 예술을 최적 생산하는 데 실패하게 되므로 정부의 개입이 필요하다. 만일 정부가 시장에서의 수요가 없다는 이유로 고급예술을 지원하지 않는다면, 이러한 예술은 곧 사라져 버릴지도 모른다. 한 번 이런 일이 일어나면 다시 살리기는 어렵다. 예술은 공공재로서의 성격이 있기 때문에 정부는 수요의 최적 수준을 결정하고 모든 국민을 위한 공공재의 산출의 수준을 복지적 측면에서 최적화 수준으로 생산하도록 만들어야 한다. 하지만 정부가 이러한 시장메커니즘에 대한 스스로의 간섭을 최소화하기 위해서는 시장행위 자체를 바꾸어야 한다. 이를 위해서 정부는 다양한 지원 시스템을 적용시켜 봄으로써 이러한 정책이 어떻게 성취될 수 있는지 살펴보고 또한 시장행위를 관찰함으로써 각 지원 시스템의 효과적인 성취여부를 측정하여 보는 것이 중요하다.

위에서 언급한 대로, 예술은 공공재로 간주되며 이러한 공공재로서의 예술은 이를 후원하고 즐기는 사람 이외의 개인들에게 혜택을 주는 외부효과와 연관되어 있다. 공공재의 소비에는 '비배제non-excludable'와 '비경쟁non-rival'이 이루어진다. '비배제'는 가격을 지불하지 않은 사람들도 재화의 혜택을 누릴 수 있다는 것을 의미한다. '비경합'은 한 사람의 재화 소비의 혜택이 다른 사람에게 가는 혜택을 감소시키지 않는다는 것을 의미한다. 교육, 환경, 국방 또한 공공재로서 이러한 성격을 갖고 있다. 이러한 재화를 공급하는 데에는 또한 '무임승차자free-rider' 문제가 있다. 예술은 이를 감상하기 위하여 관객으로 돈을 지불한 사람들에게 혜택을 줄 뿐만 아니라 그 예술이 존재함으로 인하여 모든 사람들에게 일반적 혜택을 부여한다. 이러한 특성 때문에 정부의 지원을 통한 간섭이 정당화 된다. 정부는 예술과 같은 가치재를 공급하려고 노력할 필요가 있다는 논리는 개인들은 공공이익이나 그들 자신의 본질적인 이익에 관하여 가장 훌륭한 판단자가 아니므로 이러한 가치재를 적게 사용할 염려가 있다는 점에서 설득력을 얻고 있다.

그러나 만일 예술의 수혜자들이 부유한 계층의 사람들로만 한정된다면 예술의 공공지원을 정당화하기란 어렵다. 어떤 사람들은 혁신적 예술은 납세자들에 의해 지원받아야 하고 이러한 예술을 창조함으로써 실패의 위험을 떠안았던 예술가들도 지원해야 한다고 주장한다. 하지만 정부의 입장에서는 고급예술과 대중예술 그리고 전통예술과 혁신예술 지원 사이에서 균형을 잘 유지하는 것이 중요하다. 따라서 시장실패의 주장은 얼마나 많이, 얼마나 자주, 그리고 어떤 수준의 소비와 생산이 이루어져야 하는가에 대한 합의가 있을 때 예술을 위해 공헌할 수 있다. 이러한 의미에서 이러한 주장은 경제적인 것이라기보다 예술의 가치와 정치적 이데올로기와 관련된 것이다.

문명적 사명과 교육

예술이 대중에게 문명적 영향을 발휘한다는 관점은 사회발전에 예술이 중요한 역할을 한다는 것을 의미한다. 크라이 타이트Creigh-Tyte는 예술 지원의 이유를 "교육적·문명적 효과"라고 보았다.

> 연극, 영화, 음악, 오페라 등의 예술을 감상하는 것은 명백히 문학과 공연예술에 대한 이해를 증진시키는 것이다. 마찬가지로 박물관과 역사적 건물은 역사에 대한 이해를 증진시킬 수 있다. 더구나 예술은 종종 사회적 관습에 대한 도전을 시도하게 하고, 장애물을 넘어서려는 의지를 공고히 하며, 편협과 동일성을 무너뜨림으로써 사회를 한 발 앞으로 이끈 촉매자로서의 역할을 하고 있다(Creigh-Tyte, 2001: 174).

그러나 이러한 주장은 "예술이 사람들을 선동한다"는 위험한 정치적 관점을 내포한다. 그래이Gray, 2000:37가 지적한 바와 같이, 예술의 문명적 사명과 관련하여 부르주아지들은 이미 문명화된 사람들이기에 예술을 통해 문명화가 필요한 계층은 대체로 노동자계층이라는 것을 의미한다. 그런데 사실상, 예술을 즐기는 사람들은 대중이나 노동자들이 아니다. 전통예술의 관객은 오히려 일반인들보다 교육 수준이 높고 부유한 사람들이다. 왜냐하면 예술을 즐기기 위해서는 오랜 기간의 이러한 예술에의 경험과 노출이 필요하기 때문이다. 이 점 때문에 공공지원의 분배 문제와 관련하여 문화의 발전을 이루게 하는 비용과 실제로 그 혜택을 누가 받고 있느냐와 관련된 정치적 의문들이 끊임없이 제기되고 있다. 일반적으로 지원을 받은 예술은 고급예술이지만 대부분의 사람들은 이러한 예술에는 별 관심이 없다. 그러므로 공공지원을 받는 예술과 대중들이 실제로 즐기며 더 향유하기를 요구하는 예술 사이에는 커다란 격차가 발생하게 된다. 즉 고급예술에 대한 지원은 실제적으로 엘리트 계층에 대한 지원이 되어 버리기 때문이다.

이에 대한 효과적인 해결책으로서 예술교육이 등장한다. 문학과 공연예술에 대한 공부는 언어교육의 일부를 담당한다. 시각예술, 박물관과 미술관은 미술과 함께 역사교육의 기능도 한다. 그러므로 예술교육을 통해 다른 과목에 대한 교육적 효과를 가져 올 수 있다. 특별히 고급예술에 대한 접근을 향상시키기 위한 근본적인 방안으로 어린이들을 위한 예술교육이 강조되어 왔다. 이러한 어린이 대상 예술교육의 강조는 "예술에 대한 취향은 일찍이 형성할수록 효과가 있다"는 믿음에 기반한다. 교육을 통해 사람들의 취향이 형성되고 예술에 대한 수요가 창출된다. 그리고 교육은 새로운 예술가와 관객을 개발한다. 교육적 목적에서 영국에서는 국립박물관과 국립미술관의 입장료를 받지 않는다. 하지만 이러한 제도의 존속과 가치에 대한 논쟁은 지속적으로 이어지고 있다. 입장료를 받지 않는 (혹은 매우 낮은 입장료를 징수하는) 이러한 기관의 적자가 계속 증가되어 결국 국민의 세금으로 이를 메우는 지원을 지속적으로 하는 상황을 어떻게 받아들일 수 있을까? 우리의 국공립 미술관 및 박물관에도 해당되는 이러한 현실을 정부의 지원이 예술의 취향의 형성에 사용되는 일종의 예술교육으로 해석할 수 있다. 이는 기업들이 광고에 대한 투자를 통해 대중에게 자사 물건에 대한 정보를 제공하여 보다 많은 소비자들이 구입하게 만드는 것과 유사한 활동으로 간주할 수 있다.

예술은 또한 개별 시민의 사회적 책임을 강화시키고 사람들에게 교육적 영향을 주어 범죄를 덜 저지르게 만든다는 가설이 있다. 즉 극장 혹은 박물관에 가는 행위를 통해 자연적으로 더 나은 시민을 만들 수 있다는 것이다. 하지만 이러한 예술 참여 행위와 관련된 예술의 혜택의 효과는 지금까지 제대로 숫자로 증명된 적이 없다. 이러한 주장은 단순히 예술이 교육적 효과가 있어서 시민의 인성을 향상시키고 시민들을 좀 더 사색적으로 만든다는 명제에 기반하고 있을 뿐이다Moore, 1968:26 - 27. 그러므로 이러한 믿음은 사실상 증거가 없는 주장일 뿐이다. 트로스비와 위더스Throsby & Withers, 1979:177는 예술이 문명적 속성을 생산한다면 이러한 속성을 이미 갖고 있는 사람들만을 예술에 이끌리게 하는 것은 아닌지에 대한 의문을 제기 하였다. 즉 이미 취향이 형성이 된 사람만이 실제적으로 정부의 지원을 받는 예술의 혜택을 지속적으로 누리고 있다는 것을 지적하는 것이다. 결론적으로 예술이 갖고 있는 취향과 수요를 개발하는 교육적 영향은 정부가 예술을 지원하는 데 있어 일반적으로 받아들여지고 있는 보편적인 이유 중

하나다. 이에 따라 공공의 문화정책에서 예술교육을 중요한 분야로 취급하고 이에 대한 지원을 점차 늘려가고 있는 추세다. 우리나라의 경우에도 문화관광부에 2004년도에 예술교육과가 신설되고 이를 수행하기 위한 기관으로 문화예술교육진흥원이 설립된 점도 이러한 정책적 논리에 기인하였다.

미래세대를 위한 복지

이 주장의 중심내용은 우리가 전통예술을 지원하지 않으면 미래에 같은 수준으로 후손들이 이러한 예술을 즐길 수 없다는 주장에 기반하고 있다. 문화유산의 경우를 예를 들어보더라도, 일단 파괴된 유산은 복구하기가 어렵다. 마찬가지로 정부의 재정적 도움 없이는 공연예술이 같은 수준으로 다음 세대에 전해지기는 어렵다. 왜냐하면 공연예술의 수준을 유지하는 데는 오랜 기간의 전문적 훈련이 필요하기 때문이다. 이러한 주장은 현세대의 소비의 성격이 미래세대의 소비와 연결되어 있다는 것을 보여 준다 O'Hagan, 1998:29. 따라서 이 주장은 미래세대를 위해 우리가 현재 수준의 예술작품에 대한 연속성과 접근성을 계속 유지해야 할 책임이 있다는 것을 강조한다. 그러나 이 주장을 다른 측면에서 바라보면, 현세대가 과연 예술적 취향도 상이하고 경제적으로도 더 풍족할 가능성이 큰 미래세대를 더욱 풍요롭게 하는 데 관심을 갖고 현세대가 그 비용을 지불해야 하는지에 대한 의문이 제기될 수도 있다.

　　이 주장은 정부가 자연미를 보호하기 위하여 환경보전지역을 설정하고 이에 지원을 하는 것을 의무로 보는 주장과 흡사한 것으로 볼 수 있다. 현재의 자연미 지역을 훼손하면 그 회복이 어려워 미래에는 이를 감상할 수 없다는 것은 자명하다. 그러나 이것은 공연예술에는 적용이 되지 않을 수도 있다. 피콕Peacock, 1969:77은 예술전통은 정태적 개념이 아닌 유기적 개념이어서 미래세대를 위한 보존은 현재 상태 그대로 자연미를 보존하는 것과는 다르다고 주장하였다.

2) 공공과 민간의 공동지원의 장단점

위에서 예술에 대한 공공지원의 정당성과 관련된 논쟁을 상세히 살펴보았다. 하지만 현대사회가 지닌 다양하고 복합적인 문제를 해결하는 정부의 역할이 점차 줄어드는 대신 비영리기관이 이러한 역할을 대신해 가기 시작하면서, 예술 지원의 경우에도 부족한 정부의 재원을 보완하기 위하여 보다 많은 민간재원을 육성해야 한다는 필요성이 끊임없이 제기되고 있다. 1980년대 영국 정부의 긴축재정 시기에 대처 행정부는 예술과 같이 정치적으로 주변부에 있는 분야에 대한 지원을 줄이는 대신 이러한 부족분을 보충하기 위해서는 민간재원을 시스템적으로 도입하기 위하여 노력하였다. 이에 따라 대체적으로 공공지원과 민간지원을 매칭하여 받게 되는 공동지원이 이루어지면서 서로의 지원의 성격에 따른 균형을 도모할 수 있었다. 공동지원은 예술의 자유를 보장할 수 있다는 점이 가장 큰 장점으로 알려져 있다. 이는 공동지원의 형태가 어느 특정한 지원이 유일하고 중요한 지원으로 입김을 행사하는 것을 막아 주는 역할을 하였기 때문이다. 만일 공공지원을 받는 예술기관이 동시에 다른 민간지원을 받는다면 지원을 하는 정부부처의 간섭을 최소화할 수 있는 것이다. 공공과 민간의 공동지원은 또한 정부의 지원금이 잘 미치지 못하는 틈새영역이 지원받을 수 있는 가능성을 크게 열어 주고 있다. 티켓 수입, 중앙정부와 지방정부의 지원,

기업협찬, 재단의 지원, 개인의 기부 등 지원이 다양한 출처에서 이루어짐으로써 예술기관은 여러 가지 혜택을 받게 된다. 공동지원을 받는 것이 일상적인 것이라면, 예술기관이 위의 한 영역 중 어느 곳에서 재원을 조성하는 데 실패하더라도 다른 곳에서는 성공할 수 있다. 만일 예술기관이 공공지원에만 의존한다면, 다른 지원 영역과 연관을 맺거나 협동적 관계를 형성할 기회마저 갖기 어려우므로 이 기관의 재정적 안정성도 국가의 지원이 감소하면 훼손되기 쉽다. 그러므로 지원기관이 다양하다는 것은 예술기관의 경제적·사회적 안정성을 위해서도 바람직한 현상이다.

공동지원 체계의 개발은 정부지원을 보완하고 강화시키고 있는 민간지원의 장점과 강하게 결부되어 있다. 민간 부문은 정부의 지원이 미치지 못하는 틈새 분야에 대한 지원을 제공할 수 있으며 정부가 지원하면 토론이나 비판을 유발하는 논쟁적 예술프로젝트 등도 지원할 수 있다는 장점이 있다. 또한 공공지원과는 다르게 민간지원기관이나 기부자들은 자신의 기부의 결과에 대하여 책임을 강하게 느낄 필요가 없다. 비영리기관의 경우에도, 세제혜택을 통하여 공공지원을 받지만 기부하는 데 있어서 제약이나 감시는 받지 않는다. 즉 자신들의 결정과 실행에 대하여 자세히 공개적으로 설명할 필요는 없는 것이다. 이러한 권한으로 인해 재단과 같은 비영리기관은 자신들의 정책이나 의사에 의해 자유롭게 지원을 할 수 있다. 민간기부자들은 지원을 함에 있어 정부기관처럼 지역적 할당을 염두에 둘 필요도 없다. 민간의 예술지원의 또 다른 장점은 관료적 과정을 생략하고 문화적 다양성을 강화시키고 문화적 서비스를 향상시키고 분권화시킬 수 있다는 점이다. 민간기관들은 정부에 비하여 단순한 구조를 통해 지원을 결정하므로 정해진 일련의 과정을 따라야 하는 정부기관에 비해 신속하면서도 융통성 있게 지원할 수 있다. 민간지원 중 재단의 지원, 개인기부, 기업 협찬이 각각 나름의 특성이 있다. 이는 이들이 각자 지원하는 목적과 사명이 다르기 때문이다. 다양한 지원은 곧 문화적 다양성을 강화시키고 문화서비스 향상을 위해 더 나은 프로젝트를 지원하려는 경쟁을 유발시킨다. 예를 들면, 지역에 기반을 둔 프로젝트에 대한 기업의 지원은 그 지역에 사는 주민들과의 관계개선과 지역예술을 강화하게 만든다.

대부분의 국가는 예술 지원을 시장의 논리에만 맡겨 두지 않는다. 영국의 경우, 예술에 대한 공동지원 체계는 중앙정부와 지역정부, 국립복권기금 등의 공공지원과 기업, 재단, 개인과 같은 민간지원으로 이루어져 있다. 영국 정부가 예술에 대한 민간지원의 중요성을 강조함에 따라 영국의 예술 지원 제도는 프랑스와 독일, 그리고 스웨덴과 같이 정부 지원이 가장 강한 서유럽 모델에서 민간지원이 가장 활발한 미국형 모델로 옮겨가고 있다. 미국의 국립예술기금NEA은 항상 민간지원과 매칭펀드 형식으로 지원하고 있다. 정부의 지원만으로는 예술이 지속 가능한 발전을 이루기에는 불충분하기 때문에 정부와 예술기관 모두 새로운 재원을 민간지원에서 찾고 있다. 우리나라의 경우에는 공공지원이 문화예술 지원의 가장 큰 부분을 이루고 있으나, 점차 기업과의 전략적 제휴에 바탕을 둔 윈윈 관계로서의 기업지원이 자리매김하면서 기업의 지원에 대한 관심도가 점차 높아가고 있다.

공동지원제도가 예술을 위한 재원을 더 잘 공급한다는 것이 증명됨에 따라 대부분의 나라에서 공공지원은 점차 민간의 지원과 결합된 공동지원의 분권적 성격을 지향하고 있다. 대표적인 공동지원으로서 매칭그랜트 Matching Grants 제도는 수혜자가 비슷한 금액의 지원금을 다른 곳에서 받는다는 것을 골자로 하고 있다. 정부의 직접 예술 지원에 비해 지원기관의 다양화를 통해 지원하는 매칭그랜트 제도는 몇 가지 장점이 있다. 슈스터 Schuster, 1989:67-70에 의하면 매칭지원은 정부의 3가지 종류의 걱정을 덜어준다. 첫째, 정부의 재정적 예술 개입에 대한 요청은 이러한 지원이 제한되지 않으면 무한히 커질 수 있다. 둘째, 다양한 지원기관이 있다면 정부의 간섭은 최소화 될 수 있다. 셋째, 공동지원이 아니더라도 공공지원은 예산범위 내에서 주어졌을 것이므로 매칭그랜트 제도로 인하여 정부의 단독지원의 경우보다 더 많은 지원금이 제공될 수 있다는 이점이 있다. 그러나 현실적으로 민간지원을 늘리기 위해서는, 정부가 반드시 종자돈seed money을 제공하여, 이를 통해 해당 프로젝트가 중요하다고 증명함으로써 다른 지원기관이 공동지원에 참여할 수 있게 유인하여야 한다.

공동지원의 단점들도 존재한다. 민간지원의 활성화로 기존의 정부 지원액이 낮아짐으로써 정부의 예술에 대한 책임을 약화시킬 수도 있다. 이미 지원을 거절당한 예술단체는 공동지원을 받기가 더 어려운 상황에 놓일 수도 있다. 대형예술기관은 외부로부터 지원받을 가능성이 크지만 작은 규모의 예술기관은 정부의 지원금을 종자돈 형태로나마 받지 못한다면 다른 곳으로부터 지원금을 받는 것이 매우 어렵기 때문이다. 매카티 McCarthy는 이러한 상황을 희화화하여 표현하면서 매칭그랜트는 예술행정가들에게 곤란한 상황을 안겨준다고 말하였다.

매칭펀드! 예술행정가들에게는 영원한 저주여! … 그녀(공공지원)는 동의했지만 그녀를 만나기 위해서는 먼저 그녀의 못생긴 언니(민간지원)와 데이트를 해야 한다 (McCarthy, 1994:15).

공동지원은 또한 부정적인 지원의 결과를 가져올 수도 있다. 위즈미르스키Wyszomirski, 1987:25는 공동지원은 프로젝트에 대한 지도력의 상실로 이어질 수 있다고 하였다. 이 말은 공동지원이 무책임과 공동소유의 비극을 초래할 수 있다는 것이다. 여러 사람이 같은 프로젝트의 개발과 유지에 공동책임을 진다면 궁극적으로 아무도 이러한 책임을 전적으로 지지 않게 될 것이기 때문이다.

공동지원의 단점과 부정적 결과의 가능성에도 불구하고 매칭펀드는 예술 지원의 유력한 지원제도로 자리를 잡아가고 있는데, 이는 공공과 민간으로부터 새로운 지원금을 끌어 들일 수 있기 때문이다. 예술 지원에서의 공동지원의 필요성은 정부 지원금의 제한성과 연관되어 있다. 많은 경우 국가에서 문화정책을 만들고 예술 지원의 책임을 진다. 예술의 접근성과 문화민주주의는 정부의 문화정책에서 중요한 과제다. 그러므로 공공지원은 주로 개별 예술가들보다 대규모의 예술단체에 주어지는 경향이 있다. 또한 대부분의 공공지원은 교육수준과 소득이 높은 계층이 즐기는 고급예술 혜택이 돌아간다. 이러한 점은 바로 공공지원의 딜레마다. 비록 정부가 예술의 접근성과 문화적 다양성, 문화민주주의를 전략적으로 고양시키고자 하나 이를 위하여 분배된 재원은 이러한 의제를 획기적으로 성취하기에 항상 부족하다. 또한 정부의 정책이 접근하지 못하는 많은 분야들이 예술에는 존재하고 있다. 이러한 정부의 지원금이 도달하지 못하는 틈새영역이나 지원금이 부족한 분야는 그 지원금을 민간 쪽에서 찾아야만 한다.

일반적으로 예술에 대한 공공지원과 민간지원의 결합으로서 상호보완적인 공동지원은 사치재로서가 아니라 우리 삶을 풍부하게 하는 핵심적 요소로서 다양한 여러 예술 지원을 가능하게 한다. 민간의 예술 지원은 경제적 중요성뿐만 아니라 이데올로기적 중요성을 갖는다. 비록 민간 예술 지원이 규모 면에서 그다지 크지 않더라도 이러한 종류의 지원은 정치적으로 예술에 대한 공공지원의 정당성을 강화시킨다. 민간지원 없이 공공지원만으로 대중적인 관객이 없는 오페라와 발레와 같은 예술만 지원한다면, 이러한 분야에 세금을 낭비하는 것이 아니냐는 강한 반발에 직면하기 쉽다. 또한 민간지원은 그 성격상 효율적으로 운영될 수 있으며 지원 결정에 있어서도 공공지원보다 책임으로부터 더 자유롭다는 장점이 있다. 이밖에도 정부가 유일한 지원기관이 되는 것을 막아주어 예술과 예술기관에 대한 정부의 간섭과 통제를 약화시킨다. 따라서 정부가 스스로 예술 지원에 대한 자신들의 책임을 민간과 함께 나누기 위하여 민간지원을 참여시키는 형태의 공동지원 제도를 도입하게 된다. 그러나 예술기관은 이러한 공공지원이라는 여건에서 다양한 지원기관을 찾아야만 했으며 이로 인하여 재원조성에 더 많은 노력을 기울여야만 하였다. 정부 또한 예술에 대한 민간지원을 이끌어 내기 위해서는 매칭그랜트 제도나 기부에 대한 세제혜택을 확장하는 방식으로 일정 부분 기여를 해야만 하였다.

3) 공동지원 환경에서의 재단의 독특한 역할

위에서 살펴본 바와 같이 공공지원과 민간지원 사이의 공동지원은 예술 지원을 위한 근본적인 구조가 되고 있다. 이 제도는 정부라는 지배적인 지원기관의 간섭을 막아주고 지원받은 프로젝트의 다양성을 키워준다. 기존의 공동지원 제도는 공공지원 기관과 기업, 개인, 재단의 공동지원 프로젝트 형태로 운영되고 있다. 일반적으로 민간재단은 공동지원의 파트너로서 참여를 요구받고 있지만 사실상 이러한 참여는 그다지 활발하지 못한 실정이다. 많은 경우 재단은 공동지원을 통하여 자체 재원이 공공지원과 연계되어 재단 자체의 독특성을 발휘하지 못하는 것을 원하지 않기 때문에 이러한 단순한 차원의 공동지원을 원하는 않는다. 이 경우, 큰 프로젝트의 일정 부분을 정확하게 구분하여 그 부분만을 집중 지원하는 형태의 지원을 선호하고 있다.

전반적으로 문화예술과 관련하여 재단은 특별한 분야의 지원과 예술을 위한 새로운 지원제도의 개발과 관련된 새로운 접근과 경영방식에 대한 고민을 하게 된다. 재단의 예술교육, 새롭고 실험적인 예술, 논쟁적인 예술, 문화적 균등성과 다양성, 개별 예술가들 등에 대한 지원, 문화정책에 대한 연구 등은 예술 발전의 기본적 토대가 된다. 공동지원에서 새로운 지원기관으로서의 재단의 역할은 재단이 다른 지원기관보다 더 나은 지원을 함으로써 예술에 대한 의미 있는 공헌을 가능하게 하는 재단의 특성과 깊이 연관되어 있다. 재단은 통상적으로 예술에 단지 작은 금액을 지원하지만 이러한 지원이 우리가 '예술'이라고 부를 수 있는 개념과 깊이 연관된 혁신의 원천으로 쓰인다면 이 지원은 특별히 중요한 의미를 지닐 수 있다. 민간 지원자 중 재단은 융통성, 빠른 지원 결정, 회계적 책임성으로부터의 자유로움, 전문성 등의 면에서 잠재적 장점을 갖고 있다. 재단은 이러한 장점을 활용하여 정부의 역할을 보완하고 조정하면서 예술발전에 공헌한다. 예를 들면 영국의 경우, 예술위원회는 동료 평가를 통하여 예술적 우수성을 고양시키려 하고 있다. 하지만 정부기관이 미치지 못하는 틈새영역에 대한 지원은 재단이 가장 효과적으로 담당할 수 있다. 예를 들면 굴벤키안 재단은 지역예술, 아마추어예술, 농촌예술의 지원을 통해 예술의 문화적 형평성을 강조함으로써 예술적 우수성을 지향하였던 영국예술위원회와 균형을 잡아 갔다. 공공기관과 기업과 비교하여 재단 지원의 특징은 다음의 표와 같다.

표 4. 재단, 공공기관, 기업의 특성 비교

형태	공공 섹터	비영리 섹터	민간 섹터
기부자	정부	재단	기업
지원의 성격	종자돈	종자돈	매칭기금
지원 기간	지속성	일회성	일회성
지원 내용	일반적 · 전반적 지원	틈새분야	전통적이며 마케팅에 적합한 분야
접근방법	관료주의 · 회계적 책임성	차별성 · 융통성	마케팅 전략
경영 지향점	과정 및 책임성 중시	전문성 중시	상업적 이익 중시

표 4에서 보듯이 재단은 정부 기관과 마찬가지로 종자돈을 제공한다. 재단과 기업은 주로 단기적으로 지원하는 경향이 있고 대체로 일회성 지원인데 반해 정부는 국가의 주요한 예술기관에 대한 장기적, 지속적인 지원을 제공한다. 그러나 특별한 경우, 특정 프로젝트에 대해 장기적 지원이 필요하다고 판단될 때에는 재단 또한 다년간 지원을 제공하기도 한다. 정부의 주요 예술기관에 대한 핵심적인 지원과 비교하여 재단은 정부의 지원이 미치지 못하는 틈새영역의 지원을 선호한다. 기업협찬은 기업의 시장 전략에 따라 결정되며 이러한 지원은 주로 클래식 음악, 연극, 박물관과 미술관과 같은 전통적인 예술 분야에 집중된다. 공공지원이 항상 납세자에 대한 회계적 책임성을 고려해야 하는 데 비해 재단은 이러한 책임성으로부터 자유로울 수 있다. 재단은 여타 지원기관과 정책을 달리하여 재단의 목적과 목표에 부합된다면 무엇이든지 지원할 수 있다. 정부 지원이 관료적인

절차에 따라 이루어진다면, 재단은 단순한 구조를 갖고 있어 이러한 관료주의를 탈피하여 신속히 대응할 수 있으며 정부기관보다 긴급지원을 더 쉽게 제공할 수 있다. 지원 결정에 있어서도 재단은 자율성과 신속한 대응, 전문화된 경영으로 효과적인 지원을 제공함으로써 예술에 공헌한다. 재단은 예술에 대한 직접지원과 함께 무엇을 어떻게 지원할 것인지와 관련된 연구를 위탁함으로써 예술발전을 위한 기본적인 전략들을 제공할 수 있다.

그러나 재단 또한 몇 가지 한계점을 갖고 있다. 재단은 예산이 그다지 넉넉하지 않으므로 예술 분야 전체에 대하여 전반적인 지원을 제공할 수 없다. 더욱이 현실적으로 재단은 새롭고 실험적인 예술이나 프로젝트보다 전통적인 예술을 더 많이 지원해 왔다. 비록 위에서 언급한 것처럼 재단이 예술을 더 잘 지원할 수 있는 잠재적인 특성을 지니고 있다 할지라도 단지 소수의 전문화된 재단들만 실제로 이러한 특성을 사업에 구현하여 왔을 뿐 전체 재단의 장점으로 실현되고 있지는 않다. 또한 재단은 설립자인 엘리트 계층의 취향에 부합하는 지원을 하고 있다는 부정적인 이미지에서 벗어나기 위해 재단은 지원 분야를 특화시키고 주변화된 분야를 특성화하여 지원하는 등 나름대로의 독특한 지원 전략이 필요하다. 이는 모든 재단이 정부의 지원이 미치지 못하는 틈새영역으로 지원 분야를 한정해야 한다는 것을 의미하지는 않는다. 많은 경우에 이러한 분야에 대한 재단의 영향력은 이들의 재원이 정부보다 훨씬 작기 때문에 공공기관의 공동지원 없이는 최소화될 수밖에 없다. 그러므로 공동지원 환경에서 효과적인 사회적 개혁자가 되기 위하여 재단은 자신들의 정책을 정부와 차별화하는 동시에 정부와의 공동지원의 조화를 이루어 나가는 것이 필요하다.

2. 새로운 모델의 예술 지원자로서의 재단

재단은 민간과 공공기관 사이의 공동지원의 민간 파트너로 참여하여 왔다. 예술 지원에 있어서 재단의 독특한 위치는 지원의 전문성에 있는데 이는 곧, 예술 지원의 틈새분야를 초기 단계에 지원하는 것을 그 특성으로 하고 있다. 실험적, 논쟁적 예술뿐만 아니라 장애인 예술, 농촌지역 예술, 소수민족 예술, 여성예술 등은 재단의 지원이 더욱 필요한 분야다. 이러한 분야를 지원하는 데 있어 재단이 다른 지원 기관보다 적합한 이유는 바로 재단이 정부 기관보다 책임성이 적고 지원 결정이 자유롭다는 사실에 있다.

영국의 굴벤키안재단은 이러한 틈새 분야의 예술을 활발하게 지원하여 왔다. 미국의 퓨 재단 또한 '벤처 기금Venture Fund'을 통해 새롭고 개혁적인 프로젝트에 대한 지원을 시도하였다. 이 두 재단은 재단이 가지고 있는 자유로움과 유연성이라는 장점을 보여주는 좋은 예다. 이에 반해 정부는 책임성과 관료주의적 과정 때문에 이러한 분야를 쉽게 지원하지 못한다. 기업 또한 새롭고 개혁적인 분야에 대한 대중적 인지도가 낮기 때문에 이들 분야에 대한 지원을 꺼린다.

현실적으로 재단이 정부가 지원하지 않는 분야를 지원하는 것이 정부와 지원을 중첩하여 하는 것보다 현명하다. 재단은 자신들의 지원정책을 정부기관과 달리하면서 지원의 성격을 차별화하여 예술을 지원함으로써 실험적인 예술을 위한 공헌을 할 수 있다. 그러나 실제로 많은 재단은 이러한 지원을 결과에 대한 확신을 가질 수 없는 경우에는 꺼리고 있다. 기존의 대형예술기관을 지원하는 일은 어느 정도의 성과와 외부의 전문가, 미디어, 대중의 인식을 보장하기에 대부분의 재단의 지원은 위험성을 감수하기보다 결과를 도출하기 쉬운 쪽을 선택하게 된다. 그러나 독특한 지원기관으로서의 재단의 가치는 바로 현재가 아닌 미래에 대중적 인정과 보다 넓은 지원을 받을 가능성이 있는 실험적이며 혁신적인 주변화 된 예술을 지원함으로써 지원이 실패할 수 있다는 위험성을 감수하는 것이다.

재단은 자신들의 한정된 예산이 특정 프로젝트나 프로그램에 묶이는 것을 피하기 위해, 예술기관들로 하여금 나머지 지원금을 다른 곳에서 받을 것을 요구하는 부분지원이라는 개념을 지원에 적용시켜 왔다. 예를 들면 포드재단은 이 재단에 의해 지원받은 지원금보다 2배에서 4배가 많은 지원금을 외부에서 조달할 것을 요청한다. 포드재단의 이러한 매칭지원 전략은 재무성기금을 포함한 국립예술기금NEA과 주기금state block grants, 도전과 진보 프로그램Challenge and Advancement Programmes을 이끌어 내는 데 성공하였다Kreidler, 2000:152. 이러한 전략의 결과로, 재단은 독자적인 지원을 통해 결과와 관련된 책임을 전적으로 부담하는 상황에서 벗어날 수 있다. 즉 재단은 종자돈을 지원함으로써 한정된 재원을 잘 활용할 수 있게 되는 것이다. 이는 초기 지원금을 통해 해당 프로젝트를 시행할 수 있게 만들어 주어서 결과적으로 그 프로젝트가 우수하다는 것이 증명되었을 때는 다른 자금을 끌어 들일 수 있게 되는 것이다.

서로 중복지원을 원치 않는 공공기관과 재단은 가끔은 서로 협력하면서 각자의 프로그램에 대한 정보를 교환하고 이를 정책에 반영시킬 필요가 있다. 예를 들면 영국의 굴벤키안재단은 잉글랜드예술위원회와 긴밀한 협동적 관계를 유지하고 있다. 굴벤키안재단은 예술관객에 대한 연구와 예술가에 대한 교육 등과 같은 분야를 잉글랜드예술위원회와 같이 지원하기도 하였다. 이 재단은 종종 잉글랜드예술위원회의 대표나 다른 공공기관의 직원을 자문위원으로 초청하기도 하였다. 이러한 정보 공유 전략과 아울러 굴벤키안재단은 새로운 프로젝트에 대한 지원을 통해 정책의 차별화를 시도하였다. 굴벤키안재단은 자신들의 한정된 재원이 곧바로 공공지원을 대체하는 방식으로 쓰일 것을 우려하여 공공기관과의 협력을 통해 공공기관과 유사한 목적을 추구하기보다 자신들 고유의 목적을 성취하고자 하였다.

재단은 공공기관과 지원 분야를 차별화하거나 협동적인 파트너십을 유지함으로써 지원의 효과를 높일 수 있다. 이러한 재단 운영의 이중 전략은 개혁과 안정을 동시에 추구하기 위한 것이었다. 미국의 많은 재단들은 교육과 문화적 교류를 비롯한 다양한 분야의 지원에 국립예술기금과 공동지원을 하였다. 우리나라에서는 삼성문화재단과 같은 기업재단이 국제교류재단과 협동하여 우리의 문화를 세계에 알리는 작업을 함께 하여 왔으며 지역문화재단의 경우, 서울문화재단과 경기문화재단, 인천문화재단 등은 한국문화예술위원회와 때로는 우수한 프로젝트를 유치하려는 경쟁관계를 또 때로는 각자의 업무의 전문성을 서로 교환하는 측면에서의 협력관계를 보여주고 있다.

3. 재단의 긍정적 특성

공공과 민간지원은 각각 독특한 유형과 성격을 보여준다. 재단의 예술 지원의 특성에는 공공선public goods 지향적인 다양한 정책 목적, 단순하고 유연한 구조와 빠르고 자유로운 지원 결정, 최소 책임성, 전문성, 비일상적 지원 유형과 공식적인 모니터링과 평가제도가 해당된다. 이러한 특성들 중 일부는 재단이 다른 지원기관보다 좀 더 효과적인 지원을 제공할 수 있게 한다.

첫째, 재단은 공공적인 목적을 갖고 있으며 이러한 목적은 재단에 따라 고유한 특성으로 표출된다. 재단의 목적은 예술과 예술기관의 성장과 연관되어 있다. 재단의 예술 지원은 경제적 상황이나 직접 마케팅과는 관련이 없고, 예술기관의 지속적인 성장과 연관되어 있기에 예술 자체의 필요성에 부합하는 지원이 주를 이루고 있다. 이와 대비하여 기업협찬은 기업 이미지의 향상, 기업의 생산품과 서비스의 판촉, 직원과 소비자와의 관계 증진 등 예술 자체의 목적과 직접 연관이 없는 것들을 그 이면에 지향하고 있다. 그러므로 기업은 예술의 발전과 상당한 연관을 갖고 있지만 위험부담이 큰 실험적 예술을 지원하는 경우는 드물다. 오히려 기업의 예술협찬은 상업성과 결합하여 이루어진다. 예를 들면 담배회사들은 기업 이미지를 긍정적으로 바꾸는 수단으로 예술협찬을 바라보고 있다. 정부의 예술 지원의 목적은 재단과 유사한 것으로 보인다. 즉 재단과 정부의 목적은 모두 공공적인 것이다. 따라서 재단과 정부의 차이는 목적보다는 실제 업무 스타일, 책임성의 성격과 크기, 지원 분야의 범위와 규모 등에 있다.

둘째, 재단은 재단이 지원한 예술기관의 세부 프로그램의 운영에 간섭하지 않는다. 재단의 지원과 비교하면, 기업은 마케팅 전략을 염두에 두고 일종의 검열을 행한다. 또한 협찬을 제공한 기업의 결정은 임원이나 기업이사의 의견에 영향을 받는다. 이 경우 기업의 지원 결정은 프로젝트의 질에 있기보다 마케팅을 위해 사용한 재원의 효과에 있다. 그러므로 예술기관은 스폰서의 비위를 맞추기 위해 자기 검열을 행할 수도 있다. 이로 인해 예술적 자유가 위협받을 가능성이 있다. 정부는 '공공선'이라는 명목으로 검열을 행한다. 독재권력을 가진 정부의 경우, '공공선'이라는 미명하에 반정부적인 표현을 제한하기 위해 검열을 활용하기도 한다. 우리나라의 경우도 군부독재정권 시기에 반체제 예술가들에 대한 탄압 및 사상검열이 행해졌으며 또 한편으로는 예술가들을 정권의 논리에 길들이기 위한 시혜로서 이들에 대한 공공지원이 활용되었다.

셋째, 재단은 정부기관과 비교하여 단순한 구조를 지니고 있고 지원 분야도 제한되어 있어서 예술계의 변화하는 요구에 유연하면서도 빠르게 부응할 수 있다. 재단은 재단의 정책과 지원 우선순위를 예술계의 변화하는 상황에 맞게 바꾼다. 예를 들면 카네기 영국재단은 재단 정책을 5년마다 바꾼다. 앤드류 맬론재단Andrew W. Mellon Foundation의 이사장인 존 소이어 John E. Sawyer는 유연한 구조 변화하는 환경에 기민하게 대처하는 재단의 장점을 다음과 같이 사업보고서에 밝히고 있다.

> 공공기관과 달리 독립재단은 새로운 요구와 변화에 즉각적으로 반응하고 정부나 기업에 대응한 지원을 하고, 장기적이거나 결과가 확실하지 않은 프로젝트도 지원할 수 있다(Andrew W. Mellon Foundation, 1980:8-11).

재단과는 대조적으로 정부가 정책을 바꾸기 위해서는 대중의 합의를 얻어야 하고 이 과정에는 상당한 시간이 소요된다는 점을 생각한다면 이러한 재단의 특성은 작은 조직의 민간기관이 지닌 최대 장점이 될 것이다.

넷째, 재단은 공공기관처럼 회계적 책임을 걱정할 필요가 없기에 이사회를 통해 자유롭게 결정을 할 수 있다. 재단은 일정 범위 내에서 정책과 지원 우선순위를 자유롭게 정하는 데 비해, 정부는 제도화된 지원구조 안에서 지원하고 국가 전체에 적용될 수 있는 전략을 고려해야 한다. 또한 재단은 설립자와 기부자와 같은 아주 제한된 소수의 사람들에게 책임을 지지만 정부기관은 모든 납세자에게 자신의 활동의 근거를 설명해야 한다. 재단은 이러한 제한된 회계적 책임 덕분에 대중과의 관계를 과도하게 염려하지 않고 지원할 수 있다. 이에 따라 재단은 자신들이 원하는 지역을 지원함에 있어서 다른 지역에도 동일한 지원을 해달라는 압력으로부터 자유로울 수 있다. 이와 반대로 정부기관은 지원의 지역적 형평성, 회계적 책임성, 지원의 접근성 등을 고려해야 하며 기업은 지역적 연계성과 고객, 주주, 종업원 등 자사와 긴밀한 연관관계를 갖는 특정한 표적 그룹들을 고려해야만 한다.

다섯째, 재단은 기업보다 지원 분야에 대하여 전문적인 지식을 보유하고 있다. 재단은 지원 분야에 대한 전문가를 두거나 외부 전문가의 자문을 구한다. 예를 들면 굴벤키안재단은 각 지원 분야별로 전문가를 두고 어떤 방식으로, 무엇을 지원할 것인가에 대한 연구를 전문가에게 위탁한다. 이 재단은 지원 분야와 지원 방식에 대한 정책연구서를 활발하게 출간하였는데 이는 영국 예술계와 다른 지원기관에 큰 영향을 미쳤다. 미국의 포드재단과 록펠러재단도 지원 분야와 관련하여 연구를 위탁하고 전문가 직원을 두고 있다.

여섯째, 재단은 프로젝트 중심의 지원을 한다. 재단은 예술의 성장과 유지와 관련된 근본적인 책임이 정부에 있다고 믿기 때문에 예술단체들의 경상적 비용에 대한 지원은 제공하지 않는 것을 원칙으로 한다. 재단과 비교하여 정부는 예술기관의 일상적 재정적 필요를 충족시켜주는 지원을 하며 이러한 지원은 장기적이다. 기업 또한 프로젝트형 지원을 하고 있지만 언론 노출media exposure을 통해 자신들의 상업적 이익과 연관될 수 있는 특별한 프로젝트를 지원하길 원한다. 이러한 기업의 협찬은 단기적이며, 그 지원기간은 대체로 예술기관의 필요성보다 기업의 필요성 그 자체와 기업의 재정상황에 의해 결정되는 경향이 있다.

　일곱째, 재단은 지원하는 프로젝트에 대하여 모니터링과 평가를 시행한다. 이 과정은 재단이 원래 목적을 성취하였는지를 알 수 있게 한다. 재단은 일반적으로 두 가지 이유로 모니터링과 평가를 한다. 재단 자체의 목적을 성취하였는지 여부를 판단하는 것과 수혜 예술기관의 성취도를 측정하는 것이다. 공공기관은 납세자에 대한 책임으로서 지원의 결과를 회계 책임의 측면에서 평가한다. 재단과 정부기관의 모두에게 프로젝트의 질은 평가의 주요 요소로 간주되고 있다. 반면에 기업은 이보다 비용효율성과 미디어 노출을 중심으로 평가한다. 이에 따라 기업은 때로는 해당 프로젝트의 예술적 질을 평가하는 데는 관심이 없는 경우도 있다.

　위에서 언급한 재단의 특성은 예술기관으로서의 민간재단의 유용성을 잘 설명하고 있다. 재단은 반대급부를 바라지 않기에 재단의 관심은 예술기관이나 예술의 발전이다. 이외에도 재단은 자신들의 이익을 위해 예술 프로그램에 간섭하지 않는다. 재단의 공공기관보다 단순한 구조와 빠른 지원 결정 과정은 최소의 회계적 책임과 함께 재단이 유연하며 자유롭게 위험을 감수할 수 있게 한다. 재단은 정부기관과 같이 지역적 할당이나 각 예술 분야별 균등지원을 고려할 필요가 없다. 그러므로 재단은 이러한 특성을 활용하여 예술 지원을 효과적으로 할 수 있는 잠재적 능력이 있다.

4. 재단의 새로운 지원전략

1) 벤처지원

벤처지원Venture Philanthropy은 IT산업의 발달로 인한 1990년대 중반부터 시작된 벤처기업의 성장 현상에 기반하고 있는 용어다. 벤처기업의 벤처정신에 사회공헌으로서의 지원이 합쳐진 개념으로서의 벤처지원은 벤처 캐피탈의 전략, 기술, 자원을 지원에 사용하는 것을 의미한다. 이러한 벤처지원은 리더십, 대범한 아이디어, 강한 팀의 개발, 활발한 이사회 개입, 장기투자를 강조한다. 하지만 실제 벤처지원에서 활용되는 벤처 전략은 기관마다 아주 다르다.

이러한 벤처지원에 대하여서는 전통적인 지원 프로그램의 평가와는 다르게 평가방식을 적용한다. 전통적으로 재단은 자신이 지원하는 특정 프로그램에 특별히 초점을 맞추고 있으며 기술적 자문 및 프로그램 운영에 대한 조언을 제공하여 왔다. 하지만 비영리기관의 지도자들은 자신들이 최선을 다해 노력하는 데도 불구하고 사회적 문제가 지속되고 악화되기까지 한다는 것을 깨닫게 되었다. 이에 재단은 이러한 상황을 개선하기 위해 어떤 절차를 취해야 하는지를 고민하게 된다. 또한 정부의 지원의 감소라는 외부 환경의 변화가 재단들로 하여금 자신들의 지원 전략을 다시 평가하게 만들었다. 전통적인 지원 형태는 재단이 지원을 하면 정부도 함께 참여하여 필요한 지원을 하는 것인데, 오늘날 재단은 자신들의 지원에 대한 지속적 공동지원의 원천으로서의 정부 지원에 의지하지 못함과 동시에 장기지원 및 집중지원의 필요성에 부딪히게 된다. 이와 같이 재단의 새로운 지원 전략 수립의 필요성에 따라 벤처지원은 등장하게 되었다.

레트Christine Letts, 리안William Ryan, 그로스만Allen Grossman은 『하버드 기업 리뷰Harvard Business Review』에 게재한 논문 "악한 자본: 재단이 벤처자본에서 무엇을 배울 수 있는가?Virtuous Capital: What Foundations Can Learn from Venture Capital?"에서 벤처회사와 재단의 공통점으로 아이디어의 구현과 제3자인 투자자에 대한 책임감을 들고 있다. 재단이 벤처기업의 전략을 사용하는 것을 벤처지원이라고 칭하면서 구체적으로 그 존재를 드러낸 이 논문은 찬사와 비판을 함께 받았다. 비판이론의 근거는 "벤처회사의 핵심가치가 재단과 달리 사회적인(공익적인) 것이 아니다"라는 사실에서 출발하고 있다. 벤처세계는 재단과는 다르게 움직이므로 벤처회사에서의 교훈을 곧바로 재단에 적용할 수 없다고 주장하고 있다. 즉 재단은 국가와 영리섹터와는 독립적인 사회적 목소리를 반영하므로 이를 재단의 특성과 곧바로 부합시키기는 적합하지 않다. 그리고 벤처회사의 위험관리의 성격이 재단의 보상체계와는 맞지 않으며 재단들 또한 자신들이 벤처지원 모델을 받아들여 수행할 능력이 있는지를 의문시하고 있다.

재단의 전통적 지원방식과 벤처사업의 차이는 표 5와 같다. 재단의 벤처지원은 다음과 같은 특성을 지닌다고 요약할 수 있다.

표 5. 재단지원과 벤처사업의 차이

	재단지원	벤처사업
목적	비영리기관의 사회적 변화	영리기업의 이윤가치 창출
중점	프로그램	기관의 능력
시행평가	특정 프로그램	기업 전체의 수행 능력
투자기간	1-3년	2-9년
위험 종결전략	낮음 재지원을 결정하지 않은 한 지원기간이 종결됨	높음(기업이 망하면 손실) 주식 제공, 투자의 판매 및 회사의 부도

재단의 벤처지원 특성

- 재단과 지원 단체와의 긴밀한 관계 유지: 재단과 지원 단체는 파트너 관계를 형성하고 있으므로 재단은 지원 단체의 프로젝트의 운영 및 이와 관련되어 단체가 지닌 문제해결에도 관여한다. 또한 재단은 지원의 효용성을 파악하기 위해 선투자 조사를 한다.
- 지원기간의 장기성: 1년이 아닌 수 년 간의 지원을 그 특성으로 한다.
- 지원의 방식을 선택과 집중지원으로 전환: 이를 통해 지원 단체의 발전과 능력배양으로 이어진다.
- 위험관리 및 책임성 강화: 소수만을 지원함으로써 지원에 대한 실패의 책임을 최소화한다.
- 시행평가: 단지 지원금의 사용에 대해서만 아니라 높은 기준에서 성과를 평가한다.
- 출구전략: 벤처지원은 지원기관이 독자적으로 자립하고 미션을 완수했을 때 끝나게 된다.

실제로 벤처지원이 이루어지고 있는 대표적인 예로서 직원의 자원봉사, 직원의 경영관련 자문, 기존 프로그램뿐 아니라 새로운 기관이나 프로그램지원을 특징으로 하는 화이저사의 사회공헌팀Pfizer Corporate Philanthropy Dept.의 지원을 들 수 있다. 화이저사는 다른 곳에서 지원을 받지 않는 기관을 지원함으로써 위험을 의도적으로 감수하려고 하였고 출구전략을 사용하였는데, 예산의 한정성이 재단으로 하여금 지원의 출구의 가시적 전략을 개발할 것을 요구하였고 이러한 출구전략이 바로 벤처지원을 가장 잘 보여주는 특성이었다.

벤처지원의 도전적인 요소들을 살펴보면, 먼저 대부분의 재단이 벤처지원을 시행할 만큼 충분한 수의 직원이나 역량을 지니고 있지 못하다는 점을 들 수 있다. 미국의 경우에도 25% 미만의 재단만이 유급 직원을 보유하고 있으며 유급 직원이 있는 재단도 역량 부족이 문제가 되고 있는 상황에서 재단들이 벤처지원으로 지원방식을 옮겨가지 못하고 있는 이유는 바로 지원 단체에 대한 전문적인 지원을 가능하게 하는 직원들의 부족이다. 비영리기관이 최고의 직장이라기보다 2등급에 해당하는 직장second class이라는 인식이 있는데 이는 비영리기관의 급여수준이 전체적인 평균 급여보다 낮고, 기본적인 인프라인 직원에 대한 투자도 소홀한 데 기인한다. 이러한 특성은 주도적 경영, 장기적 관여, 대규모의 투자전략을 요구하는 벤처지원에 미흡한 자격을 갖추고 있음을 보여주고 있는 것이다. 또한 벤처지원은 장기간의 투자에 초점을 맞추어야 하지만 대부분의 재단은 실제적으로 즉각적이며 단기적인 결과를 기대하고 있어서 이에 부합하지 못한다. 또한 벤처지원은 재단의 미래의 지원 능력을 감소시키는 결과를 초래하는데, 이는 장기적인 벤처지원 방식에 의해 지원금과 재원이 묶여버리기 때문이다.

그 밖에도 일반적으로 재단은 이사회와 지원 단체들에 대한 리더십 위기를 느끼고 있다. 하지만 벤처지원에서는 직원, 이사회, 기부자의 강한 리더십이 필수적이다. 장기적인 대규모 지원을 소수의 우수한 예술기관에 지원하는 적극적인 집중지원 자체에는 위험요소가 많으므로 특히 리더십이 필요하다. 하지만 벤처지원 자체가 이러한 리더십의 부족에 대한 해결책도 갖고 있다. 경영 컨설팅 및 역량 형성과 기술적 지원을 통해 인프라지원을 제공하는 것이 벤처지원의 특성이기 때문이다. 즉 벤처지원은 지원기관의 불안정성을 경영자문, 기술자문, 인프라 구축 서비스infrastructure building services를 통해 최소화한다. 따라서 벤처지원은 재단 및 지원 단체 양자가 모두 협동 작업을 통해 이익을 얻을 수 있다는 것을 전제로 하고 있다. 하지만 일반적으로 벤처지원을 평가할 충분한 정보가 없다는 것이 문제다. 우선, 지원의 결과에 대한 평가가 양적으로 측정되기는 어렵다. 이러한 평가의 어려움에도 불구하고 재단이 지원의 결과에 긍정적인 예측을 한다면 기꺼이 지원을 하고자 할 것이다. 지원자는 궁극적으로 투자자가 이윤의 일부를 원하는 것처럼 성공을 공유하길 원한다. 이에 따라 지원자(투자자)는 지원금의 용도를 자신들이 원하는 방향으로 한정하고자 한다. 벤처지원을 통해 지원기관은 피지원 기관과의 관계에서 프로그램의 성공보다 가치를 공유하고자 하며 이를 위한 방향 제시 또한 매우 구체적이다.

재단의 형태에 따라 벤처지원의 수용에는 차이가 있다. 개인이 운영하는 독립재단은 위험을 감수할 수 있는 높은 능력[6]에도 불구하고 벤처지원을 재단의 주요 지원방식으로 적용하는 데에는 매우 소극적이다. 반면 지역재단은 재단 중 가장 성장이 빨라 벤처지원의 가장 이상적인 사용자로 등장하고 있다. 우리나라의 경우 지역문화재단이 이에 해당이 된다. 기업재단의 경우에는 그 전략이 자연적으로 벤처지원과 부합할 것으로 보이지만 실제 기업문화의 유연성 및 위기관용이 낮은 경우에는 그러하지 않다.

벤처지원은 현재의 비영리 자본시장을 의미 있게 변화시키는 잠재력이 있으며 이러한 주장의 근거는 다음의 3가지로 요약될 수 있다.

---

6 이에 반해 기업재단은 자사제품의 판매를, 지역재단은 기부자로부터의 기금모금에 대해 걱정해야 한다.

- 자수성가한 젊은 기업인은 고전적 방식의 기부를 좋아하지 않는다.
- 정부 지원의 감소는 일반적 경향이므로 비영리 자본시장의 운영자금이 소실되고 있다.
- 영리와 비영리가 결합된 사회적 자본이 나타나서 사업을 하면서 사회적 미션을 추구하고 있다. 즉 재단은 단지 수입을 지원금으로 사용하는 것 외에 자신의 원칙을 사회사업에 투자함으로써 더 나은 서비스를 제공하고자 한다.

이와 같은 사회적 미션을 지닌 사업의 성장은 벤처지원 전략을 채용하는 가장 중요한 이유이며 더 나은 사회를 추구하는 지원자와 사회사업가 social entrepreneurer 모두에게 이용 가능한 전략이다. 이러한 사회사업가를 위한 자본시장에는 초기 자본과 계속 지원, 그리고 변화 경영이 이루어지고 있다. 특히 벤처지원은 재단이 외부환경을 분석하고 자신의 기관, 기부자, 직원, 지원기관, 그리고 지역사회의 요구와 문화를 조율할 것을 요구하고 있다. 또한 벤처지원은 가치 있는 기관에 대한 통합적 지원을 강조함으로써 기존의 지원과 구분이 되며 지원의 우선순위를 매겨 주도적이고 효과적인 지원을 하고자 한다. 또한 단순히 금전적인 지원만 하는 것이 아니라 자문과 기술적인 지원도 하고자 한다. 이외에도 벤처지원은 성과 측정에 있어서도 측정 가능한 결과를 기대하고 있다.

벤처지원의 특성을 정리하면 1년 미만의 단기지원보다는 여러 해에 걸쳐 지원하는 장기지원과 단순한 평가에 의해 금전적 지원보다 지원기관에 가장 적합한 종류의 지원을 찾아서 제공하고자 하는 적극성을 보여주고 있다. 이러한 다양한 종류의 지원에는 재정지원 이외에도 수혜기관의 전반적 발전 및 역량의 형성, 자문, 기술적 지원 등이 포함된다. 또한 벤처지원은 혁신과 새로운 아이디어를 장려함으로써 프로젝트 지원에 따른 위험성을 기꺼이 감수하며 이러한 프로젝트가 측정 가능한 결과 및 효과로 인해 성공의 벤치마크benchmarks가 되기를 원한다. 그리고 벤처지원은 출구전략을 사용하여 원하는 목적을 수행한 후에는 명확하게 지원이 중단되는 특성을 갖고 있다.

2) 사회사업

기업으로부터 경영기법을 배우는 비영리기관은 '사회사업social entrepreneur-ship'이라는 새로운 조류를 통해 '사회자본social capital'의 창출에 힘쓰고 있다. '사회사업'이란 사회적으로 공공적 필요성에 대한 개혁적 해결책을 만드는 데 사업적 기술을 이용하는 과정 자체를 의미한다. 사회사업에 쓰이는 주요 원칙은 다음과 같다.

- 패턴을 뛰어넘는 아이디어로 사회사업에 투자한다.
- 사회사업의 비전을 지지하는 물질적 자산과 정신적 자산 모두를 과감하게 투자한다.
- 비교적 장기적으로 투자하지만 출구 전략을 세운다.
- 실제 결과에 바탕을 둔 재원의 측정과 배당을 한다Venture Philanthropy Partners, 2002:25.

이러한 사회사업과 관련된 개념의 출발은 "인류 역사상 아주 오랜 기간 동안 끊임없이 보다 나은 사회를 만들기 위하여 노력하였지만 여전히 해결되지 않는 문제가 존재한다"는 명백한 사실에서 출발한다. 벤처지원파트너Venture Philanthropy Partners, 2002:25라는 벤처지원관련 연합체는 이러한 상황을 다음과 같이 언급하고 있다.

우리는 기아, 주택 부족, 환경보전 등과 관련한 문제 대부분 우리 세대에서 해결될 수 없으리란 것을 잘 알고 있습니다. 그러므로 우리는 이러한 문제를 끊임없이 제기할 강력한 기관이 필요합니다(Venture Philanthropy Partners, 2001:19).

따라서 이러한 문제점을 해결하기 위해서는 새롭고 근본적인 접근방식이 필요하다. 히르쉬필드Hirschfield가 언급했듯이 사회사업가는 사회공헌과 관련하여 성공적인 벤처기업과 같은 기대를 하고 있는 사람들이다.

사회사업은 새롭게 시작하는 기업과 공통되는 특징인 창조성, 사실 기반성, 마켓지향성, 위험반응성 등을 갖고 있다(Hirschfield, 1999).

사회사업을 하는 재단은 다음과 같은 특성을 갖고 있다.

사업을 하기 이전에 시장조사를 하며, 장기간의 지원을 제공할 수 있는 다른 기관과의 파트너십에 의존하며, 팀과 네트워킹을 지향하며, 성과에 대한 책임을 지며, 소비자와 대중에게 무엇이 가장 좋은가에 초점을 맞추고 있으며, 재정적으로 자족적이며 또한 틈새 지향적이다(Kolb, 2000:104).

비즈니스에서는 사업가가 경쟁과 이익에 의존한다면 사회사업가는 다른 동기를 가지고 있다. 그것은 사회를 이끄는 모든 요소들과 사회적 시스템과 패턴을 바꾸는 일을 하는 것이다.

사회사업은 개혁, 전략적 경영, 그리고 시스템적 향상 등을 통하여 전통적 기부와 구별된다. 그러므로 사회사업에서는 기존의 사회공헌과 다른 용어를 사용한다. 예를 들면 '투자' '경쟁' '새로운 도전'이라는 용어들이 그것들이다. 벤처자본을 사회공헌사업의 적합한 모델로 보고 이러한 용어를 사용하는 사회공헌의 새로운 형태를 발견하는 것은 놀라운 일이 아니다. 그러므로 지원금을 '투자'로 부르고 '지원대상자'를 '투자대상자'로 부르며, 프로그램 담당자를 '경영이사' 혹은 '파트너'로 부른다Cobb, 2002:129.

새로운 도전과 지속가능한 과정을 추구하면서 사회사업가는 지식과 기술로 지원 대상기관을 도와주는 벤처지원과 연결된다. 하지만 이러한 새로운 형태의 지원방식이 모든 종래의 지원방식을 대처하지는 못한다. 또한 이 방식은 예술가뿐만 아니라 예술기관을 위한 긴급한 지원 방식이 되지 못한다Cobb, 2002:132. 하지만 벤처지원은 지속적으로 해결되지 않는 문제에 접근하고 근본적으로 기존의 지원 방식과 다른 전략을 사용한다는 점에서 전통적인 재단의 지원방식과 구별되고 있다.

록펠러재단이 1998년에 만든 프로벤이엑스ProVenEx라는 프로그램은 재단이 원하는 바를 충족시키는 벤처사업에 투자를 하는 프로그램이다. 벤처사업가 및 단체는 이러한 지원을 받기 위하여 재단의 미션과 부합되는 금전적, 사회적 이익을 창출할 수 있어야 한다Cobb, 2002:137. 그러므로 이러한 지원금을 받기 위해서 예술기관은 결과 지향적이며 공익에 도움이 되는 사회적인 사업을 해야만 한다.

포드재단의 '일하는 기금Working Capital Fund'은 4개년의 지원프로그램

(1995-1999/1999-2003)으로 생존 가능한 사업계획과 이의 성취에 바탕을 두고 이루어진다. 2000년 5월 포드재단은 개별 기부자를 확대하기 위하여 '새로운 이사들/새로운 기부자들The New Directors/New Donors'이라는 프로그램을 운영하고 있다. 이러한 지원 프로그램들은 재단의 사회사업의 성장을 보여준다. 개혁을 선호하고 위험을 감수하며 틈새영역에 초점을 맞추는 사회사업의 특성은 민간재단이 지닌 특성과 유사하다. 따라서 더 많은 민간재단이 지속적인 문제해결을 위하여 기존의 지원 방식보다 진화적인 방법을 사용하는 이러한 사회사업을 시도하는 것은 자연스러운 현상이다.

5. 재단의 한계

민간재단은 다음과 같은 한계를 지니고 있다. 비교적 규모가 큰 재원을 갖고 지역적 안배를 고려해야 하는 공공기관과 비교하여 재단은 이러한 범위의 재원도 갖고 있지 않고 지역에 따른 균등한 지원금을 분배하는 문제에 대하여 별반 신경을 쓰지도 않는다. 재단은 많은 경우 한정된 재원으로 인해 장기적 지원을 제공하지 못한다. 공공기관의 지원과 달리 재단들이 특정 예술 분야를 편애하거나 혹은 홀대하여 지원하는 행위에 대한 통제 메커니즘도 없다. 대체로 기존의 대규모 예술기관이 작고 실험적인 예술기관보다 재단의 지원을 더 쉽게 받는다. 디마지오DiMaggio는 예술 지원에 있어서 민간재단의 이러한 경향을 다음과 같이 요약하고 있다.

민간재단의 뚜렷한 자율성과 재단 세계의 다양성에도 불구하고 대부분의 재단의 예술 지원은 심포니 오케스트라나 박물관에 대한 자본프로젝트, 건물 비용, 운영비로 지원됨으로써 결론적으로 기존의 대형예술기관들 위주로 지원되었음을 보여준다(DiMaggio, 1986:114).

이는 곧 재단 지원금의 아주 작은 부분만이 실험예술, 소수민족 예술, 지역 예술기관이나 예술가에게 지원되었다는 의미다. 그러므로 실제로 아주 소수의 재단만이 이러한 예술을 지원하는 데 따르는 위험을 감수하면서 재단의 잠재적인 장점을 실현하고 있을 뿐이다. 게다가 재단의 지원은 주로 대도시에 편중되어 있어 지역적 안배에 심한 불균형을 초래하고 있다. 영국의 경우 지역적 안배를 정책적으로 강조하는 굴벤키안재단의 경우도 런던과 런던 인근지역에 대한 지원 비율이 50%를 넘어서고 있는 실정이다. 이는 곧 그 밖의 지역에 대한 지원이 아무리 강조되어도 50%를 넘어서지 못하고 있음을 보여준다.

일반적으로 재단은 공공기관에 비해 재원의 규모가 작기 때문에 장기적인 프로젝트를 지원할 수 없다. 대부분의 경우, 재단의 지원은 일회적으로 주어지며 이러한 지원방식을 통해 재단은 한정된 재원이 특정 프로젝트에 묶이는 것을 제한할 수 있다. 그러나 예술의 지속적인 발전을 위해서는 장기적인 지원이 필요하다. 버몰과 보웬Baumol & Bowen, 1966은 "공연예술기관들이 잘못된 경영 때문이 아니라 '비용질환'으로 인한 '시장실패' 때문에 공공지원 없이는 살아남을 수 없다"는 주장을 하였다. 예술은 장기적 지원을 필요로 하기에 실제로 일시적 지원을 제공하는 것만으로는 충분하지 않다. 이를 해결하기 위하여 재단은 다른 지원기관과 공동지원으로 지원금의 효과를 극대화하려고 한다. 그러나 이러한 현상에 대하여 리트Leat, 1992는 적은 금액의 돈을 지원하여 이를 통해 다른 지원금을 모으는 데 사용하게 하는 펌푸질pump priming은 근처에 물이 고여 있는 우물이 존재한다는 가정 하에서만 근사한 생각이 될 수 있다고 주장한다. 그러므로 공공지원이라는 우물물이 거의 메말랐을 경우, 재단의 종자돈이 갖는 효과를 기대하기 어렵기에 결국 매우 비효율적으로 재원을 사용한 결과를 초래하게 된다. 이 경우 재단은 중요한 예술 프로젝트의 지속성을 위하여 장기적으로 지원해야 하는 필요성에 직면하게 된다. 이에 따라 재단은 2-3년간 연속 지원을 하는 경우가 생기게 된다. 예를 들면, 영국의 굴벤키안재단은 인형극에 큰 관심을 갖고 몇 년간 지원하였다. 굴벤키안재단은 인형극이 역사적인 의미가 있는 전통적인 예술 형태로서 대부분의 지원기관이 이에 대한 지원을 소홀히 취급했다고 믿었기 때문에 이러한 장르를 지원하였다. 그러나 실제로 이러한 소외된 장르예술에 재단이 특별히 지원하는 일은 보편적인 현상은 아니다. 더욱이 전문가를 채용하여 업무를 수행하는 공공기관과 다르게 몇몇 민간재단은 전문가도 두지 않고 단지 극소수의 인원으로 업무를 수행하고 있다. 예술을 발전시키려는 재단의 노력은 비전문가에 의해 지원이 결정되거나 프로그램을 진행할 충분한 직원이 없는 경우에는 최소한의 효과만을 가져올 뿐이다. 다음의 표 6은 재단센터Foundation Center에서 최소 1백만 달러의 자산을 갖고 있거나 10만 달러 이상을 지원하는 1만 8,323개 재단을 대상으로 한 조사 결과다. 이에 따르면, 미국의 경우에도 단지 소수의 재단만이 프로젝트를 개발하고 지원신청서를 전문적으로 검토하기 위하여 유급 직원을 고용하고 있다.

표 6. 미국 재단의 직원 수의 비율

직원수(명)	퍼센트(%)
1-2	63. 8
3-4	17. 4
5-9	11. 2
10-19	4. 2
20 이상	3. 5

출처: 재단센터, 『2000년도 재단 인력현황(Foundation Center, *Foundation Staffing 2000*)』
(TGCI, *The Grantshipmanship Center Magazine*, Issue 43, spring 2001:29에서 인용).

표 6에서 보면 재단 중 단지 3,048개 재단만이 유급 직원을 고용하고
있으며 이들 중 63.8%는 불과 1~2명의 직원을 고용하고 있다. 20명이 넘
는 직원을 고용하고 있는 재단은 겨우 3.5%에 불과하다. 실제로 많은 소규
모 재단은 개혁적이거나 모험적인 프로젝트를 진행할만큼 충분한 인력이
나 재원이 없다. 세계적으로 재단이 가장 발달했다고 알려진 미국의 상황
이 이 정도인 것이다.

비록 재단은 기업이나 정부기관과는 다른 독특한 성격을 갖고 있지만
서로 공통점도 있다. 실제로 이사들은 각 섹터를 자유롭게 이동하기에 이
들의 결정은 비록 소속된 기관의 목적과 구조는 서로 달려도 유사한 경향
이 있다. 더구나 재단의 중견간부는 제3섹터 자체에서보다 정부나 민간에
서 근무한 경험이 있는 사람 중에서 선발된다. 이러한 상황은 이들이 비영
리기관에서 일하더라도 공공기관 혹은 민간기관에서 일하면서 가졌던 동
일한 가치와 논리를 갖고 일을 하게 만든다. 그 결과 재단은 민간섹터로부
터 시장의 경제적 논리와 주주, 소비자, 이익의 가치를 가져오고 공공섹터
로부터는 정치적 관점과 대중에 대한 서비스 가치를 빌려온다. 비록 재단
이 공공기관에 비해 유연한 구조를 지니고 회계적 책임을 걱정할 필요가

없다고 하더라도 많은 재단은 실험적이고 위험부담이 있는 프로젝트에 대한 지원을 어렵게 생각한다. 왜냐하면 재단도 설립자의 의지와 재단의 명성, 미디어의 반응, 그리고 한정된 예산을 고려해야 하기 때문이다.

　이러한 재단의 한계에도 불구하고 앞의 3절에서 언급한 재단의 가능성과 잠재성을 개발해야 하는 것으로 미래의 방향을 설정해야 한다. 이를 위해 소규모 재단은 한정된 재원을 다른 지원기관과 중복하여 조금씩 분배하기보다 다른 기관이 지원하지 않는 틈새영역에 집중하는 것이 더 효율적일 수 있다. 개별재단의 헌장, 사명, 이사회 지향성의 서로 다름은 재단으로 하여금 유사한 문화정책을 지닌 공공기관이나 이익 인센티브에 종속된 기업에 비해 프로그램의 다양성과 변화를 도모할 수 있게 한다.

6. 재단에 대한 규정과 세제

1) 영국: 단순한 규정과 호의적인 세제혜택

영국에서는 재단을 포함한 모든 자선기관이 소득세 면세 혜택을 받는다. 세규에 의하면 '재단'이란 "면세적 기부를 통해 기부자나 그 가족이 경영과 의사 결정에 관련된 통제권을 장기적으로 유지할 수 있게 하는 기관"이다. 미국에서와 마찬가지로 영국에서도 재단의 설립과 운영과 관련된 법적 절차가 매우 간단하다. 일단 채리티위원회Charity Commission에 의해 자선단체로 등록이 되고 국세청으로부터 승인을 받으면 이 기관은 세제혜택을 부여받고 이 기관의 기부자에게도 이러한 혜택을 줄 수 있다. 채리티위원회는 재단을 감사하는 기관이므로 재단은 연간 회계보고서를 이 위원회에 제출해야 하는 의무를 갖는다.

1979년 자산취득세법The Capital Gains Tax Act 1979은 자선단체가 자선의 목적으로 자산을 취득했고 적법한 비용을 초과하지 않은 경우 자산 취득세를 면제한다고 규정하고 있다. 506(1)조의 소득법인세법(1988)에 따르면, 자선기관의 모든 수입은 자선적 목적으로 사용하는 경우에 소득세와 법인세 면세 혜택을 받는다. 대부분의 자선기관에 대한 기부(생전 혹은 사후 모두)는 자선적 목적에 사용되기 때문에 상속세를 면제받는다. 그러므로 개인이 자선기관으로부터 금전적인 직접 혜택을 받지 않는 한 자선적인 목적의 기부금은 상속세 적용 범위의 바깥에 놓이게 된다. 자선기관은 영리사업을 하지 않거나 혹은 영리사업을 하더라도 충분한 이익이 발생하지 않기 때문에 부가세를 면제 받는다Warburton, 2000:148.

모든 재단은 두 명 이상의 이사가 있어야 하지만 최대 숫자에 대한 규정은 없다. 필립스Phillips, 1988:43는 대부분의 재단이 이사회의 결정이 교착상태에 빠지는 것을 막기 위해 3명에서 9명의 홀수의 이사들을 유지하고 있다고 한다. 이사들은 재단의 수입과 지출명세로 구성된 회계를 정상적으로 유지하고 회계연도 종료시 대차대조표를 작성해야 하는 의무를 갖고 있다. 이 밖에도 1992년도 채리티법The Charities Act 1992에 의하면 이사들은 재단의 활동에 대한 사업보고서를 만들어야 한다. 이 보고서는 회계사의 감사와 독립적 심의를 받아 다음 회계연도 종료 10개월 이내에 출간되어야 한다.

2) 미국: 엄격한 규정과 관대한 세제혜택

미국에서 비영리기관은 수입에 대해 면세를 받는다. 이러한 기관은 지역차원에서 주정부 판매세와 재산세도 면세받는다. 비영리기관 중 재단은 별도로 취급을 받는다. 재단은 다른 501(c)(3) 기관인 자선, 종교, 교육단체에 비해 전통적으로 보다 엄격한 세제의 적용을 받는다. 이는 재단이 세금의 은닉처가 되는 것을 막기 위한 조치다. 크로펠터Clotfelter, 1992: 4-5에 의하면, 재단에는 두 종류의 엄격한 세제규정이 적용된다고 한다. 첫째, 재단에 대한 기부는 기부자의 소득비율에 비해 낮은 세율을 적용받으며 재산을 재단에 증여하는 것도 마찬가지다. 둘째, 재단은 투자자산의 비율에 따라 최소지원액을 포함한 여러 가지 규정의 적용을 받으며 이러한 규정은 주기 부자와 그들의 가족의 경영과 재정적 운영을 포함한다.

슈스터Schuster, 1996:83는 미국에서 개인 기부의 28%, 기업 기부의 42%, 재단 기부의 47%가 통상적으로 세금의 형태로 지출되었음을 보여주는 통계를 인용하였다. 이러한 수치는 재단이 세제혜택의 가장 활발한 이용자임을 보여 준다. 비영리기관에 대한 기부금의 감세는 첫 영구소득세 규정이 도입된 1913년에서 4년 후에 법적으로 등재가 이루어졌다. 이러한 재단의 지원에 대한 관대한 세제의 적용은 재단이 세금 회피처로 사용될 가능성에 대한 우려를 자아내었다. 미국에서는 1950년대와 1960년대에 재단이 부자들의 세금 회피처로 사용되는지에 대한 의심에 초점을 맞춘 대중토론이 활발히 이루어졌다Anheier & Toepler, 1999:5. 록펠러재단에 대해서 의회의 한 비평가는 세금 회피를 위한 세련된 장치라고 칭하면서 포드재단 또한 1937년도에 세금 문제 때문에 설립되었지만 1950년까지는 지원기관으로서 활발한 활동이 없었다고 주장하였다Bulmer, 1999:42.

만일 재단이 더 많은 혜택을 받는다면 이들은 대중에게 더욱 도덕적으로 재정에 대한 책임감을 지닐 필요가 있다. 정부는 재단에 대해 이 점을 강제하기 위해 다양한 규정을 만들었다. 세제 개혁법 1969The Tax Reform Act of 1969의 많은 조항이 소수의 개인에 의해 운영되는 재단의 남용 - 실제적이든지 앞으로 일어날 가능성이 있는 것이든 간에 - 을 막기 위한 것이었다. 이 세제는 재단이 반드시 실행해야 할 일련의 새로운 규정을 제시하였다. 재단은 반드시 순자산의 5%에 해당하는 액수를 매년 자선적 사업비로 지출하여야 한다. 이러한 '지출규정payout requirement'에는 지원금, 프로그램과 관련된 투자, 자선 사업의 직접 시행비, 특정 행정비용 등이 포함된다. 내국세 조항The Internal Revenue Code 또한 민간재단의 순투자 수입의 2%를 국내 소비세excise tax로 부과하고 있다. 이 세금은 재단이 세제가 요구하는 사항을 잘 준수한 경우 1%로 인하된다. 이러한 규정은 재단의 기부자와 이사들의 재정적 남용을 방지하기 위하여 만들어진 것이다. 재단은 IRS Form 990 - PF을 해마다 작성해야 하는데 이것은 재단의 재정과 지원활동에 대한 정보를 대중이 접할 수 있게 하는 서류다. 이것은 면세 자격에 따른 대중에 대한 책임을 완수하게 한다. 로비나 선거 혹은 정치 캠페인과 같은 재단에 의한 특정 종류의 지출은 비자선적 사용으로 간주되어 '1969 세제 개혁법' 규정에 의해 벌금이 부과된다Edie, 1995:206.

3) 한국: 엄격한 규정과 제한된 세제혜택

우리나라에서는 자선기관에 공공적인 목적을 위해 기부하는 금액 중 전체 수입의 10% 혹은 자산의 2%까지 비용으로 세금공제를 받을 수 있도록 규정하고 있다. 비영리기관인 재단은 비영리 활동에 이 기부금을 사용하면 전년도 손실액을 포함하여 영리사업 이윤의 70%까지 비용으로 공제받을 수 있다.

상속세 및 증여세 규정에서는 상속에 의해 재산을 물려받았을 때 유산의 경우는 5%에서 55%의 세금을 지불해야 하며 증여의 경우는 5%에서 60%의 세금을 내야한다. 그러나 기업재단을 포함한 재단과 공공기관, 종교기관, 자선기관, 학술 및 복지기관 등에 기부된 재산은 이 재산이 기부자나 그의 가족의 이익을 위해 쓰이지 않는 한 상속세의 면제를 받는다. 그리고 기업재단이 모기업이나 모기업의 자회사의 주식을 과다 보유하면서 주식시장의 왜곡된 형성에 관여하는 것을 막기 위하여 2000년부터 재단은 전체 주식을 기준으로 하여 모기업의 5% 이상 그리고 모기업과 관련된 기업들의 30% 이상의 주식을 보유하면 증여세를 물어야 한다. 민간재단의 순수한 자선활동을 장려하기 위해 정부는 세제혜택을 주는 동시에 회사를 소유한 기업주나 그 가족이 이러한 세제혜택을 세금 회피 수단으로 쓰는 것을 방지하고자 이를 제재하는 규정을 두고 있다는 것이다.

기업재단에 대한 정부의 이러한 정책에 대해서 찬반양론이 있다. 비판가들은 정부의 이러한 조처가 실제 기업주가 세금 회피의 수단으로 기업재단을 악용하는 것을 막지 못했다고 주장한다. 반면에 기업재단에서 일하는 사람들은 정부의 재단에 대한 엄격한 규정 때문에 공공적 목적을 잘 수행하고 있는 정직한 재단이 활동에 제약을 받는다고 말한다. 즉 과거에 비해 이자율이 낮은 현 상황에서 기업재단은 주식투자를 통해 사업비를 조달해야 하는데 이에 대한 과도한 규정은 기업재단의 활동을 크게 위축시킨다는 것이다. 비록 재단의 사명이 공공적 목적을 위한 것이지만 기업재단에 대해서는 상속재산에 대한 세금을 피하기 위한 수단으로 쓰인다는 의심이 끊임없이 제기되어 왔다. 이러한 부정적 인식은 우리 사회에 만연하여 대기업에 의해 설립된 민간재단에 대한 대중의 부정적 태도에 일정 부분 영향을 주었다.

　기업재단이 모기업으로부터 독립적으로 운영되기 위하여 정부는 '비영리재단 설립에 관한 법률'을 제정하였다. 이 법은 재단 설립자와 특수 관계에 있는 사람이 재단의 이사회 구성원의 5분의 1을 넘을 수 없다고 규정하고 있다. 여기에는 설립자 자신과 설립자의 가족과 친척, 기업의 이사회의 구성원, 기업의 고용인, 기업가가 개인적으로 고용한 사람 등이 포함된다. 이러한 법적 규정 이외에도 우리나라의 재단과 관련된 세제와 규정은 재단 직원, 이사회 구성원과 그 가족들이 자선적 지원금으로부터 재정적 이익을 취하는 것을 금하고 있다. 이와 같은 엄격한 규정에도 불구하고 정부의 기업재단에 대한 규정은 재단 자체가 지닌 자율성의 특성 때문에 설립자가 임의적으로 재단을 활용하는 것을 막는 데는 별반 효과를 발휘하지 못하였다.

공공 예술 지원 - 정당성 논쟁과 예술의 가치

문화예술과 공공지원과 관련된 세미나나 학술회의에 참석하면 예외 없이 "문화예술에 대한 재정이 확대되어야 한다"는 당위성에 기초한 발제와 만나게 된다. 하지만 이에 반해 "문화예술과 관련된 공공지원이 과연 필요한가?"라는 근본적인 질문을 다시 해 보는 도전적인 발제를 만날 수 없는 것이 항상 아쉬움으로 남았다. 즉 "문화예술과 관련된 공공지원이 긍정적인 역할을 하지 못하는 측면이 있다"는 방향의 접근은 찾아보기 어려웠다. 앞으로는 문화예술과 관련된 공공지원에 대한 찬반논리가 함께 토론될 수 있다면, 문화예술 지원과 관련된 공공지원의 정당성 논리의 더욱 확고한 정립에도 도움이 될 수 있을 것이라는 생각이 든다.

이는 문화예술계가 문화재정을 확대하기 위해서는 문화예술계에 종사하는 학자나 예술가가 아니라 기획예산처 공무원 및 일반국민을 설득할 수 있어야 하는데, 이는 반대의 목소리를 내는 타 분야 학자들이 갖는 논리에 대한 대응논리의 개발과 연관이 될 수 있기 때문이다.

참고로 문화예술에 대한 공공지원 정당론에 의문을 제기한 학자와 그 내용은 다음과 같이 간단하게 소개하고자 한다. 대부분의 경우에 문화예술에 대한 공공지원이 정당하다는 주장과 관련된 이론의 모순과 문제점을 지적하였으며 또 다른 경우에는 정부의 문화예술 지원의 효과성 및 역진성

regressive effects에 대한 의문이 주종을 이루고 있었다.

• 국가 권위와 정체성 고양: 문화예술 이외에도 국가 위신을 향상시킬
수 있는 것들은 많다. 예를 들면, 세계적인 축구팀과 유명한 기업 상품, 잘
보존된 자연환경 등이 바로 그러한 요소들이다. 만일 예술이 국가의 권위
와 위신을 향상시킨다는 이유 때문에 공공지원을 받아야 한다면 이러한 기
여를 하는 다른 모든 것들도 지원을 받아야만 할 것이다. 또한 미국의 오페
라의 경우, 이탈리아나 오스트리아에서처럼 민족적 응집력과 국가의 정체
성을 유지하거나 고양하는 데 기여한 바도 없는 데도 계속 지원이 이루어
지고 있다.

• 경제적 중요성: 예술은 직업을 창출하는 데 그다지 적합한 방법은 아
니다. 왜냐하면 대체적으로 예술계에 종사하는 사람들은 급여수준이 낮아
서 다른 분야의 경제활동을 통한 소득보다 예술관련 직업을 통한 국가수입
의 증가가 낮기 때문이다. 고용이나 문화예술과 관광과 관련된 통계, 또한
도시개발과 관련된 예술의 공헌 또한 과장되게 인용되는 경우가 많다. 또
한 지역개발에 있어서 예술 이외의 방법으로 더 효과적으로 투자될 수 있
는 경우도 많다.

• 문명적 사명과 교육: 예술의 문명적civilizing 사명과 관련하여 부르주
아지들은 이미 문명화된 사람들이고, 예술을 통해 문명화가 필요한 계층
은 대체로 노동자계층이라는 것을 의미한다. 그런데 사실상, 예술을 즐기
는 사람들은 대중이나 노동자들은 아니다. 전통예술의 관객은 오히려 일

반인들보다 교육 수준이 높고 부유한 사람들이다. 예술이 문명적 속성을 생산한다면 이러한 속성을 이미 갖고 있는 사람들만이 예술을 향유함으로써 실제적으로 정부의 지원을 받는 예술의 혜택을 지속적으로 누리게 된다.

- 미래세대를 위한 복지: 현세대가 과연 예술적 취향도 상이하고 경제적으로도 더 풍족할 가능성이 큰 미래세대를 더욱 풍요롭게 하는 데 관심을 갖고 그 비용을 지불해야 하는지에 대한 의문이 든다.

이와 더불어 정부의 문화예술 지원을 반대하는 사람들의 논의는 크게 다음의 두 가지로 볼 수 있다.

- 정부 예산 지출에서의 순서: 정부는 사치적 소비재인 예술보다 가난, 질병, 소득격차 해소 등 보다 시급한 문제를 해결하는 데 예산을 지출해야 한다.

- 시장원리의 적용: 예술이 그만한 가치가 있다면 이를 즐기는 관객들이 비용을 지불해야지 대다수의 사람이 소수의 오락물에 대한 비용을 지불하는 것은 부당하다. 예술에 대한 정부 지원은 곧 중상층에 대한 보조를 모든 계층에게 강요하는 것과 같다.

문화예술에 관련된 공공지원의 중요성은 근본적으로는 사회구성원의 창의성 향상, 정서적 풍요로움과 미의식 확대를 통한 삶의 질 확대 등과 같이 객관적으로 수치화되기 어려운 것들이다. 이러한 이유로 정부의 문화예술 지원의 실증적 중요성을 강조하기 위해 가장 보편적으로 사용되는 논리는 바로 계량화가 가능한 '예술의 경제적 중요성'이다.

최근에는 '문화산업' 분야 및 '관광' 분야와 연관 지어 순수기초예술에 대한 정부 지원의 중요성에 대한 논의가 활발하게 이루어지고 있다. 덴마크의 학자인 한센T. Bille Hansen은 『유럽문화정책지*European Journal of Cultural Policy*』에 투고한 "문화경제학과 문화정책: 덴마크를 중심으로 한 논의"(1995)라는 논문에서 "예술의 경제적 효과에 관련된 학자들의 논의가 대부분 객관성이 부족하고 과장되었다"고 하였는데 되새겨 볼 필요가 있는 지적이다. 한센은 예술의 경제성을 주장한 학자들이 주장하는 예술이 창출하는 소비, 고용효과, 세수입 등이 과연 새롭고 추가적인 것인지를 반문해볼 것을 요구하고 있다. 즉 "예술에 지원된 같은 액수의 정부 보조금을 다른 곳(예를 들면, 공장 증설, 학교 건립, 스포츠 센터 건립 등)에 쓰였을 때도 예술을 지원했을 때처럼 경제적인 효과가 유발됨을 간과해서는 안 된다"는 점을 지적하였다.

현재 문화예술에 대한 정부 지원의 총액을 늘리는 것도 매우 중요하지만 그 이전에 깊이 논의해야 할 이슈는 "현재의 지원 시스템과 분배 방식이 과연 최선인가?" 하는 질문과 관련되어 있다고 생각한다. 또한 정부의 지원방식이 현재보다 훨씬 다양화 될 필요가 있다. 보조금 교부라는 직접 지원 방식 이외에도 예술가 및 예술행정가에 대한 재교육, 예술가 우대세제, 기부세제, 정보의 비대칭성 해소와 같은 다양한 정책수단을 활용해야 한다. 이러한 간접지원 방식을 잘 개발하다면 같은 금액의 지원금으로 그 효과를 배가할 수 있다.

어떤 미술평론가가 사석에서 "군부독재시대부터 이어져 내려온 정부의 예술가 지원이 예술가를 상이군인으로 만들고 있다"라는 발언을 하였다. 이러한 발언은 "예술가들이 자신들의 예술 활동을 위해 정부의 지원을 받는 것을 너무나 당연시 여기고 있으며 이로 인해 예술가 스스로의 자생 능력에 오히려 부정적 영향을 미치는 측면도 있다"는 의미였다. 예술가나 예술단체의 지원을 위하여 설립된 재단에 몸을 담고 있던 필자에게 이러한 그의 발언은 새로운 문제의식을 심어주었다. 즉 예술가가 예술 활동을 하고 있다는 그 자체로서 정부의 지원을 받는 시대는 지나갔고, 이제는 그러한 활동을 통해 사람들에게 어떤 것을 줄 수 있으며 더 나아가서는 우리 사회에 어떤 의미로 자리매김하는가와 관련된 문제를 깊이 고민해야 한다는 점이다.

"문화의 정치화Politicization of Culture"로 대변되는 이러한 예술의 사회적 책임 실현에 대한 강한 요구는 특히 영국의 문화정책에서 핵심을 이루고 있다. 영국에서의 본격적인 문화정책의 시행과 문화 분야의 정부의 개입은 노동당이 새로 출범한 이듬해인 1998년 문화매체체육부에 의하여 발간된 『새로운 문화체제A New Cultural Framework』에서부터 시작된다. 이 보고서는 현 정부의 문화 아젠다의 초점을 예술의 사회적 책임의 실현으로 바꾸어 놓았으며 지원기관과 정부가 지원협약funding agreements을 통해 그 관계를 공식화하는 것을 기본으로 설정하였다Sara Selwood, 2001:2. 이 보고서는 또한 문화에 대한 지원을 '보조금'이 아닌 '투자'로 상정하고 정부 지원을 받은 기관을 '협찬 받은 기관sponsored bodies'으로 간주하였다.

정부 지원은 '아무것도 아닌 것에 주어지는 어떤 것'이 아니다. 우리는 투자에 대한 성과를 원한다. 지금부터 의무와 책임으로 특징 지워지는 진정한 파트너십이 만들어 진다. … 3년간의 지원협약이 대부분의 지원 대상기관과 맺어지고 이로 인하여 요구되는 목적을 충족시키기 위한 명확한 책임이 이들 기관에 부과된다(DCMS, 1998).

이에 따라 문화예술기관은 과거의 경우처럼 더 이상 정부의 지원을 당연한 것으로 받아들일 수 없게 되었다. 즉 정부의 지원이 정부가 정한 목적들[7]을 성취하기 위한 다양한 전략을 제시함으로 얻어지는 것이지 단순히 주어지는 것이 아님을 인식해야만 하였다. 지원받는 기관의 성과를 측정하고 효율성의 기준을 향상시키고 전 영역에 걸쳐서 질을 올리기 위하여 문화매체스포츠부는 성과 · 효율성 · 기준팀The Quality, Efficiency & Standards Team, QUEST을 만들었다. 이와 같이 문화예술기관이 사회적 책임을 실현하도록 지원협약을 통해 강제하고 이를 평가함으로써 문화매체체육부는 주요한 정책결정자로서 자리매김을 할 수 있게 되었다. 그 결과, 영국예술위원회는 문화매체체육부가 만든 정책을 수행하는 단순한 도구적인 역할을 하게 되었다.

영국에서 1990년대 후반에 이루어진 문화정책의 이러한 변화가 우리의 문화관광부나 지자체 설립재단에도 조금씩 나타나고 있다. 즉 단순한 분야 중심의 지원에서는 목적을 중심으로 이를 성취하기 위한 지원을 하고 그 결과를 평가하여 다음 지원에 반영하게 된 것이다. 2006년 12월 한국예술경영학회의 세미나의 주제가 이러한 '평가'와 관련된 것이었다. 이는 우리

7 정부의 지원금의 배분은 결과, 접근성, 효율성의 향상과 민간재원의 증가 등을 이행하기 위한 수단으로 간주되었다. 이러한 지원의 원칙은 문화매체체육부가 지향한 4가지 가치인 접근성, 수월성 · 개혁, 교육, 문화산업에 반영되었다.

의 예술경영학에서도 이러한 세부적이며 실천적인 주제가 논의될 정도로 지원의 현장에서 '평가'가 점차 중요한 이슈로 등장하고 있으며 이제는 본격적으로 '평가'를 위한 이론을 정립할 시점이 왔다는 것을 느낄 수 있었다.

지금까지 '문화재정의 확대'는 통계적 객관성과 명확한 논리에 설득되어 이루어지기보다 정치적 타협과 결단에 의한 결과로 나타난 경우가 많았다. 하지만 장기적으로 문화재정을 확대하기 위해서는 문화예술의 공공지원의 당위성과 관련된 논리와 그것을 증빙할 수 있는 통계가 지속적 체계적으로 축적되어야 할 것이다. 또한 문화예술 분야 정부 지원이 어떻게 효율적인 방식으로 효과를 최대화할 수 있는 방향으로 분배되어야 하는가와 관련하여 지원에 대한 '평가'의 개발이 활발하게 이루어져야 할 것이다.

하지만 본질적인 질문으로 다시 돌아가서 "문화예술의 가치는 과연 정량적 측정의 결과와 얼마나 연관을 가지며 또한 이에 대한 객관적 평가가 가능하겠는가?"를 논의해 보고자 한다. 우선 영국 정부가 강조하는 예술의 사회적 책임과 관련하여 우리의 공공문화정책에서도 이를 지지하고 있다. 가령 어떤 예술가가 예술작품을 만들고 있을 때 그에게 예술을 하는 이유를 물어본다고 하자. 만일 그가 "그냥 제가 좋아서 합니다"라고 대답한 경우와 "시민들에게 문화향유의 기회를 더 많이 주기 위해서 만듭니다"라고 답변한 경우를 가정해 보자. 만일 정부나 공공재단이 지원을 하고자한다면 전자로 답변한 경우보다 후자로 답변한 경우에 그 예술가가 사회적 책임감에 대한 의식을 갖고 예술을 하고 있다는 측면에서 지원을 받을 가능성이 높아질 것이다. 따라서 예술가들은 이러한 공공지원을 받기 위하여 지원신청서 작성을 더욱 정교히 하고 어떤 예술가는 이를 전문으로 하는 기관에게 의뢰하여 작성함으로써 지원받을 확률을 더욱 높이고자 할 것이다.

정략적 측정과 관련하여 "과연 관객이 많이 몰리는 작품이 이보다 관객이 적은 작품에 비해 우수한 작품이라고 말할 수 있을까?"라는 질문을 하여 본다면, "그렇다"는 답변을 쉽게 하기 어렵다는 것을 알게 된다. 필자가 근무했던 서울문화재단의 경영평가와 관련하여 몇 가지 부문에서 정량적 평가를 하고 있다. 하지만 이러한 평가는 실제 재단의 성과와 무관하거나 평가를 위한 업무가 추가되어 직원들의 본질적 업무에 방해를 받을 수준에까지 이르는 경우도 많다. 또한 지원을 받아서 무료로 운영되는 사업에 대하여 시민들의 만족도를 조사하면 대부분 긍정적으로 나오기에 "이러한 재원이 다른 용도와 다른 방법으로 쓰였을 때 더 효과적일 수 있다"는 측면에서의 본질적인 평가는 거의 하지도 못하고 있다.

자본주의 사회에서 경제적인 재원의 한계 속에서 고민하는 일반 서민들과 숫자를 중심으로 모든 가치 판단을 하게 되는 재정경제부 공무원 등에게 문화예술에 대한 공공지원의 정당성을 주장하기 위하여 문화예술이 가져다주는 경제적 효과에 대한 주장이 빈번히 주장되고 있다. 전략적으로 이러한 작업이 중요하고 앞으로도 지속적으로 이를 증명할 수 있는 자료를 축적해야 하는 것은 자명하지만 이러한 예술의 경제적 효과는 예술을 하는 1차적인 목표는 될 수 없는 것이다. 즉 근본적으로 예술이 주는 효과는 예술의 내재적 가치인 미와 창의성 등과 관련되어 있기 때문에 이는 예술이 가져다주는 부수적 효과일 뿐이다. 정부 지원이 예술의 아름다움과 창의성이라는 보이지 않고 측정될 수 없는 요소를 위해 사용됨을 정당화하기란 쉽지 않다. 하지만 이러한 어려움이 있다 하더라도 예술은 그 본질적 성격에서 정량화되기 어렵다는 사실은 변할 수 없다.

한 편의 감동적인 영화를 보고, 한 편의 아름다운 시를 읽으면서 느껴지는 개인의 감동과 마음의 카타르시스를 어떻게 측정할 것이며 이러한 개인의 심리적 변화와 예술과의 만남을 통한 미에 대한 눈뜸이 내재적으로 사회에 영향을 미치는 측면을 어떻게 규명할 수 있을 것인가? 결국 통계화되지 못하는 이러한 요소들이 예술을 구성하는 핵심인 것이다.

3장
각국의 문화지원 및 정책

1. 영국: 민간지원 장려와 예술기관의 사회적 책임 강조

영국은 '야경꾼 국가'라는 강력한 전통을 지니고 있어서 영국 정부는 강도, 절도, 강제 계약 등과 같은 범죄 방지 차원의 기능만 하는 최소한의 권한을 행사하여 왔다. 더불어 자유방임전통The 'laissez-faire' mentality은 19세기 자유 시장경제 자본주의와 연관되어 시장의 '보이지 않는 손'인 경쟁이 적절한 가격을 책정해 줄 것이라는 믿음에 예술에 대한 지원을 시장의 논리에 맡겨 왔다. 영국 정부가 비로소 예술 지원에 관여하기 시작한 것은 2차 세계 대전 이후였으며 그 이전까지는 왕실 귀족층이 예술 지원에 중요한 역할을 담당해 왔다. 즉 2차 세계대전 이전까지 영국 정부는 예술 지원을 통한 중앙 집중적 통제와 조정을 전혀 하지 않았기 때문에 1990년대 후반까지 영국 정부의 명확한 문화예술 정책은 없었다고 말할 수 있다.

영국에서 현재 우리나라 문화관광부와 유사한 역할을 하는 기관은 문화매체스포츠부The Department for Culture, Media, and Sports, DCMS다. 1979년에 탄생한 이 부의 원래 명칭은 예술도서관위원회The Office of Arts and Libraries였으나 1981년 교육과학부The Department of Education and Science로 통합되었으며 1983년 다시 분리 독립하였다. 1992년 다시 문화유산부The Department of National Heritage에서 문화부Ministry of Culture로 바뀌었다가 1997년에는 문화매체스포츠부로 바뀌어 현재까지 이어져 오고 있다. 독립적인 문화부의 존재는 다른 예산 대비 문화예술 분야에 대한 일정 정도의 공공지원을 안정적으로 보장해 주는 역할을 하고 있다. 중앙정부의 문화 분야 예산은 대부분 준정부기관quangos: quasi non-government organisations을 통해 예술위원회The Arts Councils, 영국영화위원회The British Film Institute, 박물관, 문서 및 도서관위원회Resource: The Council for Museums, Archives and Libraries 등으로 지원이 된다. 오늘날 문화매체스포츠부DCMS는 위의 기관들을 '팔길이 원칙arm's length principle'에 입각하여 지원하고 있다. '팔길이 원칙'이란 독특한 영국적 제도로서, 정부가 준정부기관quangos의 일상적 운영과 정책적 방향에 정치적 간섭을 행사하지 못하도록 막아주는 역할을 하고 있다.

영국예술위원회The Arts Council England는 1946년에 정부와 예술을 매개하는 기관으로 탄생하였는데 잉글랜드, 스코틀랜드, 웨일즈, 북아일랜드를 각각 관장하는 네 개의 위원회로 구성되어 있다. 다른 나라와 비교하여 영국예술위원회 제도는 준정부 비영리기관이란 특징을 지니고 있으며 정부로부터 한발 떨어져서 팔길이 원칙의 보호를 받고 있다. 이 원칙에 의거하여 문화매체스포츠부는 예술위원회의 내부적인 운영이나 지원대상자 결정에 대해 정치적 영향력을 행사하지 못하도록 견제하여 왔다. 휴이슨Hewison, 1995:32은 비록 이러한 '팔길이 원칙'이 1970년대까지 문화정책에 성문화되지 않았으나 정치인이나 정부 관료들이 준정부기관의 경영에 간섭하지 못하게 하는 실질적 역할을 담당하여 왔다고 보았다. 이 원칙 덕분에 예술은 일명 '국가보증예술'의 창조와 정치적 검열로부터 어느 정도 자유로울 수 있었다. 반면 허치슨Hutchison, 1982은 이 제도를 법적 구속력을 지니고 있지 않은 단지 관습에 불과한 것으로 폄하하면서 예술위원회가 정부의 주머니 안에 있지는 않다 하더라도 정부가 만든 기관인 동시에 정부의 파트너라고 평가하였다. 그는 예술위원회가 정부로부터 독립할 수 있는 수단을 갖고 있지만 실제적으로 매우 긴밀히 연관되어 운영된다고 주장했다. 예술위원회와 정부 사이의 거리가 실제로는 원칙상의 거리보다 훨씬 짧아서 혹자는 '팔길이 원칙'을 빗대어 '손뼘길이 원칙'이라고 부르기도 하였다. 더구나 '팔길이 원칙'으로 인하여 어떤 장관도 국회에서 예술위원회의 운영과 관련한 질문에 답변할 의무가 없기 때문에 문화부처의 책임감의 결여를 가져오고, 문화매체스포츠부를 문화의 주관자가 아닌 단순한 촉매자로서의 역할로 위치시킨다는 단점이 있다는 지적도 있다. 또한 1990년대 중반에 문화매체스포츠부가 발표한 『새로운 예술 정책*A New Cultural Framework*』(1998)에서 공공자금의 지원을 받는 예술기관은 지원에 대한 대가로서 사회적 책임을 져야함을 강조함으로써 이러한 '팔길이 원칙'은 사실상 이론으로만 존재하게 되었다.

영국에서는 지방정부도 예술의 중요한 지원기관이다. 지방정부의 지원금은 각종 지방세와 중앙정부의 보조금을 받아서 이루어진다. 지방정부가 해당 지역민들을 위한 여가시설을 제공하는 것은 기본적인 의무다. 지방정부 외에도 10개의 지역예술위원회Regional Arts Boards, RABs 또한 지역차원에서 예술을 지원하고 있었다. 예술위원회의에서 지원금을 지역예술위원회에 나누어 주면 지역예술위원회는 각 지역의 예술기관과 지역을 기반으로 한 예술 활동을 지원하는 데 사용하였다. 그러나 2002년 4월부터 영국예술위원회가 10개의 지역예술위원회를 법적으로 통합하였다. 이러한 통합된 새로운 예술위원회는 전략적 중앙사무실이 지역사무실을 이끌고 통괄하는 역할을 담당하게 되었다. 영국예술위원회는 이러한 통합을 좀 더효율적이고 효과적인 지원체제를 만들기 위한 조치로 풀이하였다. 이 새로운 기관의 총괄이사를 담당하고 있는 피터 휴이트Peter Hewitt, 2002는 예술지원 통합의 의미를 이렇게 표현하고 있다.

> 이것은 구조변화를 위한 구조의 변경이 아니다. 이것은 중요한 예술 지원 기관인
> 영국예술위원회와 지역예술위원회를 통해 이 나라의 예술을 다시 위치시키고 영
> 국 전체의 예술가들을 위해 좀 더 나은 구조와 영향력, 인식, 그리고 재원을 제공하
> 기 위한 작업이다(The Arts Council England, 2002).

그러나 영국예술위원회가 지역예술위원회를 통합함으로써 효과적이고 효율적인 구조를 만들었다고 하더라도 이 새로운 구조는 지방분권화 decentralisation 또는 devolution라는 오래된 정책 기조를 약화시키고 있는 것으로 보인다. 즉 효율성을 위해 중앙에 속하는 영국예술위원회에 지역을 대변하는 지역예술위원회가 부속되는 결과를 초래한 것이다.

1994년에 시작된 국립복권제도는 영국의 예술 지원에 매우 중요한 역할을 담당하여 오고 있다. 이 복권기금이 예술에 끼치는 영향력은 무척 광대하여 이에 대한 언급 없이는 영국에서의 예술 지원과 관련된 그림을 구체화시킬 수 없다. 다섯 가지 특정 목적(예술, 스포츠, 문화재, 자선단체, 밀레니엄 기념사업)을 위해 1매당 1파운드의 판매 금액 중 각각의 분야는

5.6펜스를 동일하게 지원받아왔다. 하지만 여섯 번째 새로운 목적 - 건강 · 교육 · 환경을 망라하는 '새로운 기회 기금New Opportunity Fund' - 이 추가되면서 예술에 대한 기존 지원 할당액이 감소되는 결과를 낳았다. 그리고 2001년부터 밀레니엄 프로젝트에 대한 지원이 끝남에 따라 여기에 배당되었던 지원금이 모두 '새로운 기회 기금'으로 배당되었다. 예술위원회는 이 복권기금을 분배하는 역할을 갖고 있는데 이 기금은 정부 지원에 대한 추가적인 기금을 의미하였다. 하지만 실제적으로 이러한 기금의 추가적인 성격을 규명하기가 쉽지는 않다. 복권기금이 처음 사용되기 시작하였을 때 기금의 추가적인 성격을 보장하기 위해 대부분 자본프로젝트capital projects에 지원하는 것으로 규정하였다. 이에 따라 지원을 받고자 하는 예술기관은 이미 운영경비를 다른 곳에서 지원받고 있다는 사실을 증명해야만 하였다. 그 결과, 운영경비를 지원받지 못하고 있는 예술기관은 복권기금마저도 받지 못하는 '부익부 빈익빈 현상'이 나타났다. 이러한 문제점을 보완하기 위해 '모두를 위한 예술Arts for Everyone, A4E' 그리고 '모두를 위한 예술특급 A4E Express'이라는 특정 프로젝트를 지원하기 위한 프로그램이 개발되었고, 그 결과 복권기금은 예술위원회가 예술기관의 운영경비 지원 목적에 쓰이는 예산의 상당한 부분을 차지하게 되었다.

영국의 대부분의 민간기금은 민간재단과 개인보다는 기업협찬으로부터 나온다. 공공기관과 민간기간과의 협력으로서의 공동지원의 예도 많이 볼 수 있다. 공공재원과 민간재원을 모두 받아 진행하는 공연과 전시는 점차 일상적인 것이 되고 있으며 지방정부도 민간재단과 협력하여 극장과 화랑을 쇄신시키고 있다. '예술과 기업A&B'은 기업의 예술협찬을 촉진시키고 이를 지원하는 기업의 이익을 보호하려는 정부산하기관이다. 1993년과 1994년에 '예술과 기업'은 문화매체스포츠부를 대신하여 '기업협찬 장려계획BSIS'을 운영하였는데 그 해에 약 4백만 파운드의 협찬금을 모금하였다. 1993/94년 기업의 지원은 최소한 7천만 파운드가 넘었으며ABSA, 1994 이는 이벤트, 예술기관 및 예술가 개인에 대한 협찬의 형태가 주를 이루었다. 그러나 기업은 대부분 기업의 이미지 향상에 도움이 될 수 있는 기존의 예술기관을 통한 지원을 선호한다. 이에 따라 기업지원의 절반 정도가 공연예술 분야에 치중하였고 축제를 포함하면 총 지원액의 3분의 2 정도가 여기에 지원되었다. 기업협찬은 또한 대도시와 고급예술 분야에 집중적으로 지원되고 있다. 샐우드Selwood, 1994:19에 의하면 영국에서 기업협찬의 80% 이상이 런던에 기반을 둔 예술기관에 지원되었으며 시각예술에 10% 정도만 지원이 되었음에 비해 오페라에 55% 이상 지원되었다고 한다.

비록 영국 정부에 의해 민간기부가 장려되고 있다 하더라도 이 민간기부금의 비율은 저조하다. 1993/94년에 정부가 문화 분야 총지원액의 80% 이상을 지원했음에 비해 기업은 4.0%였고 재단은 단지 2.3%에 불과하였다(표 7 참조). 리트Leat, 1992:5는 400개의 대규모 재단 지원금의 4% 정도가 문화와 환경 분야를 합쳐서 지원이 이루어져서 40%를 지원받은 건강과 복지 분야, 29%를 지원받은 의학과 과학 관련 연구, 7%를 지원받은 교육 분야에 미치고 못하고 있음을 밝혔다.

영국의 문화 분야는 1998/99년도에 48억 8천만 파운드였는데 이 중 45%에 해당하는 21억 8천만 파운드가 국영방송 BBC의 시청료였다(표 8 참조). 이 금액은 중앙정부, 지방정부, 국립복권기금, 그리고 기업협찬을 모두 포함한 금액과 거의 같았다. 문화 분야가 지원액의 절반에 해당하는 금액을 방송으로부터 받고 있으며 이 지원금은 중앙정부의 지원금보다 훨씬

표 7. 영국의 문화 분야 지원 (1993/94)

형태	£m	%
유럽 지원	83.7	4.8
중앙정부(DCMS)	735.7	42.6
스코트랜드 정부	63.5	3.7
웨일즈정부	37.8	2.2
북아일랜드정부	31.8	1.8
정부 내 타부처	108.2	6.3
세금공제	125.0	7.2
지방정부	405.1	23.5
재단	39.6	2.3
기업	69.5	4.0
개인 기부	27.0	1.6
계	1,726.9	100.0

출처: 카시, 던롭, 셀우드, 『상품으로서의 예술』(CASEY, B. & DUNLOP, R. & SELWOOD, S., 1996. *Culture as Commodity?* London: PSI).

표 8. 영국의 문화 분야 지원의 재원별 현황(1993/94-1998/99)　　　(단위: 백만 파운드)

지원기관	1993/94	1994/95	1995/96	1996/97	1997/98	1998/99
중앙정부	997.659	1,043.791	1,077.958	994.159	929.726	944.644
BBC 라이센스	1,684.000	1,751.000	1,820.000	1,915.000	2,009.700	2,179.500
국립복권	0	14.323	663.375	814.473	645.818	369.122
지방정부	1,092.236	1,159.890	1,121.480	1,238.300	1,250.901	1,255.689
기업협찬	69.522	82.820	74.584	89.681	107.326	130.760
계	3,843.417	4,051.824	4,757.397	5,051.613	4,943.471	4,879.735

출처: 샐우드, 『영국의 문화분야』(SELWOOD, Sara (ed.), 2001. *The UK Cultural Sector*, London: PSI).

크다. 위의 표에서 보듯이 영국에서의 예술에 대한 지원은 정부의 지원이 대부분(80% 이상)이고 민간 지원은 낮은 수준(기업 4%, 재단 2. 3%)이며 예술기관의 자체 수입 또한 그다지 많지 않다. 영국 정부의 지원수준은 정부 지원 비율이 낮은 미국과 정부 지원 비율이 높은 프랑스, 독일, 스웨덴 등의 서유럽의 중간에 위치하고 있다. 따라서 예술 지원에 있어서 영국은 유럽식 모델과 미국식 모델 사이에 위치하고 있는 것으로 보인다.

영국의 예술 지원에는 다음의 4가지 특성이 존재한다. 첫째, '돈의 가치value for money'라는 개념이 정부에 의해 도입되어 강조되었다. 이 용어는 원래 1982년 재정운영위원회The Financial Management Initiative에 의한 공공서비스 개혁의 한 부분으로 사용되었다. 1997년에는 노동당에 의해 '최고 가치best value'라는 개념이 대체되어 사용되기도 했지만 그 배경이 되는 철학은 동일하다Knight, 2002:193. 다른 경제용어인 '효과성effectiveness'과 '효율성efficiency' 또한 예술기관을 평가하는 용어로 자주 등장하였다. 이러한 개념들은 1980년대 중반 이후 대처 정부의 문화정책에서 주목을 받았다. '그라나다Granada'라는 미디어와 외식사업 기업의 회장인 게리 로빈슨Gerry Robinson이 잉글랜드예술위원회의 회장으로 1998년에 임명되었다는 사실은 정부가 기업 가치와 기업의 경영원칙을 예술 분야에 적용하려고 노력한다는 것을 단적으로 보여 준 사례였다.

둘째, 공공지원을 민간지원 특히 기업의 지원으로 보충하거나 공공과 민간의 공동지원을 하려는 추세가 미래의 지원 양식으로 두드러지고 있다. 이를 위해 영국 정부는 민간지원을 촉진하기 위해 세제혜택을 확대하거나 기업과의 매칭그랜트 제도를 창안하거나 국가복권기금을 창설하는 등의 노력을 하였다. 공공기관과 민간의 공동지원은 영국에서의 예술 지원의 보편적 현상으로 자리매김하고 있다.

셋째, 영국의 문화정책은 고급문화와 문화재 중심에서 방송, 영화, 팝음악, 비디오를 포함한 문화산업 혹은 창조산업 쪽으로 이동하고 있다. 이러한 현상은 과거 제국주의와 전통의 표상인 영국의 이미지를 현대적인 것으로 바꾸기 위한 전략적인 방침의 일환이다. 이러한 노력의 일환으로 과학, 기술 및 예술국가위원회The National Endowment for Science, Technology, and the Arts, NESTA를 창설하여 문화산업과 과학기술 발전에 대한 대중적 인식의 확산을 그 주요 목표로 활동하고 있다. 이외에도 창조산업실현위원회The Creative Industries Task Force가 창설되어 정부가 어떻게 창조 산업의 경제적 성과에 기여할 수 있는지를 평가하고 있다Smith, 1998:29-32. 기업의 가치를 예술의 운영에 도입하여 실현시킨 것 또한 문화정책이 기존의 전통적인 예술에 대한 지원에서 문화산업 쪽으로 무게 중심을 더욱 이동하게 만들었다. 하지만 국회의원인 세지모아Sedgemore, 2000:24는 『창조적 영국Creative Britain』이라는 정부 정책이 문화산업의 강조가 불러오게 될 상업적, 탐욕적, 소비적 영국의 모습을 간과하고 좋은 이미지만을 강조하고 있다고 비판하였다. 결론적으로 이러한 변화와 동향으로 인하여 예술에 대한 지역정부와 민간의 지원을 확대해 왔으며 기업적 가치에 영향을 받으면서 문화산업이 더욱 강조되었다.

마지막으로, 영국 정부는 1998년부터 새로운 예술정책을 선포하면서 예술의 사회적 책임성을 강조하였다. 이러한 정부정책은 예술계에 상당한 영향을 끼쳐 많은 예술단체들이 정부의 지원을 받기 위한 필요조건으로서 예술 활동의 사회적 책임성을 실현하는 방향으로 선회하였다. 이에 따라 예술단체들은 참여예술과 예술교육 등과 관련된 프로그램을 활발히 진행하였다. 영국에서의 본격적인 문화정책의 시행과 문화 분야의 정부의 개입은 노동당이 새로 출범한 이듬해인 1998년 출간된 『새로운 문화체제 A New Cultural Framework』에서부터 시작되었다. 이 저술은 현 정부의 문화 아젠다의 초점을 경제적인 것에서 사회적인 것으로 바꾸어 놓았다. 이에 따라 예술기관은 과거의 경우처럼 더 이상 정부의 지원을 당연한 것으로 받아들일 수 없게 되었다. 즉 정부의 지원을 받으면 대중의 요구에 민감하게 반응하라는 정치적 압력을 점차 높게 받게 되었다. 샐우드Selwood, 2000:1는 이러한 1993/94 에서 1998/99 사이에 일어난 영국 문화정책의 근본적 변화를 이렇게 표현하고 있다.

> 중앙정부의 문화에 대한 태도는 과거 '팔길이 원칙'과 정책의 부재를 그 특징으로 하고 있다. 그러나 최근에 와서 정부의 이러한 태도가 완전히 바뀌었음을 정책과 전략에 관련된 유래 없는 양의 보고서의 출간과 전략에 관한 내부서류들, 그리고 정부 지원을 받은 기관에 대한 모니터링 등에서 알 수 있다(Selwood, 2001:1).

이에 따라 문화예술기관은 정부의 지원이 방문자 수를 늘리는 등의 구체적 목표 실현을 위한 몇 가지 전략을 제시함으로 얻어지는 것이지 단순히 주어지는 것이 아님을 인식하여야만 하였다. 문화예술기관이 목적으로 추구해야할 사항들은 정부가 결정하였다. 지원기관과 정부가 지원협약 funding agreements을 통해 그 관계를 공식화하는 것을 기본으로 설정하였다 Selwood, 2001:2. 정부는 문화에 대한 지원을 보조금이 아닌 투자로 상정하고 정부 지원을 받은 기관을 '협찬받은 기관sponsored bodies'으로 간주하였다 Garnham, 2001:446.

이로써 문화매체스포츠부는 주요한 정책결정자로서 자리매김을 할 수 있게 되었다. 그 결과, 영국예술위원회는 문화매체체육부가 만든 정책을 수행하는 단순한 도구적인 역할을 하게 되었다. 정부 지원금의 배분은 접근성, 효율성의 향상과 민간재원의 증가 등을 이행하기 위한 수단으로 간주되었다. 이러한 지원의 원칙은 문화매체스포츠부가 지향한 4가지 가치인 접근성, 수월성·개혁, 교육, 문화산업에 반영되었다. 샐우드에 의한 문화매체스포츠부의 이러한 보고서에는 다음과 같은 정책 전환의 핵심어를 포함하고 있다.

정부 지원은 '아무것도 아닌 것에 주어지는 어떤 것'이 아니다. 우리는 투자에 대한 성과를 원한다. 지금부터 의무와 책임으로 특징지어지는 진정한 파트너십이 만들어 지게 된다. … 3년 간의 지원협약이 대부분의 지원대상 기관과 맺어지고 이로 인하여 요구되는 목적을 충족시키기 위한 명확한 책임이 이들 기관에 부과된다 (DCMS, 1998a).

전체적으로 문화매체스포츠부의 지난 3년간 지원액은 2억 9천만 파운드였는데 이보다 증가된 금액의 지원협약이 목표 지향적인 성과와 산출물을 근거로 이루어 졌다(DCMS, 1998b).

공공영역에서의 더 많은 효율성과 책임성에 대한 촉구는 문화매체스포츠부의『새로운 문화체제』라는 보고서에 언급되었다. 이러한 체제에는 지원협약과 모니터링이 포함되어 있다(Selwood, 1999:89).

위의 인용문에서 보듯이 문화매체스포츠부의 핵심어는 '투자' '의무와 책임' '성과와 산출물' '목표' 그리고 '효율성'과 '책임성'이다. 지원받는 문화예술기관의 성과를 측정하고 효율성의 기준을 향상시키고 전 영역에 걸쳐서 질을 고양하기 위하여 문화매체스포츠부는 성과·효율성·기준팀을 만들어 운영하였고 정부의 모니터링을 정례화하기 위하여 지원 대상기관과 3개년 간의 지원 협약을 도입하였다. 이러한 협약에는 예술기관의 전년도의 목적과 핵심지표에 대하여 보고하기를 요구하는 사항이 있다. 정부 정책을 효율적으로 실현하기 위하여 예술위원회는 예술기관에게 '성과지표Performance Indicator, PI'를 정례적인 지원의 조건으로 작성할 것을 요구하고 있다Selwood, 1999:103.

　이러한 조건과 함께 문화매체스포츠부는 박물관과 미술관의 접근성을 개발하기 위하여 접근성과 관련된 계획을 향후 지원의 조건으로 제시한다DCMS, 1999. 또한 문화매체스포츠부는 공공지원금을 받는 박물관에 대한 시민의 무료입장 원칙을 고수하고 있다. 이를 위해 문화매체스포츠부는 2001년 12월부터 어린이와 연금 수급자에 대한 무료입장을 가능할 수 있게 추가적인 지원을 하였다. 이는 박물관이 '사회적 변화를 위한 센터Centres for Social Change'로서의 기능을 한다고 믿었기 때문이다DCMS, 2000. 이러한 환경에서 예술기관은 대중에게 가시화할 수 있는 혜택을 개발하라는 정치적 압력을 더욱 많이 받게 된다. 이로써 간섭 혹은 효용성 없는 공공기금이란 존재하지 않게 되었다Chong, 2002:59.

　요약하면, 영국의 예술 지원은 정부에 의해 도입되고 촉진되었지만 영국 정부는 예술을 비롯한 대부분의 분야에서의 정부의 지출을 줄이면서 예술기관들로 하여금 그들의 수입의 더 많은 부분을 민간재원에 의존할 것을 요구하였다. 1980년대에 대처 수상 재임시 민간지원은 점차 정부의 축소된 지원에 대한 대체 재원으로서의 역할을 담당하게 된다. 게다가 정부는 기업의 경영 개념인 효율성efficiency, 효과성effectiveness, 돈의 가치value for money를 예술기관의 중심 운영개념으로 도입하여 예술기관은 이제 좀 더 많은 노력을 재원조성과 마케팅에 들여서 재정적 안정화와 향상을 꾀함으로써 이러한 가치들을 실현해야만 하였다. 1990년 후반부터는 예술단체 및 예술가의 사회적 책임성을 강조함으로써 예술에 대한 시민들의 접근성 강화 정책을 추진하여 문화예술이 단순한 존재로서가 아니라 합당한 기능으로서 지원을 받아야 함이 강조되었다.

2. 미국: 매칭그랜트 제도를 기반으로 한 연방정부 지원

미국에서는 범국가적인 문화정책이나 이를 규정하고 활성화하는 문화부가 없다. 그러나 예술정책에 관련된 규정이나 정책 목적이 분명하지 않다고 하여 문화정책이 부재하다는 것을 의미하지는 않는다. 이는 미국의 연방정부는 문화와 관련하여 최소한의 개입만 하였다는 것을 의미한다. 절대 세습권력인 봉건 영주에 의한 예술 지원 전통을 지닌 유럽과 달리 미국에는 이러한 전통이 없다. 종교기관 또한 미국의 문화 발전에 비교적 작은 역할만을 담당하였다. 청교도 윤리에 바탕을 둔 미국적 전통 또한 예술에 대한 부정적 편견을 조장하여 정부의 개입을 억제하였다. 이들 청교도들은 예술을 필요 없는 사치재로 사악한 천박성을 지니고 있다고 여겼으며, 극장이 사람들의 무능력, 게으름, 그리고 부도덕을 조장한다고 믿었다. 극장과 음악이 훌륭한 시민교육을 담당한다는 유럽의 엘리트 계층의 생각은 당시의 미국에서는 존재하지 않았다Cavendish, 1986:296. 따라서 미국에서는 1965년 국립예술기금이 창설되기 이전에는 정부가 나서서 예술을 지원해야 한다는 점이 정책적으로 전혀 고려되지 않았다.

미국인들은 오히려 정부의 문화와 관련된 정책이 오히려 문화 발전을 저해할지도 모른다는 우려를 하였다. 18세기 유럽의 지성운동으로 19세기 미국의 지도자들에게 영향을 준 계몽주의철학The Enlightenment의 가치 또한 국가가 지닌 권한의 잠재적 횡포에 대항하는 개인의 자유 보장과 민간의 주도권 보전을 역설하였다. 이에 따라 '제한된 역할을 지닌 정부'라는 강력한 공화적 전통을 지니게 되었다. 또한 예술뿐만 아니라 여러 분야에서 민간지원이 주도하고 있었기에 국가의 역할은 단지 민간의 역할을 따라가는 것이었다. 공교육과 공공도서관을 제외하고는 문화와 관련된 지원은 민간에 의해 주도되었는데 특히 부유한 개인들이 미국의 문화 분야의 강력한 지원자였다.

그러나 1930년대에 뉴딜 예술프로그램The New Deal Arts Program을 통해 정부는 예술에 관여하게 되었다. 예술가들을 고용하기 위해 공공예술프로젝트Public Works Art Project, PWAP를 도입하여 공공건물의 디자인에 시각 예술가를 고용하는 의무 규정을 시행하였다. 이들은 재무성 예술구제프로젝트 The Treasury Arts Relief Project, TARP를 통해 연방정부 건물의 벽화를 그리는 데도 참여하였다. 화가들은 재무성의 '그림·조각부'에 의해 1934년부터 1943년까지 전국적으로 우체국 벽화를 그리는 작업에도 참여하였다McCarthy, 1994:14. 이러한 공공예술프로젝트를 통해 3,750여 명의 예술가들이 저임금의 일용직으로 고용되었다. 이 프로그램은 2차 세계대전으로 인해 경제적으로 어려운 시기인 1943년까지 성공적으로 운영되었다. 이 밖에 작업 향상 행정예술프로젝트The Work Progress Administration, WPA, Art Projects는 극장, 작문, 시각예술, 음악, 그리고 역사적 조사 프로젝트와 같은 다섯 가지 분야의 다양한 예술프로그램으로 구성되었다. 하지만 정부가 이러한 프로젝트를 만든 동기는 예술 지원에 대한 필요성에 기인한 것이 아니라 국가경제의 위기 상황에서 예술가들에 대한 고용을 증진시키는 것이었다. 즉 이 시기의 예술에 대한 정부의 관여는 전체적인 뉴딜정책의 일환으로 예술 지원에 대한 사회적 가치로부터 기인했다기보다 당시 침체된 경기를 이러한 프로젝트를 통한 고용정책으로 살려보자는 취지였다.

12세기 초 시카고, 보스톤, 뉴욕과 같은 북부에 위치한 산업화된 도시의 거주민들 중에 갑부들이 성장하고 있었는데 이들은 새로운 규모로 문화 발전을 위한 성금을 제공하였다McCarthy, 1994:4. 1965년 국립예술기금의 설립 이전에 미국의 예술 활동은 매표수입과 세제혜택에 힘입은 민간의 지원금에 의존하고 있었다. 이러한 민간지원은 주로 개인이 많은 부분을 담당하였지만 민간재단 또한 문화예술기관을 위한 지원과 관련하여 노력을 하였다. 이들 재단과 같은 민간기관들은 예술에 대하여 공공 지원을 확대하기 위한 논리를 개발하는 데 앞장을 섰다. 헥쳐Heckscher의 20세기 기금, 포드재단, 그리고 록펠러형제기금은 이와 관련된 보고서와 연구서를 발표하였다. 록펠러형제기금에 의해 『공연예술: 문제와 전망The Performing Arts: Problems and Prospects』이라는 연구서가 1965년에 출간되었으며, 20세기 기금에 의해 유명한 윌리엄 보몰William J. Baumol과 윌리엄 보웬William G. Bowen의 『공연예술: 경제적 딜레마Performing Arts: The Economic Dilemma』가 이듬해에 출간되었는데 이들 연구서들은 정부의 예술 지원을 위한 의제를 개발하는 데 중요한 역할을 담당하였다. 비록 이러한 연구서들이 문화 분야에 대한 공공지원 정책을 수립하는 데 도움을 주었지만 국립예술기금의 지원 이전까지는 정부의 문화에 대한 지원은 매우 미비하였다. 이러한 연구서들의 주장에 탄력을 받아서 비로소 예술에 대한 연방지원을 안정화시키게 될 국립예술기금NEA의 설립(1965)을 맞게 되었다.

1960년대 중반과 1970년대 말 미국의 경제 부흥기에 정부는 예술 지원과 문화정책의 입안을 활성화시켰다. 그러나 1980년대 레이건 행정부는 정부의 복지정책에 반대하여 예술에 대한 정부 지원을 삭감하였다. 반면에 이 시기의 기업의 예술에 대한 지원은 늘어났는데 이는 국립예술기금의 챌린지그랜트와 기업예술위원회The Business Committee for the Arts, BCA라는 매개 기관의 노력에 힘입은 바 크다. 디마지오DiMaggio, 1986:66는 1960년대에서 1980년대 사이에 예술기관의 숫자와 규모가 커졌음에 주목하였다. 이러한 현상의 요인으로 그는 공공지원의 유입, 예술기관 자체 수입의 증가, 그리고 베이비 붐 세대의 등장과 대학생 수의 급격한 증가를 들고 있다. 따라서 이 기간 동안 예술기관의 성장은 직접적인 지원뿐만 아니라 인구와 교육수준의 증가를 통한 예술관객의 성장에도 기인하였다.

　　1990년대 초반에는 예술 지원이 불안정한 시기였다. 연방 지원의 급격한 감소와 개인과 기업 지원의 정체는 예술기관의 재정적 위기의식을 고조시켰다. 그러나 예술 지원에 재단이 차지하는 비율은 그다지 크지 않았지만 이 시기에 비교적 안정적인 재원으로서 자리매김하였다. 미국에는 기부와 자원봉사 전통이 문화 분야 발전의 초석이 되었다.『미국에서의 기부와 자원봉사Giving and Volunteering in the U.S.』에 의하면, 1997년에서 1998년까지 39만 명의 미국인이 예술과 문화, 그리고 인문 분야에서 자원봉사 활동을 하루 이상 하였다고 한다. 또한 미국 인구의 5%에 달하는 사람들이 매주 평균 1시간씩 일 년 간 예술에 봉사한 시간은 6억 5천만 시간이었다Seaman, 2002:11. 이 밖에도 예술 지원의 성장의 배경에는 기부에 관한 관대한 세제혜택이 차지하고 있다.

　　미국에서는 예술에 대한 강력한 민간 지원이 국가의 간섭을 싫어하는

문화적 태도와 관련되어 있다. 문화 분야 후원자 구성의 다양성 또한 1965
년 이후의 문화적 민관의 공동지원에 대한 강조에 기인하였으며 이로 인해
끊임없는 공공과 민간기부금의 성장이 이루어졌다. 재단, 기업, 정부기관
은 공공/민간의 협력체계 안에 매칭그랜트를 통해 예술을 지원하였다. 대
부분 예술단체의 경우, 국립예술기금에서 받은 액수가 총지원액의 10%를
넘지 않았으나 나머지 금액은 매칭그랜트에 바탕을 둔 민간기부금을 통해
지원을 받았다. 결론적으로 이와 같은 미국의 민간지원의 활발한 참여는
문화정책에서의 정부의 간섭을 제한적으로 유지시켰다. 포드재단과 앤드
류 맬론재단Andrew Mellon Foundation과 같은 민간재단이 정부가 지원하기 훨
씬 이전부터 예술을 지원하여 왔으며 기부에 대한 적극적인 감세정책 덕분
에 개인의 예술에 대한 기부가 차지하는 비중이 가장 큰 것이 미국의 예술
지원의 가장 두드러진 특징이다.

3. 한국: 정부의 지원과 책임 경영(자율 경영) 강조

역사적으로 근대 한국은 일본의 식민지 지배시기(1910년 - 1945년)에 서
구문물을 받아들였다. 36년간의 일본의 식민지 지배에서 해방된 지 겨우
5년 만에 한국전쟁이 발발하였다. 이 전쟁으로 인해 나라는 남과 북으로
나뉘어졌고 많은 문화유산들이 파괴되었다. 따라서 오랜 기간 동안 전쟁
으로 인하여 폐허가 된 건물, 집, 도로 등을 다시 짓고 보수하느라 국민이나
정부 모두 예술과 문화 분야에 대한 관심을 가질 수 없었다. 이로 인해
1950년대에는 정부 부처 중 문화 분야를 담당하는 곳은 없었다. 남북 분단

으로 인해 자본주의와 공산주의라는 서로 현저히 다른 이념체계의 대립과 휴전 상황은 표현의 자유의 억압과 정치적 탄압이라는 부작용을 남과 북 모두에게 남기게 되었다.

우리나라에서는 1961년부터 두 개의 부처에서 문화 분야를 담당하였다. 공보부는 영화, 공연예술, 오락, 정기간행물을 담당하였고 문화부는 미술, 문학, 음악, 문화재, 도서관, 그리고 종무를 관장하였다. 그러나 이 시기의 문화정책의 초점이 지원보다는 통제였으므로 문화예술에 대한 별 다른 재정적 지원은 없었다. 1969년에 문화공보부가 생겼지만 예산, 재원, 경험의 부족으로 인해 별다른 활동을 하지 못했다. 1972년에는 문화예술 진흥법이 제정되어 정부의 문화예술 지원을 법적으로 의무화 하였다. 이 듬해인 1973년에는 한국문화예술진흥원이 출범하여 문화예술과 관련된 정책을 만들고 지원하는 역할을 하였다. 문화예술을 지원하던 대표기관인 한국문화예술진흥원은 2005년 말에 '한국문화예술위원회'로 바뀌었다. 이러한 구조의 변화는 표면적으로는 한 사람의 기관장에 의한 결정권이 다수의 위원들에게 이양되어 더욱 민주화된 의사결정이 가능해진다는 것이었다. 하지만 이러한 변화로 인하여 정책 결정 과정에서 합리적인 결정을 도출하기보다 분야별로 나누어 먹기 식의 결정을 하는 부작용을 낳고 있다는 우려의 목소리가 높다.

국민의 문화에 대한 관심을 고조시키고자 문화예술진흥법에 의거하여 문화의 날(10월 20일)과 문화의 달(10월)이 제정되었다. 1973년에 정부는 문화예술발전 5개년 계획(1974년부터 1978년까지)을 발표하여 시행하였다. 1978년에는 문화예술진흥기금을 만들어 한국문화예술진흥원을 통해 관리하였다. 이 기금은 영화관, 극장, 그리고 기타 공연장 및 고궁,

미술관 및 박물관, 왕릉과 사적지의 입장권에 6%에서 6.5%를 부과하여 갹출하였다. 이렇게 부과되어 모인 기금은 한국문화예술진흥원의 총지원액의 약 4분의 1을 차지하였으며 나머지 4분의 3은 주로 정부로부터 직접 받은 보조금, 방송개발기금, 민간기부금이 차지하였다. 복권을 구매하는 모든 소비자에게 소액의 돈을 강제적으로 징수하는 방식인 영국의 복권기금과 달리 이 기금은 문화예술기관을 방문하는 문화소비자에게만 돈을 걷는 방식을 취하고 있다. 하지만 IMF로 인한 국가 경제적 어려움으로 1999년에 이러한 기금의 철폐가 이슈화되면서 결국 이 모금은 2001년도까지만 운영되었다.

이와 같은 정부의 노력에도 불구하고 1970년대와 1980년대는 군부독재 정권 아래에서 군사력과 경제적 성장을 최우선으로 추구한 시기였다. 그 결과, 표현의 자유의 엄격한 통제아래 문화발전은 부차적인 것으로 여겨졌다. 그러나 1970년대와 1980년대의 급격한 경제성장과 1986년 아시안게임, 1988년 올림픽게임의 유치에 따라 문화와 예술에 대한 공공지원의 중요성에 대한 인식을 차츰 갖게 되었다. 이에 따라 외형적 성장을 추구하면서 대규모 정부예술기관인 '예술의 전당'과 과천의 '국립현대미술관'이 건설되었다. 전체적으로 우리나라의 문화예술 분야는 많은 부작용을 낳았던 경제성장 제일주의의 그늘 속에서 조금씩 성장할 수밖에 없었다. 이러한 가운데 전통적 가치의 훼손과 서구화, 특히 미국화는 우리의 문화적 정체성을 크게 위협하고 있어 앞으로 해결해야 할 커다란 과제로 남아 있다. 이 밖에도 남과 북의 문화적 차이를 극복하고 동질성을 회복하는 일도 오래된 숙원으로 남아 있다.

우리나라의 문화정책은 중앙정부에 의해 세워졌다. 그러나 이를 담당한 부처는 부처별 통합과 분산을 통해 계속 명칭을 변경하였다. 공보처(1948년 이후), 공보부(1961), 문화공보부(1968), 문화부(1990), 문화체육부(1993), 그리고 현재 문화관광부로 바뀌었다. 우리나라 문화정책의 특징은 정권 교체로 인한 잦은 부처 간의 통합과 분리로 인해 문화 발전에 대한 장기적 계획을 세우기가 어려웠다는 것이다. 또 다른 특징은 정부부처와 그 산하기관 사이에 '팔길이 원칙'이 없다는 점이다. 따라서 문화관광부의 한국문화예술진흥원 활동에 대한 강한 통제는 이 두 기관의 불협화음을 낳았다. 문화예술위원회라는 체계로 바뀐 현재 체제에서도 이러한 문제점은 그대로 이어져 오고 있다.

그러나 지방분권화를 위한 움직임은 계속되고 있다. 1995년 이후에 지방자치가 이루어져서 지방정부는 시도지사와 시도의회를 가질 수 있었다. 이 시기부터 정부의 문화정책에도 지역주민의 문화적 활동의 권리를 강조하기 시작하였다. 1990년도에 지방정부는 많은 종류의 지역관련 예술프로그램을 개발하였다. 근래에 와서는 중앙정부가 지방정부의 문화적 투자나 지원을 공동 지원의 형식으로 활성화시키고 있다. 또한 문화관광부는 2001년을 '지역문화의 해'라고 명명하고 관련 사업을 집중적으로 지원하였다. 그러나 비슷한 종류의 여러 지역축제가 지방정부의 지원으로 난립함으로써 혈세 낭비라는 비난을 받았다. 예를 들면, 국제영화제의 경우 지방의 여러 도시가 경쟁적으로 이를 개최함으로써 지역주민들의 문화 복지나 지역경제개발 그 어느 것에도 크게 보탬이 되지 못하는 경우가 많다.

지역의 문화적 형평성에 대한 강조와 함께 '문화민주주의cultural democracy'라는 개념이 최근에 문화정책에서 많이 논의되고 있다. 문화민주주의는 문화예술과 관련된 공공지원이 수 십 년 간 이루어져 왔지만 여전히 문화를 즐기는 계층은 소득수준과 교육수준이 높은 계층이기에 지금까지 정부가 시행한 다수의 대중에게 고급문화를 접근시키고자 한 문화정책인 '문화의 민주화democratisation of culture'가 실패했음에 대한 반성과 이에 대한 대안으로 출현하였다. 이러한 정책은 그 방향이 현재 대중들이 진정으로 즐기는 문화의 질을 높이고 아마추어 예술가들에게도 예술가로서의 지위를 부여하고 문화예술의 범위 자체를 확장시키려는 시도를 하고 있다. 우리나라에서 문화예술 향유계층을 넓히려는 시도는 1996년 이후에 '문화의 집' 건립으로 나타나고 있다. 이를 통해 문화와 예술교육과 관련된 연속 강좌를 개최하고 아마추어로서 예술 활동에 참여할 기회를 주민들에게 제공함에 따라 주민들의 문화 활동의 센터 역할을 담당하게 되었다. 이 밖에도 전산화로 인하여 동사무소가 줄게 되어 이들 건물이 '주민자치센터'로 전환됨에 따라 주민들의 문화 활동에의 참여가 더욱 활발해 졌다. 하지만 이들 기관에 대한 운영의 전문화를 통하여 질 높은 문화향수를 주민들에게 제공하는 것이 여전히 과제로 남아 있다.

오늘날 우리나라의 예술 지원은 최근의 경제적 위기 상황과 관련하여 전통적인 형태의 예술보다 경제적인 이익을 줄 수 있는 문화산업에 대한 지원이 강조되고 있다. 경제우선주의적 입장에서 문화산업이 강조되면서 정부의 문화정책의 중심에 자리 잡게 되었다. 영화, 만화, 컴퓨터 게임, 음반, 방송의 5개 분야는 정부의 중점 육성 분야로 선정되었다. 이들에 대한 지원이 문화예술 분야 지원 예산의 많은 부분을 차지하고 있어서 문화부문 예산총액이 해마다 조금씩 증가는 했어도, 순수예술 분야에 대한 지원액은 오히려 감소되었다. 게다가 1997년 IMF 위기로 인해 정부는 공공문화예술기관에 대해 자립경영을 강조하였다. 세종문화회관, 국립극장, 예술의 전당과 같은 대형공공문화예술기관들은 정부로부터 독립하여 별도 법인으로서의 위치를 갖게 되었지만 끊임없이 자체 수입을 증가시켜야 한다는 압력에 시달리게 되었다. 이에 따라 이들 예술기관들은 마케팅과 편의시설 보완 등을 통해 관객 확보와 수입 증대를 위해 노력하고 있다.

문화정책 분야에 있어서는 참여정부가 가장 활발한 활동을 보였다. '새예술정책'으로 통칭되는『창의한국』(2004)을 통해 향후 문화정책의 기본 방향과 추진 과제를 설정하였다. 이 두 보고서는 지금까지 발표된 문화정책에 비해 내용적으로 진일보한 것이었으며 이 보고서에서 발표한 세부 추진과제를 추진하기 위하여 문화관광부에서는 예산을 배정하고 조직을 정비함으로써 실천을 전제로 한 정책 보고서임을 보여주었다.

팔길이 원칙의 허와 실

한 나라의 문화정책을 이해하기 위해서는 여러 질문들에 대해 그 나라의 정책이 어떤 해답을 제시하는가를 살펴 볼 필요가 있다. 가령 누구를 위한 문화정책인가라는 질문에 대해서는 문화적으로 소외된 계층, 지역 등에 대한 문화향수 확대 노력을 정부가 어느 정도 수준에서 하고 있는가를 살펴보면 된다. 하지만 이러한 질문에 대해 수치적으로 비교해 봄으로써 대략적인 상황을 파악하고자 한다면 각 나라별로 이를 비교하여 접근하는 방법이 유용하다. 하지만 이 경우 중요한 것은 단순한 수치 비교 이전에 각 나라의 문화정책과 관련된 전통과 이로 인한 특성, 정치적 이념과 이데올로기와의 연관성, 경제적 수준에 따른 차이, 국민들의 예술에 대한 애정도 등을 종합적으로 비교해 봐야 한다.

각 나라의 문화정책을 비교·분석한 논문으로는 주로 미국과 서구유럽의 선진국들과의 비교가 주종을 이룬다. 짐머A. Zimmer와 토플러S. Toepler[8]는 대표적인 복지국가인 미국, 독일, 스웨덴의 3국을 비교하여 자유주의적

[8] A. Zimmer & S. Toepler, "Cultural Policies and the Welfare State : The Cases of Sweden, Germany, and the US," *The Journal of Arts Management, Law and Society*, Vol. 26, No. 3, 1996. A. Zimmer & S. Toepler, "The Subsidized Muse: Government and the Arts in Western Europe and the US," *Journal of Cultural Economics*, 1999.

모델, 보수적 모델, 사회민주적 모델로 나누고 이의 세부적인 특성들을 비교하였다. 슈스터J.M.D. Schuster[9]는 미국과 서구유럽의 선진국들에 대하여 공적 지원과 민간 지원 부분으로 나누어 지원금의 비율로 분석하였다. 그에 의하면 미국은 예술기관의 자체 수입과 민간 기부금에 대한 의존도가 가장 높은 국가이고 캐나다와 영국은 중간 정도의 정부 지원과 약간의 민간 지원을 받고 있으며 이들을 제외한 다른 5개국은 정부 지원 의존도가 매우 높은 국가로 분석하고 있다. 그는 또한 프랑스와 같이 문화부를 갖고 있는 경우와 영국과 같이 정부와는 팔길이 정도의 거리에서 예술을 지원하는 예술위원회Arts Council 모델을 대비적으로 비교 분석하기도 하였다. 그는 지극히 미국 중심으로 예술 지원체계를 분석하여 심지어는 미국과 제도가 비슷한 나라인 캐나다, 영국, 서독과 이와 다른 나라인 프랑스, 이태리, 스웨덴, 네덜란드 등으로 나누어 보았다.

　　이 글에서 소개하는 차트랜드H. Hillman-Chartrand와 맥카티C. McCaughey의 논문[10]은 영국의 문화정책에 있어서의 두드러진 원칙인 팔길이 원칙을 기반으로 하여 미국, 영국, 프랑스, 소련 등 4개국의 문화정책의 명확히 비교 분석 하였다. 팔길이 원칙Arm's Length Principle은 '지원은 하되 간섭은 하지 않는다'라는 의미를 지니고 있으며 이는 정부가 예술기관에 대해 지원을 하

---

9 J. Mark Davidson Schuster, *Supporting the Arts: An International Comparative Study - Canada, Federal Republic of Germany, France, Italy, Great Britain, Netherlands, Sweden, and the United States*, 1985.

10 Harry Hillman-Chartrand & Claire McCaughey, "The Arm's Length Principle and the Arts : An International Perspectives - Past, Present and Future" in M. C. Cummings Jnr & JMD Schuster(eds.), *Who's to Pay for the Arts? - The International Search for Models of Support*, New York: American Council for the Arts, 1989.

면서도 자율성을 침해하지 않는 것을 원칙으로 하고 있다는 것을 보여준다. 하지만 이 원칙은 원래 문화 분야뿐만 아니라 법률, 정치, 경제 분야에 있어서 대부분의 서구유럽국가들의 공공정책의 원리였다. 정부기관을 위해 일하는 감사나 평가위원들은 이들을 임명해 준 정부로부터 간섭을 받지 않고 자유로이 활동을 보장받는 사례를 통해 구체적으로 공공업무에 있어서 팔길이 원칙의 적용의 예를 볼 수 있다.

영국 정부는 1945년 예술위원회 창설시 예술을 정치와 관료로부터 거리를 두기 위해서 이 원칙을 채택하였다. 영국 정부는 러시아와 독일이 1945년 이전에 갖고 있는 국가주도의 지원제도를 피하고자 하였고, 예술가들 사회가 갖고 있는 관료들의 간섭에 대한 깊은 불신을 인식하고 팔길이 원칙을 통해 이러한 불신을 극복하고자 하였다. 영국의 예술위원회 사람들은 정부부처를 통해 임명은 되지만 이론적으로는 적어도 이들의 임명에는 정치적 성향의 영향을 받지 않는다. 그 대신 전문가로서의 자질로 평가되어 기용된다. 그러나 실제 적용과정에 있어서 이러한 원칙이 훼손되는 경우도 있어 혹자는 '팔길이 원칙'을 '손뼘길이 원칙Pam's Length Principle'으로 빗대어 부르기도 한다. 하지만 영국은 1998년 출간된 『새로운 문화체제 A New Cultural Framework』에서 '팔길이 원칙'을 무색하게 하는 철저한 정부주도의 문화정책의 틀을 발표하게 되었다. 이러한 새로운 문화정책 이후에 논문을 쓴 테일러Taylor[11]는 이 원칙이 이제는 '신화myth'에 불과하다고 피력하였다. 그는 이러한 새로운 문화정책 하에서 문화매체스포츠부DCMS와

---

11 Taylor, Andrew, 1997. "Arm's Length But Hands On.
Mapping the New Governance: The Department of National
Heritage and Cultural Politics in Britain", *Public Administration*
Vol. 75, Autumn (441-466) (Oxford: Blackwell Publishers Ltd.).

'팔길이 원칙'을 갖고 일정한 거리를 유지한다고 여겨졌던 영국예술위원회 ACE가 정부의 정책의 방향에 따라 움직이는 산하기관의 역할을 담당하는 것으로 자리매김되었다는 측면에서 이러한 주장을 제기하였다.

팔길이 원칙은 예술에 대한 국가의 지원 정도, 개입 정도에 따라 아래의 4가지 역할 모델로 나눌 수 있다.

첫째, 촉매자로서의 역할이다. 미국이란 나라로 대표되는 이 유형의 국가는 세금을 통해 예술을 지원한다. 즉 미국에서처럼 세금공제 혜택을 통해 간접적인 기부에 의존한다. 이 경우 어떤 특정한 기준에 의해서 예술이 지원되기보다 회사, 재단, 개인 기부자의 구미에 부합한 예술이 지원을 받는다. 따라서 예술의 경제적 상태와 예술 사업은 매표수입, 민간 기부자들의 기호와 경제적 상태에 의존한다. 이 역할 모델의 장점은 재원의 원천이 다양성을 지니고 민간 지원자들도 스스로 지원할 예술가와 예술기관을 선정한다는 데 있다. 반면 단점은 우수한 예술에 대해서 지원이 많지 않으며 특정지역의 사람들에게 혜택이 편중되어 돌아갈 우려가 있으며 세금혜택으로 인한 정부의 간접 지출 규모를 계산하기가 쉽지 않다는 것이다.

둘째, 후원자로서의 역할이다. 팔길이 원칙으로 운영되는 영국의 예술위원회Arts Council가 그 대표적인 예다. 이 경우 정부가 예술 지원의 대상들을 결정하는 것이 아니라 동료 평가peer evaluation란 제도를 통해 전문예술가들의 조언을 바탕으로 위원회를 통해 결정을 내린다. 예술적 우수성에 대한 강화라는 장점을 갖지만 이는 곧 단점이 되기도 한다. 즉 예술의 우수성을 강조하면 종종 엘리트주의를 촉진시키게 되고 이는 곧 일반 대중이 접근하기 어렵고 감상하기 어려운 예술을 지원하는 결과를 낳는다.

셋째, 건축가로서의 역할이다. 이는 문화부를 통해 예술을 지원하는 경우를 말하는데 프랑스가 그 대표적인 국가다. 즉 예술을 사회복지 목적의 일부로 정부가 직접 나서서 지원하는 것이다. 이 경우 대중의 요구에 부응하는 예술을 지원하는 경향이 있어 위의 후원자의 유형과 대조를 보인다. 이 때 예술가들의 경제적 상태는 정부의 직접 지원에 절대적으로 의존한다. 매표 수입이나 민간 기부는 이들의 재정 상태에 별다른 영향력을 미치지 못한다. 따라서 예술가나 예술기관이 매표 수입과 상업성에 의존하지 않아도 된다는 장점이 있으며 예술가들의 지위는 사회적 혜택 정책으로 명백히 인식되어 진다. 하지만 장기적인 이러한 보장성의 지원으로 인해 창조성의 정체를 초래할 수도 있다.

넷째, 기술자로서의 역할이다. 즉 국가가 예술에 관한 기술자로서 예술생산과 관련된 모든 것을 소유하게 된다. 소련과 같은 전체주의 국가의 정치이념에 맞는 역할 유형이다. 따라서 지원의 결정도 예술적 우수성이 아닌 정치적 교육 등의 목적에 의해 결정되게 된다. 예술가의 경제적 지위는 당이 공식적으로 인정한 예술가연맹의 회원 여부로 결정된다. 따라서 이 역할 모델에서는 모든 예술이 정치적 혹은 상업적 목적에 종속되며 예술가의 창조적 에너지는 강력하게 조정된다.

위에서 본 바와 같이 팔길이 원칙이 지배적인 후원자 역할 유형의 경우, 기본적으로 순수 예술에 대한 지원에 관심을 갖게 되지만 상업예술은 관심 밖에 위치하게 되며 아마추어 예술은 주로 여가를 관장하는 부서나 지방차원에서 담당한다. 운영 면에서 이사회의 역할이 강조되고 동료 평가, 예술의 우수성 개발과 예술위원회의 주 고객인 예술가와 예술기관과의 관계의 본질 강화에 역점을 두게 된다. 이사회는 공적자금을 사용하면서 이에 대한 책임을 지는 역할을 하면서 결정은 전문가들에게 의존한다.

이들은 정부와 예술 사이의 완충작용을 하는 중간자 역할을 하며 정부와 대중 모두에게 예술을 천명하는 활동을 한다. 그리고 운영상 고객과의 관계에 있어서도 팔길이 원칙이 다시 적용된다. 즉 예술위원회 자체가 정부로부터 팔길이 원칙을 지니지만 예술위원회와 이의 지원을 받는 예술기관 사이에도 같은 원칙이 지켜지고 있다. 이러한 관계는 공적지원을 받는 예술기관이 정부로부터의 행정적 독립이 거의 없거나 전혀 이루어지지 않는 다른 유럽대륙의 국가들과는 대조되는 부분이다.

그러나 각 국가들은 사실상 이러한 자신의 전형적 모델을 고집하기보다 경제적 상황 변화, 공적 자금의 감소, 예술 산업의 크기와 중요성의 급격한 성장 등을 이유로 보다 적합한 다른 모델로 수렴하고 있다.

촉매자 역할로 수렴

예술기관의 누적되는 적자와 함께 공공재원의 축소, 기업의 스폰서십의 증가 등으로 인하여 촉매자 역할로 수렴하게 된다. 영국, 독일, 캐나다 등의 정부도 민간 재원의 증대를 위해 다양한 조세 혜택을 강구하기 시작하였다. 이 역할은 당장에는 세금 혜택이 곧 정부비용이라는 인식이 별로 없어서 인기를 끌고 있지만 곧 퇴조할 조짐을 보인다. 그 이유는 민간 재원이 갖는 근본적 단점과 연관되어 있다. 즉 민간 재원은 예술 분야 중 논쟁적, 혁신적인 예술은 지원하지 않으며, 경제상황에 따라 기업의 스폰서십은 변동이 심하다. 또한 세제 혜택도 정부의 지출이지만 회사, 개인, 재단 등의 기부자들은 이러한 혜택을 받으면서 자신들의 취향대로 지원을 결정하므로 공공의 재정을 잠식하게 된다. 촉매자 역할의 미국적 제도가 다른 나라의 부러움을 사고 있기는 하지만 모든 서유럽국가들도 이제는 어느 정도의 세제혜택 정책을 갖고 있기에 이 유형이 문제를 전적으로 해결해 주지는 못한다는 것을 체험으로 알고 있다. 즉 다른 나라들이 미국보다 민간 기부가 적은 이유는 세제혜택이 부족해서라기보다 문화적 전통이나 요소들이 다르다는 것의 반영이기 때문이다.

후원자 역할로 수렴

스웨덴이나 네덜란드 등 건축가 역할이 주도적인 국가에서도 한정된 범위에서 예술위원회가 채택되고 있다. 하지만 이 경우 여전히 문화부가 어떻게 자금을 분배해야 할 것인가를 최종 결정한다. 독일의 경우는 나치시대의 예술 간섭과 억압에 대한 경험 때문에 연방정부가 예술을 지원하는 것이 제한되고 지방정부가 교육과 문화에 대한 지원과 정책을 결정한다. 이경우 문화부도 예술위원회도 존재하지 않지만 '예술적 자유에 대한 존경'을 모든 공적 지원에서 헌법으로 인정한다. 미국의 경우 NEA의 설립은 곧 후원자 역할로의 수렴을 의미한다. 캐나다의 경우도 몇몇 지방정부가 후원자 역할로 옮겨가고 있다.

건축가 역할로 수렴

주로 후원자 역할 국가가 건축가 역할로 옮겨 갔는데 그 이유는 다음과 같다. 자국의 대형 예술기관이 세계적 수준으로 성장하기 위해서는 건축가로서의 역할이 필요하다. 세계 정상급의 예술기관을 위해서는 전문가 교육에 대한 투자, 프로그램 개발에 대한 투자 등 모든 비용이 증가하며 시설 또한 최고의 식당, 바, 주차시설 등을 겸비해야 하므로 이를 운영하기 위해서는 재정적, 경영적 능력 또한 높아져야 한다. 이에 따라 후원자 역할의 예술위원회는 기존의 대형 예술기관의 수준의 세계적 수준으로 유지·발전시켜야 함과 동시에 새로운 형태의 예술의 출현에 대해서도 적극적으로 지원해야 한다. 즉 이런 두 가지 관점에서의 예술가, 예술 기관, 예술 공동체의 성장에 대해 정부가 예산 문제로 지원을 못하게 되면 예술적 개발 기회의 상실, 창조성의 위축, 경제적 파급효과의 상실로 이어진다. 따라서 영국의 경우도 이러한 문제를 해결하기 위해 예술위원회의 지원과 별도로 관련 정부부처에서도 대형규모 공연예술기관의 경우 직접 나서서 지원을 하기도 한다. 캐나다의 경우도 캐나다의 예술위원회가 소규모의 혁신적인 예술기관을 육성하기 위해 시드니 오페라Sydney Opera에 대한 예산을 감소시키자 정부가 이를 직접 지원하라는 압력을 받았었다.

건축가 역할로 수렴하는 또 다른 이유는 새롭고 비전통적인 공공 지원의 개발 때문이다. 캐나다에서는 복권으로 대변되는 새로운 예술 지원 재원을 예술위원회가 아닌 문화부에서 관장하면서 예술위원회의 예산 제한 때문에 지원받지 못하였던 여러 가지 활동에 대한 지원이 가능해졌다. 또한 지방의 경우에는 복권기금이 기존의 예술 지원 방식을 단지 10년만에 근본적으로 바꾸어 놓았다. 즉 50년대와 60년대의 지방정부는 지방정부에 의해 만들어진 팔길이 원칙의 예술위원회에 예술 지원을 맡기고 아주 작은 역할만 수행해 왔었다. 그러나 70년대 중반에 지방의 문화부가 복권기금을 사용하여 혁신적인 예술 지원 프로그램의 개발에 주도적인 역할을 담당하기 시작했다. 이에 따라 아마추어 예술, 공동체 예술 등이 괄목할 만한 성장을 이룩하였다. 또한 예술적 우수성보다 성, 나이, 인종, 종교에 관계없는 동등한 기회에 대한 지원요구의 증가로 인해 건축가 역할로 수렴한다. 계속 다른 기관을 지원하는 예술위원회보다 예술의 역동적 성격을 허용하지 않는 관료적 방법을 통한 정부의 장기적 사회정책 목표가 이 경우에는 효과적이기 때문이다.

기술자 역할로의 수렴

서구에서는 순수예술이 아닌 상업예술 분야에서 기술자 역할로 옮겨가고 있다. 하지만 이러한 경향은 순수예술에 대한 공공지원에도 상당한 영향을 미치고 있다. 즉 많은 나라들이 미국의 상업예술의 세계적 지배에 대항하기 위해 상업예술을 자국 정부의 관심의 중심에 놓게 됨에 따라 순수예술에 그림자를 드리우게 되었다. 캐나다의 경우 정부가 1978년에서 1984년 사이에 순수예술에 대한 지원을 줄이는 대신 상업예술의 생산물에 대한 직·간접 지원을 많이 늘렸다. 또한 순수예술계 또한 정부의 예산을 더 받아내기 위해 실시한 순수예술의 경제적 가치에 대한 연구로 고용, 수입, 관광 등의 효과를 드러내게 됨으로 인해 정부가 예술 지원에 더 관여하게 되는 결과를 낳았다.

서구의 국가에서도 때로는 '국가의 안전'을 이유로 예술적 자유를 간섭하여 왔다. 미국의 경우 1950년대 초 'Hollywood 10'[12]을 비롯한 저명한 예술가들이 공산주의 운동과의 연관성 때문에 활동을 금지 당하였고 영국의 경우 정부가 나서서 IRA Irish Republican Army의 일원에 속하는 두 사람에 관한 프로그램 상영을 중단할 것을 BBC에 요청하자 BBC의 독립에 대한 정부의 간섭에 대항하는 데모가 일어나기도 하였다.

12 미국에서 오락산업계에 종사하는 영화시나리오 작가, 배우, 감독, 음악가 등 10명이 반미국적 행동에 대한 미의회 청문회의 참석을 거절한 이유로 의회를 모독했다고 모두 해고 된 사건이 있었다. 일명 '헐리우드 블랙리스트'라고도 불린다.

이와 같이 대부분의 국가들은 정도는 달라도 위의 네 가지 역할 모델들을 모두 채택하고 있으며 이에 따라 예술에 대한 지원의 다원적 원천을 제공하고 있다. 그리고 이러한 다양성은 예술가나 예술기관 모두에게 이익을 주고 있다. 그러나 각 역할 모델에 따라 다음과 같은 문제점이 남아 있다. 즉, 건축가나 기술자 역할이 예술의 우수성 도모를 할 수 있는가? 후원자 역할이 도전적인 아마추어 예술을 효과적으로 지원할 수 있는가? 촉매자 역할로 상업적으로 생존 가능한 예술 산업을 촉진할 수 있는가? 또한 보다 근본적으로 민주정부가 다양성, 예술적 우수성, 공공적, 정치적 기준의 달성을 동시에 효과적으로 달성할 수 있는 정책을 개발한다는 것이 가능한가? 하는 질문들이 그것들이다.

우리나라의 경우에도 정부가 예술기관의 책임경영, 자율경영을 강조하고 기업 스폰서십을 장려한다는 면에서 촉매자 역할을 하고 있으며, 팔길이 원칙은 없지만 전문지원 대행 기관인 한국문화예술위원회를 통해 예술을 지원한다는 면에서 후원자 역할 모델과 가깝다. 그리고 문화관광부를 통해 예술정책을 결정하고 시행한다는 점에서 건축가 역할, 자유주의 이념 수호라는 명목에서 자행된 예술에 대한 검열과 감독, 문화산업에 대한 국가적 강조 등의 면에서는 기술자 유형의 측면을 갖고 있다. 따라서 보다 근본적인 문제는 어떤 역할 모델이 우월하냐의 문제가 아니라 각 역할 모델 사이의 장단점을 파악하여 우리의 상황에 맞는 독자적 모델 개발이라고 하겠다.

명백히 우월한 역할 모형과 제도의 부재 속에서 과연 예술기관의 자율성을 강조하는 팔길이 원칙만이 가장 효과적인 제도인가라는 의문을 가져야 한다. 그 동안 국내에 소개된 여러 논문들에서 '팔길이 원칙'이 갖는

'자율성'이란 단어의 함의는 역사적으로 이러한 성향이 거부되어 왔기에 의심할 바 없는 좋은 것이라는 견해가 지배적이었다. 하지만 정책결정과 시행에 있어서 다른 측면 즉, 보편성, 효율성, 정체성, 접근성 등도 함께 중요한 함의를 지니고 등장해야 할 것이다. 특히 '접근성access'의 이슈는 최근 문화예술정책에 있어서 논쟁의 초점이 되고 있는 지방분권화와 문화민주주의의 개념과 그 궤를 같이 하는 매우 중요한 개념으로 대부분의 국가의 문화정책의 핵심개념으로 자리 잡아 가고 있다. 우리의 경우에도 현재 강조되고 있는 예술기관의 운영에 있어서 '자율경영'과 '이익경영'의 강조와 아울러 국가 문화정책 측면에서' 접근성'과 같은 목표를 효율적으로 추진할 수 있는 여러 방안들이 강구되고 있다. 따라서 국가문화정책의 모형 또한 이러한 목표를 성공적으로 수행할 수 있는 역할로 수렴을 하여야 할 것이다.

4장

사례 연구: 재단의 예술 지원

1. 영국

1) 틈새분야의 지원: 칼로스테 굴벤키안재단

영국 런던에 위치한 칼로스테 굴벤키안재단The Calouste Gulbenkian Foundation (이하 굴벤키안재단으로 약칭)은 1956년에 포르투갈 리스본의 굴벤키안 재단의 지사로 설립되었다. 그러나 이 재단은 포르투갈의 본사와는 아주 다른 정책과 지원 분야를 갖고 독립적으로 운영되고 있다. 굴벤키안재단 은 예술, 교육, 사회복지의 세 가지 분야를 지원한다. 설립 이후 초기 3년간 이 재단은 설립자인 칼로스테 사키스 굴벤키안Calouste Sakis Gulbenkian의 이름 을 지원 분야에 남기기 위해 재단은 대학의 건물신축과 장학금 등을 지원 하였다. 하지만 이러한 종류의 지원방식은 현재의 재단 정책과는 위배된 다. 즉 굴벤키안재단은 현재 설립자의 이름을 지원을 통해 알리기보다 정 부나 다른 지원기관이 지원하지 않는 틈새영역을 주로 지원한다.

　　굴벤키안재단은 농촌지역을 포함하여 지리적으로 불리한 런던 외곽 지역을 지원하였다. 또한 지역, 아마추어, 실험예술 등 주변화된 예술을 집중적으로 지원하였다. 그 이유는 영국 재단 지원금의 89%가 런던이나 남동부에 집중되어 있어 이 지역이나 그 주변지역에 위치한 사람들이 다른 지역에 사는 경우보다 지원받을 확률이 높아서 지역적으로 수혜의 차별성이 있었기 때문이었다. 굴벤키안재단은 수혜자의 지역적 거리를 최소화함으로써 지원의 효과를 최대화하려고 노력하였다. 이러한 지원의 목표는 지역이나 사회적 여건, 교육, 경제 혹은 다른 환경적 요인으로 인해 창조자나 혹은 관객으로 예술에 참여할 기회가 없었던 많은 사람들을 예술에 개입시키는 것이었다. 농촌예술에 대한 지원은 지역의 참여를 활성화시키기 위한 것으로써 농촌 지역의 유일한 예술 활동인 아마추어 예술 지원과 관련되어 있다.

굴벤키안재단은 다른 그룹에 비해 오랫동안 예술 분야의 지원 결정에 참여가 제한된 사람들이 있다는 것을 발견했는데 이들은 흑인, 소수민족, 여성, 장애자들이었다. 이러한 사람들에 대한 지원은 주변화된 사람들에 대한 지원을 한다는 의미이며 이들의 특정 예술 형태를 지원함으로써 결국 문화적 다양성에 기여하게 된다. 또한 굴벤키안재단은 '문화적 균등성cultural equity'이란 프로그램을 통하여 소수민족, 여성예술 그리고 이 양 요소가 결합된 예술을 지원하였다. 이러한 지원에는 인도무용학교The Academy of Indian Dance, 아프리카센터The Africa Centre, 영국중국예술가연맹British Chinese Artists' Association, 흑인여성극장Theatre of Black Women, 여성재즈 아카이브Women's Jazz Archive, 여성극장재단Women's Playhouse Trust 등이 포함되어 있다. 굴벤키안재단은 또한 장애인 예술가나 이들이 속한 예술 단체에서 제출한 지원요청서에 높은 점수를 주었다. 1983년에 굴벤키안재단은 카네기재단의 지원을 받아 '예술과 장애인 조사위원회Committee of Enquiry into the Arts and Disabled People'를 만들었다. 굴벤키안재단은 또한 장애인을 위한 예술을 추구하는 새로운 기관인 '웨일즈의 장애인을 위한 예술'에 지원하였다. 하지만 이 재단의 장애인에 대한 지원은 소수민족이나 여성에 대한 지원에 비해 적은 액수였다. 일반적으로 굴벤키안재단의 지원은 다른 지원기관으로부터 지원을 받지 못하고 소외된 예술기관을 찾아서 도와주는 것이었다.

굴벤키안재단은 또한 다양한 방법으로 젊은이들을 지원하였다. '젊은이를 위한 예술Arts for Young People' 프로그램은 18세까지의 젊은이들에 의한 혹은 이들과 함께 한 예술 활동 중 지역적 중요성을 넘어서는 것들을 지원하였다. 젊은이에 대한 지원과 관련된 굴벤키안재단의 노력과 성공은 예술위원회의 프로그램에도 영향을 미쳤다. 그리하여 예술위원회는 복권기금으로 '모두를 위한 예술A4E 프로그램'과 '모두를 위한 예술속성A4E Express 프로그램'을 만들어 젊은이들을 예술과 연관시키는 단기적 프로젝트를 지원하였다. 젊은이와 관련된 프로젝트를 지원하는 것은 신진예술가를 키우고 미래의 관객을 형성하기 때문에 공공이나 민간지원기관 모두에게 중요한 과제다. 이러한 예술교육의 중요성과 재단의 역할에 대해서는 이 책의 6장에서 상세히 서술할 예정이다.

굴벤키안재단은 또한 예술 분야가 새로운 기술이나 과학과 결합을 시도하는 프로젝트를 지원하였다. 1983년 재단은 적절한 경험을 얻으려는 5명의 예술가들에게 제공한 '정보기술의 해 프로젝트Information Technology Year Project'와 연관시켜 기금을 지원하기 위해 '정보기술과 예술가Information Technology and Artists'라는 프로젝트를 지원하였다. 다음 해 재단은 '매트릭스 쿠폴라 프로젝트Matrix Cupola Project' – 레이저 빛과 공기 돔의 디자인 – 의 워크샵을 발전시키기 위해 '예술과 기술 실험실Arts and Technology Laboratory'이란 프로젝트를 지원하였다. 1997년 재단은 많은 예술가와 예술기관의 관심을 끌었던 일명 '두 문화 프로그램Two Culture Programme'이라고 불리던 '새로운 기술의 창조적 사용The Creative Use of New Technology'이라는 새로운 프로그램을 지원하였다. 재단은 디지털 기술을 예술에 활용하는 것을 장려하기 위해 디지털 기술을 이용한 즉흥 예술과 디지털 무용 등을 지원하였는데, 이는 디지털 기술이 장래에 예술을 위한 새로운 수단으로 쓰일 것을 예견한 결과다. 2000년에 재단은 『이상하지만 매혹되는 것: 과학과 현대 시각 예술Strange and Charmed: Science and the Contemporary Visual Arts』이라는 책을 출판하였는데 이 책은 과학과 현대 시각예술 사이의 강한 연관성을 보여준다.

굴벤키안재단은 충족되지 않은 요구나 부적절한 정책에 대한 관심을 촉구하는 연구, 출판, 위원회, 학술회의 등을 통하여 '일깨우고 정보주기rouse and inform'라는 정책을 채용하고 있다. 굴벤키안재단의 프로그램은 자신들의 출간물에 나타난 권고나 제언과 강한 연관을 맺고 있다. 새로운 프로그램들이 아래와 같은 정책적 목적을 위해 도입되었다.

- 새롭고 알려지지 않는 주제에 대한 관심 일으키기
- 연구가 필요한 분야 파악하기
- 예술의 경향과 변화 예견하기
- 예술 형태의 본질 특히 예술적/창조적 잠재성 그리고 설비, 행정, 재원 등에 대하여 예술가와 예술기관을 위한 토론 촉진하기
- 공공 정책 형성에 영향 미치기
- 대중을 위한 주제의 명성 높이기(출처: The Calouste Gulbenkian

Foundation Arts Programme - General Information *출간되지 않은 문서).

재단이 위탁한 연구 중 브리지즈Bridges의 보고서인 『예술을 위한 도움 Help for the Arts』(1959), 레드클리프 - 모드 경Lord Redcliffe-Maud의 『잉글랜드 와 웨일즈의 예술 지원Support for the Arts in England and Wales』(1976), 그리고 나심 칸Naseem Khan의 『영국이 소외시킨 예술The Arts Britain Ignores』(1976)은 재단의 예술 지원 활동에 대한 소중한 정책지침을 제공하였다. 이러한 연구서들은 굴벤키안재단을 예술계의 '싱크탱크'로 자리매김 시켰으며 재단정책을 형성하고 변화시켰다. 이들 연구서들은 또한 공공지원기관의 정책 형성에도 큰 영향을 주었다.

2) 모든 사람을 위한 예술: 폴 햄린재단

예술은 모든 사람을 위해 존재한다고는 하지만 실제로 클래식 음악, 발레와 오페라의 관객은 대개 이러한 예술에 대한 취향을 가질 기회가 있었던 경제적으로 여유 있고 교육수준이 높은 사람들로 구성되어 있다. 정부는 이러한 상황을 개선하기 위해 예술프로그램을 학교에 도입하고 예술기관을 지원하여 티켓 가격을 내림으로써 경제적인 상황에 따른 접근성의 차이를 해소하려고 노력하고 있다. 그렇다 하더라도 정부에서만 독자적으로 접근성을 신장하는 일을 한다는 것은 어렵고 복잡한 과제다. 따라서 재단과 같은 다른 민간 지원기관과의 협업이 필요한 것이다. 폴 햄린재단The Paul Hamlyn Foundation의 주요목적은 '접근성 신장affording access'과 '모두를 위한 기회opportunity to all'다. 설립 이래로 이 재단은 스스로 하고자 하는 의지는 있지만 실제로 행하기 위해서는 도움이 필요한 사람들에게 기회를 넓힌다는 철학을 계속 유지하면서 예술뿐만 아니라 교육, 출판, 제3세계 프로그램을 지원하였다. 폴 햄린재단은 상황에 따라 세부적인 예술 지원정책을 바꾸었지만 그 근간을 이루는 주요정책은 다음과 같다.

- 예술에 대한 인식을 증대시키거나 많은 사람들에게 새로운 기회를 확대하는 프로젝트에 대한 지원
- 특정한 분야에서 작업하는 재능 있는 개인에 대한 지원
- 교육에서의 예술 분야의 중심위치 확보하기

폴 햄린재단은 미적 취향의 형성이 사람들의 예술에 대한 접근성 개발에 중요한 요소라고 생각하여 예술기관의 예술교육 프로그램을 지원하였다. 재단은 만일 예술교육프로그램이 성공적으로 운영된다면 관객층도 두터워지고 예술 분야에 대한 기부자도 늘어날 것이라고 믿었다. 1992년 폴 햄린재단은 박물관의 교육과 지역사회프로그램을 담당할 보조 큐레이터를 고용하는 비용을 지원하였다. 1998년에 이 재단은 교육시설의 개발을 위해 뱅크지역의 테이트 현대미술관Tate Gallery of Modern Art에 1백만 파운드를 지원하였다.

다양한 예술 장르의 접근성을 높이기 위하여 재단은 경제적 여건이 어려운 사람도 왕립오페라하우스에 방문하여 오페라를 즐길 수 있게 하는 프로그램을 도입하였다. 그 결과 1997년까지 13만 5천명이 생애 처음으로 왕립오페라하우스를 방문하여 왕립발레나 왕립오페라단의 공연을 관람할 수 있었다. 이렇게 하여 재단은 왕립오페라하우스를 가능한 많은 관중

이 접근 가능한 공간으로 만들었다. 재단은 이러한 지원을 10년간 하기로 결정하고 한 주간동안 왕립오페라 하우스의 티켓가격을 낮춘 이 프로그램을 '왕립오페라 하우스에서의 폴 햄린 주간The Hamlyn Week at the Royal Opera House'이라고 명명하였다. 왕립오페라 하우스가 재건축을 위해 임시로 문을 닫자 재단은 로얄국립극장으로 장소를 바꾸어 계속 이 프로그램을 운영하였다. 이 밖에도 재단은 감옥에서의 예술과 다른 치료목적의 활동에 대한 지원도 하였다.

대체로 폴 햄린재단은 '왕립오페라 하우스의 폴 햄린 주간The Hamlyn Week at Royal Opera House'과 '로얄국립극장에서의 폴 햄린 주간The Hamlyn Week at Royal National Theatre'이라는 프로그램을 통해 런던에 위치한 오페라 혹은 연극과 같은 고급예술에 대한 관객의 접근성을 증진시켰다. 고급예술보다 농촌예술이나 아마추어예술 그 자체를 강조하는 정책을 시행한 굴벤키안재단과 비교하여 폴 햄린재단의 독특한 특성 중 하나는 고급예술을 접할 기회가 없었던 사람들에게 이러한 예술을 접할 기회를 제공했다는 점이다. 종종 이 재단은 예술에의 접근성과 기회의 향상, 이와 연관된 정책개발과 관련하여 연구를 지원하기도 하였다.

3) 문화 리더십: 클로어 더필드재단

클로어 더필드재단The Clore Duffield Foundation은 교육, 예술 및 박물관 교육, 예술, 건강 및 사회복지 분야 등에 집중 지원하는 재단이다. 이 재단은 어린이, 젊은이, 사회적 약자 지원에 특별한 관심을 갖고 있다. 또한 문화 분야에서의 리더십의 함양을 위한 교육훈련의 기회를 제공하는 일이 매우 중요하다는 데 인식을 갖고 있다. 재단은 지금까지 영국에서 배출한 우수한 문화 분야 지도자들이 일정 의도를 갖고 그러한 사람을 키웠다기보다 우연히 생겨났다고 판단하고 이러한 일에 재단이 관여할 필요성을 강하게 느끼고 있다.

현재 영국에 우수한 문화 지도자가 있지만 이들은 길러진다기보다 우연히 태어나는 것 같다. 이에 따라 우리 재단의 프로그램은 이러한 지도자 육성과 관련된 사업을 디자인하고 이를 통해 일정기간 동안 새로운 잠재적 지도자를 길러내는 것이다 (Clore Duffield Foundation, 2004).

문화 리더십 형성에 대한 필요성을 충족시키기 위해 재단은 '클로어 리더십 프로그램The Clore Leadership Programme'이라는 교육훈련프로그램을 만들어서 새로운 세대의 문화 분야의 지도자를 육성하였다. 이 프로그램은 많은 예술기관이 여러 단계에서의 지도자를 고용하거나 유지하는 데 어려움을 겪고 있다는 점에 대한 해결책으로 시도되었다. 이러한 계획을 통해 지도자로서 필요한 기술과 경험을 습득할 수 있기에 문화 분야의 잠재적 지도자를 위한 고위전문가 과정으로서의 역할을 한다. 이 프로그램은 과제, 지도, 연구, 개별 지도와 연중 모임으로 구성되어 있다. 이 프로그램은 연중 30명에게 2년간의 장기교육프로그램을 제공한다.

참가자들은 문화 분야에서 활동하는 사람들이며 연구와 지도, 과제, 2주간의 집중 수업 등을 포함하는 개별적으로 구상된 장기교육과정을 경험하게 된다. 개별 참가자에게는 개인 교수가 선정되고(각 분야별 원로로 구성) 필요시에 적절한 지도를 받게 된다. 첫 교육프로그램이 2004년 9월에 시작되었으며 이 프로그램의 운영의 첫 책임을 맡은 사람은 문화부장관을 지낸 크리스 스미스Chris Smith였다. 재단은 기본적인 행정비용을 지불하고 개인 참가자들에게는 장학금을 지원하였다. 2000년 7월부터 재단은 선정된 대학 및 경영대학원과 협동하여 새로이 떠오르고 있는 문화지도자들의 기량을 개발하기 위한 2주간의 집중코스를 개발하였다.

클로어 더필드재단의 문화 리더십에 대한 최종적인 리포트가『문화 리더십: 클로어 리더십 프로그램 추진위원회의 최종 보고서Cultural Leadership: The Clore Leadership Programme Task Force Final Report』라는 이름으로 발간되었다. 이 보고서의 목적은 예술의 우수성을 위해 문화 리더십이 필요함에 대하여 홍보하는 것이었다. 이 보고서를 통해 재단은 영국에서의 문화 리더십 교육에 공헌할 수 있는 방법론을 개발하였다. 이 보고서에는 또한 문화 분야 전반의 다양한 의견을 개진하고, 가장 좋은 리더십 개발 모형을 제안하고, 리더십 교육의 현재 상황을 점검하는 내용이 담겨 있다.

그러나 이 보고서가 이러한 이슈와 관련된 최초의 보고서는 아니다. 몇몇 문화기관에 의해 출간된 이 분야 보고서는 다음과 같다. 박물관 훈련기관The Museums Training Institute에서『박물관, 미술관 그리고 문화재 섹터에서의 경영훈련과 개발Management Training and Development in the Museums, Galleries and Heritage Sector』이라는 보고서를 1997년 출간하였는데 이 보고서는 문화 리더십의 중요성을 강조하고 있다. 이 보고서를 발간하기 위한 위원회 위원장이 제프리 홀랜드Geoffrey Holland경이었으므로 이 보고서를 일명 '홀랜드 보고서'라고도 부른다. 메티르Metier 또한『리더십 도전: 영국에서의 공공지원 예술기관의 경영과 리더십 고찰The Leadership Challenge: A Review of Management and Leadership in Subsidised Arts Organisations in England』이라는 보고서를 2000년에 출간하였다. 이러한 출간물 이외에도 리소스Resource는 지역박물관의 리더십 부재를 주제로 한『지역의 르네상스: 영국 박물관의 새로운 비 전Renaissance in the Regions: A New Vision for England's Museums』이라는 보고서를 출간 하였다. 이 밖에 일명 '보이덴 보고서The Boyden Report'라고 불리는『영국의 지역극장의 역할과 기능Roles and Functions of the English Regional Producing Theatres』 이라는 제목의 보고서를 예술위원회를 통하여 2000년에 출간하였다. 이 보고서는 지역극장의 재정적, 경영적, 예술적 위기를 다루고 있다. 상공부 와 교육부도 2001년도에 출간된『리더십: 모든 이의 도전Leadership: The Challenge for All』이라는 보고서의 영향을 받아서 '경영과 리더십의 수월성 위 원회The Council for Excellence in Management and Leadership'라는 기관을 만들었다.

이러한 다양한 기관에 의해 발간된 문화 리더십에 대한 일련의 보고 서들은 리더십이 문화 분야에서 핵심 경영 의제가 되고 있음을 보여준다. 이에 따라 클로어 더필드재단은 이러한 아젠다에 대하여 예술위원회와 함 께 활발하게 대응하여 문화 분야 지도자를 위한 전문적인 교육훈련 프로그 램을 개발하여 왔다. 이러한 개입은 민간재단이 공공지원기관과 연합하여 문화 분야에서의 긴급한 경영이슈를 제기하고 이를 해결하는 개척자 역할 을 하고 있음을 보여준다.

4) 자신의 작품 전시와 보존을 위한 재단: 핸리 무어재단

핸리 무어재단The Henry Moore Foundation은 핸리 무어Henry Moore라는 유명한 영 국의 조각가가 설립한 재단이다. 이 재단은 핸리 무어가 타계하기 9년 전 에 자신이 직접 설립함으로써, 유명한 예술가가 타계한 이후에 그 사람을 추모하여 세워진 일반적인 다른 예술가 설립 재단과 차별화되고 있다. 핸 리 무어는 재단 설립 초기부터 재단의 경영에 적극적으로 개입했기에 그의 영향력은 그의 사후 재단의 경영에까지 미치고 있다.

핸리 무어재단은 두 가지 주요한 목적을 갖고 있다. 하나는 일반적인 조각 분야를 지원하는 것이고 다른 하나는 핸리 무어의 작품에 대한 감상을 지원하는 것이다. 핸리 무어 자신이 1981년 미국의『포럼*Forum*』지의 마이론 부로디Myron Brody와의 인터뷰에서 이러한 목적들을 밝히고 있다.

> 재단은 두 가지의 주요한 목적을 갖고 있습니다. 하나는 대중들의 조각에 대한 감상력을 키워주는 것입니다. 제가 어렸을 때 제 고향에는 조각품이 단 한 점도 주변에 없었음을 기억합니다. … 다른 목적은 제가 죽은 후에 제 작품을 보살피는 역할을 재단이 맡아 주었으면 하는 것입니다. 즉 작품을 전시하고 몇몇 작품은 자연 상태에서 적절한 장소에 보관을 해 주었으면 하는 바람입니다(Henry Moore Foundation, 2002:3).

그의 소망에 따라 핸리 무어재단은 핸리 무어의 작품을 전시하고 예술 형태로서의 조각에 대한 감상력을 증진하는 역할을 담당하여 왔다. 이 재단은 또한 핸리 무어가 조각분야 외에도 생전에 관심을 갖고 작업을 한 드로잉과 염색 분야에 대한 지원도 담당하였다. 핸리 무어재단은 유형화된 정책 결정과정이 없다. 이 재단의 임직원은 자신들이 갖고 있는 정책을 이사들에게 개진하고 변화되는 상황과 제약 등에 따라 이를 조정하는 역할을 한다. 그러나 사망한 창립자의 의도가 여전히 중요한 정책을 이끄는 요소가 된다. 다른 예술가 설립 재단과 마찬가지로 핸리 무어의 가족도 재단의 이사회의 일원으로 활동하였다. 재단의 사무국장인 팀 르웰른Tim Lewellyn은 이러한 가족의 재단 경영 개입의 이유를 예술가 혹은 설립자의 가족이 이사회 구성원이 되어 재단의 경영에 참여함은 유산의 상속을 받지 못함에 대한 보상이 되고 또한 그들이 재단의 일부분임을 느끼게 만들 수 있다는 점에서 찾는다. 핸리 무어재단의 경우에는 그의 딸이 이사회의 구성원으로 활동하였다.

전략적으로 핸리 무어재단은 핸리 무어의 작품 전시회의 개최를 최소화하고 있다. 즉 재단이 보유하고 있는 재산을 활용하여 핸리 무어의 작품 전시회를 얼마든지 자주 개최할 수 있지만 이를 피하고 있다. 재단 측에서는 핸리 무어의 작품을 대중에게 너무 자주 선보이게 되면 동시에 이는 핸리 무어의 명성에 나쁜 영향을 끼칠 수도 있다고 판단하기 때문이다.

재단의 재정적 안정성을 확보하기 위하여 이 재단은 기본 재산의 일정 퍼센트를 매년 일정하게 사용하는 것을 원칙으로 하고 있다. 이를 위하여 재단은 두 사람의 펀드매니저를 고용하고 있다. 이러한 재정적 안정화 노력으로 핸리 무어재단은 국가 전체의 경제적 상황에 구애됨 없이 일정한 규모의 지원을 할 수 있다.

2. 미국

1) 우량 경영의 귀감: 폴락 크레즈너재단

어떤 예술가와 조각가는 그들의 작품 가격이 천정부지로 올라감으로써 부를 축적하여 민간재단을 설립한다. 이러한 재단의 설립으로 인하여 이들 예술가들은 생전에 세금을 적게 내면서 예술 분야의 발전에 공헌할 수 있다. 닐슨Nielsen은 이러한 현상을 다음과 같이 해석하고 있다.

최근 수 십 년 간 미국의 현대예술에 대한 관심의 급격한 증가로 인하여 예술품 가격이 상승하여 예술가들의 부가 축적되었고 이에 따라 이들이 민간재단을 설립하게 되었다(Nielsen, 1996:135).

잭슨 폴락재단은 잭슨 폴락Jackson Pollock의 부인에 의해 설립되었다. 잭슨 폴락은 20세기 미국의 위대한 화가 중 한 사람이었는데 갑자기 자동차 사고로 1956년에 사망하였다. 그의 아내였던 리 크래즈너Lee Krasner 또한 유명한 화가였다. 이 부부는 자식이 없었던 까닭에 그 부인은 전 재산을 재단에 희사하기로 하였다.

예술가인 리 크레즈너는 예술가들이 실제로 무엇을 원하는지를 명확히 알고 있었다. 따라서 재단이 이들을 위해 무엇을 해야 하는지에 대한 정확한 목적도 갖고 있었다. 그녀는 다른 예술가가 설립한 재단의 경우처럼 재단의 지원금이 남편이나 자신의 작품을 홍보하는 일에 쓰이기를 원하지 않았다. 그 대신 가치 있고 지원을 필요로 하는 시각 예술가들을 돕는 데 사용하기로 하였다. 이러한 재단의 지원정책은 이 재단과 다른 예술가 설립재단과 차별성을 가져오는 부분이다. 즉 통상적인 예술가에 의해 설립된 재단은 설립자의 이름이나 그 작품을 홍보하는 데 역점을 두고 있기 때문이다. 핸리 무어재단과 앤디 워홀재단이 전형적으로 이러한 특성을 보여주는 재단들이다.

폴락 크레즈너재단은 예술가 지원에 있어서 지혜롭고 겸손한 태도와 관료화되지 않는 훌륭한 행정 서비스의 모범을 보여주었다Nielsen, 1996:135, 137. 재단의 도움은 개별 예술가들이 처한 어려움을 경감시키는 데 사용되었다. 예를 들면, 재단은 스튜디오 임대료, 긴급한 의료비, 심리적 도움 그리고 여타 예술가들 개인적 필요에 부응하는 지원을 한다. 지원금의 규모에는 상한선도 없으며 지원신청 과정도 매우 단순하다. 지원신청서는 연중 아무 때나 제출할 수 있으며 지원 결정 여부는 신속히 이루어져서 통보된다. 이러한 방식으로 이 재단은 예술가들의 삶에 커다란 긍정적 영향을 끼치게 되었다Nielsen, 1996:138. 이 재단은 자율적이며 빠른 의사결정이라는 민간재단의 긍정적 성격을 잘 보여주고 있다.

리 크레즈너는 경험이 풍부하고 현실적인 지혜가 많은 두 사람의 친구가 있었는데 한 사람은 변호사인 제랄드 디클러(Gerald Dickler)이며 또 한 사람은 예술품 딜러로 유명한 빅터 쇼우(Victor Thaw)다. 이들은 재단의 이사로 활동하면서 그녀를 적극적으로 도와주었다(Nielsen, 1996:183).

이사들의 면면은 재단의 효율성에 엄청난 영향을 끼친다. 설립자가 사망한 이후의 재단의 운명은 바로 이들의 성실성에 의해 좌우된다(Nielsen, 1996:278).

모든 재단이 믿을만한 이사회 구성원을 보유하고 있지 못하다. 마크 로르꼬Mark Rothko는 추상 표현주의 화가이자 명성을 가진 예술가로서 그의 그림을 영원히 간직하고자 하는 욕망에 로르꼬재단The Rothko Foundation을 설립하였다. 그는 재단이 두 가지 목적을 위해 봉사하기를 원하였다. 하나는 미술관에 그의 작품을 전시할 수 있도록 작품을 보존하는 것이며 다른 하나는 도움이 필요한 나이 든 예술가를 돕는 것이었다Seldes, 1996:155. 그러나 로르꼬의 급작스런 죽음으로 인하여 이 재단은 설립자의 가족과 이사회 사이의 재단의 운영을 둘러싼 불화를 겪었다. 이사회 구성원들이 개인적인 목적에 재단의 돈을 유용하면서 로르꼬 가족의 운영에 대한 간섭을 차단하였던 문제로 인하여 장기간의 법정싸움이 진행되었다. 결국 가족의 승리로 판결은 났지만 그동안 재단의 명성은 많이 훼손될 수밖에 없었다.

유사한 추문에 휩싸인 재단이 바로 시각 예술가인 앤디 워홀Andy Warhol에 의해 1987년도에 설립된 앤디 워홀재단이다. 이 경우에도 이사회가 탐욕과 갈등과 혼란을 보여주었다. 또한 이 재단의 문제는 초창기부터 재단 설립자의 철학과 비전이 명확하지 못했다는 점이었다. 이사들에 대한 과도한 비용지급과 전임변호사의 재단 소유 재산과 관련된 법정소송으로 인하여 재단은 상당한 재산을 낭비하였다. 이 재단의 임원들도 과도한 급여와 부적절한 기금의 집행에 연류되어 있었다Nielsen, 1996:140.

이러한 두 재단과 대조적으로 폴락 크레즈너재단은 좋은 평판을 유지하였다. 이 재단의 효과적인 운영은 설립자의 좋은 의지, 지혜, 지식과 함께 신뢰할만한 이사들의 활동 덕분이었다. 특히 설립자 자신과 관련된 한정된 목적에 봉사하기보다 전체 시각 예술가들을 지원하는 넓은 목적을 가졌다는 점은 주목해 볼 필요가 있다. 이 재단의 성공적인 운영은 로르꼬재단이나 안디 워홀재단과 같은 다른 예술가 설립재단의 부적절한 경영과 대조를 이루고 있다. 많은 예술가들은 재단 설립이 자신들의 작품의 보존이나 자신들이 속한 분야를 발전시키는 데 도움이 된다는 생각을 하고 재단을 설립한다. 이러한 많은 재단 중에 포락 크레즈너재단은 도움이 필요한 예술가들에게 다가서는 광범위한 정책을 시행하여 민간재단의 장점을 잘 보여주고 있다.

2) 전략적인 예술 지원의 개척자: 포드재단

포드재단은 미국에서 가장 활발하게 예술 지원을 하는 재단으로 알려져 있다. 미시간주의 디트로이트 지역의 재단으로 1936년 설립된 포드재단은 1950년대에 예술 지원을 가장 많이 한 곳으로 알려져 있다. 포드재단은 헨리와 에델 포드Henry & Edsel Ford에 의한 포드자동차 회사 주식의 양도를 통해 설립되었다. 하지만 현재 포드재단은 더 이상 포드자동차 회사의 주식을 소유하지 않고 있으며 재단의 영속적 운영이 가능하도록 유가증권을 다양화시켰다. 포드재단은 4억 1천 7백만 달러가 넘는 기본금으로 인해 록펠러재단과 카네기재단을 합친 것보다 재산이 많으며 미국뿐 아니라 아프리카, 중동, 아시아, 라틴아메리카, 그리고 러시아에 지사가 있는 대규모의 국제 재단으로 운영되고 있다.

포드재단은 체계적 전략적 계획을 통해 문화예술 지원을 전문화하였다. 포드재단이 문화예술 분야를 지원하기 전에는 부유층들이 개인적으로 자신들의 취향이나 선택에 의거하여 전략적 계획이나 의도 없이 예술기관을 지원하였다. 크라이들러Kreidler, 2000:151는 포드재단이 전체 예술 분야에 공식적 체계적인 지원을 하여 미친 영향력을 다음과 같이 요약하고 있다.

포드재단이 넓은 비전으로 예술 지원을 하기 이전에는 거의 모든 문화 지원이 개인에 의해 이루어졌으며 전략적 의도가 결여되어 있었다. 포드재단 이전의 대부분의 문화 분야 지원은 자신들의 시민적 의무감이나 예술에 대한 사랑으로 개별 후원자들이 자신들이 좋아하는 비영리 예술기관을 지원하는 형식으로 이루어졌다. 이러한 지원이 해당 예술기관에는 매우 중요한 것이었다 할지라도 기관의 발전을 위한 공식적인 계획과 연관되지 못하였으며 전체 예술 분야의 체계적 진보에 대한 큰 계획의 틀 안에서 이루어진 것은 더더욱 아니었다(Kreidler, 2000:151).

문화예술 분야에서 포드재단의 목적은 예술 창조성과 문화적 표현에 대한 기회를 강화하는 것인데, 이는 시민들의 잠재성을 충족시키고 사회적 활동에 필요한 희망, 이해, 용기와 같은 덕목을 만들게 된다. 포드재단의 이사장인 수잔 버레스포드Susan V. Berresford, 1999:11는 포드재단의 예술에 대한 견해를 1999년 사업보고서에 다음과 같이 서술하고 있다.

> 예술은 사치품이 아니다. 이것은 인간의 품위에 근본적인 기여를 한다. 이것은 또한 가치를 고양하고 변화의 도구가 될 수 있다. … 재단은 특별한 지원을 통하여 우수한 예술작품의 관객을 소수의 엘리트 집단에서 대중적 관객으로 변화시킬 수 있으며 예술의 사회적 가치 향상에 기여하고 공동체의 문화 정체성을 강화시킨다(Susan V. Berresford, 1999:11).

포드재단은 1957년에 공연예술 지원관련 프로그램을 시작하였다. 1957년 뉴욕의 조셉 팝Joseph Papp의 뉴욕 세익스피어극장New York Shakespeare Theatre이 시정부의 지원을 받기로 했다가 갑자기 취소되자 현금 유동화의 위기를 맞게 되었을 때 이러한 위기의 극복을 돕기 위하여 포드재단이 나서서 지원하였다. 1960년대에 포드재단은 연극, 음악회, 무용을 지원하였다. 1963년에 포드재단의 최고 관심분야는 무용이었으며 수 백 만 달러의 지원금이 필라델피아, 워싱턴, 샌프란시스코, 보스톤, 뉴욕의 발레회사에 지급되었다. 재단은 또한 33개 주의 61개 심포니 그룹에 8,020만 달러를 지원하였다. 포드재단의 심포니오케스트라에 대한 지원은 당시 오케스트라의 질적 향상에도 기여하였지만 오케스트라 단원들의 수입 증대에도 상당히 기여하였다.

20년간(1957-1976) 포드 재단은 4억 달러 이상을 다음의 분야에 투자하였다.

- 부채의 상환, 기본자산과 운영비의 확보, 건물 신축과 보수 캠페인에 대한 지원을 포함한 기존의 주요 예술기관에 대한 재정적 소생
- 뉴욕시의 한계를 넘어선 지방 분권화를 위해 극장과 무용회사를 포함한 새로운 지역 예술기관의 설립
- 예술 전반을 향상시키기 위해 극장 소통그룹과 같은 예술서비스 기관의 형성과 발전
- 강력하고 분권화된 많은 예술기관의 출현을 보완하기 위해 노동력을 양성하기 위한 보존기관과 시각예술학교의 지원Kredler, 2000: 151.

포드재단은 다른 재단도 중점적으로 지원하고 있는 극장과 시각예술 등 기존의 주요한 비영리예술기관을 집중 지원하였다. 또한 발레를 지원하면서 시티발레의 발란신Balanchine학교를 집중 지원하여 비난을 받았다. "질적인 것에 상관없이 포드재단이 뉴욕에만 집중하지 말고 좀 더 널리 지원을 해야 한다"는 불평이 이어졌다. 그러나 포드재단은 이러한 불평에도 불구하고 계속해서 자신들의 지원을 그대로 밀고 나갔다. 이 경우는 재단이 외부 비판이나 불평에도 불구하고 자유롭게 자신들의 소신을 밀고 나갈 자유가 있음과 재단이 예술기관의 지역적 위치에 따른 배분을 고려할 필요도 없다는 사실을 보여 주었다.

1984년 포드재단은 록펠러재단이나 앤드류 맬론재단과의 협력을 통해 '국가예술안정화기금National Arts Stabilisation Fund'을 만들어 공연예술기관의 경영 및 재정 능력을 강화시키고, 미국 전역의 예술의 장기적 재정상황을 향상시키려는 전략을 개발하고자 하였다. 이는 예술기관의 적자를 해소하려는 장기적 대안이었다. 최근의 포드재단의 예술프로그램은 좀 더 복잡하여 미디어와 문화로 확장되었다. '교육, 미디어, 예술과 문화Education, Media, Arts and Culture, EMAC' 프로그램은 지식, 기회, 창조성과 표현의 자유를 통해 이 분야들의 리더로서의 역할을 강화시키는 데 초점을 맞추었다. 이 프로그램의 운영을 위해 재단은 미디어, 예술 문화부The Media, Arts and Culture, MAC, unit를 두어 지역사회에 중요한 공헌자로서 예술과 미디어를 강화시키고자 하였다. 1999년 이 재단의 미디어, 예술, 문화에 대한 지원은 합쳐서 4,430만 달러에 달하였다.

포드재단은 일상적인 재정적 필요에 대한 지원 대신 프로그램이나 프로젝트에 바탕을 둔 비일상적인 지원을 담당하는 것을 원칙으로 정하였다. 또한 매칭지원 전략을 사용하여 포드재단이 다른 프로젝트로 옮겨 가도 해당 프로젝트를 계속 지원할 수 있는 새로운 지원자를 확보하였다. 2000년에 포드재단은 100만 달러에서 250만 달러까지의 챌린지 지원을 공연예술, 시각예술, 미디어 예술그룹에 지원하였다. 2000년 포드재단은 8,030만 달러를 예술과 문화에 지원하였는데 이는 1990년대 중반의 1,940만 달러와 비교하여 급격히 증가한 것이다Renz, 2002:2. 포드재단은 유명한 단체뿐 아니라 많은 작은 규모의 단체를 포함한 전국에 걸친 200여 개의 예술기관에 대한 조사에 기초하여 수혜자를 찾았다. 포드재단의 지원으로 인하여 이들 수혜기관 모두는 3년에서 5년 정도 매칭지원을 확보할 수 있었다Arts Management, 2000.

3) 문화정책 개발 및 벤처 지원: 퓨 채리터블재단

퓨 채리터블재단The Pew Charitable Trusts(이하 퓨재단으로 약칭함)은 어려운
과제를 해결하기 위해 사람과 예술기관에 대한 전략적 투자를 통해 넓은
범위의 비영리 활동을 지원한다. 재단센터Foundation Center, 1997:13의 조사에
의하면, 퓨재단은 1996년 미국에서 가장 큰 예술 지원기관으로 지원액이
2,800만 달러에 달하였다. 비록 퓨재단이 필라델피아 지역에 위치해 있지
만 미국 전역을 대상으로 지원하고 있다. 이 재단은 7개의 독립적인 기금
의 연합체로 구성되어 있다. 이들의 지원 활동은 6개의 프로그램 - 문화,
교육, 환경, 건강, 인적 서비스, 공공 정책, 종교 - 에 걸쳐서 종합적으로 운
영되고 있다. 퓨재단은 '벤처 기금Venture Fund'이라는 독특한 지원 프로그램
이 있어서 위의 여섯 가지 지원 분야에는 해당하지 않지만 개혁적이며, 미
래 발전과 관련한 중요성을 가지며, 의미 있는 어떤 아이디어나 프로젝트
를 지원하고 있다. 예술 지원이나 다른 여타 분야의 지원 모두 기존의 전통
적인 지원 분야에 기초해 있으므로 이 기금은 이러한 한계상황을 극복하려
는 재단의 노력의 일환으로 탄생한 것이다.

　　퓨재단의 문화프로그램은 국가의 문화자원이 적절하게 유지되고 민
주사회에 공헌하는 것을 목표로 한다. 문화에 대한 광범위한 이해 외에 이
프로그램은 정책에 대한 논의를 촉진한다. 퓨재단은 문화를 발전시키고
보존하는 가장 좋은 방법이 좀 더 효과적인 공공 혹은 민간지원을 하는 것
이므로 이러한 지원을 위한 제도적 기반 마련이라고 생각한다. 그래서 이
재단의 문화프로그램은 자연적으로 예술가와 예술기관에 대한 지식과 이

해의 기반을 확대하는 것이다. 이러한 목적을 위해 재단은 사실 발견 연구, 정책개발, 대중교육과 같은 3가지 접근법을 고안하였다. 첫째, 퓨재단은 예술연구를 하는 연구소를 지원하고 문화기관이나 이들의 관객에 대한 신뢰성 있는 자료를 추출하는 새로운 연구를 지원함으로써 현재의 분열된 예술계 전체에 대한 그림을 완성하고자 한다. 둘째, 이 프로그램을 통해 예술에 대한 국가적 정책 논의를 확장하여 사람들이 예술의 역할과 공헌을 좀더 잘 이해할 수 있도록 도와주고자 한다. 셋째, 이 프로그램을 통해 예술에 대한 대중의 더 큰 관심과 지원을 형성하고 대중의 예술에 대한 현재의 인식을 확인하는 작업을 지원한다.

퓨재단은 개인 예술가에 대하여 약간의 장학금, 위탁, 거주프로그램 이외에는 지원이 거의 없다는 사실을 발견하였다. 이에 따라 재단은 재단 연합체인 도시연구소Urban Institute를 지원하여 현재의 개별예술가에 대한 지원과 기존 지원제도를 강화하고 향상시키는 방법을 제시해 줄 것을 요청하였다. 특히, 『미국 예술가를 위한 지원 제도에 대한 연구The Research Study on the Support System for American Artists』를 통해 재단은 예술가들에 대한 지원 기회에 관한 국가 통계조사, 5개에서 8개의 도시에서의 재정적·비재정적 지원제도의 사례연구, 다른 분야에서의 효과적인 매개구조의 검토와 대안적인 지원 메커니즘, 그리고 예술가들의 경력이 어떻게 형성되어 가는지에 대한 분석이 포함되어 있다. 재단은 또한 자유 시장 체제에서 지원이 되지 않는 창조적 선구적 작업에 대하여 예술적 우수성을 도모해야 한다고 믿었다. 퓨재단의 '예술장학프로그램The Pew Fellowships in the Arts, PFA'이 바로 이러한 믿음을 실현하였다. 1992년 예술장학프로그램이 시작된 이래, 재단은 예술대학을 통해 112명의 예술가들에게 560만 달러를 지원하였다. 이 지원과 관련하여 수혜자는 재단에 리포트를 내거나 결과물을 내야 할 의무가 전혀 없이 자유롭게 지원금을 활용할 수 있었다. 이러한 지원금을 통해 재단은 예술가들이 새로운 작업을 할 수 있게 하였다. 이러한 지원의 결과로서 많은 예술가들은 예술품 제작과 관련된 프로젝트를 수주하거나, 사람들에게 널리 애독되는 책을 쓰거나, 초청편집인이 되거나, 그들의 음악을 CD로 만들고, 그들의 작품을 전시하거나 출간하게 되었다. 이러한 결과에는 다른 기관으로부터 퓨재단의 수혜예술가가 상을 수상하는 것도 포함되어 있다. 예를 들면, 이들 수혜 예술가들 중 일부는 릴라 월라스 - 리더스다이제스트재단, 맥아더 재단, 구겐하임재단으로부터 상을 받았다. 결론적으로 '예술장학프로그램'을 통해 퓨 재단은 예술가와 이들의 작업을 위한 지원환경을 만들어 준 것이다.

퓨재단은 '예술 박물관과 지역 프로그램Programme for Arts Museums and Communities, PAMC'이라는 프로그램을 통해 박물관들을 지원하였다. 이 프로그램을 통하여 11개의 박물관이 참가하여 지역 지향적인 센터로서 자리매김 하였다. 기존 혹은 새로운 관람객의 질을 향상시키기 위해 각 박물관은 인구학적 구성을 확인하기 위해 주변 지역사회를 연구하였다. 그런 다음 박물관은 박물관과 지역 프로그램PAMC의 참가자들이 서로 배우고 정보를 교환하기 위한 프로그램을 개발하였다. 각 박물관에서 수행된 프로젝트와 연구는 박물관 행정가 모임에 발표되거나 이들이 발행하는 잡지에 기고되었다.

퓨재단의 가장 독특한 특징은 '벤처기금'을 운영한다는 것이다. 이는 1989년 직원들의 협력과 각 프로그램 간의 프로젝트 개발을 촉진하기 위해 만들어진 '학제적 기금Interdisciplinary Fund'을 계승하여 1997년에 만들어졌다. 이 새로운 기금을 통해 재단은 학제적 작업과 프로그램 간의 개입을 강조하고 동시에 잠재적 영향, 시기 적절성 혹은 개혁성의 면에서 중요한 전략적 기회를 제공하는 아이디어를 찾았다. 벤처기금 투자는 독특한 협동적 사업, 가시화된 이슈나 분야의 탐구, 시험되지 않아서 위험성이 높은 전략들에 대한 적절한 반응과 관련된 사업 등의 분야에 지원되었다. 이 기금의 운영과 관련하여 퓨재단은 특정 가이드 라인이나 한계를 정하지 않은 대신 지원신청서에 나타난 전략적 기회에 기초하여 평가를 함으로써 융통성을 부여하였다. 이 기금으로 재단은 재단위원회The Council on Foundations가 대중과 재단의 미국 사회에서의 역할을 정립하기 위한 소통/법률 발의The Communication/Legislative Initiative를 지원하는 프로젝트를 지원하였다. 또한 1998년 재단센터의 운영경비, 1999년의 미국박물관협의회The American Association of Museums의 지적재산권 이슈에 대한 미국 박물관의 정보 가이드의 개발, 2000년의 국립공공라디오National Public Radio Inc. 그리고 라디오 및 텔레비전뉴스 이사들재단Radio and Television News Directors Foundation에 대한 지원 등 미디어와 관련된 지원을 하였다.

결론적으로 퓨재단은 3가지의 넓은 영역 - 사실 발견 연구, 정책 개발, 대중 교육 - 을 중심으로 한 문화 프로그램을 통해 다양한 예술 분야를 지원하였다. 이러한 분야들에 대한 지원을 통해 퓨재단은 예술발전을 위한 근본적인 도움을 주었다. 그러므로 이러한 지원을 통해 재단은 사람들 사이에 예술가와 예술기관에 대한 지식과 이해의 바탕을 확장시켰고 이들이 예술의 역할과 공헌을 더 잘 인식할 수 있게 하였다. 재단은 또한 예술가들을 장학금 지급과 이들을 위한 지원 제도에 대한 연구를 지원하였다. 이 밖에도 이 재단은 11개의 박물관을 연합하여 관람객 개발과 관련하여 정보를 교환하는 것을 도와주었다. 또한 기존 프로그램 바깥의 예술을 지원하기 위해 퓨재단은 벤처기금을 운영함으로써 재단이 지닌 자율성과 융통성을 구현하였다.

3. 한국

1) 예술 인프라 구축(시각예술 분야): 삼성문화재단

우리나라에는 문화예술을 지원하는 민간재단은 크게 기업에서 운영하는 재단과 지방자치단체인 시도에서 출연한 지역문화재단으로 나눌 수 있다. 국내 대표적인 대기업인 삼성은 5개의 재단을 설립 운영하고 있으며 이 재단들의 지원액을 합치면 우리나라 어느 재단보다 지원액이 크다. 삼성문화재단은 문화예술을 지원한 첫 번째 재단으로 삼성그룹의 창업자인 이병철 회장에 의해 1965년 창립되었다. 초기에 삼성문화재단은 대학을 운영하면서 『삼성문화시리즈』라는 동서양의 고전을 번역 출판하였는데 당시 많은 대학들이 이 시리즈를 인문학 교재로 채택하였다. 1977년에 삼성문화재단은 문화예술과 관련된 첫 사업을 시작하였다. 1978년 이 재단은 호암미술관의 설립에 착수하여 1982년 개관하였다. 삼성문화재단은 또한 1992년 런던의 빅토리아 앨버트박물관에 삼성관을 개관하였다. 1990년대에는 삼성어린이박물관, 호암미술관, 로댕갤러리를 차례로 개관하였다.

　　삼성문화재단의 독특한 문화공헌은 높은 수준의 박물관과 미술관 인프라를 제공했다는 것이다. 더욱이 재단은 불법적인 거래를 통해 세계 도처에 흩어진 소중한 한국의 문화유산을 모으고 보존하는 역할을 하였다.

삼성의 박물관은 특정한 시기, 장르, 혹은 특정 작가의 전시회를 많이 열었다. 이러한 전시 중 몇몇은 미국이나 일본 등 세계적으로 흩어져 있던 문화유산을 처음으로 한 곳에 모으는 역할을 하였다. 이러한 노력의 일환으로 1995년 7월에서 9월까지 열린 대고려전은 지금까지 우리나라에서 공개되지 않았던 작품들을 선보였다.

호암박물관을 통해 재단은 최신 과학지식과 장비를 이용하여 미래세대를 위한 예술작품에 대한 보존활동을 하고 있다. 이 박물관은 자체의 보존과학실을 보유하고 있으며 이 분야 전문가를 고용하여 운영하고 있다. 또한 박물관의 경영을 통해 삼성은 국가 문화유산을 체계적으로 보존 관리하는 역할을 해 오고 있으며 그 활동을 학술적 연구 향상으로 확장하고 있다. 호암미술관은 작품이 풍부한 전시로 유명할 뿐 아니라 강좌, 문화재 발굴, 전문가를 위한 교육프로그램 등 다른 서비스로도 많이 알려져 있다. 그 밖에 삼성문화재단은 박물관 운영을 통해 새로운 예술가 발굴, 기존 예술가에 대한 지원, 세계적인 경향을 국내 예술계에 소개, 대중에게 예술 감상의 기회를 제공하는 등의 활발한 역할을 하고 있다.

삼성문화재단의 지원 중 가장 눈에 띄는 것은 '멤피스트MAMPist'라는 프로그램이다. 이 이름은 이 프로그램으로 지원하는 각 분야의 영어 앞 글자에서 따왔다: music and dance; art and art administration; movies; and plays. 1996년부터 매년 재단은 위의 각 지원 분야에서 35세 이하의 유망한 젊은이들을 선발하여 세계적으로 유명한 대학에서 수학할 수 있도록 학비와 생활비를 지원하고 있다. 수혜자들에게 이들이 학업을 마친 후에 단지 국내나 해외의 각 분야에서 선도적인 기여를 하는 것 외에 어떤 특정 의무도 부여하지 않았다. 국내의 많은 재단들이 여러 학문 분야에서 해외에서 공부하는 학생들에게 장학금을 제공하고 있지만 이 프로그램은 예술경영을 포함한 실용적인 예술 분야를 공부하는 학생들에 대한 최초의 지원이었다. 이 프로그램은 예술 분야에서의 인력개발 및 박물관/미술관을 포함한 예술기관의 종사자들의 경영능력을 개발시키기 위한 것이었다.

2) 예술 인프라 구축(공연예술 분야): LG연암문화재단

LG그룹은 4개의 재단과 하나의 비영리기관을 설립하여 운영하고 있다. 이들 중 LG연암문화재단은 삼성문화재단보다 4년 후인 1969년에 설립되었다. 이 재단의 이름에는 '문화'라는 단어가 들어가지만 이 재단은 2000년 LG아트센터를 개관하기 이전에 예술 지원은 거의 하지 않고 대신 학술지원만 하였다. LG아트센터는 재단에 의해 지원되고 경영되면서 공연과 시설의 우수함을 자랑하였다. IMF 직후 국내의 어려운 경제상황과 협소한 공연예술 관객층의 바탕에서 이러한 예술센터가 건립되었는데 이는 재단이 운영적자에 대한 보전 의지를 갖고 출발하였다는 것을 의미한다.

그러나 LG아트센터는 대중적 인기가 높은 공연을 유치하여 관객을 끌어들임으로써 이러한 문제를 극복하였다. 예를 들면 2001년 12월 2일부터 2002년 7월 19일까지 「오페라의 유령The Phantom of the Opera」이 영국의 리얼리 유스플그룹Really Useful Group과 제휴한 국내 제미로그룹에 의해 공연되었다. 100억 원 이상이 투자된 이 공연은 우리나라에서 공연된 다른 뮤지컬과 비교해 볼 때 엄청난 모험이었다. 그러나 각 공연마다 유료티켓 입장객이 객석을 90% 이상 점유함으로써 50억의 순이익을 거두어 들였다. 이 공연이 끝날 즈음 전체 관람객 수는 25만 명으로 최종 집계되었다. 뮤지컬 관객이 대체로 5만 명에 못 미친다는 사실에 비추어 볼 때 이 공연은 관객

동원 면에서의 획기적인 성공을 거두었다. 이 공연의 성공은 세계적으로 유명한 뮤지컬 공연에는 잠재 관객이 많다는 것을 입증해 줌으로써 유사함 작품들이 줄지어 공연될 전망을 보여 주었다.

전반적으로 LG연암문화재단의 독특한 공헌은 두 가지다. 공연예술 관객에게는 수준 높은 예술을 감상할 기회를 제공하였고 예술가나 예술기관에는 높은 수입과 이들의 작품을 공연할 좋은 장소를 제공해 주었다. 재단은 또한「오페라의 유령」공연에서 보듯이 성공적인 재정적 경영수완을 보여 주었다. 그러나 만일 이 재단이 계속하여 인기 있는 작품만을 무대에 선보인다면 이 재단의 자선적 이미지는 곧 탈색되어 버릴 것이다. 어떤 이들은 LG 아트센터가 외국의 상업뮤지컬을 높은 로열티를 지급하고 들어와서 국내 시장에서 막대한 이익을 내려고 했던 점에서 공익적 재단으로서 마켓 지향적 경영 스타일을 갖고 있음을 걱정하기도 하였다.

3) 문학에 대한 전문화된 집중지원: 대산문화재단

교보생명보험과 교보서점의 회장인 신영호는 1992년에 대산문화재단을 창립하였다. 이 재단은 민간이나 공공지원으로부터 소외된 문학 분야를 특화하여 지원함으로써 한국의 재단 중 독특한 특성을 보이고 있다. 대산문화재단은 문학이 세계인이 공유하는 정신적 문화의 가장 창조적인 형태이며 영화, 드라마, 음악, 미술 등 다른 예술 분야의 발전에 직접적인 연관을 맺는다는 믿음에서 이에 대한 지원을 특화하였다. 많은 사람들은 문학 자체를 즐길 뿐 아니라 문학에 바탕을 둔 영화, 연극, 드라마, 음악 감상을 통해서도 간접적으로 문학을 접하게 된다. 역사소설은 지루한 역사책보다 더욱 생생하게 역사에 대해 알려 준다. 비록 문학이 여러 예술 분야에 근본적인 영향을 주었지만 문학 자체가 지닌 대중성 때문에 정부로부터 적절한 지원을 받지 못하였다. 모든 예술형태 중에서 문학은 가장 널리 대중의 사랑을 받아 왔다. 그러나 어떤 문학작품의 경우, 이를 해석하여 자신의 것으로 소화하기 위해서는 일정 수준의 지식과 이해력이 수반되어야 하기 때문에 모든 문학 작품이 모든 사람에게 접근 가능한 것은 아니다. 그러므로 현실적으로 단지 일부 작품만이 베스트셀러로 선정되는 인기를 얻고 있을 뿐이다.

대산문화재단에서는 문학 분야 중에서 특별히 우리나라 문학의 발전과 이를 번역하여 해외에 소개하는 일에 관심을 갖고 있다. 지금까지 한국 문학은 해외 소개를 위한 번역과 관련되어 몇 가지 문제점을 안고 있었다. 첫째, 우리 문학의 번역작업에는 조직화된 계획이 결여되어 있으며 소수의 유명 작가의 단편소설만이 선택되어 번역 출간되고 있다. 따라서 각 작가의 대표적인 작품은 내용이 길어서 번역에 관련된 비용이 더 들어 간다는 이유로 기피되었다. 둘째, 국내 실정상 번역가들은 전문가로 인정받지도 못하고 번역료도 적은 편이어서 우리 문학 작품은 전문 번역가의 부족을 겪고 있었다. 마지막으로 비록 몇 가지 종류의 문학과 관련된 상이 있어 작가들이 문학작품을 창작할 수 있게 북돋우고 있지만 이들 중 대부분은 해당 작가의 책 판매 증진을 목표로 한 상업적 출판사에 의해 수여되고 있을 뿐이다. 그러므로 이러한 작가상은 재능 있는 작가를 북돋우기보다 상업적 이익에 주로 기여해 왔다.

이러한 우리 문학의 번역과 관련된 문제점을 해결하기 위하여 대산문화재단은 다양한 지원을 하였다. 우선 재단은 자신들의 창조성을 향상시키려고 노력하는 우리나라 작가와 이러한 작가들의 작품을 세계에 소개하는 매개자인 번역가들, 그리고 한국학의 개발을 위해 외국에서 한국학을 연구하는 학자들을 지원하였다. 이러한 지원으로 인해 우리 문화의 이해가 신장되고 국제적 문학교류프로그램이 증가되고 세계문학사에서 우리 문학의 위상을 세우는 것을 목표로 하였다. 대산문화재단은 또한 두 가지 종류의 문학상을 제정하여 수상하고 있는데 기존 작가와 젊은 작가에게 각각 수여한다. 이러한 방법으로 재단은 전문가와 아마추어 작가 모두를 지원한다. 대산문화재단은 또한 국가 청소년드라마축제를 주최하여 젊은이들이 자신들의 창조성과 공연예술에 대한 이해를 발전시키는 것을 돕고 있다. 그 외에 문학과 문화의 발전과 향상을 위하여 다양한 활동과 특별한 이벤트를 지원하고 있다. 이러한 활동을 통하여 개별 작가는 다른 작가들과 만나 자신들의 문학에 대한 생각과 한국문학을 발전시키는 방법에 대하여 의견을 나눌 기회를 가질 수 있었다.

대산문화재단은『대산문화』라는 계간지를 간행하여 문학에 관련된 뉴스와 정보 그리고 재단의 활동을 소개한다. 모기업인 교보문고와 직접 관련되어 이 재단은 독서인 100만 운동을 전개하고 있다. 이 활동에는 '중고교의 초청 문학 강연', '초등학생 독서경시대회', 그리고 '주부 에세이대회'가 있다. 이러한 활동은 문화를 개발하고 문학을 통한 인간성을 고양한다는 재단의 목적과 결부되어 개발되었다.

대산문화재단이 문학 지원에 초점을 맞추어 우리 문학에 대한 국내외의 인식을 향상시키고자 한 점은 매우 특이하다. 재단은 지원 결정에 공식적 과정을 도입함으로써 지원을 전문화하려고 하였다. 대산문화재단은 평가위원회를 운영하면서 모든 평가위원의 임기를 2년으로 고정화시킴으로써 공정한 평가를 유도하고 있다. 프로그램을 운영하는 직원들에 의한 효

과적이고 다양한 프로그램을 개발하고 공식적인 평가과정을 만들어 나아
감으로써 대산문화재단은 우리 문학 분야에 대한 지원을 특화하였다. 한
정된 전문 분야에 대한 전문화된 지원을 통해 대산문화재단은 한국 문학의
세계화에 일정부분 그 역할을 하고 있다.

4) 지역문화재단의 대표주자: 서울문화재단

"문화의 세기가 오고 있다", "문화산업은 국가경제의 신산업 동력이다" 등
의 구호가 설득력을 얻고 문화의 중요성에 대한 공감대가 커지면서 지자체
들이 잇달아 문화재단을 설립하였다. 이 중에서 서울문화재단은 그 선발
주자는 아니지만 서울시의 지원을 받고 서울의 문화를 지원한다는 점에서
그 영향력을 결코 작게 평가할 수 없다. 한국문화예술위원회의 지원금 중
절반이 서울지역에 배정되는 상황에서 서울지역만을 지원하는 서울문화
재단과 업무의 중복 등에 대한 논란과 서로의 정책적인 변별성을 확보해야
한다는 주장이 설립 초기부터 강하게 제기되어 오고 있다. 지금까지 설립
된 지자체 재단은 10여 개에 달한다. 우선 가장 먼저 1990년대 중반에 설립
된 경기문화재단을 필두로 하여 서울문화재단, 인천문화재단, 성남문화재
단, 고양문화재단, 강원문화재단, 제주문화재단, 부천문화재단 등이 생겨
났다. 모든 지자체 문화재단이 시민의 문화향수를 높이는 것이 주목적이
지만 그 성격에 있어서 광역시도의 문화재단은 예술가 및 예술단체에 대한
지원을 통해 우수한 예술을 발전시키는 것이 중심 업무인데 반해 소도시
문화재단은 재단으로 소속되어 있는 공연장 혹은 예술센터(혹은 문화센
터)를 운영하는 것이 주요 업무다.

　　서울문화재단은 서울을 하나의 지역으로 간주하고 해당 지역주민의

예술 활동에 대한 접근성을 향상시키는 것을 그 기본 목적으로 하고 있다. 이러한 지역사회의 문화접근성 이슈는 한국문화예술위원회나 서울시 문화국의 활동으로는 원활하게 성취되지 못한 영역이었다. 서울문화재단은 2004년 3월에 설립되었는데 이를 설립한 서울시는 관료적인 정부지원에 비해 한층 업그레이드된 지원을 민간기구인 문화재단을 통해 할 수 있을 것으로 생각하였다. 기존의 서울시 문화국에서 예술단체 및 예술가를 지원하는 문예지원기금을 배분할 때 주로 소액다건의 원칙에 기반을 두었다. 이러한 방식은 공모에서 탈락한 많은 예술단체의 불만을 최소화할 수 있는 방안이었지만 예술계 자체에서도 이 방식이 예산의 낭비를 가져오고 있다고 평가하면서 새로운 지원방식으로의 변화를 요구하였다. 예술기관의 역량강화와 관련하여 전략적인 지원이 필요한데 이러한 지원방식으로는 이러한 목적을 달성하기 어렵다는 점이 자주 지적이 되었던 것이다.

예술계의 이러한 비판과 요구를 수용하여 서울문화재단에서는 '집중육성 프로그램'을 만들었다. 이 프로그램은 발전의 잠재가능성이 있는 예술단체를 선정하여 장기적(3개년 연속)으로 대폭적인 지원(연중 최대 1억 원)을 함으로써 이러한 단체를 집중적으로 육성하려는 정책적 의지가 담겨 있는 프로그램이다. 또한 이 프로그램을 통해 재단은 단순한 지원을 제공할 뿐만 아니라 맨토링(전문적인 조언과 지도)과 가이드 등을 할 수 있는 전문가와 연결하여 해당 예술단체를 육성하고자 하였다. 이러한 파격적인 프로그램의 시행은 예술계에서도 커다란 반향을 불러 일으켰으며 한국문화예술위원회도 유사한 지원프로그램을 개발하게 만들었다. 또한 예술단체나 예술가에 대한 직접지원 외에도 다양한 간접지원 방식이 개발이 되어 시행되었는데 그 대표적인 예가 대학로에 공연예술단체를 위한 연습실 공간을 제공하는 것이었다. 이 밖에도 예술가들을 시민과 매개하는 예술행정가들을 위한 교육, 예술가에 대한 재교육, 시민들을 대상으로 한 새로운 방식의 예술교육 등 다양한 교육과정이 개설·운영되었다. 또한 주민들의 일상공간으로서 천편일률적 모습을 가진 어린이 놀이터 및 동사무소 바꾸기 사업 등을 통해 시각적, 체험적인 일상공간의 모습을 문화적으로 바꾸고자 하였으며 시민들에게 문화적인 체험을 가까이 할 수 있도록 문화캠페인 프로그램인 '책 읽는 서울' '문화는 내 친구' 등도 시행하고 있다.

　　서울문화재단의 운영을 분석하면서 민간재단의 긍정적 특성에 대한 실증적 증거를 찾을 수 있었다. 우선, 지역문화재단은 정부지원기관보다 관료주의로부터 자유로우며 기업문화재단보다 상업적인 동기로부터 자유로운 지원이 가능하다. 지역문화재단은 해당분야에서 경험이 풍부한 전문가 직원을 두고 프로그램의 시행에 대하여 정기적으로 평가한다. 또한 지역문화재단은 문화정책과 관련하여 보고서를 출간하고 이 분야 전문가를 활용하여 끊임없이 이에 대한 연구를 한다. 서울문화재단에서는 정책무크지 『문화+서울』을 발간하여 전문정책지로서 자리매김하였고 또한 국제교류, 홍보, 문화 마케팅 등의 분야의 저술을 발간하였다. 또한 다양한 소액지원 프로그램을 통하여 준프로급 단체의 예술 활동을 돕고 있다. 아울러 재단사업의 성취도를 측정하기 하기 위하여 대부분의 프로그램의 시행 후에 참가자 만족도 조사를 시행하고 있다.

　　지자체정부 설립 문화재단의 대표이사는 공모의 형태로 선정되지만 최종적으로 해당 지자체장인 시장 혹은 도지사가 임명하는 것이 관례로 정착되어 있다. 지역문화재단의 대표들은 재단을 운영함에 있어서 일정한 자율권을 행사하고 있지만 그 자율성 행사의 정도는 재단마다 상황에 따라 다르다. 대개의 경우 지자체 단체장과 재단의 대표이사와 관계, 임명된 대표이사의 출신배경과 관련이 깊다. 일반적으로 재단의 대표이사는 명망가, 학자, 정치인, 행정전문가, 예술가, 기업 CEO의 범주 중 하나에 속하는 사람이 임명이 된다. 재단의 대표이사가 속한 범주나 개인적 직업 배경, 인맥, 관심사 등에 따라 재단의 사업이 일정부분 영향을 받게 된다. 하지만 전반적으로 재단의 운영방향은 재단을 설립한 지자체의 문화정책의 방향과 그 궤도를 함께 하는 것이 일반적이다.

재단의 사업영역의 형성과 유지와 관련된 정책의 결정은 앞서 언급한 지자체 정부 이외에도 재단 이사회, 시의회에 의해 영향을 받는다. 재단의 이사회는 사안이 생길 때마다 개최되지만 이들이 재단의 정책에 미치는 영향력은 그다지 크지 않다. 국내 재단 이사의 미비한 역할과 재단에 대한 낮은 관여도는 이사회에 의해 대부분의 정책이 결정되는 외국의 재단과 크게 구별되는 부분이다. 시의회의 경우, 재단에 사업의 내용에 대해 수시로 질문하거나 감사할 수 있는 권한을 가지며 때로는 재단의 방향정립과 관련된 조언을 하기도 한다. 예산 심의나 결정 등의 재단의 주요 정책과 관련된 일은 지자체의 의회에서 비준을 받아야 하는 점은 어느 지자체 재단이나 공통적인 사항이다. 이러한 규정은 지자체 재단이 시민의 세금으로 운영된다는 사실에 기인한다. 지자체 설립재단에 부과되는 대중에 대한 책임성의 측면은 선택의 문제가 아니라 의무다. 이 점은 같은 민간재단이어도 기업재단과 지자체 설립 재단이 가장 차별화되는 특성 중 하나다. 이러한 책임성과 투명성을 실현하기 위하여 재단은 상세한 심사(평가)의 과정과 심사(평가)위원의 명단을 홈페이지에 공개하고 있다.

재단의 기금과 예산을 지자체에 의존하는 지역문화재단의 경우, 사실상 재정적으로는 지자체 정부에 전적으로 의존하고 있다. 이 경우, 지역 문화재단은 운영상의 완전한 독립성을 확보하기가 어렵다. 또한 지자체의 입장에서 보면 공공재원이 투여되어 사업이 집행되는 재단에 대하여 그 사용용도나 사용절차 등에 대하여 아무런 간섭도 하지 않는다면, 이 또한 업무의 방기에 해당한다. 따라서 재원의 사용의 책임성과 투명성을 감시하는 것은 해당 지자체의 권한이며 책임이라고 볼 수 있다. 하지만 재단의 입장에서 보면, 순환보직으로 인해 부서를 옮겨 다니게 되어 문화 분야의 전문가라고 딱히 말하기 어려운 행정공무원이 재단의 사업에 대한 권고나 이의 운영이나 시행과 관련된 의견을 낼 때, 때로는 이것이 재단에 대한 통제나 간섭으로 느껴질 수 있다. 지방정부의 산하단체의 한 기관으로 재단의 입지는 재단이 지방정부와 동일한 힘을 지닌 목소리를 낼 수 없게 만드는 요인으로 작용하기도 한다. 하지만 장기적으로 재단은 현장이라는 실무영역과 가까이에 있기에 전문가로서의 입지를 확보할 수 있다. 즉 현장과 접목된 전문성의 축적은 학계나 연구기관 혹은 행정기관과는 차별화된 재단의 목소리를 높여줄 수 있는 가능성을 열어 줄 것이다. 현재 지자체 설립 재단이 자체 자율성과 독립성을 얼마나 발휘할 수 있는가의 문제는 사실상 지자체의 단체장과 재단의 대표이사와의 관계, 이사회 구성원의 면면, 지자체 정부 공무원들이 재단을 바라보는 태도 전반, 지자체 재단 담당 공무원의 마인드 등에 영향을 받는다.

결론적으로, 수도 서울이라는 입지로 인하여 지자체 재단 중 가장 영향력이 강한 서울문화재단의 경우, 재단이라는 민간독립법인으로 운영되어 관료주의로부터의 자유로움, 공공의 재원을 사용하는데 따른 투명성과 책임성, 전문가 직원에 의한 전략적인 지원 시스템 구축 등 다양한 장점을 지니고 있음을 알 수 있다. 또한 '집중육성지원'과 같은 벤처지원의 형태는 다른 형태의 재단(가장 보편적인 민간재단인 기업재단의 경우)에서는 보기 어려운 시도였다. 1990년대 중반 이후에 생겨나기 시작한 이러한 재단의 출연은 우리의 공공지원 및 민간지원의 양 영역에서 새로운 지원모델을 제공하는 기관으로 떠오르고 있다. 지자체 재단의 존재에 대한 가치평가를 지금 한마디로 내리기에는 이른 시점이다. 하지만 이러한 재단 운영의 성공여부는 앞으로 관료제로부터의 일정 거리두기와 투명성과 책임성의 이행, 재단만이 지니는 전문성이 잘 축적이 되어 얼마나 원활히 구현될 수 있느냐에 달려 있다.

문화NGO와 서울문화재단

문화NGO는 그 구성원이 전문행정가, 예술가, 혹은 문화예술 보급과 확산을 위한 문화행동가라는 정체성을 갖고 있다. 재단법인보다 사단법인에 가까운 소규모 문화NGO들은 그 구성원이 존재의 핵심으로 간주된다. 반면 재단법인격인 지역문화재단은 조성된 재원 혹은 해당 지자체의 재원조성 약속 등이 그 존재의 근거가 되고 있다. 서울문화재단과 같은 지자체에서 설립한 재단을 우리는 '지역문화재단Government-sponsored Foundation'이라고 부른다. 이들 지역문화재단은 법적 지위로는 민간재단이므로 비정부기관Non-government organisations임에도 불구하고 실제적인 운영의 방식 면에서 지역정부 산하기관의 성격을 지니고 있다. 따라서 지역문화재단은 이 양자의 성격을 모두 갖고 있는 반관반민 기관이다. 우선, 지역문화재단의 비정부기관NGO으로서의 성격과 정부산하기관으로서의 성격을 구분하여 살펴보면 다음과 같다.

● **지역문화재단의 NGO적 성격**
- 지방정부로부터 재단 운영비 전액을 지원받지만 비영리 민간기구로서의 법적 지위를 갖고 있음
- 재단 직원은 공무원이 아닌 민간인 신분으로 공채를 통해 별도로 선발됨

- 직원들의 아이디어 발의로 사업예산의 기본적인 틀이 만들어짐
- 서울시의 출연금 및 지원 이외에도 기업 및 개인으로부터 기부금을 받음

● **지역문화재단의 정부산하기관으로서의 성격**
- 재단의 대표이사 및 이사진의 임명에 지자체 단체장의 동의가 필요함
- 시민의 세금을 사업비로 쓰는 이유로 공공기관에 준하는 회계감사를 받음
- 지방정부의 출연기관 중 하나로 공식적으로 인정받음
- 지방정부의 위탁사업 수행

　　이와 같이 지역문화재단은 비정부기관의 성격과 정부산하기관의 성격을 동시에 갖고 있다. 따라서 지역문화재단은 사회적으로는 비정부기관으로서의 행정편의주의나 관료주의에서 벗어나 유연성 있고 전문적인 지원 활동을 하기를 기대하지만 실제적으로 지역문화재단은 이러한 재단을 설립한 지방정부의 통제와 방향설정에 따라 움직이는 경우가 많다. 심지어는 지방정부가 떠안기 귀찮거나 어려운 업무 등의 처리를 맡기는 용역기관으로서의 기능도 하게 된다. 지방정부와 그 산하기관 사이에는 이에 따른 줄다리기가 시작된다. 산하기관의 단체장이 정치적인 입지가 강한 사람 즉, 도지사나 시장과 가까운 친분의 사람이 임명된 경우에는 지방정부의 입김을 다소 막아낼 수 있지만 그렇지 않은 경우에는 지방정부가 원하는 방향으로 움직일 수밖에 없는 처지에 놓이게 된다. 지방정부의 의해 강하게 통제되는 이러한 재단의 내부의 사업을 들여다보면 자체기획사업보다 위탁사업의 비중이 크고 기초를 다지는 장기적 프로젝트보다 당장의 효

과를 볼 수 있는 이벤트적인 성격의 프로그램이 우세하며, 지방정부의 공무원이 상당수 해당 재단의 직원으로 파견 나와 일하는 경우가 많다.

지역문화재단이 민간자율적인 재단으로서의 역할을 정립하기 위해서는 문화관련 시민단체(문화NGO)와의 아름다운 협업이 필요하다. 이 두 기관 사이의 이러한 협업이 과연 가능할 것인가를 살펴보기 위하여 지역문화재단과 문화 분야 시민단체의 성격을 비교 고찰하면 다음과 같이 요약할 수 있다.

지역문화재단은 기본적으로 시민의 세금으로 운영되기 때문에 다소 보수적인 성격을 갖고 운영된다. 따라서 이러한 재단이 보수의 틀을 깨고 개혁적인 성향을 갖게 하기 위해서는 그 틀을 깨라고 끊임없이 요구할 수 있는 시민단체의 역할이 중요하다. 하지만 어떤 시민단체의 경우에는 지역문화재단의 보수성으로 인하여 자신의 개혁적 이미지가 훼손을 입을 것을 염려하여 의도적으로 거리두기를 하는 경우도 있다. 반면 어떤 시민단체는 지역문화재단과 사업을 같이 함으로써 재정적인 도움을 얻고 시민의 인지도 향상을 증대코자 한다. 다른 경우에는 지역문화재단의 직원으로 문화관련 시민단체 사람들이 채용됨으로써 자연스럽게 협력의 관계가 형성이 되는 경우도 있다.

표 9. 지역문화재단과 문화시민단체의 차이점

지역문화재단	문화시민단체(문화NGO)
보수적	개혁적
위험 감수가 어려움	위험 감수가 비교적 용이함
조직운영 실태를 지방정부로부터 수시로 점검 받음	특별한 문제가 없는 한 관계기관의 관여를 받지 않음
재정적 안정성 (의존성)	재정적 불안 (독립성)

지역문화재단과 시민단체는 위의 표에서 나타난 바와 같이 그 분명한 차이점을 갖고 있다. 하지만 근본적으로는 지역문화재단과 문화관련 시민단체는 모두 '시민의 문화향수 증대'라는 같은 목적을 갖고 있다. 따라서 문화관련 시민단체와 지역문화재단과의 아름다운 협업은 이러한 목적에 시너지 효과를 가져올 수 있다. 하지만 이러한 협업으로 인하여 시민단체가 비판자로서의 정체성을 도전받는 위험에 놓일 수도 있다. 즉 협업을 통해 긴밀한 관계가 형성되면 재원을 가진 지역문화재단의 사업 방향과 관련한 비판의식은 약해질 수 있는 것이다. 지역문화재단이 이러한 목적을 갖고 의도적으로 시민단체와 협업을 하려는 노력을 한 경우도 있으며, 또한 이러한 의도를 감지한 시민단체가 이러한 제안을 일체 거부하거나 또는 재정적 실익을 위해 기꺼이 받아들이는 등 상반되는 모습을 보여주기도 한다.

　　따라서 진정한 아름다운 협업은 시민단체와 재단이 각자의 위치에서 각자의 역할로 만나는 것 즉, 시민단체는 그 고유의 비판적 대안제시를 하는 입장을 견지하고 지역문화재단은 시민단체와 꼭 필요한 부분에는 협업을 하되, 이들 시민단체의 건전한 비판의식이 약화되지 않을 정도의 일정한 거리두기를 해야만 한다. 이러한 시민단체의 비판의식이 지방정부의 지역문화재단에 대해 과도한 간섭과 용역기관으로 활용하는 것을 막을 수 있는 논리적 토대를 제공함으로써 지역문화재단이 운영의 독립성을 확보하고 전문적인 문화지원기관으로 성장하는 것을 도와줄 수 있는 디딤돌로 활용되어야 하는 것이다.

　　지역문화재단은 미션의 중심이 시민의 문화복지에 있다. 이에 따라 재단은 이러한 방향의 재단의 성과를 객관적으로 측정하기 위하여 '시민의 문화향수 실태 및 만족도 조사' 등을 수시로 시행하며 직접 사업으로 무료 혹은 저렴한 비용으로 시민에게 문화프로그램을 제공한다. 하지만 현재의 지역문화재단이 시민의 문화복지를 실현하기 위한 재단으로 거듭나는 데는 다음과 같은 한계를 갖고 있다.

첫째, 재단 내에서도 시민의 문화복지보다 예술가 및 예술단체 지원에 중심을 둔 기존의 지원 관행이 뿌리 깊이 남아 있다. 따라서 재단의 지원사업은 대부분 우수성을 함양할 수 있는 전문가 중심으로 운영되고 있으며 사업예산으로 프로그램 운영사업 예산 중 일부만이 시민문화향수에 초점이 맞추어져 있다.

둘째, 이사회 구성의 문제다. 재단의 이사회는 대부분 기득권층 유명인사 혹은 예총과 민예총의 인사 중심으로 구성되어 있다. 이러한 명망가 중심, 예술가 중심 인사로는 진정한 시민들이 원하는 문화예술을 육성하는 데 일정 한계를 지닐 수밖에 없다.

셋째, 지역문화재단은 이러한 재단을 설립하고 지원금을 주는 해당 시도의 주관부서, 감사과, 시의회의 감사를 받는다. 하지만 재단을 감사하는 해당 공무원이 정성적인 성과가 중요한 문화예술 분야의 특수성에 대한 이해가 없이 정량적으로 재단을 평가하는 오류를 범한다면 이러한 정량적 분야에서의 점수를 높게 받기 위하여 재단의 사업은 왜곡될 수밖에 없다. 시의회의 경우 문화분야를 관장하는 상임위원회에 이 분야 전문가가 없을 경우 정작 중요한 부분은 지적하지 못하고 수박 겉핥기식의 감사 기능에 그치고 말 수가 있다.

넷째, 재단은 사업을 통해 무료 혹은 저렴한 비용으로 시민들과 만나기에 재단이 시민만족도 조사를 하였을 때 시민의 반응은 대체로 호의적일 수밖에 없다. 따라서 같은 사업비로 효과를 배가할 수 있는 사업에 대한 보다 근본적인 접근방식의 개발과 관련된 재단의 노력은 소극적일 수 있다. 이에 따라 재단은 그 결과가 장기적으로 나타나는 전문화된 사업영역을 개발 등에 집중하기보다 당장 보이는 공연 및 전시프로그램, 캠페인 등을 통해 시민과 직접 만나고 이를 통한 성과를 보여주고자 하는 경향이 있다.

지역문화재단은 예산 대비 지역민의 수를 한번 고려해 볼 필요가 있다. 예를 들면 서울문화재단의 경우 2006년도 약 120억의 예산을 1,200만 서울 시민의 숫자로 나누어 보면 산술적으로 재단이 1년에 시민 한 명당 1,000원의 재단 예산 투여할 정도의 매우 빈약한 수준임을 알 수 있다. 따라서 예산을 어떻게 효과적으로 쓸 것인가의 문제가 대두될 수 있다. 즉 "지금까지의 주된 지원 유형인 예술가 및 예술단체 중심의 지원 형태가 이대로 좋은가?"라는 질문에 대한 해답을 찾는 것이 바로 이러한 지원의 방향 설정의 시작이 될 수 있을 것이다.

지역문화재단이 진정한 비정부기관NGO으로 거듭나기 위해서는 실제적으로 시나 군의 관련 부서와의 긴밀한 관계에서 불가피하게 생기는 관료적 태도에서 벗어나 시민 중심적 성격이 강화될 필요가 있다. 이를 위해서는 재단의 독립성이 강화되어야 하는데 그 전제 조건으로는 기본적으로 재정의 독립성이 이루어져야 한다. 하지만 재정의 독립성 자체는 이룰 수 없는 꿈에 불과한 현재의 상황에서 내용적으로 지자체의 간섭으로부터 자기 목소리를 낼 수 있는 유리한 입장을 견지하는 전략을 수립하여야 한다. 이를 위해서는 문화NGO의 도움이 절대적으로 필요하다. 문화NGO는 지방정부에 의한 재단의 관료적 변화를 감지하고 이에 대한 적절한 비판과 이를 극복하고자 노력하는 재단의 의지에 대한 지지를 표현함으로써 재단의 이러한 전략에 동참할 수 있다.

따라서 지역문화재단과 문화NGO는 사업을 함께 하는 협업자로 만날 수도 있지만 보다 근본적으로 조화로운 문화정책 대안을 찾아가는 전문 싱크탱크를 지향하는 파트너로 자리매김해야 할 것이다. 즉 시민의 문화복지를 위한 정책을 함께 연구하고 대안을 모색해 보는 공동연구의 진행 같은 것들이 그러한 사업의 예가 될 수 있다. 예를 들어, 서울문화재단은 민간연구기관인 문화정책연구소에 『취약 계층을 위한 공공문화예술기관의 프로그램 운영 매뉴얼 연구』(2006)라는 과제를 의뢰하여 그 결과를 함께 공유한 바가 있다. 또한 재단의 사업 전반 관련 자문회의나 간담회 등에 문화NGO의 전문가를 초청하여[13] 서로의 입장과 의견 차이를 확인하는 것도 방법이 될 수 있다.

각계의 지역문화재단에 대한 요구와 기대사항은 다르다. 그러나 정작 지자체와 지역문화재단의 주인인 평범한 시민들은 문화와 관련하여서는 별다른 의견 표현을 하지 않는 경향이 있다. 이들을 대변하는 기관으로 시의회나 시민단체들이 있는데 실제로 이들은 시민을 내세워 자신들의 지역구와 관련된 사업을 하려 하거나 전문성에 기반하지 않은 주관적인 의견을 관철시키려 하는 경우도 종종 있다. 따라서 지역문화재단은 자체적으로 사업과 정책연구를 통해 재단의 이러한 활동에 필요한 재원을 세금의 형태로 지불한 시민들이 원하는 문화복지가 어떤 것인지를 수시로 점검하고 이를 실현하기 위한 일련의 과정의 합리성과 적절성을 평가할 필요가 있다. 재단의 설립 초기에는 무리하게 사업을 확장하기보다 어떤 사업이 어떤 방식으로 필요한지를 조사 연구하는 기초연구에 주력을 하여야 할 것

13 서울문화재단의 경우, 재단에서 직접 초청한 경우보다 서울 시정개발연구원에서 재단의 연구용역 프로젝트를 위해 간접 초청한 경우가 많았다.

이다. 이러한 기초연구 없는 지원은 결국 혈세의 낭비를 불러오기 때문이다. 즉 재단은 직접사업을 통해 시민과 만나기보다 기초연구조사 및 정책개발 그리고 직접사업을 수행하는 민간예술단체를 교육하고 지원하는 매개자 역할로 자리매김해야 할 것이다.

5장
재단이 지원해야 하는 분야들

1. 예술교육

1970년대의 프랑스 사회학자인 피에르 부르디외Pierre Bourdieu는 예술과 취향 형성에 관련된 탁월한 분석을 한 것으로 알려져 있다. 부르디외Bourdieu, 1984는 사람들이 '문화자본cultural capital'이라고 부르는 문화와 관련된 자산을 얻기 위해서는 다음의 두 가지 방법이 있다는 것을 이론화하였다. 첫 번째는 탄생의 특권을 통해서 문화자본을 획득할 수 있다. 이는 개인이 특정한 성장환경을 통해 문화언어를 배우고 이해하는 문화적 해독능력을 형성하는 것을 의미한다. 두 번째는 교육을 통해서 문화자본을 축적할 수 있다. 교육을 통해 개인은 무엇이 적합한 예술작품이며 이를 즐기는 올바른 방법이 무엇인지를 배우게 된다. 부르디외 이론의 근본적인 가정은 한 사람의 예술학습은 동시에 특정 예술에 대한 사랑과 감상을 개발시킨다는 것이다. 지금까지 많은 연구자들은 교육이 예술 감상과 참여를 결정하는 중요한 결정요소임을 밝혔다. 그런데 예술 창작물에 대한 선호는 소비과정 그 자체에서 육성되는 것이다. 즉 예술에 대한 취향은 지속적인 경험을 한 이후에야 얻어지며 어린 시절의 교육을 통해 형성되고 강화될 수 있는 것이다. 버몰과 보웬Baumol & Bowen, 1966:379-380도 교육을 통한 예술에 대한 취향 형성의 중요성을 다음과 같이 역설하였다.

> 예술에 대한 지극히 좁은 관객층은 제한된 흥미의 결과가 아니라 사회의 많은 구성원들이 예술을 감상할 수 있는 기회를 거부당해 왔다는 사실의 결과다(Baumol & Bowen, 1966:379-380).

버몰과 보웬은 만일 어린 시절에 예술적 경험에 노출되지 못한다면 어른이 되어서는 너무 늦다고 주장한다. 그러므로 예술은 이에 대한 취향이 형성되고 행동 양식이 발전되는 동안에 접해야 하는 것이다. 영국예술위원회의 회장인 게리 로빈슨Gerry Robinson, 2001:9도 다른 연구자의 이론을 인용하면서 어린 시절의 예술 취향 형성의 중요성을 지지하였다. 게리 로빈슨에 의하면 5살 때는 어린이의 창조적 잠재성이 98%이지만, 10살 때에는 이러한 잠재성은 30%로 감소하고, 15살에는 단지 12% 만이 남으며, 어른이 되었을 때는 겨우 2%에 불과하다는 것이다. 이러한 놀라운 통계는 우리에게 어린이의 잠재적 창조성을 충분히 개발하기 위해서는 예술교육이 가능한 한 어린 시절에 이루어져야 함을 말해 주고 있다.

표 10(p.216)은 교육수준에 따른 고급예술의 참여율의 커다란 변화를 보여 준다. 이는 교육이 예술참가율, 특히 전통예술의 경험의 참여율에 핵심요소로 작용하고 있음을 보여 준다. 초중등학교를 졸업한 계층(1,430만 명)의 경우 지난 열두 달 동안 고전음악이나 연극 혹은 오페라에 2%에

표 10. 12개월간의 교육 수준에 따른 다양한 예술 형태에 따른 참석률(미국, 1992)

(단위:%)

교육 수준	미국 성인 인구 (백만)	고전 음악	오페라	연극	예술 박물관	영화	스포츠 이벤트
초중등학교	14. 3	1. 8	0. 6	1. 8	3. 7	16	9
고등학교 재학	18. 6	2. 9	0. 8	3. 7	7. 1	35	19
고등학교 졸업	69. 4	6. 5	1. 4	7. 8	16. 4	54	33
대학 재학 중	39. 2	14. 0	3. 3	15. 9	34. 5	21	45
대학 졸업	26. 2	22. 9	5. 5	23. 2	46. 4	77	51
대학원	18. 1	35. 6	11. 6	35. 4	59. 3	81	51

출처: 국립예술기금(National Endowment for the Arts)(1993). Tables A2 and D2(오하간, O'Hagan, 1998:58에서 인용함).

못미치는 저조한 참석률을 보이고 있다. 이와는 대조적으로 대학원을 졸업한 사람들의 3분의 1이상(1,810만 명)이 뮤지컬 공연과 연극을 보았으며 이들은 오페라나 예술박물관과 영화에서도 높은 참여율을 보인다.

예술 활동 참여에 대한 다양한 조사는 개인의 예술 활동 참여의 지표로 교육수준이 수입이라는 요소보다 더 중요한 역할을 한다는 것을 보여준다. 아틀란타에서 1986년 4월과 1987년 4월 사이에 406개의 회수된 설문지의 조사를 토대로 돕슨과 웨스트Dobson & West, 1997:109는 공연예술에 참석하는 사람들은 일반적으로 전체인구에 비해 부유하고, 교육수준이 높고, 나이가 많으며, 여성이 남성보다 많다는 것을 증명하였다. 그런데 예술박물관을 대상으로 조사했을 때도 같은 결과가 도출되었다. 미국에서 1930년과 1990년 사이에 이루어진 박물관 관람객 조사에 따르면Dickenson, 1997:277, 박물관을 방문하는 사람은 젊고, 교육 수준이 높고, 수입이 많은 좋은 직업을 가졌고, 미국인 중 백인들이 압도적이었다는 것을 보여주었다. 만일 한정된 계층의 사람들만이, 다시 말해 교육수준이 높고 수입이 많고 지배적인 인종그룹에 속하는 사람들만이 고급예술의 관객이자 소비자라면, 이러한 예술에 대한 정부의 지원을 정당화하기란 어려울 것이다. 그렇다 하더라도, 만일 정부가 이러한 이유로 고급예술을 지원하지 않는다면 이를 향유하는 관객이 점점 더 적어지리란 것을 예견할 수 있다. 따라서 우리는 예술이 점점 특정한 취향의 카테고리나 예술에 노출될 기회를 가졌던 사람들에 의해 지배되는 것을 막을 필요가 있는데 바로 이러한 목적을 위해 예술교육이 필요하다. 예술교육은 모든 사람이 나이, 성별, 인종, 교육 배경에 관계없이 예술을 즐기도록 도와준다. 또한 예술교육은 예술에 대한 호의적인 태도를 강화시킴으로써 정부의 지원에 대한 근거를 제공한다.

'예술교육'이라는 용어에는 다양한 의미가 내포되어 있다. '예술에서의 교육', '예술을 통한 교육', '미학교육' 또는 좀 더 막연한 용어로 '예술과 교육' 등이 있다. 예술교육은 사람들이 예술 활동에 관객이나 관람객으로서 뿐만 아니라 아마추어 연주자나 화가로 참여할 수 있게 함으로써 모든 시민이 일정 수준의 문화적 활동에 생산자나 소비자로 참여하고 창조적인 표현을 경험할 수 있는 문화적 기회를 제공한다. 사람들의 이러한 기회와 경험은 예술시장과 문화 섹터의 전반적인 성장을 가져온다. 이렇게 함으로써 예술교육은 많은 나라의 문화정책의 핵심적 목표인 문화적 균등성을 성취시킨다. 교육수준이 높고 부유한 사람만이 정부 예술 지원의 혜택을 받는다는 것은 부당한 일이다. 따라서 정부는 직간접적인 예술 지원의 근거를 세우기 위해서도 예술교육을 강화할 의무가 있다. 그러므로 예술교육은 정부 예술정책에 매우 중요한 목표인 문화 민주주의와 넓은 접근성 확보라는 목표를 실현하는 가장 좋은 장기적 방법이 될 수 있을 것이다.

미국의 공공지원 기관인 국립예술기금NEA은 처음으로 예술교육 프로

그램을 도입하여 창립 1년 후인 1966년에 '학교 안의 시인들Poets-in-schools'
이라는 프로그램을 만들었다. 일 년 후 이 프로그램은 '학교 안의 예술가
Artists-in-the-School, AIS'로 확대 시행되었다가 1980년에는 또 다시 '교육 안에
서의 예술가Artists-in-Education'라는 프로그램으로 그 의미가 확장되었다.

> 이 프로그램은 학생들의 예술에 대한 기술, 인식, 지식, 수용을 증진시키고, 예술교
> 육과 관련하여 예술가, 교사, 행정가들의 기술과 협동 작업을 향상시키고, 예술과
> 교육 사이의 협력을 증진하기 위한 것이다(Zeigler, 1994:71).

미국에서는 이 프로그램을 통하여 예술에 대한 훈련을 유치원부터 12
학년까지 촉진하고 학교 커리큘럼에 예술교육을 포함하는 전략적인 계획
을 발전시키고자 하였다. 이 프로그램은 처음으로 국립예술기금이 미국
전역의 학교 커리큘럼의 변화를 촉진하는 데 커다란 역할을 하게 한 중요
한 정책개혁으로 볼 수 있다. 예술가들은 교사나 방문객이 아닌 예술가 신
분 자체로서 학교를 방문하였고, 교육적 배경에서 자신들의 작품을 개발할
새로운 기회를 가졌다. 따라서 학생들은 예술가들과 대화할 기회를 갖고
특정 창조적 스타일과 기술을 배우고 가끔은 예술가들이 작업하는 것을 바
라봄으로써 예술에 대한 직접적인 지식과 이해를 확대하고 높일 수 있었다.

이 프로그램 덕분에 학교에서의 예술에 대한 인식이 향상되었다. 예
술가는 일정 수입을 확보한 가운데 미래의 관객이나 관람객을 개발하였
다. 그러므로 이들은 이 프로그램을 통해 수입과 만족을 동시에 얻었다. 이
프로그램은 또한 정부가 평균 이하의 소득수준에 시달리는 예술가들에게
제도적인 틀을 활용하여 효과적으로 지원하는 방안이었다. 이러한 교육을

통한 취향 형성이라는 장기적인 정책은 티켓 가격을 보조해 줌으로써 시장 행동을 즉각적으로 변화시키는 것보다 그 의미가 크다. 국립예술기금의 예술교육 프로그램의 이러한 혜택에도 불구하고 범가너Bumggarner, 1994는 학생들이 서로 다른 경제적·지역적 상황에서 오는 불평등한 기회의 제공과 이 프로그램의 결과를 측정하기 어렵다는 점을 들어 이 프로그램의 효과와 결과에 대한 의구심을 표현하였다.

비록 예술교육이 기본적으로 정부의 책임이라 하더라도, 만일 재단이 정부기관의 협력적 파트너로 참여한다면 더 효과적으로 수행될 수 있을 것이다. 이러한 예술 감상을 위한 취향 형성의 바탕이 되는 예술교육은 민간과 공공섹터 상호 간의 협력이 필수적이다. 그러므로 비록 재단의 예술 지원이 금액 면에서는 소규모이더라도 재단의 참여방식에 따라 그 영향력은 실제 지원된 금액보다 훨씬 클 수가 있다.

예를 들어 영국의 폴 햄린재단은 영국예술위원회와 공동으로 '새로운 관객개발: 미래 방향Developing New Audience: The Way Forward'이라는 학술회의를 열어서 예술교육에 대한 지원의 우선순위가 낮은 점을 효과적인 관객개발의 장애물로 지적하였다. 미국의 카네기재단은 국가적 규모로 문화지원을 시작한 첫 대형재단으로 유명한 뉴욕의 프린트 거래상의 아들이었던 프레드릭 케펠Frederick Keppel의 지도 아래 1925년에서 1938년 사이에 대학의 예술사, 예술 감상 과정, 큐레이터와 교수 훈련, 성인교육 등을 위한 예술교육 프로그램을 실시하였다. 그러나 이 교육은 주로 예술을 즐기려는 일반인을 대상으로 하기보다 이 분야의 전문적 지식을 얻고자 하는 대학생 중심으로 행해졌다. 영국의 굴벤키안재단은 예술가들을 고등학교와 대학, 그리고 지역의 예술센터에 머무르게 하는 '예술가 거주계획Artists in Residence

Scheme'을 실시하였다. 이 제도를 통해 예술가들은 경제적인 안정 속에서 사회와의 새로운 관계를 형성하였다. 더욱이 이 계획은 예술가와 특정지역 사람들의 긴밀한 교류를 촉진함으로써 예술과 예술가를 둘러싼 장벽을 허물게 하였다. 굴벤키안재단은 8개의 지역기관과 협조하여 시각 예술가를 학교나 미술관에 1년간 배치하는 '학교 안의 예술가 계획Artists in Schools Scheme'을 실시하였다. 재단은 전문적 예술가와 작업하는 것이 학생들의 예술에 대한 기술, 태도, 이해의 향상 등 세 가지 면에서 도움을 준다는 것을 발견하였다. 우리나라의 경우, 재단이 소유한 박물관, 미술관, 예술센터 또한 교육프로그램을 운영한다. 예를 들면 삼성문화재단은 강좌, 문화재 발굴, 기타 여러 다양한 교육프로그램을 박물관이나 미술관 전문가들에게 제공하고 있다. 다른 기업재단에 의해 설립된 박물관과 미술관의 경우에도 관람객을 위하여 자체 예술교육프로그램을 시행하고 있다. 그러나 이러한 프로그램의 참가자 수는 매우 작아 대개 최대 200-300명 정도이기에 그 영향력은 제한되어 있다고 볼 수 있다.

2. 실험예술

새롭고 개척적이며 실험적인 예술에 대한 지원은 납세자에 대한 책임을 져야 하는 공공지원기관에 비해 민간재단이 더 자유롭게 할 수 있다. 하지만 실제로 재단의 이러한 예술 분야에 대한 지원이 많지 않으며 단지 소수의 대형재단만이 이러한 지원을 한다. 그럼에도 불구하고 재단의 실험예술 분야 지원이 중요한 것은 여러 지원기관 중 재단은 이러한 예술 분야에 대한 지식을 지닌 전문적인 직원을 통해 좀 더 효과적이며 나은 지원을 할 수 있다는 점이다.

예술발전에 있어서 재단의 주요한 역할은 예술창작의 수준을 올리고 다양성을 향상시키는 것이다. 이러한 목적을 이루기 위해 재단은 다양한 지원을 하고 있다. 영국의 굴벤키안재단은 실험예술, 아마추어 예술, 젊은 이들의 예술, 그리고 소수민족의 예술을 지원하여 왔다. 이러한 예술 분야 중에 실험예술은 아마도 가장 인기가 없는 분야일 것이다. 그러나 실험예술의 핵심은 창조성을 내재하고 있다는 점이다. 역사가 증명하듯이, 오늘날의 비일상적이며 실험적인 아이디어는 언젠가는 대중들의 사랑을 받으며 주류의 예술로 진입할 수 있다. 예를 들면 인상파 작품의 경우, 처음에는 관객들이 매우 낯설어 하였으나 오늘날 많은 수집가들이 이들의 그림을 상당한 가격을 치르고 구입하고 있다. 이와 같이 새로운 예술은 미학적 변화를 가져와 새로운 아이디어가 주류 중 하나로 편입되기도 한다. 실험예술에 대한 특별한 관심과 지원 없이 예술기관은 보수적인 프로그램에 관여함으로써 재정적 안정화를 추구하게 되는 경우가 많으므로 기존의 예술형태가 확대 재생산되면서 압도적으로 살아남을 것이다. 이러한 현상을 피하기 위해 새롭고 개혁적인 프로젝트를 시도하고자 하는 예술가나 예술기관에 대한 지원이 필요하다.

정부는 불행히도 이러한 예술이 대중적 인기를 가져오지 못하여 공공기관으로서의 책임성을 훼손시키지 않을까 하는 두려움 때문에 이러한 예술 지원을 쉽게 할 수 없다. 정부기관 내의 관료주의적 전통은 예술적 자유와 창조성의 발전보다 당장 눈에 보이는 공공의 책임성을 고려해야 하기에 정부는 대체로 기존의 주류예술을 우선적으로 지원한다. 정부기관의 전문

평가자들 또한 이러한 정부의 의도로부터 자유롭지 못하다. 기업 또한 주요 관심사가 자신들의 상품에 대한 효과적인 마케팅 증진에 있으므로 전통적인 예술 분야의 프로젝트를 지원하길 원하므로 기존의 패턴을 따른다. 개인으로부터의 예술 지원 또한 기부자의 취향에 의존하는 바, 실험적인 작품을 즐길 수 있는 사람은 드물다는 측면에서 개인이 이 분야를 지원할 가능성은 높지 않다. 그러므로 새롭고 실험적인 예술프로젝트는 지원의 사각지대에 놓이게 된다. 정부, 기업, 개인이 이러한 예술 분야를 지원하기가 어렵기 때문에 정부기관보다 융통성이 있고 책임성으로부터 상대적으로 자유로운 재단이 이러한 예술을 지원할 수 있는 것이다.

그러나 크고 유명한 재단을 포함한 많은 재단은 대부분 기존의 대형 예술기관이나 권위적인 예술가를 지원한다. 예를 들면 미국의 포드재단은 주요한 오케스트라를 지원하여 이들의 누적되는 재정적자를 해소하려 하였다. 영국의 대형재단도 공공지원을 받는 유명한 국립박물관이나 미술관에 상당액 지원하고 있다. 우리나라에서는 대기업의 문화재단이 박물관과 미술관을 운영하면서 신진작가의 작품보다 권위 있는 작가들의 작품을 주로 모으고 전시하고 있다. 현실적으로 재단이 지원 결정을 하는 데 있어 정부기관보다 자유롭다고는 하지만 새롭고 독특한 예술 분야나 이러한 예술을 하는 예술가들을 지원하기란 사실상 쉽지 않다. 그렇다 하더라도 민간재단이 지닌 장점들 때문에 재단은 이러한 예술에 가장 적합한 지원자로 간주될 수 있을 것이다. 재단은 대중의 반응에 책임지지 않아도 되기에 재단의 지원은 진보적일 수 있다.

3. 논쟁적 예술

역사적으로 주류와 다른 시각을 담고 있는 예술에 대한 적개심이 있어 왔다. 예술 형태가 점차 다양해지고 예술 영역이 계속적으로 확대되어감에 따라 어떤 부류의 예술은 논쟁의 대상이 되고 있으며 또 앞으로도 그러한 예술형태가 계속 탄생할 것이다. 어떤 예술가들은 상식을 거부하는 아이디어를 표현하기를 즐긴다. 미국에서 국립예술기금은 대중의 부정적인 반응을 이유로 논쟁적인 작품에 대한 지원을 거의 하지 않았다. 즉 이러한 지원은 소모적인 논쟁과 대중적 과민 반응을 불러 올 수 있으므로 공공지원기관은 이러한 예술지원에 적극적이지 않다.

국립예술기금의 실험주의적 예술에 대한 연속적인 지원이 비판과 논쟁에 휩싸여 결국 예산 삭감을 가져온 경우가 있었다. 첫째, 1989년 5월에 안드레스 세라노Andres Serrano의 「오줌 예수Piss Christ」라는 예수가 오줌에 잠겨 있는 장면의 사진을 포함한 사진전시회가 있었다. 국립예술기금NEA은 '시각 예술가들을 위한 상Awards in the Visual Arts'이란 프로그램에서 7만 5,000달러를 남동부 현대예술센터The Southeast Center for Contemporary Art, SECCA에 지원하였다. 세라노는 이 현대예술센터SECCA의 10명의 예술가 중 한 사람으로 1만 5,000달러의 지원금을 받았다. 상원의원 알폰세 디아마토Alphonse D'Amato는 세라노의 사진을 "… 오물 덩어리 … 그 상스러움이 개탄할만한 전시"Bolton, 1992:28-29라고 규탄하였다. 헬름Helms 상원의원 또한 국립예술기금이 국민의 세금을 이와 같은 역겨운 프로젝트에 사용하였음을 비난하였다. 그 결과 25명의 상원의원이 국립예술기금의 회장인 휴 서던Hugh Southern을 방문하여 지원 과정을 검토하여 개혁할 것을 요구하였다. 두 번째로는 로버트 매플트로프Robert Mapplethrope의 「완벽한 순간The Perfect Moment」이라는 박물관 전시회가 어린이의 나체 이미지와 동성애적인 작품 때문에 논쟁에 둘러싸이게 되었다. 이러한 작품에는 한 사람이 다른 사람의 입으로 오줌을 눈다거나 그의 직장에서 나온 생가죽 채찍을 지닌 예술가가 등장하는 그림이 포함되어 있었다. 이 전시회에 대한 논쟁이 가열되자 1989년 6월 12일 워싱턴의 코코란 예술화랑Corcoran Gallery of Art은 전시회의 취소를 발표하였다. 세 번째로는 시카고 예술학교The School of the Art Institute of Chicago에서 열린 「성조기를 전시하는 적절한 방법은 무엇인가?What is the Proper Way to Display a U. S. Flag?」라는 제목의 스콧 테일러Scott Tyler의 문제적 전시회가 있었다. 테일러의 작품은 미국 성조기가 미술관 바닥에 놓여 있고 관람객이 질문에 대한 의견을 쓰게 되어 있었는데, 이를 작성하려면 관람객이 성조기를 밟고 올라서야 하였다. 이 작품이 의도적으로 국가의 상징인 성조기를 폄하시키는 행동을 유발한다는 측면에서 논란이 가열되었다.

이러한 논쟁적인 프로젝트는 헬름 상원의원으로 하여금 국립예술기금이라는 연방지원금을 지원하는 것과 관련한 규제적인 수정안을 만들게 하였는데, 헬름의 수정안은 다음과 같은 부류의 예술 지원에 이 기금을 사용하는 것을 금하고 있다.

- 성적 피학(가학) 심리, 동성애, 유아 착취, 개인의 섹스 행위를 포함한 일체의 외설적인 표현들
- 특정한 종교나 비종교에 집착한 신념을 보여주는 것들
- 인종, 신념, 성, 신체적 정신적 상태, 나이를 바탕으로 특정 사람이나 그룹의 품의를 떨어뜨리는 것(워싱턴 포스트, 1989년 7월 27일/베네딕

트편(Benedict(ed.), 1991:65에서 인용함).

이때부터 국립예술기금의 예술프로그램은 선거권을 지닌 대중들에 미칠 잠재적 영향 때문에 이슈화되었다. 정부와 예술계 사이에는 이러한 논쟁으로 인하여 긴장된 관계를 드러내었다. 예술커뮤니티와 예술가 등의 예술계 사람들과 국립예술기금의 관계는 이 기금의 수혜자인 예술가가 '외설 맹세obscenity oaths' 즉 국립예술기금의 지원금을 외설적인 작품의 창작에는 사용하지 않겠다는 서약에 사인을 해야 하는 새로운 규정 때문에 위기에 처하였다. 예술가들은 이 수정안에 반대하였고 일부는 이러한 선언에 동참하기보다 국립예술기금의 지원금을 거부하기도 하였다. 다른 이들은 표현의 자유를 침해했다는 이유로 법적 소송을 할 준비를 하였다. 이에 따라 "예술적 자유와 정부의 책임 사이에 어떤 선택을 할 것인가?"와 관련된 논의가 이어졌다. 일반적으로 1990년대 예술에 대한 정치적 논쟁은 예술에 대한 정부의 관여에 부정적인 영향을 끼쳤다.

이러한 경우들이 보여주듯이 정부기관이 일반적 가치 및 기준에 어긋나는 논쟁적인 예술을 지원하기란 무척 어렵다. 정부 지원의 안정성도 위에서 언급한 경우에는 의문시될 수밖에 없었다. 무엇이 가치 있는 예술인가에 대한 합의된 기준이 없다는 점에서 정부는 불가항력적으로 논쟁적인 토론의 대상이 될 가능성이 없는 이미 성공한 예술가나 예술을 지원하려고 한다. 이 밖에도 협찬기업은 일반적으로 마케팅 전략이 그 이면에 놓여 있지 않는 한 논쟁적인 것과 연관되는 작품을 지원하기를 원하지 않는다. 그 결과 예술기관은 비록 예술적 창의성은 훼손당한다 할지라도 협찬기업을 끌어들이기 위해 상업적 목적으로 이용될 수 있는 프로그램에 주력하게 된다.

이와 대조적으로 민간재단은 공공지원을 받기 어려운 민감하고 난해한 프로젝트를 지원할 수 있다. 포드재단의 회장이자 전 하니웰Honeywell, Inc.의 이사인 애드슨 스펜서Edson Spencer는 논쟁적 예술의 중요성과 유용성을 다음과 같이 설파하였다.

논쟁의 창조와 아이디어의 부딪힘은 민주주의를 꽃 피게 하는 힘이다. 예술과 인문학은 정확히 이러한 논쟁과 아이디어가 태어나고 자란 곳이다(Benedict, 1991: 20-21).

따라서 인기 없고 논쟁적인 예술은 다른 지원기관보다 자유로운 민간재단의 지원이 필요한 특별한 분야다. 이러한 논쟁적인 예술에 대한 관용과 지원이 없다면, 대중의 도덕적 검증을 거쳤거나 권위화된 예술만이 살아남게 되어 결국, 우리가 '예술'이라고 부를 때 이를 구성하는 필수요소들인 창조성, 개혁성, 변화를 잃어버리게 될 수도 있다. 「오줌 예수Piss Christ」의 경우는 예술적 관심이 대중적 관심으로부터 멀어지고 대신 종교지도자나 정치인이 언론의 부축임을 받아 예술 이외의 관점에서 예술을 비판하는 현실을 보여 준다. 또한 예술의 가치와 수용이 기존의 도덕적 잣대를 중심으로 평가하여 대중적 토론의 주제가 됨을 드러내고 있다. 어떤 재단도 지원 결정을 기존의 비평가의 주류적 가치를 반영하는 예술적 우월성에 의존한다면 이러한 예술을 지원하기란 어려울 것이다. 그러나 만일 재단이 우리 사회의 예술적 표현의 자유와 다양성의 확대를 원한다면 재단은 이러한 예술에 대한 지원을 해야 하며 이러한 지원이 불러오는 논쟁으로부터 재단은 다른 지원 기관보다 더 자유로울 수 있는 이점이 있다.

4. 문화적 균등성과 다양성

예술정책은 항상 예술의 수준을 향상시키는 것과 혜택을 널리 분배하는 것 사이의 충돌과 마주치게 된다. 예술의 수준을 올리는 것은 예술의 질의 중요성과 관련이 되며 예술의 혜택을 분배하는 것은 예술적 경험을 사람들에게 널리 접근시킴을 의미한다. 어떤 지원기관도 예술의 질과 수요 사이의 균형을 잡는 일은 쉽지 않다. 예술 지원기관은 우수성과 관련하여 유럽과 미국의 주류성을 대표하는 대형예술기관과 이러한 기준바같에 있지만 다양성을 추구하는 소규모의 신생 예술기관 사이에서 어느 쪽을 지원할지를 결정해야 한다.

문화적 균등성은 모든 사람이 교육적 배경, 인종, 성, 지역적 위치에 관계없이 예술에 참여하거나 즐길 권리가 있다는 개념에 근거하고 있다. 이와 대조적으로 예술에서의 소외는 문화적 형태나 경험, 그리고 우수성 그 자체의 정의의 기존 서열에 기초하고 있다. 두 가지의 구별적인 문화인 고급문화와 대중문화가 존재해 왔다. 모든 사람은 자신들이 좋아하는 예술이면 그것이 고급 예술이든 혹은 대중 예술이든지 상관없이 즐길 권리가 있다. 예술에 대한 정부의 간섭은 형평성, 예를 들면 사회적 혹은 지역적 접근이란 용어로 정당화될 수도 있다. 비록 공공지원기관이 공공연히 예술에 대한 접근성을 향상시킨다는 정책을 갖고 있지만 이들에 의해 지원되는 예술의 정의의 경우 여전히 고급예술 그리고 기존의 예술기관에서 널리 받아들이고 있는 좁은 범위의 활동으로 한정되어 있는 경우가 많다. 예술과 관련된 미학적 평가를 통해 어떤 예술 활동이 다른 예술 활동보다 우수하다는 평가를 내리면서 대다수의 보통사람들이 지닌 문화적 경험이나 견해를 무시하는 경향이 예술계 내에 혹은 전문가들 사이에 널리 퍼져 있다. 그러므로 대부분의 예술 지원금은 전체 사회 구성원들과 문화적 엘리트계층을 구분시키는 고전음악, 오페라, 발레와 같은 고급예술에 사용되고 있다. 비록 공공지원기관의 예술정책이 비엘리트적인 예술을 지향한다 할지라도 실제로는 우월한 문화라는 전통적인 개념에 기초하여 지원하여 왔다. 공공지원의 문제는 지원의 가치를 대변하는 예술적 우수성에 대하여 포용적이라기보다 배타적으로 한계를 정해 왔다는 의미에서 의도의 문제라기보다 "과연 바람직한 예술이 무엇인가?"라는 정의와 관련된 문제로 볼 수 있다Lewis, 2000:86.

이와 대조적으로 대중예술은 상업적 메커니즘에 의지하여 생존할 수 있다는 점 때문에 정부 지원의 사각 지대에 놓여 왔다. 그리고 대중예술은 비록 보통 사람들이 자신들의 정체성을 개발하고 이들에게 기쁨과 감정적 즐거움을 주어 왔다 할지라도 '대중mass'이란 단어와 연관되어 고급예술에 비해 열등한 것으로 간주되어 왔다. 접근과 선택을 대표하는 대중적, 인종적, 혹은 개혁적인 예술도 가능한 수준 높은 질을 공급하기 위해서 그리고 다양성을 더 증진시키기 위해서 지원이 필요하다. 이들에 대한 지원과 관심 없이는 이러한 예술은 넓은 문화적 이해에 봉사하기보다 좁은 경제적 이익, 작은 그룹의 소수 민족이나 마니아들에게 봉사하게 될 것이다.

비록 많은 영국의 예술위원회와 미국의 국립예술기금, 우리나라의 한국문화예술위원회와 같은 국립예술 지원기관이 예술에 대한 대중의 접근을 향상시키는 데 지원한다고 천명하였지만, 실제로는 이를 성취하지 못하였다. 비록 정부가 아마추어 그룹이나 소수민족예술을 지원했다 하더라도 정부로서는 균등성이라는 개념 외에 경제적 효율성을 또한 고려해야 하기 때문에 아주 적은 금액의 예산만이 균등성을 위한 지원으로 사용되고 있다. 지역적 형평성을 위해서는 이론적으로 정부가 모든 지역에 예술시설을 건립하여 운영해야 하지만, 실제로 정부는 경제적 효율성을 위해 인구가 밀집해 있는 대도시 지역을 중심으로 투자를 하고 있다. 그러므로 예술정책에 있어서의 타협과 조화가 이러한 두 가지 상충되는 개념의 균형을 위해 필요하다.

프랑스의 사회학자인 피에르 부르디외Pierre Bourdieu, 1996는 문화, 사회구조, 행동 사이의 관계에 중요한 주제가 되는 상징적 힘의 사회학을 제안하였다. 그는 프랑스 사회에서 사회·경제적 상류계층들은 다른 사회계층과 무의식적으로 항상 구별되는 '사회적 구별 짓기'의 표시로써 '취향'과 '미학' 그리고 '문화'를 차용하여 왔다는 것을 주장하였다. 그러므로 그의 이론에 의하면, 사람들 사이의 다른 문화적 취향이 사회에서 그들이 어떤 계층에 속하는지를 말해 준다는 것이다. 즉 문화는 계층에 기반을 둔 힘과 특권의 행사와 재생으로 점차 권력적 자원이 될 수 있다. 부르디외는 또한 어떻게 고등교육시스템이 재분배되기보다 재생산되어 문화자본을 불평등하게 분배하는가에 초점을 맞추어 분석하였다. 그의 이론은 비록 예술소비의 주요 요인이 교육과 관련이 깊지만 소득, 사회적 위치, 직업, 가족적 배경과 같은 다른 요소들도 문화적 취향에 영향을 미친다는 것을 보여 주고 있다.

터너Turner, 2001:17는 부르디외의 문화사회학에 몇 가지 반대 의견을 제기하였다. 그에 따르면 첫째, 부르디외의 사회학은 문화적 대상 – 반 고흐의 「해바라기」에 대한 호감 – 과 사회적 계층의 분류가 너무 확정적이고 기계적이어서 과도하게 결정적이며 구조주의적이라는 것이다. 둘째, 부르디외의 이론은 프랑스 사회에서나 타당한 것일 뿐 문화적 엘리트가 국가 경제 체제하에 명확하게 존재하고 있지 않은 다른 사회에서는 그다지 적합하지 않다는 것이다. 셋째, 부르디외의 상징적 재화에 대한 이론은 지식인이 여전히 국가 문화의 문화적 매개자의 역할을 한다는 가정에 의지하고 있다는 점이다. 즉 터너는 부르디외가 문화 소비자가 문화적 취향의 수동적 수용자라고 제안하면서 문화와 구조 사이의 관계를 기계적으로 보고 있다고 결론지었다. 비록 그가 부르디외의 이론이 너무 결정론적이고, 기계적이며 프랑스 이외의 사회에서는 덜 적절하다고 비난했다 하더라도 문화자본이 문화의 민주화에 관련한 심각한 의문을 던져줄 정도로 강력하다는 것에는 동의를 하였다. 디마지오와 우심Dimaggio & Useem, 1983은 특별히 '문화의 민주화'라는 정책에 대해 반대하면서 "실제로 예술 지원의 민주화가 문화 참여의 동인의 경제적·사회적 장벽이 존재하는 한 예술 소비의 민주화를 불러 온다는 증거는 없다"고 말했다. 이러한 주장을 고려해 볼 때, 사람들의 문화적 배경 혹은 사람들의 예술과 문화에 대한 취향의 개발로 변화시키기 어려운 문화자본이 서로 다르다는 점으로 인하여 문화적 균등성을 성취하기란 매우 어렵다는 것을 알 수 있다.

최근에 문화적 균등성의 문제가 문화와 시민권과 연결되어 논의되고 있다Stevenson, 2001. 정치적 정체성에 대한 언급은 다문화주의, 식민지 독립, 세계화의 결과로 문제시 되어 가고 있다. 그 밖에 후기모더니즘이나 페미니즘에 기초하고 있는 문화는 오랜 기간 동안 문화적 토론의 이슈가 되고 있다. 인터넷의 발달로 인한 전자 민주주의는 더욱 세계화된 환경에서 문화적 맥도날드화와 전자적 문화제국주의의 위험과 함께 중요한 이슈가 되고 있다. 실제로 문화와 소통의 세계화는 문화적 균등성에 대한 위기와 기회를 동시에 제공한다. 따라서 다양성은 자유롭고 다양한 사회의 규범 중 하나다. 사람들은 자신들의 문화적 전통을 유지하고 다른 문화를 경험할 기회를 갖는 권리를 가진다. 문화는 근본적으로 다른 것에 대해 영향을 주기에 일종의 소통으로 이러한 교환은 하나의 문화를 고갈시키기보다 풍부하게 만든다. 이러한 다문화적 관점은 다문화 국가에서 예술 지원 프로그램에 도입될 필요가 있다. 문화적 다양성은 인종과 그룹의 차이를 지워버리는 위험, 즉 모든 것을 녹여버리는 항아리melting pot가 아니라 각 그룹이나 국가가 자신의 문화적 유산이나 전통을 유지할 수 있게 만드는 역할을 한다.

문화적 다양성과 관련하여 고급예술이나 대중예술 분야 모두에 속하지 않는 분야가 있다. 이러한 것들은 아마추어 그룹이나 소수민족의 예술 그리고 이러한 그룹에 속하는 예술가들이다. 일반적으로 이러한 예술은 규모가 크고 인지도가 있는 예술기관에서는 공연되지 않고 주로 지역축제에서나 지역의 작은 문예회관에서 공연된다. 또한 이러한 예술은 인지도가 없기 때문에 대중예술에 속하지도 않는다. 가끔 이러한 예술은 대중예술의 한 형태로 개발되기도 하지만 이러한 현상은 드물다. 그러므로 이러한 예술 분야는 정부나 시장에 의해 적절하게 지원되지 못한다. 이러한 이유로 많은 재단이 소수민족 예술가나 문화적 다양성을 고취시키는 예술기관이나 프로젝트를 지원하려고 하였다.

릴라 월라스 ─ 리더스 다이제스트재단은 4,500만 달러를 1993년에 지역극장을 위한 3개년 프로그램에 지원하면서 다음과 같이 태도를 표명하였다.

이 극장들의 마케팅 노력과 새로운 연극을 올리는 것 그리고 경영의 인종구성을 확대하고 피부색에 관계없는 캐스팅을 실험하고 지역사회에 접근하는 활동을 증대시키기 위한 것이다(Brustein, 2000:220).

　　록펠러재단은 오늘날 블록버스터 박물관 전시에 점차 지원을 축소하고 있다. 대신 더 많은 지원을 다양성을 증진시키기 위한 전시와 큐레이터쉽에 집중하였다Kreidler, 2000:213. 최근 록펠러재단은 가장 큰 지원금인 200만 달러를 '다문화 필름/비디오 프로그램Intercultural Film/Video Programme'에 지원하였는데, 이는 시각 예술가들이 새로운 비전을 실험하거나 필름과 비디오 기술을 향상시키는 데 지원된 것이 아니라 문화적 다양성을 탐구하는 작품을 창조하는 일에 지원된 것이었다. 포드재단의 예술 지원부서의 경우에도 두 가지 목표를 갖고 있는데 공연예술에서의 문화적 '다양성'과 '창조성'의 증진이 그것들이다. 이러한 두 가지 목표는 최근에 다양한 예술에 대한 지원과 다양한 계층의 관객개발과 연결되고 있다. 포드재단이 지원한 새로운 공연예술의 많은 부분이 소수민족 예술가나 바로 이들의 작품을 선보이는 예술기관이었다Brustein, 2000:220-222.

　　재단센터의 조사1998:45-47에 의하면, 흥미롭게도 미국에서 소수민족 예술기관에 대한 지원의 성장은 소수민족 민속박물관과 여러 분야에 걸친 예술프로그램에 힘입었다고 한다. 다른 예술 지원의 패턴과 달리 소수민족 예술에 대한 재단의 지원이 대부분 박물관 프로그램(40%)에 집중되었으며 두 번째로 많은 지원이 다분야프로그램(21%)에 주어졌다. 단지 19%의 지원만이 공연예술 분야에 지원되었다고 한다. 이 밖에 다른 눈에 띄는 지원 분야는 국제문화교류와 인문학과 미디어프로그램이었다.

　　요약하면 문화적 균등성과 다양성은 예술정책에 있어서 핵심 이슈다. 이들은 다른 유사한 개념인 '접근성accessibility,' '사회적 포함social inclusion,'

그리고 '다문화주의multi-culturalism'와 연결된다. 무엇보다도 이러한 문화적 다양성과 권리를 보장하고 고취시키는 것은 정부의 책임이다. 그러나 공공지원기관은 기존의 지원구조와 관습으로 인해 유럽적 전통을 대변하는 고급예술 지원에 초점을 맞추기 때문에 이러한 이슈에 대하여 충분히 대응하지 못하고 있다. 이러한 사실을 평등주의적 관점에서 바라보면, 국민 대다수가 소수의 특권층의 레저 활동의 경비를 부담한다는 불균등한 현실에 분노하게 만든다Lewis, 2000:87. 자유 시장 경제체제하에서는 경제적 약자에게는 아무도 주의를 기울이지 않는다. 그러므로 문화적 균등성을 달성하고 모든 사람에게 문화적 권리를 확보하기 위해서는, 소수민족 그룹, 아마추어 그룹, 여성, 농어민, 수입이 낮은 그룹들이 즐기는 예술도 현재 수준보다 더 많은 지원을 받아야만 한다.

이러한 이유로 재단이 이러한 이슈에 대응하여 문화다양성이나 균등성의 확보를 자신들의 중점 정책 목표로 삼아 적정 규모의 지원을 하는 것이 바람직하다. 이러한 지원을 통해 재단은 문화민주주의에 기여할 수 있다. 하지만 이러한 지원을 공고히 하기 위해 재단은 선결 조건으로 이사회의 구성을 다양화할 필요가 있다. 재단의 정책과 지원 대상을 결정하는 이사회의 일원으로 다양한 계층이나 민족이 참여한다면 문화적 다양성의 성취에 긍정적인 영향을 줄 것이기 때문이다.

5. 예술가

현대 예술가들은 점점 더 심해지는 경쟁과 매우 적은 확률의 재정적 성공

가능성에 대면하고 있다. 미국의 예술을 위한 예술위원회The Arts Council for the Arts, ACA에 의한『예술가들을 위한 지원과 현황에 대한 연구』에서 스와임Swaim, 1989:4은 예술가들이 자신들의 교육에 점점 더 많은 돈을 투자하지만 이들은 더 자주 실업 상태이고 다른 전문기술 카테고리의 일반적 노동자보다 더 오랜 기간 동안 실업 상태에 있다는 사실을 발견했다. 그가 지적하였듯이 실제로 예술가들은 높은 교육훈련 비용을 지불하지만 이러한 교육에 비해 작은 보상만 받을 뿐이다. 예술가 시장은 단기계약, 자영업, 높은 실업률 및 활동 불균형으로 특징 지워진다. 이러한 상황은 예술가들이 기본적인 의식주를 해결하기 위하여 다른 직업을 병행하도록 요구하고 있다.

네처Netzer, 1992:192-193에 의하면 예술가들은 대부분 개인 사업자이며 일 년 동안 실업 상태로 있는 기간이 4주 혹은 그 이상이라고 한다. 정부는 지원정책을 통하여 개별 예술가들의 수입 기회를 향상시켜 오기 위하여 노력하였다. 하지만 예술가들의 수입 수준과 활동과 관련하여 심한 불균형이 예술가들 내부에 존재하고 있다. 소수의 사람이 대부분의 수입과 활동을 독점하는 '슈퍼스타' 현상은 영화나 텔레비전의 스타만의 문제가 아니라 예술계에서도 더욱 심해지고 있다. 스타급 예술가들의 소득은 비전형적인 현상으로 이들의 수입이 평균수입 통계를 상향 조정하여 전체 예술가들의 소득수준을 잘못 해석하게 만들고 있다. 프랭크와 쿡Frank & Cook, 1995의 책『승자독점사회The Winner-Take-All Society』에서 지적하였듯이 A급 예술가들은 그들이 원하는 만큼 일하고 보수도 많이 받지만 이들 밑의 예술가들은 가끔 일하고 상대적으로 매우 낮은 급여를 받고 있다. 대부분의 예술가들이 낮은 급여를 받는다는 사실을 알고 있으면서도 사람들이 여전히 예술가가 되려는 이유는 예술가 자신의 만족과 자기 존중과 같은 비화폐적 보상에서 발견될 수 있다. 미국의 예술가들은 역사적으로 자신들의 노동에 대하여 물질적으로 매우 적은 보상을 자기만족감과 같은 비물질적 보상의 척도로 대치하였다Wyszomirski, 1999:145.

그러나 자본주의 사회에서의 진정한 직업 만족은 낮은 임금으로는 성취될 수 없는 것이 사실이다. 달리 말하면 예술가들은 예술을 생산한다는 만족감 같은 비물질적 보상만으로는 인간적인 삶을 현실적으로 살 수가 없는 것이다. 이에 따라 정부는 이들이 예술가로서 자부심과 만족감을 갖고 자신들의 직업을 유지할 수 있도록 경제적인 도움을 주는 정책을 만들려고 노력하였다. 국립예술기금은 개별 예술가들을 비매칭 지원으로 지원한 경우가 있다. 이러한 지원프로그램의 시행 첫 해(1966)에 50명의 전문적 소설가, 시인, 화가, 조각가, 작곡가들이 지원을 받았다. 이 시기부터 현재까지 1만 1,000명이 넘는 예술가들이 다양한 단계의 직접지원을 국립예술기금으로부터 받은 것이다Wyszomirski, 1999:122, 146. 이 밖에 국립예술기금은 예술교육프로젝트의 일환으로 '학교에서의 예술가거주 프로그램'을 통하여 예술가들을 성공적으로 지원한 전통을 갖고 있다. 또한 국립예술기금은 국가문화유산에 대한 공헌을 감안하여 13명의 전통 및 민속 예술가들에게 일회성 지원을 하기도 하였다NEA, 2001a:7. 우리나라에서는 중앙정부가 전통예술 분야의 장인들을 '인간문화재'로 선정하여 이들이 자신들의 특별한 재능과 예술적 전통을 다음 세대에 전수하도록 이들의 생전에 매월 일정액의 최소 생활비를 지원하고 있다. 정부의 이와 같은 지원 이외에도 예술가를 돕기 위한 법적 장치들이 있다. 미술작품 재판매 수입권제도droit de suite라고 불리는 재판매권리는 유럽과 미국의 캘리포니아 주에서 실시하고 있는 예술가들을 위한 법적인 권리다. 이는 예술가의 작품의 소유주가 바뀔

때마다 판매액의 일정 부분(캘리포니아 주에서는 5%, 유럽에서는 3%)을 예술가에게 지급하는 것이다Heilbrun & Gray, 2001: 175-176.

그러나 미국의 경우, 개별 예술가에 대한 공공지원이 예술기관에 대한 지원보다 위험하고 논쟁에 휩쓸릴 가능성이 많다는 사실이 증명되었음은 공공지원의 예술가 지원의 현실적인 어려움을 보여 주고 있다. 국립예술기금은 앞서 인용했듯이 개별 예술가 지원과 관련하여 다음의 몇 가지 경우의 논쟁을 경험하였다. 국립예술기금의 시각 예술가 지원금은 안드레스 세라노Andres Serrano와 로버트 매플트로프Robert Mapplethrope의 경우에서 보여 주듯이 대중과 정치인 사이의 논쟁을 야기하였다. 이로 인하여 예술표현의 헌법적 자유를 주장하는 예술가와 공공지원의 사회적·도덕적 책임성을 주장하는 납세자 사이에 국립예술기금은 놓이게 되었다. 더욱이 지원금을 큰 몫으로 특정 예술기관에 주는 것이 특정 소수의 예술가들에게 소액으로 나누어 주는 것보다 행정적으로 효율적일 수 있다. 개별 예술가 대신 예술기관을 지원함은 또한 위험 분산의 방법으로도 사용되어 왔다. 대부분의 기부자들도 기존 예술기관이 더욱 생산적으로 지원금을 사용할 능력이 있다는 믿음을 가지고 있다.

이러한 이유들 때문에 개별 예술가들은 직접지원의 결핍을 겪고 있다. 오늘날 예술가들에 대한 정부 지원은 과거 귀족 후원자에 의한 개별 예술가 지원 역할을 충분히 대체하지 못하고 있다. 더욱이 정부가 지원을 줄여야 한다면 예술기관보다 개별 예술가들이 그 대상이 될 가능성이 높다. 예술 생산증대와 대중의 접근성 향상을 위하여 정부는 개별 예술가들보다 비영리 예술기관에 초점을 맞추어 지원하고 있다.

미국에서는 지난 35년간 6개의 재단이 개별 예술가에 대한 지원을 하였는데 여기에는 포드재단, 록펠러재단, 앤드류 맬론재단, 맥아더재단, 퓨재단, 그리고 릴라 월라스 − 리더스 다이제스트재단이 있다. 이러한 6개의 재단에 의한 지원액은 1991년도에 1,400만 달러에 약간 못 미치는 수준이었다Wyszomirski, 1999:145. 록펠러재단은 '다분야예술생산기금Multi-Arts Production Fund'을 통해 연극, 무용, 음악 분야의 예술가들에 의한 정체성과 문화에 대한 탐험을 지원하고 '국제 필름/비디오/멀티미디어 지원금International Film/Video/Multimedia fellowships'을 통해 국제적 문화적 다양성의 탐험을 지원하고 있다. 퓨재단은 필라델피아 지역의 예술가들의 창조적 작업을 지원하기 위하여 매년 9개의 예술 분야 중 3개 분야의 상을 돌아가면서 수여하고 있다. 릴라 월러스 − 리더스 다이제스트재단은 '예외적인 재능을 가진 작가들'이 새로운 작품을 만드는 것을 지원하며 이 지원은 작가들에 대한 수상 프로그램을 통해 현대 문학에 대한 대중의 이해를 증진시키는 비영리 문화, 교육, 혹은 지역기관과 연관되어 있다. 그 외에 고트리브재단The Gottlieb Foundation 또한 예술가 지원에 대한 특별한 관심을 보였다. 이 재단은 개인 예술가들에게 어떤 조건도 없이 지원하였다. 1995년 지역예술가프로젝트The Artist Projects Regional Initiative, APRI와 국가예술가권리선언그룹The National Artist Advocacy Group, NAAG은 국립예술기금의 예산삭감이 개별 예술가에게 미치는 영향과 다른 지원기관에 미치는 영향에 대한 연구를 승인하였다. 이러한 연구는 록펠러재단의 지역예술가프로젝트에 대한 10년간의 연속지원 약속으로 가능했다Galigan & Alper, 2000:197. 영국에서는 폴햄린재단이 1993년부터 개별 예술가들에 대한 상을 제정하여 수여하고 있다. 이 상은 실험성, 개혁성, 여러 장르의 예술의 협동에 대한 강조와 함께 시각 예술가들에게 주어지고 있다. 매년 5명의 예술가가 선정되어 각 3만 파운드씩 3년 동안

분할로 지원받고 있다. 우리나라에서는 금호문화재단이 고가의 세계적인 명성을 갖고 있는 악기를 구입하여 세계적으로 유명한 한국인 연주자들에게 무료로 대여하고 있다.

예술가들, 특히 현대 예술가들은 우리의 도시를 문화와 관광의 중심지로 만들었고 사회 전체에 잠재적 개혁과 창조성을 불러온 사람들이다. 그러므로 이들에 대해서는 특별한 관심과 지원이 필요하다. 민간재단이 한정된 예산으로 수많은 예술가들을 도와주기는 어렵다. 그러므로 이들은 장기적이며 비용이 많이 드는 지원을 할 수 없으므로 자신들의 예산과 재원의 한계 내에서 특별한 예술가 지원 프로그램을 개발할 필요가 있다. 재단은 개별 예술가들을 지원함에 있어서 임의성이나 개인적 동기와 관련된 논쟁적 토론에 얽매지 않을 수 있는 장점이 있다. 이러한 긍정적 특성으로 재단은 자신의 독특한 지원 프로그램을 통해 다른 지원기관보다 예술가 지원을 더 효과적으로 할 수 있다.

6. 문화정책연구

민간재단은 정책을 통해 재단이 어느 방향으로 가고 있는지 혹은 무엇을 성취하고자 하는지 스스로 객관화할 수 있다. 일반적으로 민간재단의 설립자나 이사회에서 바로 이러한 정책을 수립하는 역할을 하게 된다. 하지만 우리나라의 경우 재단의 중요한 결정사안에 가부 여부를 이사회에서 논의할 뿐 정책이 이사회를 통해 만들어지는 경우는 거의 없다. 재단들은 시간이 가면서 변화된 상황에 맞추어서 정책을 변경해야 하는데, 이를 위하여 재단은 연구과제를 외부에 의뢰하여 이를 토대로 정책의 변화 방향을 점검하게 된다. 재단은 어떤 영역에 대해 그들이 특별한 지원을 하여야 하며 또 이러한 지원을 하는 방법 중 어느 것이 최선인가에 관련된 연구결과를 출간하기도 한다. 이러한 재단의 간행물은 정부의 정책에도 일정 부분 영향을 끼친다. 이러한 지원을 통해 민간재단은 정책의 싱크탱크로서의 역할을 하는 것이다.

> 재단은 공공 정책 활동에 활발한 참여를 통하여 그 영향력을 발휘하고 있다. …
> 재단은 정부의 정책 입안자가 정책을 결정하기 이전에 참고사례로 살펴보는 지원
> 모델을 제공함으로써 건전한 공공정책의 개발과 관련하여 활발한 역할을 담당하
> 고 있다(Orosz, 210-211).

1960년대 미국에서 재단은 연구와 추진반 운영을 통해 정부의 예술과 인문학 지원을 촉발하는 데 결정적인 역할을 한 논쟁을 개발하였다. 이러한 분야의 연구결과로는 록펠러재단의 공연예술관련 리포트(1965), 버몰과 보웬의 20세기 기금 지원으로 출간된 연구(1966), 그리고 박물관에 관련된 벨몬트의 보고서(1969)를 들 수 있다. 이미 미국의 퓨재단과 관련된 사례연구에서 밝혔듯이, 퓨재단은 예술기관과 예술관객 사이의 소원한 관계를 회복하고자 예술과 관련된 새로운 연구를 활발하게 지원하였다. 포드재단은 재단이나 공공기관이 실천에 옮길 때 좀 더 자신감을 가질 수 있도록 연구, 조사, 리포트 등을 지원하고 있다. 또한 포드재단의 지원으로 나온 공연예술의 경제학의 연구서인 『공연예술의 재정The Finances of the Performing Arts』(1974)은 정부나 다른 민간기부자가 자신들의 목표를 좀 더 분

명하게 가질 수 있도록 돕는 역할을 하였다. 이 재단의 공공정책과 관련된 이러한 기초 지식의 제공에는 다음과 같은 네 가지 목표를 추구하였다.

- 공공정책 결정자들의 자신감 향상
- 공공정책의 방향에 영향을 미치는 민간섹터의 활동 지원
- 공공정책 결정과정의 정당성과 공개성 확보
- 정부의 정책입안자나 다른 분야의 공무원들과 공유할 수 있는 목적 추구Magat, 1979:87.

그러나 많은 소규모 재단은 실제적으로 예산의 한계로 인하여 이러한 정책과 관련된 활동에 선도적으로 나서기보다 수동적인 반응을 보이는 데 그치고 만다. 따라서 이들 재단은 지원할 가치가 있는 새로운 분야를 열심히 찾지는 않는다. 오히려 지원신청자의 신청 내용을 수동적으로 검토하여 지원 여부를 결정할 뿐이다.

영국의 경우에는 굴벤키안재단이 예술 분야의 정책형성에 활발히 참여하는 놀라운 사례를 제공하고 있다. 굴벤키안재단이 탄생한 1956년 이후로 이 재단은 정책연구를 통해 지원할 분야를 탐색하였다. 내각의 사무총장을 맡았던 로드 브리지Lord Bridges로 하여금 정보위원회를 만들게 하여 그 결과인 『예술을 위한 도움Help for the Arts』을 1959년에 출간하였다. 이 연구서는 1960년대 굴벤키안재단의 예술정책의 기본적인 지침으로 사용되었다. 이 연구서는 런던 이외의 지역에서의 예술에 대한 대중의 필요와 욕구를 반영함으로써 그 접근성과 관련된 의제를 개발하였다. 이후에도 굴벤키안재단은 정책연구를 의뢰하고 지원함으로써 자신의 정책을 수정하

였으며 또한 이러한 정책연구는 영국의 예술 지원 정책의 기초를 제공하기도 하였다. 이 재단은 '일깨우고 가르치기rouse and inform' 정책을 사용하여 연구와 출판, 위원회, 그리고 학술회의를 개최함으로써 충족되지 않은 요구와 부적절한 정책에 대한 관심을 촉구하였다. 그러므로 재단의 프로그램은 이러한 결과물의 권고사항과 강하게 연결되어 있다. 새로운 프로그램들은 이러한 권고사항에 따라 도입된 바, 이러한 재단의 역할에는 새롭거나 별반 관심이 부여되지 않은 주제와 관련된 자각을 일깨우며, 어떤 분야가 조사가 필요한지를 규명하고, 예술 분야의 새로운 경향과 변화를 예견하고, 공공 문화정책에 영향력을 행사하는 것 등과 같은 잠재적 기능이 있다.

재단이 지원한 연구 중『잉글랜드와 웨일즈에서의 예술 지원Support for the Arts in England and Wales』(1976)은 예술위원회Arts Council로부터 권한이양을 받은 지역예술위원회RAAs의 국가적 네트워크의 기초를 제공하였다. 『학교에서의 예술The Arts in School』(1982)은 공공교육 토론에 중요한 영향을 끼쳤다. 『시각 예술가들의 경제적 상황The Economic Situation of the Visual Artist』(1985)은 시각 예술가들의 실제적 상황과 이들의 궁핍함과 관련되어 영국에서 첫 번째로 발표된 상세한 연구로 알려져 있다. 이러한 연구서들은 굴벤키안재단을 예술 분야의 싱크탱크로 위치시켰으며 재단 자체의 정책 형성과 변화 또한 공공지원기관의 정책 형성에 중요한 영향을 끼쳤다.

재단은 재단이 흥미를 느끼는 분야에 대한 연구를 지원한다. … 이러한 연구서들은 예술 분야에서 특히 교육에서의 예술이나 지역사회를 기초로 이루어지는 활동에 큰 영향을 끼쳤다(A Directory of Social Change, 1993).

미국의 포드재단이나 영국의 굴벤키안재단과 비교하여 우리나라의 재단은 문화정책의 형성에 깊은 관심을 갖고 관여하기보다 자체 사업을 수행하기에 바쁘다. 우리의 민간재단이 때로는 대산문화재단의 예에서 보듯이 공공지원기관보다 더 나은 프로그램을 개발하기도 한다. 전문 지식과 전략에 바탕을 두고 지원하고자 하는 재단에 있어 정책개발은 일종의 사명으로서 필수불가결한 과제다. 지역문화재단은 어떤 분야에 재원을 사용하는 것이 가장 효과적인가를 알기 위하여 정책과 관련된 연구를 일부 수행하기도 한다. 지역문화재단의 경우, 전문가 직원들이 정책과 관련된 연구서를 직접 저술하기도하나 대부분의 경우에는 전문연구자에게 연구비를 지급하여 장기적이며 전략적인 문화정책을 세워줄 것을 요청하기도 한다. 또한 더 나아가서 지역정부의 문화정책의 전반을 연구하고 연구결과에 따른 일부 사업을 수행하는 역할을 지역문화재단들이 맡기도 한다.

　　민간재단과 정부의 정책형성 과정의 차이는 민간재단이 예술의 특정한 분야에 초점을 맞춘다면 정부는 모든 예술 분야에 걸쳐서 정책을 만든다는 것이다. 민간재단은 이를 위하여 특정 분야에 대한 연구과제를 지원하여 이 분야와 관련된 체계의 명확한 이해에 초점을 맞추게 된다. 이렇게 나온 결과물은 재단 자체의 예술 지원의 안내서로도 활용되지만 정부 지원기관, 학자들, 전문가들을 위한 유용한 정보도 제공하여 주고 있다. 공공정책 이슈를 조명하고 이끄는 재단의 이러한 장점은 재단이 공동지원 환경에서 싱크탱크로 재단이 어떻게 기능하고 있는가를 보여주고 있다.

문화정책의 싱크탱크로서의
문화재단을 위하여

필자는 학술을 중심사업으로 하는 대우재단에서 10여 년간 직장생활을 하면서 기초이론 분야의 교수들을 자주 만나다 보니 기초이론의 중요성을 몸으로 체득하게 되었다. 그러다가 예술경영을 공부하기 위하여 유학을 하면서 영국의 시티대학의 예술경영 및 문화정책 대학원에서 예술 지원과 관련하여 벤치마킹할 재단을 찾아보았다. 그런데 이 대학원 내의 자료실에서 문화정책과 관련된 책을 찾아보면서 무척이나 자주 부딪히는 재단 이름이 있었는데 바로 굴벤키안재단이었다. 1950년대 중반에 설립된 이 재단은 설립 초기부터 문화정책의 연구에 주력하였다. 이는 재단이 예술 분야의 지원을 하는 데 있어서 예술 분야의 상황을 모르고 재단의 지원정책을 만들기 어려웠기 때문이었다. 굴벤키안재단의 문화정책과 관련된 관여는 위의 섹션에서 이미 기술하였기에 우리나라의 재단과 문화정책의 개발과 관련하여 집중적으로 논의하고자 한다.

필자는 예술경영 및 문화정책이라는 학문을 공부하면서 정책의 개발과 관련된 기초연구의 중요성을 익히 체득한 바 있다. 이에 따라 서울문화재단에 입사하면서 "어떤 일을 하고 싶은가?"라는 면접관의 질문에 "문화정책 수립과 개발 분야입니다"라고 답변했던 기억이 난다. 당시 서울시의 문화국장이었던 면접관은 '서울시정개발연구원'에서 서울시의 문화정책을 개발하고 있기에 재단이 이러한 기능을 가질 필요는 없다고 언급을 하였던 기억이 난다. 따라서 재단에 입사하여 부서배치를 받았을 때 이러한 정책과 관련된 부서는 존재하지 않았다. 그러다가 당시 서울문화재단의 유인촌 대표이사가 재단의 학술사업의 필요성을 느껴 새로운 부서를 만들어 그곳에서 일을 하게 되었다. 그런데 문제는 중간에 부서가 만들어진 탓에 사업자체는 이미 모두 결정되어 있었기에 학술사업과 연관성이 없는 사업도 이미 사업 속에 상당히 포함되어 있었다. 정작 학술사업은 서울의 문화 이미지 조사와 관련된 세미나 개최 및 정책무크지 발간 사업 등에 그칠 수밖에 없었다. 하지만 시간이 걸려야 성과가 도출되는 학술사업에 대하여 설립 초기에 눈에 보이는 실적으로 존재를 증명해 보여야 하는 재단의 입장에서 보면 그다지 유용한 부서가 되지 못하였다. 따라서 이듬해 사업을 본격적으로 시작하려는 계획을 짜기도 전에 학술연구부는 팀제로 바뀌면서 정책연구팀으로 대체되었다.

서울문화재단에서 일하면서 필자는 대우재단 직원시절부터 가져온 학술적인 관심에서 필자가 속한 부서나 팀의 역할과 관계없이 '문화정책'과 '예술경영 이론'과 관련하여 지속적으로 학계 동향을 파악하려고 노력하였다. 서울시 문화국에서 2005년도에 '문화도시 서울'이라는 정책방향과 관련하여 전문가들과 산하기관을 모두 동원하여 구체적인 세부실천사항을 정리하는 과정을 때로는 참여를 통해 때로는 외부자의 입장에서 깊은 관심을 갖고 지켜보았다.

서울시는 '서울시정개발연구원'에 외주를 주어 도출된 연구결과를 적용하는 과정을 통해 정책을 개발하는 방법과 각종 자문회의를 통해 전문가의 의견을 바탕으로 행정시행에 적합한 보고서를 만들어 이를 토대로 바로 사업을 시행하는 방법을 통해 직접 사업 중심의 정책을 개발하고 있다. 정책의 수립과정에서 이들 전문가들은 회의수당을 받는 형태로 잠시 회의에 참석한 사람들이므로 행정절차에 대한 이해나 깊은 생각 없이 자신의 분야와 관련된 주관적인 이야기를 쏟아내고 가고 나면, 이를 행정적으로 시행이 가능한 정책으로 만드는 일은 모두 시의 행정가들의 몫이었다.

하지만 때로는 행정가들이 가진 문화 분야의 전문성의 부족으로 정책의 적용결과를 제대로 예측하지 못하는 경우도 있다. 이러한 잘못된 정책의 피해자는 서울시민이 될 수밖에 없기에 서울시는 '서울문화재단'을 통해 정책을 대규모로 시행하기 이전에 소규모로 시뮬레이션을 한다면 실패를 사전에 예방하고 그 효과를 증폭시킬 수 있을 것이다.

서울문화재단은 문화 분야 민간전문가들이 모인 기관이다. 따라서 문화정책과 관련된 전문적인 자문기관으로서 자리매김할 역량을 내재하고 있다. 하지만 실제로는 이러한 역할보다 서울시가 발의한 문화사업을 수행할 용역업체의 역할을 점점 더 많이 감당하게 되었다. 실제로 시행한 문화사업을 통해 구체적인 문화정책적 실천방안이 도출되기도 하므로 문화사업을 직접 시행함 또한 그 자체로서의 의미가 충분히 있다. 그러나 시행 혹은 집행형 업무에 압도되어 재단이 문화정책의 큰 흐름과 관련된 고민을 하지 않거나 못한다면, 이는 단지 시 사업의 용역기관으로서의 재단으로 그 입지를 자리매김하는 결과를 초래할 것이다. 현재 순환보직제로 운영되는 '서울시 문화국'과 문화정책과 관련된 연구 인력이 충분하지 않은 '서울시정개발연구원'의 상황을 고려해 보건데, 실무와 이론의 전문가들이 모인 서울문화재단이 현장의 목소리가 반영된 문화정책 개발을 하여

'서울시 문화국'이나 '서울시정개발연구원'과 함께 문화정책을 완성해 가는 협업구조가 가장 이상적일 것이다.

또한 서울문화재단은 1,200만 서울 시민을 대상으로 매년 100억 원을 상회하는 규모의 사업을 하고 있는 바, 이러한 사업비를 직접 집행하거나 일부 예술가나 예술단체를 지원하는 방식으로는 도저히 서울시민들이 피부로 느끼는 문화 복지를 제대로 수행할 수가 없다. 따라서 재단은 매개자로서의 역할에 충실하여야 한다. 이러한 매개자의 역할을 제대로 수행하기 위해서는 그 기초가 되는 기초 조사 및 연구와 관련된 자료 축적이 되어 있어야 한다. 따라서 재단은 문화정책이나 기초학술과 관련된 연구 등을 할 필요가 있다. 이를 토대로 사업의 방식이나 분야를 선정하고 예술가나 예술행정가들을 대상으로 하는 교육과정을 개발하고 이러한 사업의 시행을 통한 환류를 정책에 다시 반영해야 한다. 또한 재단은 시민들을 직접 만날 수 있는 몇 개의 직접 사업을 운영하는 방식으로는 그 예산의 한계로 인하여 소수의 시민에게만 혜택을 주게 되는 결과를 초래한다. 따라서 이러한 방식을 지양하고 "서울시 25개 전 구를 상대로 보급할 수 있는 모델케이스를 만들기 위한 사업" 혹은 "수많은 민간예술단체들이 시민들과 보다 잘 만날 수 있는 환경을 조성하여 주는 사업" 등을 개발하고 이의 보급에 힘을 써야 할 것이다.

국내에서 예술경영이나 문화정책이라는 학문은 아직 많은 업적이 축적이 되어 있는 분야는 아니다. 연구자들 사이에서도 '블루오션'[14]이라는

---

14 프랑스 유럽경영대학원 인시아드의 한국인 김위찬 교수와 르네 모보르뉴(Renée Mauborgne) 교수가 1990년대 중반 가치혁신(value innovation) 이론과 함께 제창한 기업경영전략론이다. 블루오션(푸른 바다)이란 수많은 경쟁자들로 우글거리는 레드오션(핏빛 바다; 유혈경쟁)과 상반되는 개념으로 경쟁자들이

표현을 쓸 정도로 연구가 필요한 분야가 여전히 산재해 있다. 재단이 이러한 기초 분야에 대한 연구를 소홀히 한다면 전문적인 지원도 매개자로서의 기능도 제대로 수행할 수 없다. 따라서 재단은 개척자의 자세로 이러한 문화정책 개발과 관련된 분야에 적극적으로 참여할 필요가 있다. 이러한 분야에 대한 재단의 기여는 재단을 단순한 지원자가 아닌 문화 분야를 선도하는 싱크탱크로서 자리 매김할 수 있기 때문이다.

없는 무경쟁시장을 의미한다. 2005년 2월 하버드대학교 경영대학원 출판사에서 같은 제목의 단행본으로 출간되자마자 세계적인 베스트셀러로 주목받았다.

6장

결론

1. 재단의 특성과 예술 지원

재단이 지닌 특징 중 하나는 기부자로부터 법적으로 독립된 법인이라는 것이다. 이 점은 재단이 정부기관과는 다르게 혹은 더 낫게 지원할 수 있는 조건을 만들어 준다. 재단은 스스로에게 회계적 책임성을 갖고 있으므로이들은 자신들의 정책에 따라 자유롭게 지원 결정을 할 수 있다. 또한 재단은 정부기관과 같은 사회적·정치적 의무가 없기에 한 지역에서의 지원을 다른 지역에도 똑같이 해야 한다는 압력에 노출되지 않고 지원할 수 있다.재단이 지원 결정 과정에서 갖는 자율성은 재단이 지원요청에 대해 좀 더 융통성을 갖고 빠르게 대처할 수 있게 한다. 재단은 민감하거나 논쟁적인 분야를 지원할 수 있고 소수민족과 관련된 특별한 프로젝트를 지원할 수도 있다. 재단은 또 예외적인 지원이 필요한 틈새영역을 지원할 수도 있다. 다른 지원기관으로부터 지원 받는 데 있어서 실험적이고 새롭고 개혁적이며 위험부담이 큰 작품들은 친밀하고 안전한 작품에 비해 지원받을 가능성이 적다. 하지만 재단은 이러한 작품들을 다른 지원기관보다 기꺼이 지원할 잠재적 능력을 지니고 있다.

기업은 협찬한 예술프로젝트의 내용에 영향을 미치고 심지어는 검열을 가하고자 한다. 재단도 예술기관에 대하여 간섭은 하지만 그 이면에 놓인 재단의 동기는 기업과 전혀 다르다. 기업은 기업의 마케팅 전략과 예술프로젝트의 대중적 이미지를 고려하여 지원여부를 결정한다. 그러나 재단의 지원은 예술의 발전과 공공적 이익에 목적을 두고 있다. 그러므로 재단의 예술 지원에 끼친 긍정적 영향은 재단의 실제 지원액보다 재단이 지닌 긍정적인 특성에 있다. 즉 재단은 기업의 협찬보다 안정적인 지원을 하며 개혁적이며 새로운 요구에 더 잘 부응할 수 있다. 이러한 분야를 찾기 위해 재단은 지원 분야 및 지원 방식에 대한 연구를 외부의 전문기관에 위탁하기도 한다. 그러므로 재단의 독특한 공헌은 공공지원보다 개혁적인 지원을 제공하며 정부기관이 할 수 없거나 하려고 하지 않는 분야의 예술을 자유롭게 지원한다는 데 있다.

이 책에서는 사례연구를 통하여 위의 특성을 발휘하여 예술에 공헌한 재단의 모델을 제시하였다. 영국의 굴벤키안재단은 주변화된 그룹의 예술프로젝트를 지원했을 뿐만 아니라 무엇을 어떻게 지원할 것인가에 대한 정보를 제공하는 연구도 지원하였다. 공공지원기관을 위한 정보와 조언의 제공자로서 굴벤키안재단이 영국의 문화정책의 전반에 미친 영향력은 막대하였다. 이러한 종류의 독특한 활동을 통해 굴벤키안재단은 예술계에 '싱크탱크'로 불리며 영국의 문화정책에 영향을 미쳤다. 폴 햄린재단은 예술에 대한 대중의 인식과 경험을 증진시키는 프로젝트를 지원하였다. 이렇게 하여 폴 햄린재단은 고급예술에 대한 일반적 접근성 향상에 기여하였다.

미국에서는 포드재단이 정책연구에 의거하여 필요한 프로젝트를 지원하였다. 이들 프로젝트들은 사회의 변화하는 요구에 전략적이고 능동적으로 대응한 것이었다. 이렇게 하여 재단은 지원이 필요한 분야를 확인하고 중복 지원을 피함으로써 한정된 재원의 최적 효과를 달성하려고 노력하였다. 포드재단은 미국정부가 예술을 지원하기 이전부터 예술후원자로서 역할을 담당하였고 단순히 대규모 후원자로 있기보다 예술발전의 개척자 혹은 촉매자로 자리매김 하였다. 포드재단의 지원 이전에는 미국의 유명한 심포니 오케스트라나 오페라 가수가 모두 유럽출신이었으나 포드재단의 지원을 통해 발레, 심포니 오케스트라, 연극 등 분야에서 미국적 문화전통을 세우고 유럽과 차별화된 미국의 문화 이미지를 만드는 데 도움을 주었다. 퓨재단은 문화정책의 수립을 위한 기초 연구를 지원하고 예술의 역할과 공헌에 대한 국민들의 더 나은 인식을 위한 논의를 선도하였다. 퓨재단은 이 밖에 예술에 대한 현재의 대중의 정책적 인식을 높이는 전략을 지원하였다.

우리나라에서 삼성문화재단과 LG연암문화재단은 최신의 시설을 갖춘 박물관, 미술관, 아트센터를 설립 운영함으로써 예술을 위한 훌륭한 인프라를 제공한다. 이러한 시설은 정부에 의해 설립되고 운영되는 기관과 경쟁함으로써 역할이 중첩되는 측면이 있다. 하지만 재단의 예술시설에 대한 투자와 운영으로 인하여 정부가 설립한 예술기관과 암묵적인 경쟁을 유발하여 경영 기법이나 서비스가 향상되는 결과를 가져 왔다. 정부와 민간의 공동지원 환경에서 비영리기관으로서의 재단은 점차 사회적 역할의 중요성이 커지고 있다. 예술에 대한 재단의 영향은 지원액 그 자체뿐만 아니라 재단이 갖는 장점에 의해 점차 커지고 있다. 재단은 문화적 균등성과 다양성을 돕기 위한 커다란 잠재성을 갖고 있으며 이를 실현할 수 있는 유연성과 최소 책임성을 발휘할 수 있다. 재단과 같은 민간기관의 참여를 통한 지원기관의 분권화가 이루어지고 있으며 이러한 환경에서 재단의 역할의 독특성과 중요성은 바로 재단의 긍정적 특성에 기인하고 있다. 다양한 재단들은 자신들의 독특한 정책을 수립하고 이에 따른 프로그램을 전략적으로 운영함으로써 전문화된 경영을 실현하기 위하여 노력하고 있다.

2. 미래 사회의 변화와 재단의 역할

모든 문제의 원인이 복합적인 요인에 의해 이루어지는 현대사회에서 정부가 모든 문제를 전적으로 해결하기란 거의 불가능하다. 따라서 정부의 능력에 대한 확신의 감소와 함께 정부의 역할 축소로 인하여 많은 문제의 해결 주체가 민간화 되어가고 있는 것이 현재의 추세다. 반면에 민간섹터의 역할과 영향력은 점차 커져서 다양한 시민사회 운동기관들이 탄생·성장하고 있다. 이러한 맥락에서 민간재단은 새롭고 개혁적인 활동에 대한 지원기관으로서 그리고 정부와 비영리예술기관 사이의 파트너십에 대한 매개자로서의 핵심 역할을 담당할 것을 요구받고 있다. 이러한 역할을 실현하기 위해서 오늘날의 재단은 개혁적이고 개척적인 프로그램을 지원하고 긍정적인 사회변화를 가져올 수 있는 활동 방식을 고민할 필요가 있다. 이러한 활동은 사회의 변화되는 조건에 따라 기민하게 반응할 수 있는 명확한 정책에 기반을 해야 한다. 또한 재단은 검토와 수정의 과정을 통하여 이러한 정책을 결정할 책임이 있다. 재단의 책임성은 좁은 법적인 요구사항을 너머 이들의 수혜자들에 대한 책임과 특정 정부기관 그리고 일반대중을 인식하는 정책을 세우고 수행할 것을 요구하고 있다.

그러나 정보기술의 혁명으로 인한 세계화는 예술에 대한 접근의 불균 등성을 강화하고 많은 힘없는 국가들의 전통문화를 무너뜨리고 있다. 다국적기업이 더 많은 이익을 쟁취하기 위해 국가 간의 장벽을 허문 '신자유 주의'라는 세계화된 경제 체제 아래에서 한 국가에서 부자와 빈자 사이의 간격과 선진국과 저개발국가 간의 격차는 더욱 커지고 있다. 세계화의 흐름으로 인해 전 세계적으로 정보나 문화의 전파 속도가 빨라짐에 따라 대형재단은 자국이라는 영토적 한계를 넘어서서 사업영역을 확대할 필요가 있다. 이러한 맥락에서 재단은 국가들 간의 문화혜택의 동등한 보유에 관한 의제와 함께 자국의 문화의 지속적인 개발에 관한 의제와 동시에 마주친다.

포드재단이나 록펠러재단 같은 국제적인 대형재단은 자신들의 활동을 세계화하여 지원에 있어서도 전 세계를 대상으로 하고 있다. 이러한 전 지구적 접근은 환경보전, 전쟁방지, 자연재해 예방 등 국경이 없는 문제를 해결하는 데 매우 중요하다. 문화 활동에 있어서 이 문제는 문화의 세계화, 즉 각 국가의 고유한 정체성이 다국적 자본주의에 의해 추진되는 보편적인 기업문화에 의해 약화되고 있는 상황과 연관되어 있다. 그러므로 문화지원을 위한 이러한 전 지구적 접근에는 각 민족이나 국가의 문화적 권리의 보장을 포함하고 있어야 한다. 이 경우 재단의 공헌은 이미 이 책에서 재단의 지원이 더욱 필요한 분야들을 분석하면서 강조하였듯이, 한 국가의 문화적 불균등성을 감소시키고 문화적 다양성을 강화시키는 데 중점을 두어야 한다. 반면에, 세계가 하나의 문화로 동질화되면서 개인의 익명성은 더욱 커짐에 따라 소외의식을 느끼게 된 사람들은 지역적인 가치를 중시하게 된다. 이러한 가치 실현을 위하여 사람들은 비영리섹터에서의 각종 사회 활동영역에서 자원봉사에 관심을 갖게 된다. 그리고 우리나라를 비롯하여 영국, 미국 등에서 지방분권의 경향이 확대됨으로써 재단과 같은 자선기관이 지역적 문제에 관심을 갖게 되었다. 그러므로 앞으로 재단은 그 크기와 활동영역에 따라 세계적인 영향력이 있는 이슈를 다루는 소수의 대규모 국제재단과 지역적 이슈를 주로 지원하는 다수의 중소규모 지역재단이라는 두 개의 그룹으로 분류될 것이다.

예술의 발전은 한 사회의 사회적 · 경제적 배경과 분리할 수 없다. 이러한 사실을 고려할 때 재단은 예술과 직접 연관된 과제와 더 근본적이고 넓은 사회 · 경제적 과제라는 두 가지 도전에 직면하게 된다. 많은 예술기관 중에 소수만이 적절한 지원을 받았을 뿐, 대부분의 예술기관은 이러한 지원의 사각 지대에서 기초 비용조차 충당하지 못한 채 적자로 운영되는 일이 다반사다. 티켓 판매는 단지 필요한 경비의 일부만을 제공하며 이마저도 더욱 많은 관객을 끌기 위해 낮게 유지될 수밖에 없다. 비록 다른 분야의 임금이 치솟아 재정 압박으로 작용하지만 예술가들의 임금은 여전히 낮다. 이러한 문제들이 바로 예술 분야 자체와 연결된 재단의 과제다. 이러한 과제를 해결하기 위해 재단은 중점지원의 장기적 영향을 평가하고 긴급한 수요에 대한 예비자금을 축적하고 지원의 접근법을 다양화함으로써 예술의 지속가능성을 향상시켜야 한다. 또한 재단은 효과적인 예술 지원을 위한 많은 근본적인 조건들의 충족해야 하는 필요성에 직면하게 된다. 식량, 건강, 교육, 직업 같은 요소들이 문화예술의 참여와 연결되어 있다. 이러한 제반 필수조건들이 개선되지 않고는 예술 지원 프로그램의 효과는 매우 제한적일 수밖에 없다. 어떤 사람들은 경제적·사회적 소외만큼 문화적 소외를 느끼지 못한다. 따라서 고급문화를 접해보지 못한 가난한 대중들에게 기회를 제공하려는 정부의 정책적 의지를 혹자는 과거 식민지 피지배 국민에게 지배국 사람들이 기독교를 전파하려던 것과 마찬가지로 문화적인 제국주의적 발상이라고 주장하기도 한다. 이에 재단은 단순히 자신들의 예술 지원 활동을 통한 참여 관객의 수의 증가 측면에서가 아니라 가난하고 소외된 사람들의 삶에 미친 실제적 영향의 측면에서 자신들의 프로그램을 평가할 필요가 있다. 또한 재단은 변화하는 세계에서 다양한 재원에 의해 유지되는 민감한 환경 시스템으로서 예술을 바라봄과 함께 다른 지원 영역의 발전에 적합한 예술을 위한 새로운 계획을 전략적으로 디자인할 필요가 있다.

3. 재단의 발전을 위한 과제들

이 연구에서 본 바와 같이 재단은 다른 지원기관과 비교하여 잠재적 장점을 갖고 있다. 이러한 잠재성을 충분히 실현하려면 재단은 다음의 권고사항을 고려할 필요가 있다. 이러한 제안을 현재 실현하고 있는 재단에 대해서는 이 책의 사례연구를 통해 분석하였다. 어떤 재단은 한정된 예산 때문에 이러한 권고사항을 모두 따를 수는 없을 것이다. 그러나 예술을 지원하는 데 있어 이러한 잠재적 장점을 구현하려는 재단의 노력은 문화예술 지원기관들 사이에 독특한 위치를 점하게 하고 예술 발전에 핵심적인 역할을 하게 만든다.

▌재단이 예술 지원을 하는 데 있어서 명확한 목적과 정책을 갖고 다른 재

단이나 정부 지원기관과 차별화할 필요가 있다.

예를 들면 굴벤키안재단은 자신의 정책을 정부기관과 차별화하려고 노력하여 왔다.

정책문제에 관해 우리는 정부의 지원의 감소에 대체하는 지원을 하지 않기로 했는데, 이는 정부로 하여금 더 지원을 적게 하는 결과를 가져올 뿐이기 때문이다(The Gulbenkian Foundation, 1994).

정부와 다른 전략을 추구함으로써 굴벤키안재단은 지원의 효과를 극대화 하였다. 굴벤키안재단은 정부가 이미 하고 있는 일과 중첩하여 지원하는 것은 정부의 지원을 줄이고 재단의 독창성을 잃게 만든다는 위험을 인식하고 틈새영역을 중심으로 지원하여 왔던 것이다.

▎ 재단은 공식적인 지원신청과 평가과정을 수립하여 운영할 필요가 있다.
이러한 지원 결정 과정의 공식화 없이는 신청인들 사이에 공정한 경쟁이 확립될 수 없다. 재단은 지원프로젝트의 결과와 이에 대한 재단의 공헌을 평가함으로써 지원의 유용성을 효과적으로 평가할 수 있다. 이 과정은 앞으로의 정책을 만들고 미래 프로젝트의 실행 가능성을 예견하는 데 도움이 될 수 있다. 미국의 맥아더재단MacArthur Foundation은 예술계의 전설로 알려져 있는데 이는 지원을 결정하는 권한을 지닌 자문위원의 명단이 외부에 알려지면 이 사람을 자문위원에서 제외할 정도로 평가의 객관성을 유지하려고 노력하기 때문이다Jeffri, 1991:109. 재단은 또한 재원을 분배하는 합리적인 방법을 개발하고 지원 대상자의 만족도를 평가해야 할 필요성이 있다. 어떤 프로젝트가 목적을 달성하는 데는 성공적일 수 있지만 수혜자에게 최대의 혜택을 제공하려는 재단의 목적의 측면에서도 반드시 그러한 것은 아니다. 지원금이 비교적 적을 때는 평가에 추가로 돈을 사용하는 것이 낭비로 여겨질 수 있다. 그러나 재단의 지원의 효과와 성공적인 프로젝트의 요소를 알려주는 평가와 환류 없이는 재단이 성공적으로 운영되기 어렵다.

▌ 재단은 이사회 구성원들을 다양하게 구성하여 다양한 그룹의 전문적 지식을 대변하고 편파적이지 않은 결정을 내려야 한다.

만일 이사회가 주류그룹의 남성에 의해 주로 구성되었다면 소수그룹과 여성을 적절하게 지원하기는 어려울 것이다. 왜냐하면 같은 그룹의 이익을 반영하는 이들의 배경에 바탕을 두고 지원 결정이 이루어지기 때문이다. 명망가 중심의 이사회의 비대표성은 재단에 대한 끊임없는 불평을 자아내게 만든다.

▌ 재단은 융통성이 있고 변화하는 수요에 대해 빠르게 대처할 능력이 있어야 하며 새로운 경향이나 방향에 대해 선도적이며 유연하게 반응할 수 있어야 한다.

재단은 실험적인 프로젝트가 지니는 위험을 감수할 수 있어야 하며 필요한 경우 장기 프로젝트 지원에 더 적극적이어야 한다. 예술 지원에 있어서 거액의 장기적인 지원의 필요성으로 인하여 재단 스스로가 명확히 우선순위를 확인하고 신청자의 선정에 더 신중하고 지원결과의 평가를 통해 해당 지원의 효율성을 평가하게 만든다. 자선적 사업가로서 재단은 시장이나 공공섹터 그 어느 쪽에도 속하지 않는 틈새영역을 집중 지원할 필요가 있다. 이렇게 하여 재단은 자신들의 정책이 보수적이기보다 개혁적임을 보여 줄 수 있다.

많은 재단은 초기의 개혁적 활동을 지원하게 되는 종자돈seed money을 제공한다. 예를 들면 재단은 이러한 접근을 통해 위험부담이 있는 프로젝트를 지원하여 정부로 하여금 나중에 좀 더 본격적인 지원을 하도록 유도할 수도 있다. 이 경우, 재단에 의한 지원은 프로젝트의 일부분이 되겠지만 정부나 다른 지원기관의 지원을 이끌어낸다는 점에서 매우 중요한 역할을 할 것이다. 예를 들면 대산문화재단은 우리 문학의 외국어 번역작업을 지원하였는데 이 재단의 사업이 성공적인 것으로 증명되자 정부기관도 유사한 지원 사업을 시작하게 되어 이 재단의 활동으로 인하여 정부의 재원을 유사한 프로그램으로 끌어들이는 역할을 하였다.

▌ 재단은 운영과 지원 업무를 전문화하여야 한다.

오직 전문화된 재단만이 지원을 효과적으로 할 수 있다. 이러한 전문성을 결정하는 중요한 요소로는 이사들의 학문적 배경과 전문적 지식 혹은 이들의 지원 분야와의 필요한 연관성 등을 들 수 있다. 또한 프로그램 담당 직원들의 지식과 전문적인 경영 기술이 재단의 목적과 목표의 성취도를 결정한다. 예를 들면 영국의 굴벤키안재단은 프로그램을 운영하는 전문가 직원들에게 권한을 주었다. 지원의 방향을 설정하기 위한 위탁 연구의 도움과 전문 직원들의 수 년 간의 전문적인 경험을 바탕으로 굴벤키안재단은 자신에 가장 적합한 프로그램과 지원의 우선순위를 정하였다. 이러한 전문가 직원 중심의 운영 전략과 지원 결정 과정은 굴벤키안재단의 성공과 명성의 핵심 요인 중 하나가 되었다.

현실적으로 많은 재단은 단순히 자본주의 사회에서 지배계층이 자신들의 문화적 헤게모니를 유지하는 메커니즘으로 간주된다. 그러나 공공선에 대한 공헌을 실현하고 사명을 완수하기 위해서 재단은 세제혜택의 대가로 납세자와 일반 국민들에게 올바른 사회공헌 활동을 통해 보답해야 한다는 생각을 가져야 한다. 자선적 기부라는 명목으로 재단에 의해 절세된 금액만큼 정부 재정의 손실이 발생한다. 그러므로 재단은 위에서 언급한 권고사항을 실현하여 문화적 다양성과 삶의 질 향상에 도움이 되는 문화예술 지원기관으로서의 훌륭한 모델 역할을 할 수 있도록 노력해야 할 것이다.

4. 맺는 글

이 책은 현대사회에서 예술을 지원하고 있는 민간재단의 역할과 공헌을 탐구하려는 목적으로 집필되었다. 예술 지원 재단의 독특한 성격과 역할을 일반화하기 위해 우리나라와 영국, 미국의 다양한 재단을 다루었다. 또한 민간재단을 둘러싸고 있는 환경을 연구하기 위해 위의 세 나라의 문화정책을 재단에 대한 규정과 함께 검토 하였다. 이 책은 재단이 다른 지원기관과 대별되는 독특한 성격을 지니고 있고 이로 인해 예술 발전에 더 나은 공헌을 할 수 있다는 믿음에 바탕을 두었다. 이 가설을 검증하기 위하여 선택된 재단들은 명확하고 독특한 정책과 전문적이고 전략적인 경영 그리고 예술계에서 명성을 얻고 있는 곳들이다. 이들 재단은 정부의 예술 지원을 위탁

연구와 프로그램 및 경영의 전문화를 통한 틈새영역 지원으로 보완하였다. 그러나 실제로 이 연구의 가설과 위배되는 명확한 정책이나 전문 직원이 없고, 매우 한정된 재원으로 운영되는 많은 재단들이 존재하고 있다. 그러므로 이 연구의 한계는 '최고를 선택choosing the best'하는 연구방법과 이러한 재단의 독특성을 일반화한 데 있다.

예술에 대한 정부 지원의 감소에 대해서는 다음의 두 가지의 해결책이 있다. 하나는 민간섹터의 기부를 활성화하는 것이며 다른 하나는 예술적 기호와 취향을 개발시켜 관객을 확대하는 것이다. 전자는 단기적인 방법으로써 재단은 성장하는 민간지원기관 중 하나로 역할을 할 수 있다. 후자는 장기적인 것으로써 재단은 예술에 대한 접근강화 프로그램과 예술교육을 지원함으로써 공헌할 수 있다.

이 연구에서 보았듯이 예술발전과 관련된 중요한 분야들이 다른 지원기관들에 의해 활발히 지원되지 못해 왔던 바, 이는 곧 재단에게는 기회로 활용될 수 있다. 이러한 분야에는 예술교육, 새롭고 실험적인 예술, 논쟁적인 예술, 문화적 균등성과 다양성, 개별 예술가들에 대한 지원, 문화정책연구 등이 있다. 예술교육은 문화예술에 대한 개별적 취향 개발의 가장 중요한 요소로 알려져 있다. 예술을 즐긴다는 것은 '획득해야 하는 취향acquired taste'으로 이러한 취향의 개발은 장기적·지속적인 예술에 노출을 통해 이루어진다. 소비자가 예술에 익숙해질수록 예술에 대해 많이 알게 될수록 예술을 더 즐길 수 있게 되고 더 많은 수요를 갖게 된다. 헤이브런과 그레이 Heilbrun & Gray, 2001:360-361는 이러한 현상을 '악순환vicious circle'이라고 불렀는데 이는 이러한 악순환의 고리를 예술 보급이나 효과적인 예술교육의 제공과 같은 정책에 의해서만 끊을 수 있다는 의미다. 그러므로 이러한 분야에 대한 재단의 지원은 장기적으로 예술적 접근에 대한 근본적인 해결책을 제공해 준다. 공공지원기관은 결과의 불확실성과 대중의 인지도가 낮다는 이유로 새롭고 개척적인 예술에 대한 지원을 하기 어렵기 때문에 이런 지원은 재단이 하는 것이 효과적이다. 이와 마찬가지로 논쟁적인 예술도 미국의 안드레스 세라노Andres Serrano와 로버트 매필트로프Robert Mapplethrope의 경우에서 보듯이 정부기관의 입장에서는 대중의 도덕적 수용 여부에 대한 확신 없이 지원하기 어렵다. 문화적 균등성도 국민들 사이에 사회적 위치나 인종, 성별, 교육적 배경에 상관없이 이루어져야 한다. 만일 문화적 균등성이 실현되면 이는 문화적 다양성을 강화시킬 것이다. 이러한 이슈들은 특히 우리가 좀 더 다문화적인 그리고 동시에 세계화가 진행된 사회로 옮겨감에 따라 정부정책에서도 더욱 중요하게 취급되고 있다. 비록 이론적으로는 공공지원기관이 이러한 이슈들을 추구해야 할 목표로 인식한다 하더라도 현실적으로 소수인종, 여성, 아마추어 예술가 등에 대한 정부의 지원은 전통적인 예술 분야에 비해 매우 적다. 개별 예술가들의 경우, 지원기관이 이들보다 예술기관지원을 더 선호하므로 항상 지원의 부족을 겪어왔다. 이는 지원기관들이 개별 예술가들에 대한 지원보다 예술기관에 대한 지원이 행정적으로 좀 더 효과적이며 생산적이라고 믿고 있기 때문이다. 재단은 개별 예술가들에 대한 지원의 부족 현상을 예술가에 대한 직접 지원 프로그램을 통하여 경감시킬 수 있다. 또한 문화정책의 분야에서도 재단은 정책의 '싱크탱크'로서의 역할을 선도적으로 할 수가 있으며 이에 대한 대표적인 사례를 보여주는 재단으로 영국의 굴벤키안재단과 미국의 퓨재단을 들 수 있다.

각 국가는 서로 다른 환경에서 설립되고 운영된 재단에 대한 서로 다른 기대를 갖고 있다. 각 재단은 사명, 창설자, 이사회, 경영 스타일, 재원 면에서 서로 상이하다. 그러나 이들은 모두 공적 사명을 갖고 민간 재원(자신의 기본 재산)과 공적 재원(세제혜택)의 양쪽의 재정적 지원으로 민간에 의해 운영되는 비영리기관이라는 공통점이 있다. 그러므로 명확한 정책을 갖고 공식적 과정을 거쳐 공공선public goods을 위해 재원을 사용하는 것은 재단의 의무다. 이를 성취하기 위해 재단은 민간기관으로서의 자율성을 유지하되 재정 상황, 선정과 평가 과정, 수혜자의 명단 등에 관한 정보를 투명하게 제공하여야 한다.

어떤 재단은 자신들이 갖고 있는 특권으로서의 프라이버시를 지키려고 한다. 재단은 정부 지원 기관과 다르게 재단의 임원 및 직원 등 단지 소수의 사람들에게만 책임성이 있으므로 비교적 자유롭다. 이러한 재단의 최소의 책임성은 긍정적으로 혹은 부정적으로도 작용한다. 재단은 자신들의 정책과 재원의 범위에서 자유롭게 지원할 수 있기에 재단의 장점은 개별성에 있다. 공공지원기관과 비교하여 재단은 책임성을 강하게 느끼지 않고도 자유로운 결정을 할 수 있다는 점에서 긍정적으로 볼 수 있다. 그러나 이러한 점은 또한 과도하게 비밀스러운 경영을 한다는 측면에서 약점으로 전화될 수도 있다. 실제로 재정과 관련된 규정을 제외하고는 세제혜택을 받는 비영리기관으로 재단의 책임성을 강제하는 효과적인 규정은 존재하지 않는다.

우리나라 기업재단의 경우, 재단에 의해 만들어진 재정 자료에는 구체성이 부족하고 재단이 만드는 연례보고서에는 이들이 어떻게 운영되는지에 대한 정보도 부족한 것이 현실이다. 이러한 비밀스러움은 재단에 대한 불신을 가져오고 재단의 자선적 활동에 대한 가시성을 훼손하고 그 결과 재단의 발전과 관련된 전망을 제한한다. 지금까지 재단의 예술이나 사회 공헌에 대한 연구 작업들은 많이 이루어져 왔으나 이들의 일상적인 운영에 대한, 예를 들면 재단이 어떻게 프로젝트를 운영하는지, 지원 신청서는 어떻게 다루는지, 어떻게 재원을 분배하는지에 대한 상세한 연구는 부족하다. 이 책에서 필자는 서울문화재단을 예로 들어 재단의 업무에 관한 분석을 하였지만 이러한 분석이 전체 재단으로 확대되지 못하고 있음을 유감으로 생각한다.

이 책은 두 가지 측면에서 문화예술 지원기관으로서의 민간재단의 발전에 중요한 기여를 할 것으로 기대된다. 첫째는 재단의 특성과 재단이 이러한 특성을 장점으로 발전시킬 수 있음을 분석함으로써 재단이 예술에 대해 긴요하고 독특한 공헌을 할 수 있다는 것을 드러내었다. 둘째는 계속적인 발전을 위해 재단에 몇 가지 사항을 권고하고 정부에게는 민간지원자를 위한 더욱 좋은 지원환경을 개발하라고 권유함으로써 재단과 정부의 미래의 방향을 제시하였다. 특별히 기업재단으로부터의 직접 예술 지원이 통상적이지 않은 우리나라에서는 이들 재단이 단순한 자신들의 예술시설 운영이라는 좁은 테두리에서 벗어나 좀 더 예술 지원에 적극적이기 위해서는 정부가 민간 재단과 공공지원기관 사이의 매칭지원 제도를 개발할 필요가 있다. 다양한 예술 지원을 통해서 우리나라의 재단은 정부의 정책에서 주변화되고 빠르게 변화하는 사회에서 상업화되는 예술의 진정한 성장을 위한 핵심 역할을 할 수 있다. 그리고 재단을 위한 더욱 공개적이고 우호적인 법적 환경은 정부기관과의 효과적인 파트너십의 개발을 통해 이룰 수 있을 것이다.

지역문화재단의 미래 과제

우리나라의 문화예술 분야의 지원의 중심은 삼성문화재단이나 LG연암문화재단과 같은 민간재단이 아닌 지역문화재단으로 이미 이동하고 있다. 현존하는 지역문화재단이 바람직한 역할 모델을 보여준다면 지역문화재단이 존재하지 않는 시도에서도 이러한 형태의 재단을 설립하고자 할 것이다. 이러한 의미에서 지역문화재단의 바람직한 역할과 과제 및 그 미래의 방향성을 탐색해 보고자 한다.

지역문화재단은 끊임없이 문화예술진흥정책을 개발하고 실천함으로써 문화예술 분야의 새로운 변화에 기민하게 대응하여야 한다. 또한 시민들의 문화향수 실현을 위하여 지역문화재단은 해당 시도의 문화정체성을 연구하고 이를 바람직한 방향으로 발전시켜 나아갈 수 있는 문화정책을 수립하여 시행해야 한다. 이러한 목표를 달성하기 위한 지역문화재단의 향후 과제들은 다음과 같다.

첫째, 기본 재산의 안정적인 확충이다. 낮은 이자율로 인해 직접 사업비로 사용할 수 없는 재단의 기본 재산은 시민(도민)의 문화적인 욕구를 충족하기에 부족함이 없을 정도로 확충되어야 할 것이다. 이를 위하여 해당 지자체는 지역문화재단의 기금의 효과를 측정하여 그 결과에 따라 기금을 추가적으로 지원하는 방안을 마련해야 하며 재단에서도 다양한 민간재원을 조성하기 위한 방안을 지속적으로 개발할 필요가 있다. 하지만 이러한 재원조성 노력이 재단의 원래 목적보다 강조되는 우를 범해서는 안 된다.

둘째, 해당 지역문화재단의 고유한 정책을 개발을 통하여 뚜렷한 정체성을 만들어 가는 것이 필요하다. 초기단계인 지역문화재단이 현재 시급히 해야 하는 것은 바로 재단이 지향해야 할 기본 방향을 정하고 이러한 방향을 중심으로 전반적인 사업의 큰 그림을 그려야 하는 작업이다. 이러한 밑그림 그리기 작업으로는 지원정책의 구축, 다양한 지원의 형태 및 프로그램 개발, 그리고 궁극적으로 새로운 문화운동의 모델을 제시하는 것 등을 들 수 있다. 그리고 이러한 지원정책의 기저에는 문화다양성, 접근성, 수월성, 균형성 등 다양한 지원철학이 맞닿아 있어야 할 것이다.

셋째, 해당 지자체의 문화정책을 선도하는 싱크탱크로서의 기능 수행이다. 이러한 역할 수행을 위해서는 개별사업이 아닌 재단의 정책 및 사업전반을 평가하고 조언을 할 수 있는 전문가 인력을 확보하여 이들의 의견을 공유할 필요가 있다. 이를 위하여 지역문화재단은 현재의 해당 시도의 문화예술정책 및 문화현실을 분석하고 이를 바탕으로 방향과 비전을 제시하여야 한다. 또한 정책 전문지의 간행을 통해 각계의 다양한 전문가들과 문화행정가들과의 교류를 바탕으로 발전적인 문화정책을 만들어 나아가는 작업과 아울러 문화관광부의 정책입안자들, 각 지역재단의 전문행정가들, 예술단체 및 협회들의 비전과 정책수립에 필요한 기초자료를 축적하고 제공하는 서비스를 통해 정책 형성의 리더로서의 재단의 역할을 자리매김해 나아가야 할 것이다.

넷째, 지역문화재단은 단순한 사업비 지원체제에서 네트워크에 바탕을 둔 다면지원시스템으로 이행할 필요가 있다. 이러한 재단의 지원시스템에는 재원 중심의 금전적 지원, 정보구축 및 서비스지원, 네트워킹의 허브로서의 매치메이커로서의 지원, 인큐베이팅과 컨설팅의 기능 등 다양한 활동이 포함된다. 즉 창작을 위한 사업비의 직접 지원 이외에 창작을 할 수 있는 연습공간의 임대, 예술가 및 예술단체들에게는 국내외 문화시장의 동향에 대한 정보 제공, 시민들에게는 각종 공연 및 전시정보 제공, 기업의 후원과 예술단체와의 연결, 예술단체 실무자들을 위한 홍보 및 마케팅 교육 제공 등의 다양한 지원을 제공할 수 있으며 재단이 직접 특정사업을 시범적으로 시행하여 모범사례를 만들어 보급하는 역할을 할 수도 있다. 이러한 다양한 형태의 다면적인 지원과 실험적 작업의 선구자 역할을 통해 공공성에 기여하는 재단의 모습을 만들어 갈 수 있을 것이다.

폴 햄린재단

제인 어텐버로우Jane Attenborough
(예술 분야 지원 책임자)

인터뷰 일시: 2003년 5월 7일

재단의 정책은 어떤 과정을 거쳐서 만들어 지나요?

폴 햄린Paul Hamlyn은 그의 성공적인 출판사업으로부터 벌어들인 이익금으로 재단을 설립하였습니다. 이사회는 자선기관법에 근거하여 정책을 결정합니다. 폴 햄린은 자신이 좋아하는 분야를 재단의 지원우선 순위로 결정하였습니다. 이사회는 이러한 그의 의도에 따라 자체 사업을 정기적으로 점검하고 직원들은 지원을 위한 신청서를 검토할 때 이러한 우선지원 순서를 고려하여 판단을 합니다. 이에 따라 내부적으로 지원이 가능한 사업이 무엇인지에 대하여 이사회와 직원이 의견을 공유하고 있습니다.

예술 분야의 환경의 변화에 대하여 재단은 어떻게 대응하나요?

재단은 1980년 이후에 설립되었습니다. 소외된 젊은이를 위한 예술과 교육 분야에 대한 지원은 재단의 기본 방향이었습니다. 이러한 분야는 끊임없이 변화되고 있습니다. 현 노동당 정부정책은 우리 재단의 정책과 많은 부분 일치하고 있습니다.

재단들은 정부의 지원 분야에 영향력을 행사하기 위하여 노력합니다. 보수당 정부 시절에는 공공지원과 관련하여 비판할 사항들이 더 많았습니다만 지금의 노동당 정부는 더욱 세련되게 지원하고 있으며 재단이 추구하는 방향과 일치하는 부분이 많습니다. 이러한 재단과 정부의 공통 관심분야로는 예를 들면 범죄의 위험에 노출되어 있는 젊은이들에게 높은 수준의 창의성을 배울 기회를 주는 일 등이 있습니다. 정부는 이러한 목적과 관련하여 재단과 보조를 잘 맞추고 있습니다. 그러나 정부는 좀 더 유연성 있게 대응할 수 있는 민간재단보다 많은 제약을 갖고 있습니다. 우리는 정부와 복권기금에 적용되는 규정과 규칙을 갖고 있지 않습니다. 예를 들면 재단은 젊은이들의 개인적 삶의 다양한 측면을 들여다볼 수 있습니다. 재단은 또한 유연성을 더욱 발휘하여 사람들로부터 의견을 듣고 이를 반영합니다. 어떤 단체가 탈학교 청소년을 대상으로 좋은 프로젝트를 진행한다고 할 때, 우리 재단은 핵심비용이나 프로젝트 비용을 지원할 수 있습니다.

어떤 방식으로 귀 재단은 정부의 정책에 영향력을 행사합니까?

정부 지원은 대규모의 지원금과 관련되어 있기 때문에 쉽게 눈에 뜨입니다. 우리 재단은 일천만 파운드의 지원금을 갖고 있습니다. 정부는 파트너십에 관심이 있으므로 우리 재단의 의견에 귀를 기울입니다. 정부는 그들이 하는 일을 더 잘하려고 하기 때문에 재단에 의해 운영되는 행동연구 프로젝트로부터 배우기를 원합니다. 우리 재단은 문화매체스포츠부Department for Culture, Media & Sport와 정기모임을 갖고 있습니다. 재단 이사회는 독립성을 유지하려고 하면서도 정부기관과 건강한 교류를 하는 것도 좋다고 생각합니다.

귀 재단은 정부가 지원하는 프로젝트를 함께 지원합니까?

파트너십 지원은 어떤 계획에는 필요하지만 우리는 정부가 지원하는 이외의 영역을 지원하는 것에 더욱 관심을 갖고 있습니다.

국립복권이 재단에 어떤 영향을 주었습니까?

국립복권The National Lottery으로 인하여 더 많은 지원신청서를 받고 있습니다. 복권기금이 생긴 이후에 지원신청서의 감소는 지금까지 없었고 이런 현상이 복권기금의 영향임은 분명합니다. 우리는 때때로 복권기금과 같은 프로젝트를 지원하기도 합니다만 이러한 지원이 복권기금에 영향을 받아 운영되는 경우는 없습니다.

귀 재단은 이익을 창출하는 사업을 하고 있습니까?

아닙니다. 우리는 4억 파운드에 달하는 기금을 갖고 있고 매년 그 이자를 사업비로 활용하기에 그럴 필요가 없습니다. 지금은 주식시장에서 커다란 이익을 보지는 못합니다만 재단은 폴 햄린이 돌아가신 이후에 재산이 3배가 늘었습니다. 어떤 재단은 주식시장의 상황에 의해 상당한 영향을 받습니다만 저희 재단은 큰 영향을 받지는 않습니다.

귀 재단의 지원 결정과 관련하여 비판을 받은 적이 있습니까?

없습니다. 우리는 항상 채리티위원회의 위원들로부터 업무와 관련하여 기본적인 감독을 받고 있습니다.

프로젝트 지원과 관련하여 지역적 배분의 문제가 있습니까?

우리는 지역적으로 널리 분배하기 위하여 노력하고 있습니다. 불우한 청소년을 위한 지원과 관련하여 지역적 균형 안배를 하고 있습니다.

직원의 수는 어떻게 됩니까?

10명의 정규직원이 있습니다.

어떤 종류의 지원을 선호하십니까?

프로젝트와 핵심 비용 모두를 지원합니다. 우리는 몇몇 기관의 경우 직원의 인건비를 지원하고 있습니다. 이러한 사무경비를 지원하는 일은 그다지 흥미롭지는 않아도 종종 필요한 일이라고 생각합니다.

귀 재단은 정책연구에 대하여 관심을 갖고 때로는 외부에 연구용역을 의뢰합니까?

예술뿐 아니라 광범위한 연구를 지원합니다. 예를 들면 런던에서 정책으로 활용할 수 있는 인종적 형평성 연구와 같은 것들입니다. 우리는 청소년과 관련되지 않은 연구는 거의 지원하지 않습니다.

재단은 정부보다 책임성이 적다고 보십니까?

재단도 책임성을 지녀야 한다고 생각합니다. 정부는 책임성과 관련하여 관료적인 모습을 보입니다. 그러나 재단 또한 지원금과 해당기관의 비용을 합쳐 어떤 프로젝트에 어떻게 비용이 사용되는지를 공개해야 합니다. 우리는 정부기관만큼 투명하게 운영이 됩니다. 정부와 재단을 비교할 때 유일한 차이점은 재단의 경우, 왜 어떤 신청은 받아들이고 어떤 신청은 거절하였는지에 대하여 답변을 할 필요가 없다는 것입니다. 예를 들면, 예술위원회The Arts Council는 그들의 결정과 관련하여 합당한 이유를 설명할 수 있어야 합니다. 만일 어떤 프로젝트와 관련되어 재단이 이를 거절했다는 이유로 비판을 받더라도 재단은 그 이유를 설명할 필요는 없습니다. 우리의 판단은 우리 자신의 의견에 바탕을 두고 이루어집니다. 재단 이사회의 결정이 최종적인 것이므로 심사를 재고할 여지는 없습니다.

비영리기관법이 귀 재단에 어떤 영향을 주고 있습니까?

비영리기관법SORP은 재단의 운영과 관련하여 별다른 어려움을 주고 있지 않습니다. 우리는 비영리기관법에 따르기 위하여 특정한 정보를 수집해야 합니다. 또한 지원한 기관의 활동을 모니터링하고 더욱 상세한 최종 정보를 제공해야 합니다.

귀 재단의 운영과 관련하여 어떤 한계를 느끼는 것이 있습니까?

우리는 정치적 활동을 지원할 수 없습니다. 이러한 원칙의 유무와 관련 없이 우리 재단 또한 정치적인 지원을 원하지 않습니다. 폴 햄린 자신이 비록 노동당 정부의 열렬한 지지자라 할지라도 재단이 정치적인 지원을 하는 것은 원하지 않았습니다.

폴 햄린 재단의 트레이드 마크라고 부를 수 있는 사업인 왕립오페라하우스ROH에서의 햄른 주간Hamlyn Week 사업에 대하여 좀 자세히 설명해 주십시오.

우리는 이 프로그램을 2000년까지 운영하다가 왕립오페라하우스가 내부 수리를 위하여 문을 닫는 기간 동안 잠시 중단하였습니다. 이 기간 동안에도 우리는 국립극장에서 유사한 프로그램을 운영하는 것을 지원하였습니다.

왕립오페라하우스가 재개관한 이후인 2000년 2월부터 새로운 오페라 빌딩에서 프로그램을 다시 시작하였습니다. 당시에 폴 햄린은 몸이 많이 아팠습니다만 그 분은 이 프로그램에 특별한 애정을 가지고 있었습니다. 하지만 앞으로는 다른 방식으로 지원을 하려고 합니다. 그동안 우리 재단은 개인이 2파운드에서 가장 높은 가격인 10파운드의 티켓을 왕립오페라하우스에서 구입할 수 있도록 지원하였습니다.

이 프로젝트는 복합적인 성격을 갖고 있습니다. 폴 햄린재단은 한 주간의 오페라와 발레를 사서 해당 티켓을 싸게 팔 수 있도록 합니다. 지원을 받아 할인된 티켓은 지역 비영리기관을 대상으로 배포가 됩니다. 비영리기관은 '수감자 가족을 위한 주택위원회' 등 다양한 자체 그룹을 운영하고 있으므로 우리는 이들과 접촉을 합니다. 우리 재단은 지금까지 한 번도 왕립오페라하우스에 방문하지 않은 사람들을 이곳으로 불러오길 원하였습니다.

왕립오페라하우스의 이사인 토니 홀Tony Hall은 관객개발에 열성적이었습니다. 예전에는 오페라하우스를 대중에게 개방하는 것과 관련하여 왕립오페라하우스의 이사회의 지지가 미약하였습니다. 비록 오페라하우스가 교육과 접근 프로그램을 개발하여 운영하고 있지만 이들 참가자들에게 실제 오페라를 관람시킬 정도의 경제적 여력은 없었습니다. 따라서 이사회는 새로운 방법을 사용하였습니다. 왕립오페라하우스는 교육과 접근 프로그램과 관련하여 폴 햄린재단과 손을 잡았습니다. 입장 티켓은 게이트헤드Gateshead, 뉴캐슬Newcastle, 슬로우Slough 지역과 런던의 동부 쪽의 그룹의 사람들을 대상으로 배부 되었습니다. 우리는 또한 사우스워크Southwark나 람배스Lambeth에 기반을 둔 '무용할 기회Chance to Dance'라는 그룹에 지원을 하였더니 이들 젊은이들은 그들의 가족을 왕립오페라하우스로 함께 데려왔습니다.

이러한 프로젝트의 성과를 어떻게 평가합니까?

우리 재단은 확장된 형태의 평가를 진행합니다. 과거에는 관객들이 왕립오페라하우스에 대해서 어떻게 느끼는지를 평가하는 설문을 하였습니다. 하지만 이번에는 평가자 그룹을 선정하여 이들이 사람들을 직접 만나서 평가할 수 있도록 지원하고 있습니다. 폴 햄린재단은 사람들이 생애 처음으로 오페라를 경험하는 것에 관심을 갖고 있습니다. 왕립오페라하우스는 값싼 좌석에 관심을 갖고 있는 사람들에 대한 데이터 베이스를 구축하고 있습니다. 국립극장 또한 폴 햄린클럽을 개발하였습니다. 할인된 좌석이 있을 경우 이 좌석은 폴 햄린클럽에 주어졌습니다. 폴 햄린클럽에 속한 사람이 현재 1만 명 정도 있는데 이들은 적극적인 관객입니다. 왕립오페라하우스는 유사한 계획을 개발하는 데 관심을 갖고 있습니다.

예술 분야에서 주요 프로그램이 어떤 것들이 있습니까?

질 높은 예술에 대한 접근 기회의 제공을 목표로 하고 있습니다. 예를 들면 청소년 범죄자나 불우아동을 대상으로 자신감을 얻고 삶의 동기를 회복하는 것을 예술을 통하여 돕고자 합니다. 극장 프로젝트와 관련하여 지역레터토리극장과 많은 작업을 함께 하고 있습니다. 또한 학교에서의 예술과 교사의 전문적인 개발을 예의주시하고 있습니다. 교사들에게는 예술관련 업체에서 일할 기회를 주는 안식년을 제공합니다.

인터뷰를 하러 간 시간에 제인 어텐버로우는 회의중이어서 조금 기다렸다가 만날 수가 있었다. 무척 분주해 보이는 그녀와 인사를 잠깐 나누고 시간을 절약하기 위하여 바로 인터뷰에 들어갔다.

폴 햄린재단은 폴 햄린이 출판사업을 통해 창출한 이익으로 세운 재단이다. 이 재단은 오페라와 같은 소위 고급예술에 관심을 많이 가졌고 이러한 예술을 즐길 기회와 권리를 영국 국민 누구나 가져야 한다고 생각하였다. 따라서 왕립오페라하우스와 함께 저소득층 및 소외계층을 대상으로 입장티켓을 할인하는 방식으로 생애 처음으로 이들이 왕립오페라하우스를 방문할 수 있게 하였다. 이러한 재단의 접근방식은 문화정책에서 '문화의 민주화Democratisation of Culture'라고 불리는 것으로서 문화예술에서 우수한 분야가 있음을 인정하고 이러한 우수한 예술에 대한 경험을 사회적 경제적인 이유로 지금까지 하지 못한 사람들과 함께 나누고자 지원을 하였다.

그러나 이러한 지원은 지금까지 유럽국가의 정부들이 갖고 있던 문화관련 기본 정책이었지만 이러한 정책에도 불구하고 현재 이러한 예술을 즐기는 관객은 여전히 교육수준이 높은 고소득자였다. 따라서 1980년대 이후에 유럽정부는 이러한 정책을 탈피하여 '문화민주주의Cultural Democracy'라는 정책을 동시에 추진하였다. 이 새로운 정책은 문화예술 분야에서의 우수한 예술과 그렇지 못한 예술 사이의 차이를 상대적인 것으로 보고 모든 예술은 사람들이 좋아하는 예술이면 그만한 가치가 있는 것으로 보았다. 따라서 사람들이 현재 즐기고 원하는 예술을 더 가까이

할 수 있도록 도와주는 것을 그 기본 방침으로 정하였다. 이러한 '문화민주주의' 정책을 추구하는 굴벤키안재단과 비교하여 폴 햄린재단은 왕립 오페라하우스나 국립극장과 관계를 맺고 양 기관이 선보이는 예술에 대한 접근성을 향상시키기 위하여 노력하고 있다.

이러한 재단의 사업은 다른 재단에서는 볼 수 없는 특징적인 것이지만 앞서 언급한 바대로 일정 한계를 아울러 보여주는 정책이라는 생각이 들었다. 폴 햄린재단 직원과의 인터뷰에서 특히 인상적인 것은 민간재단으로서 자유로운 지원 결정에 대하여 이를 당연한 권리로 여기고 있다는 점이었다.

핸리 무어재단

팀 르웰린 Tim Llewellyn
(이사)

인터뷰 일시: 2003년 5월 8일

재단의 세부적인 정책은 누가 만듭니까?

핸리 무어재단Henry Moore Foundation은 크게 두 가지 목적을 갖고 운영됩니다. 그 목적은 일부러 넓게 정하여 이사들이 특정한 시기에 방향을 자유롭게 선정할 수 있도록 하고 있습니다. 우리는 재단이 영원히 지속되길 희망합니다.

우리 재단의 공식적인 정책 형성 과정은 없습니다. 5년마다 전략을 재검토합니다. 다음 검토는 2003년 7월에 있을 예정입니다. 저와 저희 직원들은 이사회에 재단의 정책, 한계상황, 조정이 필요한 변화되는 환경과 관련하여 의견을 개진하고 있습니다.

재단 설립자인 핸리 무어는 재단 사업의 초창기부터 활발하게 관여하여 왔습니다. 따라서 재단은 핸리 무어의 관심사에 초점을 맞춘 사업을 해 왔습니다. 지금도 재단은 핸리 무어가 중요하다고 생각한 것을 지속적으로 지원합니다. 우리 재단은 조각, 인쇄, 드로잉과 같이 핸리 무어가 실제로 작업한 분야와 이러한 분야의 학술연구와 기타 지원도 담당합니다. 우리는 질, 상상력, 수월성에 기초한 뚜렷한 기준을 갖고 있습니다.

"핸리 무어는 그가 만일 그의 작품 콜랙션을
가족에게 남긴다면 가족들은 상속세를 지불하기 위하여 작품을
팔 수 밖에 없다는 사실을 알고 있었습니다. 따라서 재단을
설립함으로써 그는 이러한 자산상속세를 피할 수 있었습니다"

이사들은 누가 선정합니까?

이사들이 서로 서로를 추천하여 선정되는 경우가 많습니다. 그들은 적합한 새로운 이사를 찾습니다. 이사의 선정과 관련하여 우리는 최근에 큰 변화를 겪었습니다. 2년 전까지 이사회 구성원들은 대부분 핸리 무어를 잘 알고 핸리 무어가 부탁하여 이사회의 일원이 되었습니다. 그러나 현재 이분들 중 몇 분은 나이가 들어서 돌아가신 상황이라서 새로운 이사진을 뽑기 위하여 노력하고 있습니다. 또한 이사들이 75세가 되면 은퇴를 시키고 있습니다. 이 원칙에 따라 5명의 이사들이 지난달에 사직하였습니다. 새로운 이사들을 찾아서 선임하기 위하여 소규모위원회를 만들어 운영하고 있습니다. 이사 선정을 위하여 우리는 전문가 - 예술 및 학술 분야, 재정투자와 경영 전문가, 변호사 등 - 에 대한 기준을 갖고 있습니다. 최근에 서부 요크셔West Yorkshire에 대한 지식을 가진 변호사를 이사로 선임하였습니다. 우리는 재단 전체의 필요성에 부합하는 사람들을 뽑기 위하여 노력하고 있습니다. 지금은 이사회 맴버 중 핸리 무어의 친인척은 없습니다. 예전에는 핸리 무어의 부인과 딸이 이사회의 일원

이었습니다. 저의 경우 7년 전에 재단의 이사로 선임되었습니다. 저는 개인적으로 핸리 무어의 가족이 이사회의 일원으로 활동하는 것이 좋다고 생각합니다.

귀 재단은 동일한 프로젝트를 수년간 지원하기도 합니까?

기본적으로 한정된 기간 내에 프로젝트를 지원합니다. 가장 지원기간이 긴 프로젝트는 2년으로 규정된 예술장학금 지원입니다. 몇 개의 연속적인 지원 프로그램을 운영하기도 합니다. 운영비 지원은 하지 않습니다. 그러나 요크셔조각공원과 같이 특정 전시와 관련하여 지원하고 있습니다. 연속적인 지원을 하는 이유는 큐레이팅을 도와주고 옥외 조각을 보여주기 위한 것입니다.

귀 재단에는 얼마나 많은 정규직원이 있습니까?

갤러리에 근무하는 직원까지 합쳐서 약 50명이 있습니다. 몇 년 전에는 그렇게 직원이 많지 않았습니다. 정부의 변경된 규정에 따라 과거에 프리랜스 직원이 현재는 급여를 받는 정규직원으로 바뀌었습니다.

귀 재단은 지원의 결과를 어떻게 평가하고 모니터링 합니까?

해당 프로젝트 의도의 연속성을 평가하려고 합니다. 전시회의 경우에는 전시회 그 자체를 봅니다. 아직 만들어지지 않은 많은 현대미술을 지원하는 데 있어서 지원의 결과와 관련된 위험은 있습니다. 가끔은 성과가 드러나지 않지만 성과를 살펴보기 위하여 관찰이라는 방법을 사용합니다. 출판의 경우에는 해당 저술을 직접 읽어 보고 평가합니다. 예술가를 위한 지원이라면 예술가들을 정기적으로 방문하여 평가합니다. 박사후과정 연구지원이라면 연구성과를 검토합니다. 일반적으로 살펴보았을 때 성공인지 아닌지를 판단할 수 있는 결과가 존재하고 있습니다. 재단은 지원기관을 잘 알고 있지만 객관성과 독립성을 유지하기 위하여 지원기관이나 예술가에 너무 가까이 다가가는 것은 피하고 있습니다.

귀 재단의 작품 수집의 원칙은 무엇입니까?

우리 재단 콜랙션에 빈 부분이 있는 경우에만 작품을 수집하는 데 원칙적으로 핸리 무어의 작품만을 구입합니다. 우리는 가끔 리드시의 갤러리와 같이 다른 예술가의 작품을 수집하는 기관을 돕기도 합니다. 전시를 위하여 우리가 소장하고 있는 작품을 대여하기도 합니다. 일반적으로 많은 작품을 구입하지 않습니다. 대략 일 년에 두 작품 정도를 구입하는 데 대부분 드로잉 형태의 작품입니다. 우리는 핸리 무어의 작품만을 판매합니다. 핸리 무어는 유언으로 그의 작품을 새로이 만드는 것을 금지하였습니다. 우리는 한 조각품에 평균 10개의 복제품을 갖고 있습니다. 재단에서 소장해야 하는 작품을 발견한 경우 구입 비용을 마련하기 위하여 복제품 중 하나를 팔기도 합니다만 이마저도 매우 드물게 이루어집니다.

귀 재단은 핸리 무어의 작품의 시장가격을 올리는 데 관심을 갖고 있습니까?

우리는 예술시장에서 핸리 무어의 작품 가격을 올리는 일에 관여하고 있지 않습니다. 사실상 작품의 판매를 거의 하고 있지 않습니다. 우리 재단의 의도는 그의 작품을 알리는 일입니다. 중국에서 핸리 무어의 작품의 대형 전시회를 개최한 것은 사람들에게 그의 작품을 친숙하게 만들기 위한 것이었습니다.

재단은 어떤 방식으로 예술에 기여합니까?

핸리 무어의 의도는 대중이 조각을 이해하게 만드는 것입니다. 우리 재단의 공헌은 크게 두 가지 입니다. 그의 작품을 보여주고 예술 형태로서의 조각에 대한 이해를 향상시키는 것입니다. 이것은 학술적인 용어로 이루어지기보다 전시회와 예술가들과의 협업을 통해 이루어집니다. 재단은 이런 측면에서 그 영향력을 발휘하고 있습니다.

전시회를 위한 재정지원은 어떤 방식으로 이루어집니까?

우리 재단은 핸리 무어와 관련된 전시를 요청한 곳에 한하여 전시회를 개최합니다. 즉 핸리 무어의 전시회는 이러한 요청에 대한 회답으로 이루어지는 것이 일반적입니다. 재단은 재원을 보유하고 있기에 매우 힘 있는 입장에 있습니다. 우리가 원한다면 전 세계를 핸리 무어의 작품으로 뒤덮을 수도 있습니다. 제 개인적 소견으로는 이런 현상은 핸리 무어의 명성에 좋지 않은 영향을 끼칠 수 있습니다. 왜냐하면 결국 핸리 무어 재단이 돈이 많아서 그렇게 하는 것으로 보일 수 있기 때문입니다. 대부분의 예술가들은 부유하게 살지 못하였습니다. 우리 재단은 사람들이 핸리 무어의 전시회가 많은 이유가 그가 돈이 많아서라고 말하는 것을 원하지 않습니다. 따라서 전략적으로 핸리 무어 작품의 전시회 수를 제한하고 있습니다.

우리는 아마도 향후 20년간 다시 중국에 가서 핸리 무어 전시회를 하지 않을 것입니다. 우리는 그곳에서 최근에 두 종류의 전시회를 하였습니다. 하나는 순회전시회이고 나머지 하나는 대형 조각전입니다. 중국은 부유한 국가입니다. 재단이 지원한 비용은 조각품 대여, 작품 설치, 큐레이팅, 카탈로그 제작과 우리 재단의 직원의 파견 비용이었습니다. 중국은 중국 내에서 소요되는 제반비용을 부담하였습니다. 즉 중국 바깥 지역의 비용은 우리 재단과 영국예술위원회가 부담하고 중국 내 제반비용은 중국이 부담하는 방식이었습니다. 그러나 쿠바나 칠레와 같이 경제적으로 넉넉하지 않은 국가에 대해서는 재단이 모든 비용을 지불할 수도 있습니다. 다시 강조 하자면, 가장 중요한 요점은 우리는 요청받은 경우에만 전시회를 한다는 것입니다.

귀 재단은 재정적 안정성은 어떻게 만들어 가나요?

투자된 기본 자산에 전적으로 의존하여 운영을 합니다. 재정적 안정성을 유지하기 위한 우리의 정책은 기본 자산의 특정 퍼센트를 사용하는 것입니다. 이것은 법률이 정한 바에 따른 것이 아니라 자율적인 결정입니다. 채리티위원회는 재단이 하는 사업과 재단의 기본 자산으로 지원한 결과물을 조사합니다. 스스로가 정한 영역 내에서 재단 활동을 하기에 안정적으로 운영됩니다.

우리는 재단의 기본자산의 크기가 오랜 기간 동안 그대로 유지될 수 있는 정도의 퍼센트를 결정하여 사업비로 사용하고 있습니다. 균등성에 입각하여 분야별 지원규모를 분배합니다. 재정 안정성을 유지 관리하기 위하여 두 사람의 재원운영전문가를 고용하고 있습니다. 지난 20-30년간 매년 비슷한 액수를 지원하고 있습니다. 하지만 지난 3년간 시장 상황이 나빠져서 금년에 사업비를 줄일 수밖에 없었습니다. 그렇지만 전반적으로 비슷한 수준의 사업비 규모를 매년 유지하려고 애쓰고 있습니다. 작년에 적자가 생겼지만 그 이전 5년간은 흑자였습니다. 경제 상황이 어려운 기간에 대비하여 자산을 축적하고 있습니다.

흑자가 생긴 경우에 비영리기관이기 때문에 이 부분을 반드시 사업비로 사용해야 한다는 규정의 적용을 받게 되는 것은 아닌가요?

아닙니다. 흑자가 발생한 부분은 기본 자산으로 적립할 수 있습니다. 채리티위원회 위원들이 만일 이러한 활동이 전적으로 기본 자산을 늘리기 위한 것이라고 판단한다면 재단을 의심할 수도 있습니다. 우리가 리드시에 핸리 무어재단을 설립했을 때 비용이 6백만 파운드가 들었습니다. 이전 연도의 흑자가 모두 이러한 재원을 마련하는 데 사용되었습니다.

핸리 무어재단에서 발간한 조각 관련 전문서적이 상당히 많이 눈에 뜨였습니다. 이러한 출판 사업에서 순이익이 발생하나요?

출판 사업에서는 엄청난 적자가 발생하고 있습니다. 실제 드는 비용의 3분의 1 정도만 수입으로 들어오고 있는 실정입니다. 우리가 팔고 있는 책의 수도 매우 소량입니다. 우리가 600권 정도를 판다고 할 때 이들 대부분은 학교나 대학의 도서관 소장용으로 판매됩니다.

현행 세법이 재단의 활동에 어떤 영향을 주고 있습니까?

핸리 무어는 그가 원하는 방식으로 일을 했습니다. 핸리 무어는 그가 만일 그의 작품 콜렉션을 가족에게 남긴다면 가족들은 상속세를 지불하기 위하여 작품을 팔 수 밖에 없다는 사실을 알고 있었습니다. 따라서 재단을 설립함으로써 그는 이러한 자산상속세Capital Transfer Tax를 피할 수 있었습니다. 핸리 무어는 재단을 설립 후에도 오래 살았기 때문에 재단이 더 많은 기본 자산을 형성하는 것을 도울 수가 있었습니다. 세금과 관련된 상황은 재단의 설립을 촉진하였지만 핸리 무어가 애초에 기대했던 것과는 다르게 작용하였습니다.

재단과 관련되어 정부가 제정한 제반규정은 어떻다고 느끼십니까?

규정은 엄격하고 명확하지만 억압적으로 작용하지는 않습니다. 이러한 규정들이 비교적 잘 작동된다고 생각합니다. 이러한 이유로 비영리기관들은 성공적으로 운영될 수 있습니다.

영국에서 비영리기관법이 2000년도에 대폭 변화된 것으로 알고 있습니다. 이러한 변화는 재단에 어떤 영향을 끼쳤습니까?

비영리기관법은 회계에 관련된 규정입니다. 이러한 규정은 재단이 더욱 투명하게 운영되도록 하는 기술적인 방법이라고 생각합니다. 비영리기관법은 매우 단순하여 재단이 이에 따라 운영하는 것은 어렵지 않습니다. 이러한 규정은 우리가 보기에 중립적이라고 생각합니다. 따라서 이 규정을 지키기가 어렵다는 생각은 해보지 않았습니다. 채리티위원회는 대형기관만을 담당하는 부서가 따로 있습니다. 이 위원회의 직원들이 대략 4년마다 재단을 방문합니다.

정부 지원과 재단의 지원과의 관계는 어떻게 되어 있나요?

이와 관련하여 두 가지 이슈를 제기할 수 있습니다. 15년 전 국립복권이 제정되기 이전에는 재단의 지원 프로그램은 지금보다 덜 정교하였습니다. 이사회는 소액다건 방식보다 다액소건 방식의 지원을 선호하였습니다. 이에 따라 대형건물과 관련된 대규모 지원을 했었습니다. 복권기금이 유입되면서 더 이상 이런 지원을 할 필요가 없어졌습니다. 따라서 프로젝트에 대한 지원에 중점을 두기 시작하였습니다. 대영박물관의 그레이트 코트 리노베이션 계획과 아프리카 갤러리에 지원한 것이 지난 10년간 지원 중 유일한 예외라고 볼 수 있습니다. 2만~3만 파운드의 자금이 빌딩 프로젝트에 유의미하게 사용될 수 있다는 것을 인식하고 있습니다. 그리고 다른 어떤 분야보다 조각 분야에 대해서 지원해 왔고 앞으로도 지원할 것입니다.

자본금 지원에 대한 신청도 들어오고 있습니까?

네, 그렇습니다. 신청은 들어옵니다만 모두 거절하고 있습니다.

귀 재단과 예술위원회의 관계는 어떻습니까?

예술위원회를 잘 알고 있습니다. 하지만 특별한 관계는 맺고 있지 않습니다. 몇 년 전까지 우리는 예술위원회의 '모두를 위한 예술Art for All' 프로그램을 지원하였습니다. 이 프로그램을 지원을 하는 이유는 우리의 지원이 더 많은 지원금을 끌어들일 수 있기 때문입니다. 현재 우리는 예술위원회가 그들의 콜렉션을 요크셔로 옮기는 것을 돕고 있습니다.

귀 재단과 유사한 사업을 하는 다른 재단이 있습니까? 미국의 앤디 워홀재단과 같이 다른 예술가 설립 재단이 영국에도 있을 것 같아서 드리는 질문입니다.

우리가 관심 갖고 있는 분야와 같은 분야를 지원하는 예술가설립 재단은 없습니다. 저희와 유사하다고 하신 미국의 앤디 워홀재단Andy Warhol Foundation과는 별다른 관계를 맺고 있지 않습니다.

재단의 사업에 영향을 주는 한계상황은 어떤 것입니까?

재원이 유일한 한계로 작용합니다.

팀 르웰른 이사와는 아침 10시에 그의 런던 자택에서 인터뷰를 하기로 약속하였다. 서두른 탓에 좀 이른 시간에 그의 집 앞에 도착하였는데 약속 시간보다 일찍 집으로 방문하는 것은 실례라는 영국 친구의 말에 그의 집 앞 찻집에서 시간을 보내다가 정확히 약속한 시간에 그의 집 초인종을 눌렀다.

손수 문을 열어주는 팀 르웰른 이사는 검은 테 안경을 쓴 중년의 영국 신사였다. 그는 마침 필자의 지도교수인 에릭 무디Eric Moody 교수와 개인적으로 잘 아는 사이여서 인터뷰를 진행하기 전에 그에 관한 이야기를 몇 마디 나누었다. 인터뷰를 통하여 핸리 무어가 재단을 설립한 이유가 상속세를 피하기 위한 것이었다는 것을 알 수 있었다. 개별 재단에 대한 연구를 통해서 많은 예술가 설립 재단이 유사한 이유에서 만들어졌음도 알 수 있었다. 또한 재단의 설립으로 인하여 예술가는 자신의 작품 콜랙션을 개인이 그냥 소장한 경우보다 더 잘 유지할 수 있다는 장점이 있었다. 즉 재단이 갖는 속성인 재산의 영속적 유지라는 것과 맥이 닿아 있었다.

또한 핸리 무어의 조각가로서 명성을 세계적으로 널리 알리는 일을 하면서도 전략적으로 그의 작품이 너무 넘쳐나서 그의 명예에 해를 입히지 않도록 그 전시 횟수와 방법을 조정하는 재단의 전략과 전시회를 개최하는 나라의 경제상황에 따라 지원규모를 조정하는 재단의 방침이 흥미로웠다. 또한 영국의 비영리기관과 관련된 제반규정이 단순하고 명확하여 재단이 이와 관련된 불만은 전혀 없다는 점도 알 수 있었다. 이 점은 우리 재단이 까다로운 규정 때문에 힘들어 하는 것과 비교가 되었다.

인터뷰를 마친 후 그는 선물로 핸리 무어재단을 설명하는 근사하게 장정된 책을 선물하였다. 그와의 인터뷰가 있은 후 며칠 뒤에 런던에서 1시간 30분 정도 떨어진 패리 그린Perry Green에 위치한 핸리 무어재단을 방문하여 재단 주변과 핸리 무어의 작품을 견학하는 투어에 참가하였다. 핸리 무어재단은 드넓은 공간에 가정집을 개조하여 꾸민 사무동과 함께 핸리 무어의 작업실이 그대로 보존되어 있었다.

또한 넓은 풀밭에는 양떼들이 노닐고 그 양떼들 사이에 놓인 핸리 무어의 작품은 단지 작품만을 감상하는 것보다 자연배경과 어우러져서 더욱 아름답고 인상적이었다. 조각 작품마다 전체 몇 개의 동일 작품 중 몇 번째 복사본이란 표시가 숫자로 되어 있었다.

핸리 무어는 재단을 설립한 이후에도 재단 운영에 관여하였기에 재단의 운영전반에 그의 의견이 잘 반영될 수 있었다. 이러한 점은 예술가 사후에 그의 후손들이 재단을 설립하여 설립 초기에 사업방향을 설정하는데 상당한 어려움을 겪는 다른 재단과는 차별화되는 지점이었다. 또한 핸리 무어재단의 이사도 재단과 관련된 제반규정에 대해 만족함을 표현하였다. 전반적으로 영국에는 비영리기관을 둘러싸고 있는 법률이 관대하여 재단의 운영에 미치는 영향력은 거의 없었다. 하지만 이러한 성격의 규정의 존재는 재단의 투명성과 책임성과 관련된 이슈를 끊임없이 제기하게 하는 요인이 되기도 한다.

재단의 정책 만들기

Grant-giving: A guide to policy making

다이애나 리트Diana Leat 지음

영국 시티대학 경영대학원 내 비영리 기관 경영 센터
(The Centre for Voluntary Sector and Not- for-Profit
Management, VOLPROF) 주임 교수
(Joseph Rowntree Foundation, 1992 출간)

역자 서문

재단의 전반적인 운영방식에 대한 위기감은 곧 체계적이고 전문적인 정책 수립의 부재에 기인한다. 과거의 복지국가 개념에서 국가의 지원영역이었던 부분들이 기업과 재단의 지원 영역으로 확대되고 있는 이 시대에 사실상 국가와 민간의 지원 영역구분은 명확하지도 않으며 별반 의미도 갖지 못하게 된다. 복지국가의 개념이 퇴조하면서 민간 영역의 지원의 중요성이 강조되고 있기에 이러한 지원기관이 정책의 형성을 어떻게 하느냐가 그 기관의 사업의 성패를 좌우하는 중요한 지침이 된다. 이 책은 재단 등 지원기관에 대해 어떻게 정책을 결정하고 실행하라는 직접적인 충고와 조언은 하지 않는다. 다만 정책 형성과정에서 반드시 집고 넘어가야 할 중요한 요소들을 제시함으로써 각 재단이나 기업이 지원정책을 어떻게 형성할지에 대하여 각자의 실정에 맞게 스스로 선택하도록 권하고 있다. 따라서 이 책은 재단이 갖고 있는 여러 종류의 다양한 고민을 직접 해결해 주지는 못한다. 하지만 큰 틀에서 생각하고 넘어가야 할 부분들을 아주 잘 지적해 줌으로써 각 재단이 스스로 결론을 내리도록 도움을 주고 있다. 그리고 이 책은 재단 뿐 아니라 기업의 협찬과 관련하여서도 체계적인 지원정책을 수립하는 데도 도움이 된다. 끝으로 이 글의 번역과 출판을 기꺼이 허락하여 줌으로써 이를 계기로 우리나라에서 앞으로 이 분야의 연구서들이 많이 출판되어 재단을 비롯한 비영리기관의 발전에 도움이 되기를 바란 저자인 다이애나 리트Diana Leat 교수와 원저의 출판을 담당한 조셉 르웬트리재단Joseph Rowntree Foundation에 감사를 드린다.

서론. 변화 속의 지원

이 책은 재단이 어떻게 지원을 해야 하는지에 대해서 설명하지 않는다. 하지만 이 책은 어떻게 지원의 방향을 잡을 것인가에 대해 결정해야 할 때 고려해야 하는 질문들에 대해 스스로 답을 얻을 수 있도록 안내해 준다. 이러한 질문들은 재단의 크기와 각종 사업의 내용과 상관없이 모든 재단에 응용될 수 있다.

이 책은 지원이 어렵다는 사실에 기반하여 그 어려움을 덜어주고자 쓰였다. 사람들은 지원을 단순히 선택의 문제로 치부하지만 최선의 선택을 하기 위한 과정이 매우 힘겹다는 인식은 별로 갖고 있지 못하다. 한정된 재원으로 최대한의 효과를 낼 수 있게 돈을 쓴다는 것은 그냥 돈을 쓰는 것과는 다른 차원의 문제인 것이다.

여러 가지의 이유로 재단이 지원을 잘하는 일은 점차 어려워지고 있다. 예전에는 그냥 지원을 통해 좋은 일을 하고 있다는 것만으로 충분했으나 요즈음의 재단들은 좋은 일을 한다는 것과 연관된 여러 가지 질문들에 대한 답변을 하여야 하는 입장을 피할 수가 없다. 단기간 내에 좋은 일을 하는 것은 장기간에 걸쳐 좋은 일을 하는 것보다 다소 어려울 수 있다. 적은 금액으로 만족하게 진행한 일도 거시적으로 보면 덜 좋거나 현실적으로 해로운 영향을 주는 것일 수도 있다. 또한 500파운드를 지원하는 데 적합한 방법은 50만 파운드를 지원하는 데 적합한 방법과 아주 다를 수 있다.

좋은 일을 하는 데 있어서 중요한 변화 중 하나는 "재단과 국가가 각각 어떤 일을 하느냐?"와 관련된 거시적 태도 변화와 관련이 있다. 최근까지 재단은 "국가가 하지 않는 일을 한다"고 말함으로써 책임의 문제를 회피할 수 있었다. 이러한 재단의 역할에 대한 구식의 정의는 사회복지기관법의 해석에 의해 지지되었으며 국가의 의무에 대한 수용된 개념으로서 인식되었다. 그러나 이러한 재단의 올바른 역할에 대한 예전의 정의는 오늘날 더 이상 통용되지 않는다. 현재 국가의 책임은 법적으로는 결코 명확하지 않으며 복지국가라는 전통적인 경계는 점차 허물어져 가고 있으며 국가, 재단, 기업이 모두 참여하는 복합적인 개념으로 점차 이동하고 있다. 국가의 책임에 대한 명확성의 부족으로 인하여 사회복지기관법에서는 점차 재단이 지원 가능한 분야와 영역의 확대를 반영하고 있다.

그러나 재단은 또 다른 변화와 어려움에도 직면하고 있다. 재단은 공공지원의 변화와 아울러 불황, 인플레이션, 전문화, 새로운 경쟁 상대 - 예를 들면 학교와 병원 - 의 출현에 따른 장기적이고 대규모의 지원에 대한 수요의 증가를 경험하고 있다. 이러한 증가된 요구는 국가, 재단, 기업(이 세 영역은 항상 명확하게 구분할 수 있는 것은 아니며 때로는 고의적으로 구분을 하지 않기도 한다)의 다양한 지원영역으로부터 유래하며 종종 기본적인 서비스의 제공을 재단에 원하기도 한다. 재단들에 있어서 총체적 문제는 종종 재단에 의해 처음 시도되는 지원 요구 - 이제 더 이상 가능하지 않은 요구 - 에 의해 점차 복잡해지고 있다.

그리고 무엇보다도 재단은 '공공 감사'의 대상이 되고 있다. 정부와 다른 기관으로부터의 책임감에 대한 증대하는 압력에 대해 재단은 회계감사 결과를 정기적으로 고시할 뿐만이 아니라 재단의 정책과 업적에 대한 명확하고 자세한 보고를 해야 한다. 이러한 변화들의 측면에서 보면 재단이 자신의 정책에 대해 자신감을 갖고 이의 실현시키고 홍보해야 한다는 필요성은 매우 중요하다. 그러나 이러한 과정은 전문적이며 체계적인 업무지식이 밑받침 되어야 가능하다. 이 안내서는 이러한 어려운 과제에 직면한 재단에 도움을 주기 위해서 집필되었다. 토론을 위한 과제를 제시해 놓았으므로 결론은 각 재단 스스로가 내리기 바란다.

1. 정책 형성

모든 재단은 정책이 필요하다. 재단은 그들이 어디로 가고 있으며 무엇을 성취하길 원하는지를 스스로 알고 있을 필요가 있다. 명확한 정책 없이 재단은 지원신청자들을 선정할 때 일관성을 보일 수가 없으며, 쇄도하는 지원신청으로부터 자신을 방어할 수도 없다. 정책이란, 재단이 한정된 재원의 범위에서 선택한 기본적인 자신의 의지의 천명이다. 정책을 만들기 위해서는 일정 기간이 소요되지만 이러한 정책이 존재함으로써 재단 사업은 일관성과 공정성을 획득한다. 그리고 정책이 없다면 실제 업무 처리에 있어서 시간은 더 걸린다. 그 이유는 명확하고 세밀한 정책 없이는 각각의 신청서를 심사하기는 매우 어려울 뿐만이 아니라 사실상 정책 자체에 대해서만도 한 번이 아니라 수 백 번 토론을 해야 할 것이기 때문이다.

정책을 만들기 위해서는 정보가 필요하지만 이 정보는 몇 가지 정책 중 어떤 것을 선택해야 하는지를 말해 주지는 못한다. "우리가 무엇을 해야 하는가?"에 대한 정확한 답변은 그 누구라도 하기 어렵다. 이 선택은 목표와 가치에 바탕을 두어야 한다. 다시 말하면 정책을 만드는 일은 우선적으로 재단이 무엇을 성취하기를 원하는가를 확실하게 아는 것으로부터 출발한다. 그런 후에 이러한 목표를 성취할 수 있는 다양한 방법을 파악하고 이러한 다양한 방법을 결정하는 데 있어서는 서로 다른 가치를 고려한 후 합의된 목표를 성취하기에 가장 효과적인 최적의 방법을 선택하는 것이 중요하다.

이처럼 선택이라는 과정을 통해 선정된 정책은 아무리 훌륭하더라도 불가피하게 다른 목표들을 배제하게 된다. 하지만 다른 것들을 배제해야 하는 어려운 선택을 피하려는 애매모호한 정책은 정책으로서의 역할을 하지 못한다. 궁극적으로 정책은 다소간 능동적인 것이다. 수동적인 정책은 단지 어떤 것이 받아들일만 하다고 말하는 것이다. 능동적인 정책은 어떤 것을 하게 하거나 장려하는 것이다. 이 양자가 다 각자의 위치가 있는 것이다. 우선 지원영역이 정책 전반과 한정된 시간과 재원의 경계, 수동적과 능동적 요소의 구분에서 기반을 두고 형성된다면 이것은 상당한 가치를 지니는 선택이 될 것이다.

목표 확인

목표는 서로 다른 순서로 구성되어 있다. 모든 재단의 정책 만들기는 각 재단의 정확한 목표를 설정하는 행위로부터 시작한다. 이러한 목표 설정은 그 자체만으로는 충분하지 않다. 각 재단은 광의의 목표를 설정한 후에 정관에 우선 지원영역을 표시하여 구체화 시켜야 한다. 그러나 중요한 것은 이러한 목표들이 상황과 수요가 바뀌거나 미래에 이사들이 다른 생각을 가짐에 따라 변화될 수 있다는 것이다. 재단의 목표는 항상 일정하지만 우선 지원 순위는 상황에 따라 바뀌거나 바뀌어야 하는데 이는 연속적 적합성의 측면에서 정기적으로 검토되어야 한다.

일부 재단은 목표의 아주 세부적인 사항까지 정관에 규정하고 있다. 기본적으로 재단은 목표 설정에만 그칠 것이 아니라 이를 구체화하여 규정하는 것이 필요하다. 실제로 재단은 그들이 어디로 가고 있는지 그리고 어떻게 그곳에 도달해야 하는지에 대한 상세한 규정이 필요하다. 이상적으로 이러한 목표에 대한 상세한 규정은 재단이 실적을 평가하는 데 필요한 방법들을 제공해 준다. 예를 들면, 지체 부자유한 젊은이를 돕고자 하는 것이 목표인 재단이 있다면 그 재단의 여러 우선 지원순위 중 하나로 '나이 18살에서 35살 사이의 지체부자유자들의 독립적 생활을 돕는다'는 목표를 정할 수 있다. 장기적으로 이 재단이 이러한 목표를 얼마나 성취했는가를 알려면 상세한 연구가 필요하지만 단기적인 성과는 각 연도별로 각 프로젝트별로 얼마를 지원하였는지를 분석함으로써 쉽게 파악할 수 있다.

각 재단의 행위에 있어서 명확한 목표를 갖는 것, 즉 어떻게 재단들이 목표나 우선순위를 선택하는가는 바로 이러한 목표를 이루는 구체적인 방법이 될 수 있다. 각 재단의 목표는 다음과 같은 것들을 포함하며 이러한 목표가 필요한 이유는 다음과 같다.

- 부과된 법적 목표: 사회복지기관법과 재단의 행위에 부응하기 위해 필요함
- 조직적 목표: 재단이 일차적 목표인 자금 확보, 투자, 임직원 수의 증감, 간접비의 비율 등을 가능하게 하는 조건을 창출하기 위해 필요함
- 외부적 목표: 재단의 업무와 연관되어 대중적 성공을 거두거나 혹은 재단의 활동을 잘 드러내지 않게 하거나 지역적으로 널리 골고루 지원하고 있다는 인상을 주어야 할 여러 가지 필요성에 의거하여 설정해야 함

재단의 목표 설정과 관련하여 완벽한 리스트를 작성하는 일은 힘이 들고 어렵지만 노력하여 만들 만한 가치는 충분하다. 이러한 정책적 목표를 작성하기 위해 재단은 각각의 목표에 숨겨져 있는 가정과 실패의 가능성을 인식해야만 한다. 그리하여 어떤 특정 목표를 중요하게 인식함은 곧 각 목표들 간의 경쟁으로 이어져 일부의 목표는 선택에서 중도하차 하게 된다.

더욱이 우선순위별로 정리된 리스트로 인해 재단은 목표달성을 위한 홍보와 현실적인 선택을 할 수 있는 좋은 입지를 갖게 된다. 그래서 일반 대중으로부터의 모금으로부터 사업비를 의존하는 재단은 지원목표 중 하나로 대중들이 좋아하지 않는 분야를 선택한다면 모금 목표에 차질을 빚는다는 것을 알게 된다. 또한 런던에 기반을 둔 재단이 북아일랜드Northern Island와 웨일즈Wales 지역을 지원함으로써 소외지역의 사회적 복지를 실현하고자 하는 목표를 세웠다면 사업과 관련된 운영경비를 최소한으로 억제한다는 이 재단의 또 다른 목표와는 상충하게 될 것이다.

제약사항 확인

재단이 광의의 목표와 이러한 목표와 조화를 이루는 세부적인 지원목표의 리스트를 확실히 정립했다고 할지라도 걸림돌이 되는 사항들을 고려해야 할 필요성이 있다. 이러한 제약사항들은 재단마다 조금씩 다르겠으나 대개 다음과 같은 것들이 포함된다.

- 수입의 정도, 예측가능성, 신뢰성
- 실제적 소비규모 − 인플레이션의 규모

- 직원과 위원회라는 자원 - 가용 가능한 시간, 전문적 지식, 정보
- 어떤 현상의 원인 그리고 서로 다른 경로의 행동과 대처 방안에 대한 지식과 전문가적 의견
- 사회적, 경제적, 정치적 변화와 이에 따른 영향
- 요구와 변화하는 기대에 대한 정의 - 수요와 진단의 일시적 유행
- 재단과 국가의 이상적인 역할에 대한 대중들의 변화되는 의견
- 지원요청기관의 변화되는 수입과 환경 그리고 지역적 변수
- 지역적 변수를 포함한 지원신청서의 건수와 질
- 특정분야에 있어서 재단의 지원을 보충할 만한 다른 지원기관의 유무

이러한 모든 제약사항들이 가져올 수 있는 효과를 내부적으로 평가할 수 있는 재단이 있다면 이 재단은 어리석거나 혹은 천재적이라고 말할 수 있다. 어떤 경우에는 그 해답을 재단이 알지 못하거나 이에 대한 합리적인 예상이 불가능할지라도 바로 이러한 특정 질문에 대하여 답변이 어렵다는 사실 그 자체가 이러한 확인과 준비의 요점이다. 만일 지금부터 내년까지 수입의 규모를 알지 못한다면 장기적이고 큰 규모의 지원에 대해서는 계획을 세울 수 없다. 달리 말하면 제약사항들에 대한 현실적인 평가가 선택의 범위를 좁혀주므로 이러한 제약사항에 대한 평가가 정책수립이라는 과제를 훨씬 용이하게 해 준다. 그러나 정책을 수립한다는 것은 "재단이 무엇을 원하는가?" 뿐만이 아니라 어떻게 하고 있는지에 대해서 말해주기도 한다. 어떤 일이든지 무엇을 할 것인가를 결정한 후에 적합한 방법을 채택할 수 있다.

현실적으로 재단은 광의의 목표와 제약사항들 때문에 구체적인 목표

정립보다 방법론이 우선시되며 이 경우 재단의 구체적인 지원정책과 우선순위를 수립하기가 어려워진다. 재단의 지원금을 가장 효과적으로 쓸 수 있는 방법은 무엇보다도 가장 큰 효과를 기대할 수 있는 지원방식, 즉 수혜자의 요구에 부응하는 지원방식과 연관되어 있다. 그래서 재단이 수혜자의 요구를 시발점으로 삼는다면 이에 맞는 운영원칙이 따르게 된다. 만일 재단이 거꾸로 운영원칙을 시발점으로 삼는다면 특정 신청인들은 배제하게 된다.

결론적으로 목표를 확인하고 정책을 형성하는 것은 일회성에 그치는 것이 아니다. 재단의 사회적 서비스 소비자의 요구사항, 효과적인 지원방식, 경제적, 사회적, 정치적 조건들은 항상 변화되며 재단 자체가 추구하는 가치와 가용재원 현황도 함께 변화된다. 그래서 각 재단의 정책은 때때로 재검토되거나 조정될 필요가 있다. 게다가 재단은 자체 성과를 측정하고 애초의 목표에 벗어나지 않았는가를 평가하기 위해 항상 재단의 지원에 대한 평가를 할 필요가 있다.

점검사항: 정책 만들기

1. 재단의 전반적인 목표는 무엇인가?
2. 이러한 목표를 성취했다는 것을 무엇을 통해 알 수 있는가?
3. 어떻게 이러한 목표를 성취할 수 있는가?
4. 재단은 제1의 혹은 제2의 서로 다른 목표들을 갖고 있는가?
5. 시간, 지식, 기본자산 및 가용지원액 면에서 재단이 지니고 있는 제약사항은 어떠한가? 이러한 제약사항들은 구체적 목표를 선정하는 데 어떤 의미를 지니고 있는가?
6. 이러한 질문들을 한 후에 어떤 점들이 변화되었는가?

2장. 몇 가지 기본원칙에의 도전

재단은 어떤 종류의 지원자인가?

기업과 달리 재단은 이익을 만들거나 소비자에게 직접 봉사하지는 않는다. 기업과 공공기관과는 달리 순수한 지원재단은 직접적으로 어떤 것을 생산하지는 않는다. 표면적으로는 재단의 주 업무는 금전적인 지원을 제공하는 것이다. 만일 재단이 어떤 활동을 지원한다면 이 재단은 어떻게 이러한 업무를 처리해야 하는가를 알고 있다. 재단이 안고 있는 문제 중 하나는 '돈을 지원하는 활동'으로 해석되는 지원의 본질이 명확하지 않다는 것이다. 최소한 다음과 같은 종류의 세 가지 지원방식이 있다: 기부, 투자, 협동사업적 접근.

기부적 접근

기부방식을 채택하는 재단은 일반적으로 명확한 지원의 우선순위를 갖고 있지 않다. 이들 재단은 사람들이 무엇을 지원해주길 요구하는지를 지원신청서를 통해 파악한다. 재단은 가능한 범위에서 충분히 지원을 하려고 하지만 실제로 지원금은 소액이다. 또한 재단은 신청자들이 원하거나 요구하는 것을 정확하게 제공할 수도 혹은 자체 판단으로 지원하지 않을 수도 있다. 따라서 이러한 지원방식은 종종 '~에 대한 작은 성의 표시'로 볼 수 있다. 재단은 사람들이 요청하는 모든 것을 줄 필요는 없다고 생각한다. 그 이유는 신청자들이 스스로 노력을 하게 하는 것이 좋기 때문이다. 이러한 방식의 재단의 지원은 종종 일회적이어서 수혜자가 내년에 같은 지원을 기대했다가는 실망하기 쉽다. 또한 재단은 누구에게 지원할 것인가를 선택하기 이전에 각 신청자에 대하여 전반적으로 깊이 있게 조사를 할 필요는 없다 하더라도 수혜자가 신뢰할만한가에 대해서는 알고 있어야 한다. 하지만 근본적으로 기부자의 역할을 하는 재단에게 평가는 중요한 이슈가 되지 못한다. 성공과 실패는 기부자로서의 역할을 하는 재단의 언어에서 주도적인 것이 아니며 기부는 기부일 뿐이며 성공과 실패는 거기서부터 기인하는 것은 아니기 때문이다.

투자적 접근

기부자와는 달리 투자자로서의 재단은 일반적으로 어떤 특정 분야에 그들이 돈을 써야 하는가를 결정하는 데 상당한 시간을 보낸다. 주식시장처럼 투자자들은 안전한 결과를 이끌어 낼 수 있는 선택을 하거나 혹은 투자의 효과가 매우 클 가능성이 있는 경우에는 위험을 감수하기도 한다.

투자자들은 투자 이전에 활동영역, 기관의 능력과 구조, 계획과 비용의 면에서 면밀히 검토한다. 투자자로서의 재단은 지원의 규모와 최고의 효과를 이루기 위해 필요한 것을 연관시켜 투자의 포트폴리오를 한 두 분야만을 집중적으로 지원하거나 혹은 위험을 최소화하는 방향에서 선택하게 된다. 만일 투자가 실패하면 투자자들은 다른 지원을 하거나 혹은 지원을 포기하게 된다. 기부자들과는 달리 투자자들은 성공과 실패의 측면에서 얘기한다. 투자자는 성공을 선호하지만 그렇다고 해서 실패를 두려워하지도 않는다. 투자자들은 자신의 투자를 감시하기 위해서 시간과 돈을 쓴다. 그러나 전형적으로 이러한 유형의 재단은 투자하는 기관의 경영에 깊이 관여하지는 않는다. 주주들처럼 그들은 보고서를 요구하지만 일반적으로 수혜자가 적합하다고 생각하는 방법으로 일을 하도록 할 뿐 그 일에 직접 간섭하지는 않는 것이다.

협동사업적 접근

이 방식의 지원은 투자적 접근과 유사한 점이 많지만 중요한 몇 가지 관점에서 다르다. 기부자와 투자자들이 시장, 비영리기관, 그리고 지원 내용이 어떠한가에 의해 그들이 돈을 어떻게 사용하는가에 대해 제한을 받지만 협동사업은 이러한 제한을 받아들이지 않는다. 이러한 종류의 재단은 자신이 무엇을 원하는지를 이미 알고 있으며 만일 이러한 투자대상이 존재하지 않는다면 그들이 원하는 것을 만들어 줄 수 있는 수혜기관을 스스로 찾는다. 재단은 수혜기관과 자신들 사이에 어떤 일이 진행되어야 하는지에 대한 대강의 업무 프로세스를 규정하고 가격, 행동 계획, 수행 목표, 질적 문제 등에 대해 수혜기관과 협의하게 된다. 이러한 유형의 재단의 재정적 참여는 대개 1년을 초과하며 지원의 규모는 해당 프로젝트를 가능하게 하는 데 필요한 수준에서 결정된다. 재단과 수혜자와의 관계는 일종의 협력자 관계이다. 그들은 함께 상호 동의한 목표를 추구하며 재단이 이 프로젝트의 운영에 깊이 관여 할 수도 있다. 모니터링과 평가는 이 접근의 핵심 요소로서 지원이 끝난 후의 활동이라기보다 바로 지원의 설계를 만드는 일이다.

기부, 투자, 협동사업이라는 세 가지 요소는 각각의 장점과 단점, 비용과 이익을 지니고 있다. 중요한 것은 개별 재단이 자신에 맞는 접근 방식을 선택하는가에 있다. 어떤 재단은 이 세 가지 종류를 모두 선택하기를 원할지도 모른다. 하지만 중요한 것은 재단은 특정한 지원 결정에 있어서 어떤 접근법을 선택할 것인가를 알고 있어야 한다는 점이다. 접근 방식이 명

료하지 않는 지원은 적합한 조사없이 이루어지는 일회성의 기부나 투자로 낭비될 수 있기 때문이다.

어떤 접근 방식을 택해야 하는가?

특정 재단에 가장 적합한 지원의 접근 방식을 어떻게 결정하는가? 재단의 수입 크기가 선택 기준의 하나가 될 수 있을 것이다. 만일 어떤 재단이 통상적으로 큰 규모로만 지원한다면 이 재단은 이러한 지원 방식이 해당 재단에 가장 효과적인지 여부를 고민하지 않을 수도 있다. 그러나 일반적으로 재단이 채택하는 지원 방식은 재단이 원하거나 필요로 하는 지원의 크기와 숫자 그리고 자본금 지원인지 운영비 지원인지 아니면 부분적 지원인지에 의해 결정된다.

이러한 요소들과 지원방식의 관계는 많은 경우에 있어서 순환적이다. 예를 들면 더 장기적으로 더 많은 금액의 돈을 자본금과 운영비로 지원하고 이러한 지원에 대해 상당한 시간과 돈을 선정, 모니터링, 평가 등의 일련의 과정에 투여하려고 준비되어 있지 않은 한, 이 재단이 협동사업을 원한다는 것은 별다른 의미가 없다. 반대로 재단이 다액을 장기간 동안 소수에게 지원할 경우에는 최소한 투자나 협동사업의 채택을 고려해 볼 수 있다. 다음의 내용은 좀 더 근본적인 지원방식과 구체적인 실행을 통해서 개별 재단에 적합한 지원을 생각할 수 있도록 도와주기 위한 것이다.

소액다건 지원과 다액소건 지원

어떤 재단은 고의적으로 소액다건의 지원정책을 채택한다. 이러한 재단은 이를 통해 보다 많은 사람들에게 혜택을 준다는 이미지를 보여주고 특정지역에 편중되어 지원하지 않는다는 것을 알림으로써 대중과의 관계 개선을 도모하는 수단으로 사용한다. 이러한 '얇게 버터를 바르는' 정책의 이점은 대부분의 지원자들은 그들이 요구한 금액의 일부분을 지원받을 수 있고, 재단으로서도 지원할 가치가 있는 여러 신청에 대해 그 어느 한 쪽만을 선택해야 하는 어려운 결정을 할 필요가 없다는 데 있다. 재단은 소액다건 지원을 통해 신속하게 지원금을 줄 수 있을 뿐만이 아니라 지원대상자 선정의 당위성 및 적합성에 대하여 지나친 걱정을 할 필요가 없다. "이것은 겨우 200 파운드 지원일 뿐이야. 우리가 그들에게 2만 파운드를 주는 것과는 같지 않아"라고 쉽게 생각할 수 있다. 하지만 재단이 이 방법으로 결국 모두 2만 파운드의 지원금을 사용한다면 이것은 상당히 큰 액수다! 이러한 지원방식의 단점은 컴퓨터와 휠체어를 사주는 것과 같이 장기적으로는 거의 인식이 되지 못한 채 거금이 소실되어 버릴 수도 있다는 것이다. 그러나 소액다건 지원은 '뿌리고 기다리는' 정책적 매력이 있다.

반면에 다액소건 지원은 재단이 명확하게 설정한 목표에 중요한 공헌을 할 수 있게 한다. 하지만 이 방식은 어려운 결정과정과 선정에 탈락된 다수의 신청인들의 실망을 동반하게 된다. 또한 지원이 성공적인 결과를 가져오기 위해서는 우선순위와 선택에 있어서의 철저한 연구를 요한다. 이러한 방식으로 지원을 하는 재단은 미래의 지원 후보자를 2-3년 주기로 고려해 보아야 한다. 어떤 프로젝트에 대해 단지 시작할 수 있는 정도의 지원만 하여 제대로 결과를 볼 수 없다면 소용이 없는 것이다. 다액소건 지원은 재단이 정한 목표를 달성하고 특정 지역이나 특정 그룹의 사람들에게 집중적으로 지원할 가능성을 지니고 있다. 하지만 이 경우, 예측할 수 있는 성공률이 더 크다면 실패의 대가도 아울러 커지는 것이다. 그러나 어떤 것이 제대로 작용하지 않는다는 것을 보여 주는 것은 때로 어떤 것이 잘 되고 있다는 것을 증명하는 것만큼 가치가 있는 것이다.

　　재단은 조심스러운 계획에 의거하여 집중지원을 함으로써 비용도 줄일 수 있다. 예를 들면, 만일 재단이 명확하고 세부적인 지원 우선순위를 갖고 신청인들과 의사소통을 한다면 다액소건 지원이 신청인들을 더 실망시킨다고 말할 근거가 없게 된다. 그리고 그들이 원하는 것을 모두 받을 수 있는 가능성이 높은 소수의 지원자들은 이 모든 행정 절차에 드는 시간과 비용이 결코 아깝지 않을 것이다.

점검사항: 소액다건 지원과 다액소건 지원

1. 기부, 투자, 협동사업 중 어느 지원방식이 해당 재단의 지원 목적에 부합하는가?
2. 이러한 지원 방식은 제2의 목표와 기금 모금, 재원의 넓은 분배와 관련된 신용도에 얼마나 중요한가?
3. 이러한 지원 방식은 "재단의 지원금이 정확히 무엇을 성취하였는가?"와 관련하여 어떻게 중요한가?
4. 재단에 다액소건 지원에 필요한 전문가가 있거나 구할 수 있는가?
5. 재단이 다액소건 지원의 위험에 대해 대처할 준비가 되었는가?
6. 소액다건 지원에 드는 행정비용에 대하여 준비가 되었는가? 다액소건 지원을 위해 시간과 돈을 투자할 준비가 되었는가?

전액지원과 부분지원

전액지원과 부분지원은 모두 금액 면에서 클 수도 있고 적을 수 있다. 그러나 소액다건 지원은 흔히 부분 지원이 되는 경우가 많다. 부분지원은 지원 신청인이 요구해서 이루어지거나 혹은 너무 큰 지원 요청에 대한 약간의 공헌의 형식으로 이루어질 수 있다. 어떤 경우, 재단이 전체비용을 모두 지불하기를 원하지 않기 때문에 부분지원이 이루어진다. 어느 경우에나 재단은 부분지원의 장점과 단점에 대해 고려해야 할 필요가 있다.

부분지원은 소액다건 지원의 장점과 단점을 모두 갖고 있다. 예를 들면 어떤 특정한 신청을 전적으로 지지하지 않는다면 긍정적인 답변을 주는 데에 대해 지나치게 걱정할 필요가 없다. 그러나 부분 지원의 단점은 '부분' 지원이라는 본질로부터 기인한다. 부분 지원이기 때문에 가시화되는 효과가 거의 없다는 것이다. 즉 지원금이 어떤 것을 만들고 어떤 것을 성취했는 지를 말하기가 어렵다는 점이다.

두 번째 단점은 재단이 정의상 단지 한 주주에 불과하다는 것이다. 만일 이 지원이 기부라면 아무런 문제가 되지 않지만 만일 이것이 투자라면 이것은 중요한 고려 사항으로 재단은 대주주로서의 위치를 확고히 할 수 있는 정도의 큰 금액의 지원을 원하게 될 것이다.

세 번째 단점은 부분지원의 경우 수혜기관이 좀 더 많은 지원을 받기 위해 노력하는 동안 지원기관의 은행 구좌에서 재빨리 수혜기관의 은행구좌로 입금되는 경향이 있다.

네 번째 단점은 수혜기관의 에너지가 기금 모금으로 분산되어 정작해야 할 사업에 집중하기 어렵다는 점이다. 대부분의 기관이 지원금 실적을 올리기 위해 존재하는 것이 아니라 그들의 고유 목표를 성취하기 위해서 존재한다는 것을 기억해야 한다.

부분지원은 일정액의 지원이 더 많은 지원을 유도한다는 것을 비롯한 다양한 가정에 기반을 두고 이루어지고 있다. 이런 점에서 부분지원은 다른 재원을 끌어들이는 데 아주 성공적인 방법이다. 그래서 재단이 적은 금액을 지원하더라도 수혜단체는 다른 지원기관으로부터 더 커다란 지원금을 기대할 수 있다는 점에서 부분 지원은 지원금 이상의 훌륭한 부가가치를 발생하게 한다. 그러나 이러한 가정은 항상 유효한 것은 아니다. 운영비 지원이 아닌 자본금 지원의 형식 그리고 기존의 프로젝트 대신 새로운 프로젝트에 대한 지원이 될 수도 있기 때문이다. 최근에는 다른 지원기관으로부터의 해당 프로젝트의 '유용성' 인정 여부를 조건으로 지원이 이루어지고 있다. 이 경우 부분 지원을 하기위해서는 다른 기관으로부터의 지원의 유용성과 지원 조건에 대한 사전조사를 필요로 한다.

만일 부분지원으로 인하여 수혜기관이 다른 곳으로부터 받는 추가지원의 가능성이 높아질 경우, 적당한 지원 금액을 받는 것에 대하여 신경을 써야 한다. 언젠가 수혜기관이 필자에게 이야기했듯이 "만일 부분지원이 너무 적다면 이는 오히려 그 수혜기관에 대한 낮은 기대로 인해 오히려 이미지가 손상될 우려가 있다"는 사실에 주목할 필요가 있다.

점검사항: 전액지원과 부분지원

1. 다른 기관으로부터의 지원에 대한 가능성과 조건에 대한 충분한 지식을 가지고 있는가?
2. 재단과 일반 대중과의 관계는 얼마나 중요한가?
3. 빠르고 가시적인 결과가 얼마나 중요한가?
4. 만일 지원 후 몇 달 혹은 몇 년 동안 쓰이지 않는 지원금을 회수할 필요성이 있다면 이것을 처리할 시간이 있는가?
5. 만일 어떤 것을 지원할 가치가 있다면 이를 적합하게 지원해야 한다는 믿음을 가지고 있는가?
6. 수혜자가 요구한 것을 모두 주지 않고도 나름대로의 성취감을 느낄 수 있다는 사실을 전적으로 긍정할 수 있는가?

7. 수혜자의 프로젝트에 대해 대주주로서 참여하는 것이 얼마나 중요한가?

자본금 지원과 운영비 지원

어떤 재단은 밑 빠진 독에 물 붓기와 같은 운영비 지원보다는 자본금 지원을 선호한다. 이것을 선택하느냐 저것을 선택하느냐 혹은 양자를 모두 선택하느냐의 문제에 있어서 우리는 각 각의 지원방식의 장점과 단점을 파악하는 것이 중요하다.

자본금에 대한 지원은 장난감 구입을 위한 10파운드 지원에서부터 새 빌딩을 사기 위한 백만 파운드 지원에 이르기까지 다양한 금액의 지원 범위를 가지고 있다. 자본금 지원은 지속적이고 가시적인 결과를 제공하는 장점이 있다. 일반대중으로부터 모금을 하여 지원하는 재단은 이러한 '훌륭한 가시성에 대한 집착'을 가질만한 충분한 이유가 있다. 왜냐하면 기부한 사람들에게 그 기부의 효과를 가시적으로 보여줄 수 있기 때문이다. 그러나 가시적인 어떤 것에 대한 지원이 재단의 재원을 가장 유용하게 쓰는 방식이라고 말할 수는 없다. 중요한 것은 이러한 건물과 같은 자본재가 재단의 근본적인 목표를 성취하게 도와준다는 점이다.

재단의 자본금 지원은 일회적인 지원이 될 수 있다. 하지만 이 때 기억해야 할 것은 자본금 지원 그 자체가 직접적으로 계속적인 재단의 관여를 의미하지는 않지만 어쩔 수 없이 재단이 계속적으로 관여할 수밖에 없는 상황이 생기게 된다는 것이다. 예를 들어 빌딩의 신축에 지원을 한 재단이 있을 때, 이러한 지원은 이 빌딩의 유지, 운영, 보수에 대한 비용은 포함하지 않고 이루어진다. 이 경우 신문의 헤드라인에 '~재단의 지원으로 인해 아이들이 죽었다'라는 가장 원하지 않는 기사가 실릴 수도 있다는 것이다.

왜냐하면 해당 재단은 수혜기관에게 지원금으로 안전시설의 설치와 관리 감독의 철저를 기하라는 당부를 하지 않았다는 단순한 이유로 이렇게 될 수 있기 때문이다. 재단이 장애인들을 위한 소형버스를 사 줄 경우에 사고 가 났을 때 휠체어를 안전하게 보관할 수 있는 장치를 설치하고, 화재가 났을 때 필요한 안전장치가 있는지를 반드시 점검해야 한다. 이와 같은 지원 의 경우, 전문가의 자문의견과 이에 따른 제반사항을 이행할 준비가 되기 이전에 지원금을 지급하지 않아야 한다.

많은 재단은 일회성 자본금 지원이 연속적인 운영비 지원보다 쉽다는 사실을 발견한다. 자본금 지원이 적은 금액에서부터 큰 금액까지 지원금 의 액수가 다양하다면 운영비 지원은 너무 크거나 너무 적은 액수의 지원 을 하기가 어렵다. 또한 운영비 지원은 가시적 지원의 효과를 보여주기 어 렵다는 점 때문에 지원기관이 선호하는 지원방식이 아니다. 그럼에도 불 구하고 운영비 지원이 중요한 이유는 훌륭한 장비라도 전기세를 마련하지 못하면 별 소용이 없고 이 장비에 대한 보험과 안전관련 비용을 지원할 곳 을 찾지 못한다면 오히려 유해할 수가 있기 때문이다.

운영비 지원을 할 경우, 재단은 계속적으로 자신들이 해당 지원에 관 여됨을 느낄 수 있다. 하지만 모든 운영비 지원이 전기세를 지급하는 것과 같이 밑 빠진 독에 물 붓기와 같은 것은 아니다. 수혜기관이 어떤 일을 지속 적으로 하기 위해서는 월급을 주고 직원을 고용해야 하지만 차츰 이 일도 자체적으로 혹은 단기고용 비서의 도움으로 해결하거나 다른 곳으로부터 지원을 받아 처리할 수도 있다. 그러나 이러한 종류의 한시적 운영비 지원 은 조심스러움과 분석을 요구하지는 않는다. 당장에 반드시 필요한 재원 을 지원 받기에 급급한 예술단체 및 기관은 장기적 지원을 마련하는 데 필요한 시간에 대해 과소평가하기 쉽다. 운영비 지원(그리고 운영비 지원의 성격을 띤 자본금 지원도 포함하여)을 평가함에 있어서 재단은 다른 기관으로부터의 지원 여부를 살펴보고 해당 기관의 정책변화를 계속적으로 주시하여야 한다. 하지만 재단은 수혜기관에 대해 이 기관이 미래에 다른 지원기관으로부터 계속적으로 지원을 받을 가능성이 없다 하더라도 재단이 지원할 지의 여부에 대해 결정을 해야만 한다. 하지만 이 경우 발생할 수 있는 위험에 대해서는 충분히 인식하고 있어야만 한다.

점검사항: 자본금 지원과 운영비 지원

1. 재단의 지원 방식은 어떤 것인가? - 기부자 (종종 자본금만 지원), 투자자 (아마도 자본금과 운영비 지원 모두) 아니면 협동사업가 (거의 자본금과 운영비 지원이 모두 포함)인가?
2. 재단의 지원 우선순위가 무엇이며 이것을 성취하기 위해 무엇이 필요한가?
3. 운영비·자본금 지원을 다른 곳으로부터도 받을 수 있는 것인가? 어느 쪽이 지원 받기 용이한가 혹은 어려운가?
4. 만일 필요하다면 장기적으로 안정적인 지원을 할 수 있는가?
5. 재단의 지원에 대해 대중이 인식하길 원하는가?
6. 운영비 지원을 모니터링하고 평가할 수 있는 시간과 재원을 갖고 있는가?
7. 재단이 지원할 빌딩이나 시설 등 자본금 지원에 대해 운영, 유지, 안전장치 설치에 대하여 감독할 시간, 지식, 재원을 갖고 있는가?

정부 지원과의 관계

사회복지기관법은 재단이 직접적으로 국가의 의무를 대신하여 지원을 하는 것을 허용하지 않으며 또한 재단들도 '정부의 지원을 받던 사업'에 대한 지원에 별반 매력을 느끼기 못한다. 하지만 이렇게 단순해 보이는 이러한 법칙도 실제 적용에 있어서는 그리 쉽지 않다. 첫째, 우리가 생각하는 국가의 의무도 실제적으로는 법적으로 명백하게 규정되어 있다기보다 오랜 기간 동안 중앙정부나 지방정부가 어떤 서비스를 제공해야 하는가에 대한 합의에 불과하다. 일례로 복지국가로서의 개념 또한 오늘날 정부의 긴축정책으로 인해 점차 무너지고 있다. 또한 일반적인 공공지원의 영역도 지역에 따라 공공서비스 형태의 역사적 차이와 지방정부의 정책 등의 요인에 의해 다양하게 존재한다. 만일 재단이 과거에 국가에 의해 지원된 것만을 지원하기로 결정했다면, 이는 국가의 책임과 권리를 간섭하는 행위를 한 것으로 비난 받을 위험이 있다. 재단의 의도와 관계없이 이러한 행위는 정치적 의사표시로 간주될 수도 있다. 하지만 반면에 재단이 국가가 지원한 적이 있는 그 어떤 사업도 지원하지 않겠다고 결정한다면 이는 이미 불이익을 받은 사람들의 요구를 다시 무시하는 것이 될 위험성도 있다.

이러한 결정은 많은 재단에 있어서 출구가 없는 어려운 딜레마다. 만일 재단이 단기적으로 효과를 볼 수 있는 분야를 지원하려 한다면 기본적인 서비스의 제공과 같은 장기적이고 근본적인 지원을 선택할 이유는 없다. 국가가 지원의 책임을 맡는 중요한 이유는 재단이 지원을 한다면 충분한 규모의 지역적 안배를 할 수 없다는 사실에 있다는 것을 기억할 필요가 있다. 재단이 의도했든 의도하지 않았든 간에 재단이 국가의 서비스의 어느 한 분야에 만이라도 떠맡을 수 있을 정도의 자원이 있다는 인상을 대중과 정치인에게 주지 못한다는 것은 커다란 문제다. 인정해야 할 슬픈 현실은 영국의 모든 재단이 그들의 수입의 모두를 건강 문제에 집중해서 쓴다 하더라도 이 돈은 국가의료시스템을 단 며칠 운영할 수 있는 정도에 불과하다는 점이다.

국가의 지원을 받는 분야에 대한 지원과 관련된 좀 더 실질적인 문제는 이러한 지원의 방법, 법률적 체계, 예산과 정책, 정책 변경의 추이 등에 대한 상당한 지식을 지녀야 한다는 것이다. 예를 들면, 학교의 지체 장애자에 대한 지원을 현재 지역정부가 하고 있다는 사실을 모른 채 재단도 중복 지원하게 될 수도 있기 때문이다. 학교와 관련된 지원에 있어서는 지역정부도 보건과 사회사업의 분야를 활발히 지원하고 있기 때문에 재단은 지원에 앞서 다각도로 현재의 지원 상황을 검토해 보아야 한다.

점검사항: 정부로부터 지원받는 사업지원

1. 재단의 목표가 무엇인가?
2. 정치적 논쟁을 피하는 것은 왜 중요한가?
3. 재단이 특정한 서비스를 제공하거나 특정단체를 지원하는 데 대해 대중의 비난이 거세다면, 이에 대해 설득할만한 방어를 할 수 있으며 이러한 비난을 견딜 수 있는가?
4. 기금모금 재단이라면 학교의 지붕 고치기와 도서관의 장서구입 등 재단이 결정한 구체적인 지원 목표에 대해 공개적으로 명백하게 이를 호소할 수 있는가?
5. 이러한 서비스를 잘 할 정도의 재원을 갖고 있는가 아니면 그냥 변죽만 울리고 말 것인가?
6. 재단이 지원한 부분에 대한 효과를 점검하고 필요한 경우, 그 방향을 재정립할 수 있는 재원을 갖고 있는가?

신규지원과 연속지원

재단은 개혁성을 보여주고 개척적인 새로운 아이디어와 서비스를 제공하는 등 특별한 역할을 담당할 것을 항상 요구받았다. 혁신적인 것을 지원하는 것은 정치적인 수용 측면에서 용이하지 않으며 시간이 한정된 지원의 경우 적합한 지원분야가 아니다. '혁신'은 일 년 혹은 이 년 이내에 성취되기는 어렵다. 그리고 아무리 혁신적인 프로젝트에 대한 지원이 중요하더라도 재단이 계속 실패하는 프로젝트만 지원을 한다면 결국 지원금을 낭비하게 되는 것이다.

혁신적인 것들을 지원하려는 재단은 모니터링과 평가 그리고 결과에 대한 출판과 보급도 이러한 지원의 영역에 포함시켜야한다. 혁신적 지원을 위해서는 시간과 금전 면에서 상당한 비용을 지불해야 한다. 왜냐하면 필요한 전문적 기술에 대한 상당한 정도의 계획과 접근이 이에 대한 평가와 보급을 위해 필요하기 때문이다. 새롭고 시도되지 않았던 사업에 대한 접근은 기존의 테스트된 사업에 대한 지원보다 위험성이 크다. 따라서 재단은 어떤 프로젝트의 경우 애초 의도와는 달리 실제로 지원금의 낭비라고 볼 수 있을 정도로 거의 성과가 없었음에 대해 인정해야만 할 것이다. 그러나 만일 필요한 재원이 모니터링과 평가에 쓰인다면, 이 경우 실패는 성공만큼이나 가치가 있다. 우리가 실패의 원인을 분석하고 실패에 대해 충분히 사고할 시간을 갖는다면 실제로 실패에서 성공에서보다 많은 것을 배울 수 있기 때문이다.

일반적으로 모든 사업에는 한 번의 성공 뒤에 아홉 번의 실패가 있다고 한다. 만일 재단이 아홉 번을 시도해서 겨우 한 번 성공하는 데 만족하지 않는다면 이러한 성공률을 높일 수 있는 방법이 있겠는가? 명백하게 서로 다른 종류의 혁신에는 다른 종류의 위험성이 도사리고 있다. 활동의 본질과는 별도로, 훌륭한 성과를 이룬 적이 있는 기존 그룹에 대한 안정적인 지원과 경험이 없는 새로운 그룹의 모험적인 지원 사이에 차이점을 인정하는 것은 매우 중요하다. 이것은 기존의 그룹이 새로운 그룹보다 반드시 더 낫다는 것을 의미하지는 않는다. 종종 기존 그룹은 아주 창조적인 일을 하기에는 그들 자신의 업무 유형이 너무 굳어져 있는 경우가 많다. 따라서 각 유형에 따라 서로 다른 종류의 위험성이 있으므로 재단은 이에 대비하기 위하여 다른 종류의 조사와 평가를 실시할 필요가 있다.

제기되고 있는 또 다른 문제점은 혁신이 지속적으로 추진되지 않는 한 혁신적이지 못하다는 것이다. 재단이 과거에 중앙정부나 지역정부에 의해 혁신적이라고 판단되어 지원되었던 프로젝트를 지원한다고 해서 이 것이 오늘날의 혁신성을 보장하지는 못한다. 즉 지속적으로 새로운 프로젝트에 대하여 발굴 및 지원하지 않고는 혁신적인 것을 계속 지원한다고 말할 수 없다.

점검사항: 신규지원과 연속지원

1. 재단이 채택하고 있는 지원의 스타일이 적합한가? 실제적인 혁신은 기부보다는 투자나 협동사업 방식을 요구한다.
2. 재단의 목표는 무엇인가?
3. 평가, 출판, 보급을 위한 적합한 재원을 갖고 있는가?
4. 재단이 지원에 대한 시간적 제한을 갖고 있다는 것은 왜 중요한가?
5. 재단의 재원은 믿을 만하고 예측 가능한가?
6. 재단은 공적 신용과 위험 수용에 대하여 어떤 중요성을 부여하려 하는가? 만일 재단이 지원한 혁신적인 프로젝트가 모두 실패하더라도 이를 감내할 수 있는가?
7. 장기지원에 대한 재단의 정책과 다른 곳으로부터의 지원의 가능성에 대한 평가는 어떠한가?

3장. 운영

"재단이 어떻게 조직되고 운영되는가?" 또 "그 비용은 어떠한가?"와 같은 질문은 재단의 지원 스타일 및 구체적인 목표와 관련이 된다. 이 장에서는 재단의 조직과 운영에 대해 자세한 논의를 전개하기보다 기본적인 고려사항에 대하여 언급하고자 한다.

비용

모든 재단은 지원을 하는 데 있어서 수반되는 행정적인 비용을 가능한 한 낮게 유지하려고 노력한다. 그러나 아직도 재단들 사이에는 행정비용을 거의 들이지 않는 지원이 이상적이라는 세습화된 믿음이 존재한다. 재단위원회의 위원장인 로빈 구리Robin Gurie는 이러한 관점에 동의하지 않는다는 것을 명백히 한 바 있다. 질적인 것을 담보하기 위해서는 시간과 비용이 들지만 이 비용에는 부적절한 지원을 방지하기 위한 비용은 포함되지 않는다. 타당한 행정비용은 실수로 인한 대가 혹은 부적절한 지원 자체에 드는 비용과 비교하여 적다는 것이 명백한 사실이기 때문이다.

재단의 행정적 필요에 따른 비용은 다음과 같은 요건에 의존 한다: 신청 건수, 재단의 적극성과 수동성, 신청인에 대한 재단의 정보 요구와 방법, 재단의 위험성 준비 정도. 명백한 우선순위는 신청인에게 효과적으로 재단의 목표와 관련된 정보를 전달하여 행정적 재원이 최대의 효과를 가져올 수 있게 도와준다.

운영절차

행정의 중요한 목표는 다음과 같다: 정보의 취득과 양의 조절, 결정의 보조, 자신이 어디에 있는지에 대한 지표 제공, 수혜자와 기증자에 대한 건전한 근본적인 책임 제공, 그리고 재단이 지원한 활동에 대한 검토를 도와준다. 재단이 필요로 하는 정보의 양은 얼마나 많은 지원신청서를 받았는가? – 결과적으로 이것은 재단이 얼마나 지원정책과 우선순위를 조심스럽게 구체화하였는가에 의존한다 – 와 재단이 이러한 지원 가능한 분야에 대해 신청인들과 의사소통을 하여 왔는가? 에 의해 좌우된다. 만일 지원신청자가 지원 가능성에 대하여 개별적으로 재단의 명백한 의사표시를 받지 않았다 하더라도 재단이 지원과 관련하여 명확한 우선순위를 가지고 있는 것은 부적절한 지원신청에 대하여 규격화된 반응을 통해 쉽게 그리고 별다른 비용부담 없이 거절의사를 표현하는 방법으로 볼 수 있다. 이것은 곧 재단의 이사회가 '좀 더 숙고해야 할 신청서' 검토에 그들의 시간을 집중적으로 사용할 수 있음을 의미한다.

어떻게 정보가 조직화 되는가는 신청서에 대한 심사와 결정을 어떤 기준에 의해 나누는가를 살펴보면 알 수 있다. 예를 들면 어떤 재단은 (지역적으로 균등한 지원을 중요하게 생각하는 경우) 지원신청서를 지역에 따라 분류하고, 다른 재단들은 지원요청 금액별로 분류하고, 또 다른 재단들은 주제에 따라 구분한다. 어떻게 지원신청서를 형태별로 분류하여 지원 결정을 하는가는 재단의 지원심사에 필요한 정보에 부분적으로 의존하며 나머지 부분은 재단의 목적에 의존한다. 예를 들면 소수민족과 관련된 일을 하는 작은 단체에 대하여 소액다건 지원을 하고자 하는 목적을 지닌 재단이 있다고 하자. 이 재단의 분류 체계는 컴퓨터의 도움을 받아 수시로 쉽게 바꿀 수도 있다. 이러한 분류에 있어서 처음에 어떤 방법이 사용되었던 간에 재단은 변화되는 필요와 목적, 광의의 사회적 정치적 경향과 책임감에 대한 요구 등에 따라 이 방법들은 정기적으로 검토해야 한다. 예를 들면, 많은 재단은 지원을 공공사업과 사회복지기관 그리고 개인적인 것으로 나누어서 검토해야 한다는 필요성을 인식하지 못하고 있지만 공공부분과 민간영역에서의 지원신청이 모두 증가하고 있기에 이러한 새로운 추세의 범위를 평가하기 위해 이러한 구분은 필요하다.

행정업무는 수혜자들로부터 최소한의 책임감을 활성화하기 위해 고안되었다. 예를 들면 어떤 재단이 많은 지원신청을 받고 소액다건의 지원을 하면서 각 지원신청인에게 재단 지원의 목표를 한 줄로 요약해서 주었다고 하자. 이러한 방법은 모든 지원신청자가 지원의 목적을 재빨리 살펴볼 수 있게 함으로써 재단의 목표에 부합하는 지원신청을 가능하게 한다. 또한 한 줄짜리 요약을 지원을 한다는 편지와 함께 수혜자에게 보낸다면, 지원금을 어떻게 사용할 것인가를 결정하는 데 참고할 수 있게 한다. 여기서의 요점은 재단이 신청서의 검토를 조직화하고 기록하는 등 지원 결정을 하는 틀을 가져야 한다는 데 있으며 이러한 행정적 절차는 재단이 사업 범위 내에서 지원을 검토할 수 있게 해주며 수혜자에게도 책임감을 느끼게 해준다.

점검사항: 비용과 경영

1. 재단의 첫 번째와 두 번째의 목적은 무엇인가?
2. 행정비용에 대한 대중의 기대가 제약적인가? 이러한 기대는 변화될 수 있는가?
3. 특히 지원자 수의 면에서 재단의 지원 범위는 어떠한가?

4. 어떻게 분류하여 지원신청서를 검토하는가? 서로 비슷한 지원신청서는 함께 검토될 수 있는가? 그리고 무엇보다도 어떤 기준에 의해 '비슷한' 것으로 분류하는가?
5. 재단은 어떤 정보, 어떤 항목으로 그 목적과 연관시켜 지원을 모니터할 필요가 있는가?

현실적 시간표

재단은 지원에 있어서 효과적이고 신속해야 한다는 의무를 갖고 있다. 그러나 지원결정의 속도 자체가 미덕이 될 수 없으며 그러한 속도로 인하여 잘못된 결정을 가져온다면 오히려 해로울 수도 있다. 지원을 위한 시간표를 만드는 데 있어 중심 기준은 가장 좋은 결정을 내리는 데 필요한 정도의 시간의 양이며 이 양은 재단의 지원방식, 특정한 정책, 우선지원 순위에 의해 달라질 수 있다. 신청인들로서는 지원 결정이 늦는 것보다 빠른 것이 좋으며 언제 지원 결정이 이루어지는지를 미리 아는 것이 중요하다.

예를 들면, 여름에 해야 할 프로젝트를 신청하는 신청인들에게는 11월까지 지원 결정을 유보한다면 아무 소용이 없을 것이다. 재단은 예측하지 못한 어려움에 대하여 시간적 여유를 갖고 신청인들과 명백히 대화할 수 있는 정도의 현실적인 일정표를 갖고 업무를 진행하여야 한다.

이러한 일정표는 또한 수혜자가 사용 용도를 변경할 경우, 이에 따르는 어려움을 해소하지 못한다고 할지라도 최소한 줄일 수는 있도록 작성되어야 한다. 재단은 수혜자의 지원신청과 실제로 지원을 받는 기간의 차이가 예상보다 길어진 경우, 지원금의 사용 용도를 바꾸게 해달라는 요청을 받는 경우를 예상하게 된다. 이에 대해서는 이사회에 의한 동의를 받아야 하는데 이 때 사안의 경중을 판단하여 전원이 참석한 이사회의 검토를 거쳐야 할지 여부를 결정해야 한다. 이사들은 일반적으로 다른 직업을 갖고 있으며 여러 가지 일로 늘 바쁜 사람들이다. 따라서 그들이 지원신청서를 검토하기 위하여 회의에 참석하는 시간이 제한되어 있다는 사실을 지원 결정을 위한 현실적 일정표를 짜는 데 반영하여야 한다. 한 번의 모임에서 결정되지 못한 신청의 경우 다음 번 모임에서 다시 검토될 때까지 수 개월간 기다려야 하는 경우도 있다. 이는 이사들이 근시일 이내에 다음에 만날 약속을 정하기가 쉽지 않기 때문이다.

일의 속도내기

결정을 빨리 하는 한 가지 방법은 소액지원의 결정을 한 두 명의 이사와 직원에게 이양하는 것이다. 그러나 법적으로 이사회가 모든 결정에 책임을 진다. 결정을 빨리 하는 다른 한 가지 방법은 지원신청을 지역적 혹은 특정 주제 등 다양한 기준으로 나누어서 검토하는 것이다. 재단은 지원신청서를 검토하기 위해 전문가나 전문가 그룹의 도움을 받을 수도 있다. 아주 많은 수의 지원신청에 대해 비교적 짧은 시간에 결정하고자 하는 재단에게 외부 전문가의 도움을 받는 방법은 권장할만 하다. 그러나 이러한 진행의 단점은 결정에 있어서 개별 전문가 그룹이 종종 다른 접근방식을 취하는 등 일관적이지 못하다는 점이다. 따라서 결정이 이런 방법으로 이루어졌을 때 주의해야 할 사항은 일관성과 공정성을 확실히 해야 한다는 점이다.

날짜와 관련된 정보

이것은 현실적인 일정표와 관련된 마지막 실제적인 지적이다. 만일 재단의 일정표가 신청 마감일과 결정 사이에 6개월의 공백이 있다면 신청인들에게 특히 건축과 관련된 프로젝트에 있어서는 결정 시기를 미리 알려 준다면 도움이 많이 될 것이다.

1. 얼마나 많은 신청에 얼마나 많은 정보가 필요한가? 어떻게 누구에 의해 이 정보는 습득될 수 있는가?
2. 얼마나 오랜 시간 동안 이사들은 지원신청서를 검토해야 하는가? 그리고 현실적으로 얼마나 자주 이사들이 지원신청서의 심사를 위해 만날 수 있는가?
3. 이사들은 모든 지원신청서를 검토해야만 하는가? 이사들은 결정권을 직원, 자문위원, 혹은 자문위원회에 이양하는가? 그렇다면 전체적인 일관성과 공정성을 유지하기 위해 얼마나 많은 부가 시간이 필요한가?

4장. 지원신청과 지원정보

좋은 지원신청서 받기

어떤 재단은 아주 많은 수의 지원신청서를 접수하지만 어떤 재단은 그들이 바라는 것보다 적은 수의 신청서만 받게 된다. 어떤 재단은 지원신청 건수를 늘리려고 하지만 또 다른 재단은 지원신청을 가능한 한 적게 받으려고 한다. 지원신청 건수 그 자체의 많고 적음이 미덕이 될 수는 없다. 너무 많은 지원신청을 받으면 이사들이 할 일이 많아지고 지원금을 작게 나누어야 하는 압력을 받을 수 있다. 신청 건수가 너무 적으면 수혜대상기관이 재단의 목적에 부합하는 사업을 하는 지에 대한 확신이 부족하게 될 수도 있다. 알맞은 숫자의 지원신청 건수는 재단이 추구하는 목표와 관련하여 재단이 갖고 있는 재원의 효과를 최대한 거둘 수 있도록 활용할 수 있는 규모다.

알맞은 신청 건수란 단순히 숫자의 문제가 아니라 재단의 목적과 재원에 부합하는 것이라야 한다.

신청 건수가 많으면, 이 중 지원할 만한 신청도 많게 되어 재단의 이사들이 좋은 결정을 할 수 있다고 생각하기 쉽다. 하지만 이미 언급한 바와 같이 신청 건수가 많으면 부적절한 지원 신청을 다루기 위해 낭비되는 시간이 많고 지원 신청자들의 소중한 시간 또한 낭비하게 만든다. 재단이 신청인들로 하여금 스스로 자신의 신청을 검열하도록 한다면 재단으로서는 행정적으로 비생산적인 시간, 재단 이사들과 신청인의 낭비되는 시간을 막을 수 있으며, 신청인의 실망과 재단과 대중과의 관계가 악화되는 것도 막을 수도 있다.

기준에 대한 의사소통

선택의 기준이 무엇인지에 대해 알고 있지 않는 한 신청인 스스로가 신청서 제출 여부를 자체 결정하기는 어렵다. 따라서 재단은 재단의 존재, 목적과 목표에 대하여 신청인과 의사소통이 필요하다. 어떤 재단은 비용의 문제 때문에 혹은 명성이 너무 높아 신청 건수가 쇄도하여 이를 처리하기 위한 행정적인 부담을 두려워하여 재단의 지원 사업이 널리 알려지는 것을 피하려고 한다. 반면에 만일 재단이 명성에 부합하여 일한다면 재단은 여러 신청서 중에서 재단의 목적에 부합하는 신청서를 제대로 선정할 수 있을 것이다.

명성이 높은 재단이라고 하여 반드시 더 많은 지원신청서를 받을 이유는 없다. 만일 재단이 올바른 명성을 가지고 있다면 적은 수의 더 적합한 지원신청서를 받게 될 것이다. 재단은 정책, 우선지원 순위, 선택기준에 대해 신청인과 효과적인 의사소통을 하기 위해서 어떤 프로젝트를 지원하는지, 어떤 단체에게 어느 정도 규모로 지원할 것인지 그리고 지원을 하지 않는 단체는 어떤 곳인지 등에 대하여 홍보해야 한다. 재단이 어떤 프로젝트를 선택할지와 어떤 종류의 기관에 지원하길 원하는지는 재단의 목적과 우선지원 순위와 연관되어야 한다. 만일 재단이 정책이나 우선 지원순위에 대해 확실하게 정하지 않았다면, 수많은 신청서 중에서 부적절한 신청서와 적합한 신청서를 골라내기 위해 시간을 많이 소모하게 된다.

지원신청자를 위한 정보 제공

어떤 종류의 정보가 잠재적 신청인들에게 필요한가는 재단의 정책과 우선지원 순위가 얼마나 구체적으로 정리되어 있는지에 의존한다. 아마도 모든 신청인이 필요로 할 최소한의 정보는 다음과 같다.

- 재단이 어떤 종류의 기관에 지원 하는가, 혹은 지원하지 않는가?
- 재단이 어떤 그룹의 사람들을 지원 하는가, 혹은 지원하지 않는가?
- 재단이 어떤 종류의 일을 지원 하는가, 혹은 지원하지 않는가?
- 어떤 지역을 위해 일하는 기관인가, 혹은 어떤 특정 우선순위를 기준으로 재단이 지원하는가?
- 재단이 자본금 지원과 운영비 지원을 동시에 하는가, 혹은 급여, 적자 지원과 같은 항목들을 제외하는가?
- 지원의 연속성은?
- 지원금의 규모에 최대와 최소가 정해져 있는가? 만일 그렇다면 평균 지원금의 규모는 어떠한가? 지원여부 결정에 대한 일정표와 지원의 신청

마감일은 언제인가?

- 지원신청의 방법
- 지원신청서를 검토할 때 고려되는 기타 사항들

　　신청인들에게 제공되는 모든 정보는 명확하고 잘 정리되어 있어야 한다. 재단은 신청인들이 재단의 정책과 안내를 읽지 않고 지원신청을 했다는 사실에 놀라움을 금치 못하는 경우가 있지만 만일 이러한 정보가 작은 활자로 형편없이 디자인되었다면 이러한 사실이 그다지 놀라울 것도 없다. 어떤 문서나 안내서를 읽지 않은 신청인은 재단의 시간뿐 아니라 그들 자신의 시간을 허비한다는 사실을 강조해야 한다. 하지만 이렇게 하기 위해서 재단은 최소한 안내서를 보기 좋고 알기 쉽게 만들어서 제공하여야 한다.

　　어떤 경우에는 잠재적 신청인과 정보를 교류하는 것만으로는 충분하지 않다. 만일 재단이 완전히 새로운 분야를 지원하려 한다면 이를 담당할 그룹이나 기관이 거의 없거나 혹은 존재하지 않을 수도 있다. 이 경우 재단은 이러한 그룹을 찾기 위해 애써야 한다. 만일 재단이 '훌륭한 지원신청서'를 낸 새로운, 그러나 경험이 부족한 그룹을 지원하려고 할 경우 비슷한 문제가 발생한다. 이 경우에 재단은 이러한 신청자를 발견하여 도와주는 것을 우선으로 추구해야 한다. 이러한 종류의 활동적 접근에는 많은 수의 직원이 필요하지 않다. 하지만 목적의 명확성은 필요하다. 예를 들면 한 재단이 소규모 신규 그룹에게 지원하고자 해도 지원신청이 없는 경우가 있다. 이때 재단은 잠재적 신청인에게 전화를 걸어 부추기고 만일 접촉한 그룹이 적합하다고 판단이 되면 재단의 직원이 이 그룹을 방문할 수도 있다. 그런

후에 지원이 타당하다는 판단이 서면 지원신청서를 접수하여 이사회의 검토를 받는다. 이러한 방법으로 재단은 능동적으로 재단의 노력 없이 지원신청서를 받기 어렵지만 재단의 지원의 우선순위의 범위에 부합하는 신청인으로부터 지원신청서를 받아서 검토할 수가 있다.

점검사항: 좋은 지원신청서 받기

1. 재단의 정책, 우선순위, 선택기준이 얼마나 명확한가?
2. 어떤 종류의 기관(단체)과 어떤 사업이 재단의 목적에 가장 부합하는가?
3. 이러한 기관(단체)이 적합한 지원신청서를 낼 수 있도록 재단은 어떤 종류의 정보를 제공하는가?
4. 지원신청기관(단체)에게 재단은 지원신청서 제출과 관련된 도움을 제공할 수 있는가?

지원정보: 요구한 대로 받는다.

재단의 지원 결정은 다른 결정과 마찬가지로 다른 사람들로부터 얻은 정보에 부분적으로 의존한다. 재단의 목적의 달성은 재단이 지원하는 결과에 의해 결정된다. 재단 지원의 성과는 재단이 지원신청자들에 대해 갖고 있는 정보의 질에 의해서 결정된다. 지원신청자에 대해 필요한 정보를 얻는 방법은 재단마다 다르다. 어떤 재단은 지원신청서를 읽고 판단하며, 다른 재단은 현장방문을 하고, 또 다른 재단은 양자의 방법을 모두 채택한다. 지원신청서의 양식에 대해서도 의견이 분분하다. 어떤 재단은 지원신청서 양식을 주고 양식에 따라 작성하게 하는 방식이 신청인들의 고유한 특성을 발현시킬 여지를 주지 않는 것이라고 주장한다. 또 다른 재단은 잘 조직되고 정돈된 신청서 양식은 막연히 신청자에게 자유로운 방식으로 작성하게 하는 것보다 신청서의 판단에 필요한 정보를 상세히 제공해 준다고 말한다. 자유양식의 신청서는 지원신청서를 잘 작성할 수 있는 기관에게는 오히려 환영을 받는다. 하지만 재단은 자유양식의 경우에 예측할 수 있는 어려움을 예견하고 신청자들에게 최소한 지원 신청할 때 꼭 필요한 내용들을 제시하여야 한다.

재단이 알아야 할 사항

재단이 어떤 방식을 선택하든지 정보의 양과 본질은 지원에 대한 접근방식에 따라 결정된다. 기부자는 투자자나 협동사업가보다 정보를 요구하는 정도가 약하다. 그러나 재단이 기부자의 입장에서 지원하더라도 책임감 있게 지원하기 위해서는 상당한 정도의 정보가 필요하다. 모든 재단은 그들의 정책과 우선지원 순위를 실현하기 위해 지원신청서 양식이나 점검사항을 갖고 있어야 한다. 다른 재단으로부터 빌려 온 양식과 점검사항들은 특정 재단과는 맞지 않을 수 있으므로 이를 검토하여 해당 재단의 특성에 맞게 수정하는 작업을 하여야 한다.

재단의 점검사항에는 무엇이 포함되어야하는가? 아래의 사항들이 행정적 절차에 필요한 근본적인 사항들이다.

- 기관명
- 주소
- 담당자 이름, 직책, 주소, 전화번호

그런 다음 재단은 신청자의 목표와 성과도 파악하기를 원할 것이다.

- 기관의 주요 활동은 무엇인가?
- 누구를 도와주길 원하는가?

이를 위해서 신청단체를 가장 잘 묘사할 수 있는 범주를 선택할 수 있는 분류 제도를 사용해야 한다. 이 때 고려되어야할 핵심사항은 다음과 같다.

- 신청 단체를 얼마나 많은 사람들이 도와주는가? (사람의 경우 '계약 시간,' 장비의 경우 '전체 사용 시간'을 물어보는 것이 좋을 것이다.)
- 직원들은 모두 임금을 받고 고용이 되었는가, 봉사자인가, 아니면 이 양자의 혼합인가? 각 몇 명이며 봉사자 대비 직원의 비율은 어떠한가? (다시 이러한 문제들에 조심스럽게 접근해보자. 봉사자들의 수를 헤아리기는 쉽지 않다. 가장 좋은 접근 방법은 아마도 각 주 별 혹은 월 별 봉사자의 수를 측정하는 것이다.)
- 기관의 경영구조는 어떠한가? (예를 들면, 소비자 중심의 참여를 유도하는 재단은 소비자들이 이 수혜대상기관의 운영위원회를 대표하는지를 알고자 할 것이다.)
- 기관의 재원은 무엇인가? (지난 3년간의 수입, 지출, 예비비, 자본금 등과 관련된 서류를 참고하면 된다. 또한 감사를 받은 회계의 복사본도 유효하다.)
- 기관의 주요 수입의 원천은 무엇인가? (수입의 구분과 원천에 대해 질문을 하는 데 있어서 가능한 한 세밀하여야 한다.)

위에서 언급한 사항들은 모두 중요한 정보다. 이제 재단은 특정 지원신청에 대해 좀 더 구체화된 질문을 시작할 수 있다.

- 무엇을 위한 것인가? - 소형버스, 명승지로의 여행, 레이저 프린터, 직
  원 월급 등
- 누구를 도울 수 있는가? (위에서 언급한 분류는 이러한 질문에 유용하다.)
- 얼마나 많은 사람을 도울 수 있으며 얼마나 많은 사람들이 관여해 왔는가?
- 어떻게 도와주고, 성취하고, 차이점을 만들어 나갈 것인가? (비록 이러
  한 질문이 보편적이지 않지만 재단은 신청자에게 프로젝트의 진행의
  평가 측정과 관련된 전반적인 목적을 질문할 수 있다. 이 질문에 대한
  답변은 프로젝트와 지원신청기관에 대한 상당한 정보를 재단에 말해
  줄 것이다. 또한 지원신청기관으로 하여금 지원신청 프로젝트 자체를
  숙고해 보고 해답을 발견하도록 도와 줄 것이다.)
- 언제 필요한가? (많은 기관들은 다음 해 1월까지 지원금을 주지 않는다
  고 할지라도 크리스마스 파티에 대한 지원신청을 한다.)
- 전체 비용은 얼마인가? (신청인은 전체 비용에 대비하여 어느 정도 비
  율의 지원을 원하는가? 이에 대해 재단은 자산과 소요경비의 상세한
  내역을 요구할 것이다. 어떤 재단의 경우 우선순위에 따른 리스트를 요
  구한 후 요청금액의 전부 혹은 일부를 지원한다.)
- 다른 기관으로부터 얼마나 많이 또 어느 기관으로부터 지원금을 받기
  로 되어 있는가? (어떤 재단은 스스로 돕는 자만을 도우려고 한다. 또
  다른 재단들은 지원금 모금에 너무 많은 에너지를 소비함으로써 실제
  목적을 소홀히 하게 된다고 생각하기도 한다. 어떤 재단은 특정 지역의
  기관들은 스스로의 노력으로는 지원금을 모금할 수 없으며 이렇게 지

원금을 얻으려다가 거절당하면 다음의 지원이나 다른 곳으로부터의 지원만 자꾸 어렵게 된다고 생각한다. 만일 당신이 총 25,000파운드 중 남은 5,000파운드를 지원한다고 할 경우, 이 돈은 애초의 20,000파운드가 모금되기 전까지는 몇 달이나 혹은 몇 년간 은행구좌에 그냥 있을 것이다.)

- 신청인이 추가적인 지원금을 어디서 얻고자 하는가? (운영비, 보험료 등과 관련한 특정 질문을 포함하는 적합한 곳을 찾고자 할 것이다. 따라서 재단이 지원하여 구입한 미니버스에 대한 보험료와 유지비를 감당할 수 없는 단체에 미니버스를 사 주는 것은 크게 도움이 되지 않는다.)

- 급여 (직원의 급여에 대한 지원을 할 경우 어떤 일을 맡기는지, 채용 조건은 어떠한지, 요구되는 자질과 경험은 어떠한지를 알고자 할 것이다.)

- 건물, 증축 등 (건물에 대한 지원을 할 때 이와 관련하여 필요한 허가를 모두 얻었는지를 확인할 필요가 있을 것이다.)

정보 얻기

당신은 필요한 모든 정보를 서면으로 얻는 방법과 일단 기본적인 정보를 요구한 후 더 필요한 사항에 대해서는 전화나 방문에 의해 확인하는 두 가지 단계를 거칠 수도 있다. 하지만 합리적인 지역적 거리는 고려되어야 한다. 겨우 250파운드 정도의 돈을 지원하면서 아주 멀리 떨어진 신청자를 방문한다는 것은 불합리하지 않겠는가!

만일 재단이 신청인에 대해 모든 정보를 얻으려고 결심했다고 하더라도 약간의 추가적인 정보는 아마도 필요할 것이다. 예를 들면, 의료장비를 개인이나 단체에 지원할 경우 관계 당국이나 의료 전문가에게 이 장비가 가장 적합한 것인지, 유지비는 얼마나 드는지에 대해 미리 확인해 보는 것이 현명할 것이다. 아무리 정보에 밝은 기관이라도 교육 당국이 학교의 컴퓨터 시스템을 교체하기로 했다든지 6개월 이내에 새로 디자인된 휠체어가 시장에 나온다는 사실을 모를 수도 있기 때문이다.

전문가와 직원의 활용

어떤 재단은 신청자에 대한 정보를 얻고 평가하는 이사들을 돕기 위해 직원을 채용한다. 어떤 경우에는 재단이 정규직원을 채용하고 또 다른 경우에는 계약제로 고용하기도 하며 또 어떤 경우에는 특정 주제나 지역에 대한 지식을 갖고 있는 사람들로 구성된 소위원회나 자문 위원회에 의지하기도 한다.

물론 법률적으로 어떤 방식으로 직원을 채용하는가는 전적으로 그 재단의 책임이다. 하지만 재단이 직원이나 전문가들을 그들의 특정 지식이나 기술을 보고 선발했다고 하더라도 이들의 조언을 듣지 않는다면 이들은 아마도 오래 머물려고 하지 않을 것이다. 따라서 이사들은 좋은 지원을 위해 어떤 정보와 조언이 필요한지, 이를 위해 추가적 시간과 특수한 지식이 얼마나 필요한지 그리고 그 비용과 이사회의 권한과 책임에 충돌하지 않게 이들과의 관계를 어떻게 만들어야 하는지 등에 대해 고려해야만 한다.

지원신청서 양식

어떤 재단은 전적으로 지원신청서의 양식에 의존하려고 할 것이다. 이 경우 단순히 지원신청서 양식이 복잡하고 양이 많기 때문에 이것이 재단의 결정의 질과 부합한다고는 생각하지 말아야 한다. 그러나 필요한 정보를 요구하지 않은 것이 시간을 절약하는 방법은 아니다. 실제로 지원신청서의 분량은 명확성보다 중요한 것이 아니다. 재단에 필요한 정보를 모두 담을 수 있게 신청서 양식을 디자인하는 것이 결국 시간과 돈을 잘 쓰는 길이다.

양식의 배열을 생각할 때 신청인과 재단의 양자를 다 고려하여야 한다. 재단이 만일 기본적인 자료들을 컴퓨터에 입력하여 활용하고자 한다면 질문 항목들을 그룹별로 구분해야 한다. 그렇지 않으면 사무보조원이 입력할 데이터를 뽑아내느라고 시간을 다 허비하게 된다. 마찬가지로 만일 재단이 어떤 종류의 기관에 대해서 지원할 의사가 전혀 없는 경우에는 양식의 처음에 이와 관련된 질문을 하여 신청기관 스스로 그러한 사항을 알게 된다면, 적합하지 않은 지원요청을 신청인 스스로가 즉각 취소하게 할 수 있을 것이다. 재단은 지원여부의 판단을 위해 꼭 필요한 항목들을 기재할 수 있도록 양식을 세밀하게 만들 필요가 있으나 이러한 양식이 너무 복잡하여 신청자가 기재를 하기 이전에 부담을 갖게 해서는 안 된다. 따라서 내용 뿐 아니라 디자인에도 신경을 써야 한다.

점검사항: 좋은 지원을 위한 바른 정보 얻기

1. 재단의 지원의 성격은 무엇인가 - 기부자, 투자자, 협동사업가?
2. 지원이 재단의 목적에 적합한지를 검토하기 위해서 그리고 재단의 사업의 진행 현황을 모니터하고 평가하지 위해서 무엇을 알아야만 하는가?
3. 지원신청자의 특성상 정보를 얻는 데 가장 좋은 방법은 무엇인가?

5장. 지원 결정

모든 결정에는 선택에 따른 위험이 동반된다. 지원에 있어서 위험은 내재적인 것이다. 그 이유는 지원의 여부를 결정하기 전에 그 결과를 볼 수 없기 때문이다. 따라서 재단이 완벽한 정보를 갖고 결정을 하는 경우는 매우 드물며 일반적으로 필요한 양보다 적은 정보를 가지고 결정을 하게 된다. 이런 이유로 지원 결정을 하는 일은 종종 고통스럽다. 그러나 첫째, 명확한 정책과 우선지원 순위를 가지고, 둘째, '훌륭한 가치가 있는 일인가?'를 질문하기보다 '재단의 재원을 이용하는 가장 효과적인 방법인가'를 질문해 봄으로써 결정을 조금은 쉽게 만들 수 있다. 재단의 정책, 우선지원 순위, 재원과 신청인의 요구와의 관계에 의해 결정하기보다 상대적인 판단에 의거하여 좋은 프로젝트인가로 지원을 결정하는 것은 재단과 지원신청자 모두에게 별로 이로울 것이 없다. 전략적이지 않은 평가 방식을 선택한 재단은 앞으로 계속 다른 기관으로부터 지원을 받을 가능성이 없는 프로젝트를 일회성으로 지원하거나 다른 기관에서 장기적으로 대규모 지원을 받게 되는 프로젝트에 대해 일부 지원하는 방식을 택할 것이다.

재단이 지원 결정을 하는 방법은 대부분 재단의 특정 지원 방식에 의해 정해진다. 따라서 투자로서의 지원 결정은 순수한 기부로서의 지원 결정과는 다르게 이루어진다. 하지만 모든 재단은 어떤 지원을 할 것인가를 선택해야 하며 그러기 위해서는 정책과 우선지원 순위에 따라 기준을 가져야 하는 것이다. 이를 위하여 재단은 아래의 질문들을 유용하게 여겨야 한다.

지원을 검토하는 데 가장 처음에 해야 하는 근본적인 질문은 "이 요청은 우리의 정책과 우선지원 순위에 부합하는가? 그리고 근본적으로 우리의 목적에 부합하는가?" 다. 만일 그 대답이 "아니다"이면 해당 지원요청은 거절되어야 한다. 두 번째 질문은 "좀 더 적합한 신청자로부터 다른 지원요청은 없는가?" 다. 이러한 질문은 재단이 재원을 가장 효과적으로 사용하고 재단의 지원이 중요한 것인지의 여부를 확실히 알 수 있게 한다.

지원에 대한 거절 편지를 보내는 것에 대해서는 재단마다 다른 의견을 갖고 있다. 어떤 재단은 거절 편지를 보내는 것이 지원신청자들에 대한 예의라고 하고 또 다른 재단은 비용이 들뿐만 아니라 재단의 지원방침을 조심스럽게 읽지 않은 자격이 없는 신청자들과 논쟁을 일으킬 소지가 있다는 이유를 들어 반대하고 있다. 지원 거절 문안은 항상 조심스럽게 써야 한다. 만일 지원신청자가 다음 기회에 지원받을 가능성이 실제로 있지 않는 한, "이번에는 지원되지 못했다"라고 함으로써 여운을 남기는 것은 신청자나 재단 모두에게 좋지 않다.

지원신청서 읽기

만일 지원신청이 재단의 지원 범위에 있다면 재단은 다음과 같은 더욱 자세한 질문을 할 필요가 있다.

- 지원신청기관이 등록된 사회사업기관인가, 상업적 기관인가, 봉사기관인가, 국가기관인가? 재단은 해당 기관의 실제적 위상과 역할을 알기 위해서는 행간을 읽을 필요가 있다.
- 지원신청기관의 규모는 어떠한가? 대규모 기관의 분소는 아닌가? 국가기관인가 아니면 지방정부기관인가?

- 무엇에 대한 지원을 요청하고, 무엇을 이루고자 하며, 수혜자가 누구인 지에 대한 명확한 언급을 하고 있는가?
- 프로젝트에 누가 참여하고 있는가? 다른 프로젝트와 참여자가 중복된 다면 문제가 없는가?
- 지원신청기관은 이러한 프로젝트를 통해 얼마나 오래 생존 가능한가?

재단은 지원기관의 재정자립도를 검토하고 회계를 이해할 수 있는 능력을 지녀야 한다. 어떤 재단은 재단이 익숙해져 있던 수혜기관과 비교하여 다른 회계방법을 쓴다는 이유로 지원신청을 거절하기도 한다.

- 지원신청기관은 언제 설립되었는가? 지원신청서와 관련된 프로젝트가 과거에 성과를 거두었는가?
- 프로젝트를 담당하는 사람들이 어떤 경험을 갖고 있는가?

누군가가 좋은 아이디어를 갖고 있다면 또 다른 사람들은 좋은 지원신청서를 작성할 능력을 갖고 있다. 일을 실제로 수행해 나가는 것은 별개의 문제다. 어떤 재단은 프로젝트나 지원신청서 혹은 계획 그 자체보다 사람들의 면면을 더 중요하게 여긴다. 위험을 줄이는 한 가지 방법은 지원신청기관의 생존 가능성과 운영자들(직원이든 봉사자든지)의 능력을 조심스럽게 고려하는 것이다.

- 어떤 단계에서 프로젝트가 작용하는가? 지원신청자가 빌딩과 관련된 모든 적절한 계획을 세우고 필요한 허가를 받기 이전에 빌딩에 대한 지

원을 원하는가? 이 밖에도 장비를 다룰 수 있는 직원은 없으면서 장비에 대한 지원을 하는 것과 장비가 없이 이에 대한 인력을 지원요청 하는 것 모두 의미가 없다. 지원신청자가 논리적 순서로 프로젝트를 수행 하는가? 이들의 수행계획이 적절한 순서로 판단될 어떤 근거가 있는가? 봉사단체들은 종종 자신들의 상황이 '닭과 달걀'의 딜레마에 처해 있으며 언젠가 누군가, 아마도 재단이, 이 서클에 처음으로 들어와야 한다고 생각한다. 즉 이것이 바로 재단에 요청되는 일이다.

- 시간 계획이 현실적이며 지원의 크기와 지속 기간이 의도된 프로젝트를 성취하기에 충분한가?
- 신청인이 내년에 좀 더 많은 지원을 위해 다시 지원신청을 할 것인가? 그렇지 않다면 지속적인 지원을 다른 지원기관으로부터 받을 수 있는가?
- 해당 지원으로부터 얼마나 많은 사람들이 혜택을 받을 수 있는가? 한 사람 당 책정된 비용이 합리적인가? 이는 지원 결정에 있어서 기준이 한 명 당 비용이 되어야 한다는 것을 의미하는 것은 아니다. 단지 한 명 당 비용을 따져 봄으로써 실제 지원요청 금액이 합리적인가를 보려는 것이다. 다른 흥미로운 질문은 "만일 프로젝트의 전체 비용이 수혜자 사이에 현금 혹은 개인적 지원으로 나누어진다면 그들이 단기와 장기 지원 사이에 같은 혜택을 얻을 수 있을 것인가?"다.

추가 질문들

어떤 재단은 지원요청기관(단체)이 외부의 다른 지원을 얼마나 받았는가를 알고 싶어한다. 여러 곳에서 지원을 받는다는 것으로 지원요청기관(단체)이 지닌 재원조성 능력이 증명이 되지만 대부분의 수혜단체는 지원금을 여기저기서 많이 받기 위해 존재하는 것은 아니며 이렇게 하기가 무척 어렵다는 것을 기억해야 할 필요가 있다. 별로 '흡인력이 없는 소비자 그룹', 즉 미취업자가 많은 지역, 농촌 지역의 사람들을 중심으로 활동하는 단체나 기관들은 특히 지원을 받기가 어렵다. 반면에 신체 건강한 사람들, 중산층의 젊은이들을 겨냥하여 일을 하는 기관이나 단체는 그들의 힘으로 부분지원이라도 받을 수 있다.

자본금 지원에 대한 지원 요청에 대해 재단은 신청인의 경영, 직원관리, 보험, 유지, 서비스 안전장비 설치와 교체 등의 문제와 관련된 능력 등 종합적으로 검토해야 한다. 재단은 지원신청자가 이러한 문제들에 대해 현실적으로 이미 검토를 마친 것으로 속단해서는 안 된다. 임대료를 지원하여 주는 것이 건물 구입을 지원하는 것에 비해 언뜻 보기에는 더 경제적인 것으로 생각할 수 있지만 유지비 지원은 앞으로의 계속적인 지원에 대한 요청을 불가피하게 야기한다. 만일 그 기관이 내년에도 마찬가지 입장에 있을 것이라면 직원 급여와 전기세와 같은 비용을 지원할 이유가 있겠는가? 만일 재단이 장기적 지원을 한다고 해도 이러한 지원을 언젠가 끝낼 수 있을까? 어떤 재단은 자립을 촉구하면서도 유지비 지원을 하기도 하지만 우리가 알아 두어야 할 사항은 수혜기관은 그럼에도 불구하고 항상 지원이 필요할 것이라는 점이다.

재단은 지원신청에 대하여 자본금 지원과 운영비 지원을 함께 고려할 때 지원신청자가 무엇을 요구했고 무엇이 필요한지를 살펴 볼 필요가 있다. 지원요청 그룹이 정말 20명의 회원을 관리하고 이들에게 보내는 계절별 소식지를 만들기 위해 1000파운드 정도의 워드프로세서가 필요한가? 신청인이 일주일에 3일 동안 10명의 아이들을 실어 나른다면 미니버스가 꼭 필요한가? 휠체어, 의료기구, 장애인을 위한 미니버스 등 어떤 특정 장비들은 신청기관의 용도에 맞게 최적화하려면 아주 특별한 지식이 필요하다. 의료장비는 일반적으로 사용자, 전문가, 유지 관리인, 수리공 모두의 검토가 필요하다.

지원이란 것은 지원 여부뿐만이 아니라 얼마나 많이 줄 것인지를 결정하는 일이다. 부분지원의 장점과 단점은 앞서 이미 언급하였다. 재단이 지원신청자의 요청보다 적은 금액을 주는 것은 부분지원에 대한 믿음에서 기인한다. 또한 이러한 부분지원은 지원신청자의 비용 산출액에 대한 불신에서 나올 수도 있다. 재단은 지원신청자가 요청한 비용을 적절하게 고려하여 요청한 액수보다 많이 주거나 또는 일의 목적을 훼손하지 않으면서도 지원금을 절약할 수 있는 방법, 즉 중고 물건을 사거나 빌린다거나 자원봉사자의 도움을 단기 노동력으로 대체 하는 등의 방법을 제시할 수 있다. 만일 재단이 지원신청 자체는 지지하지만 세부적인 예산 내역에 불만이 있다면 재단과 지원신청자는 그 부분에 대해 상세히 논의하여야 한다.

질quality: 유일한 판단기준인가?

어떤 재단은 이사들이 지원 결정을 할 때 그들이 얼마나 지원해야 하는지 판단해야 한다. 수입이 많은 재단은 비록 지원신청서가 신통치 않다 하더라도 모든 것을 지원해야 한다는 유혹, 즉 예산에 맞추어서 지원을 해야 하는 위험에 빠질 수 있다. 이상세계에서는 지원 결정이 재단의 목적과 재단이 가용할 수 있는 재원의 범위와 연관시켜 오로지 지원신청의 질에 바탕을 두어 이루어진다. 하지만 현실적으로는 얼마나 많이 혹은 적게 지원하느냐는 우선지원 순위와 재단의 재원의 가장 효과적으로 사용하는 것이 무엇인가에 바탕을 두게 된다. 그러나 시험적인 작업에 대한 지원은 예산 범위에 대한 고려 없이 오직 질적인 것에만 바탕을 둔 결정을 하는 것도 의미가 있다. 만일 재단의 유일한 판단기준이 질quality이라면 지원신청자들에 이로 인해 더 많이 혹은 더 적게 지원을 하겠는가? 만일 재단의 한 해 예산을 그 해 안에 다 사용하지 않는다면 재단의 신용도에 어떤 영향을 미치겠는가?

점검사항: 결정에 있어 근본적인 질문들

1. 재단의 한정된 재원의 가장 효과적인 유형은?
2. 재단은 지원신청과 관련하여 어떤 유형의 지원방식을 채택하고 있는가?
3. 재단의 목적에 부합하는 지원요청인가?
4. 수혜기관이 인적 자원, 지식, 기술, 구조, 시간과 재원 면에서 소기의 목적을 달성할 수 있는 능력이 있는가?
5. 지원신청 내용과 비용이 현실적인가?
6. 특정 지원신청을 받아들이는 데 있어서 어떤 위험이 도사리고 있는가? 그리고 재단은 위험을 받아들일 준비가 얼마만큼 되어 있는가?
7. 만일 질(quality)이 유일한 판단기준이라고 가정하더라도 이러한 질에만 기준을 두고 지원을 할 것인가?
8. 재단이 한 해 예산을 연 내에 모두 소진해야 한다는 압력을 받고 있는가?

6장. 모니터링과 평가

이 장에서는 어떻게 모니터링과 평가를 수행해야 하는지 설명하지는 않겠다. 그 대신 더 근본적인 문제에 집중하여 논의할 것이다. 모니터링과 평가는 마치 같은 것인 양 함께 운영되는 경우를 종종 볼 수 있다. 하지만 사실상 이들은 서로 다른 활동을 통해 서로 다른 목적을 위해 쓰인다. 모니터링은 어디로 어떻게 일이 진행되고 있는지를 추적하는 일이다. 이것은 재단이 어디에 있는지, 즉 일정궤도에 진입해 있는지의 여부, 왜 이렇게 되어야 하는지, 어떻게 수정할 수 있는지 등을 말해주는 경영 장치다. 모니터링은 정보의 수집과 검토를 위해 시행된다. 모니터링은 프로젝트가 시작하는 날 시작되고 끝나는 날 끝난다. 모니터링의 가장 어려운 부분은 초기단계에 올바른 정보를 수집하는 체계를 세우는 것이다.

평가는 프로젝트가 소기의 목적을 달성하였는지를 측정하기 위해서 고안되었다. 그러나 이를 통해 해당 프로젝트가 의도하지 않았던 다른 것을 성취하였는지의 여부도 확인할 수 있다. 평가는 단순히 프로젝트의 성과와 연관되는 것이 아니라 실패에 따른 분석과 관련이 된다. 평가가 지닌 실제적 목적의 하나는 성공과 실패를 이해하는 것이다. 왜 어떤 것이 제대로 되지 않았는가에 대해 안다는 것은 성공을 확인하는 것만큼 만족스럽지는 않지만 그만한 가치가 있다. 평가는 모니터링보다 어려우며 비용이 더 든다. 평가는 프로젝트의 목적이 '일반적 복지 증진', '차별 극복' 등 불분명하고 확인할 수 없는 것이라면 더욱 어렵다. 재단의 모니터링과 평가에는 두 가지가 있다. 첫째, 재단은 자체의 업무, 즉 스스로 돈을 쓰는 방법에 대해 모니터링하고 평가한다. 둘째, 재단은 지원을 받는 수혜기관의 프로젝트를 모니터링하고 평가한다.

내부 모니터링

재단의 내부 모니터링은 재단이 목적을 달성하고 있는지를 알기 위해 체계적으로 지원의 패턴을 살펴보는 것이다. 예를 들면 소수그룹 여성의 활동을 지원한다는 우선지원 순위를 가진 재단은 실제로 그 그룹에 대한 지원이 되고 있는지를 확인한다. 이 범주에서 소요되는 지원금은 충분한가? 그렇지 않다면 어떻게 확보할 수 있는가? 모니터링은 재단이 왜 궤도를 벗어나 있는지를 말해 주지만, 이러한 파악은 재단이 올바른 질문을 하고 올바른 정보를 습득했을 때만 가능하다. 예를 들면 소수그룹 여성에 대한 지원을 표방하는 재단이 사업예산의 아주 적은 부분만을 이 그룹에 지원하고 있는 것을 볼 수가 있는데 이는 재단이 자신의 사업의 우선지원 순위를 잊어버려서가 아니라 이러한 그룹으로부터 지원신청이 너무 적게 들어 왔기 때문인 경우가 있기 때문이다.

지원 패턴의 모니터링의 확대는 정책 검토다. 어떤 재단은 이를 검토하는 정기적 시간을 매년 혹은 3년이나 5년마다 할당하며 정책과 실행에 있어서 필요한 변화를 검토한다. 과거의 지원신청 패턴과 지출을 모니터링 하는 것은 이러한 점검의 기초를 제공한다. 그러나 재단의 정책 검토는 또한 전체 사회복지정책의 경향과 재단의 최종적 수혜자의 요구 변화, 지원신청자의 요구 상황, 재단의 대의명분의 상대적 인기도 등을 검토할 것을 요구한다. 정책검토에 필요한 지식은 부분적으로 재단이 자신의 역할을 어떻게 보고 있느냐에 의존하게 된다. 예를 들면, 재단이 대중의 인기가 없는 프로젝트의 지원에 우선순위를 둔다면, 재단의 예산의 큰 부분을 차지하는 이러한 지원이 다른 분야에 비해 상대적으로 정말 인기가 없는지를 검토할 필요가 있으며 더 나아가서는 새로운 비인기 분야를 찾아 볼 필요도 있다.

정책 검토는 어느 재단에게나 쉽지 않다. 심지어는 대형재단도 사회

정책 전문가와 특정 분야의 전문가들로부터 종종 도움을 요청한다. 정책 검토의 어려움과 이와 관련된 시간의 소모는 이에 대한 반감을 갖게 한다. 하지만 이러한 검토 없이 사업을 진행한다면 재단의 재원의 점점 많은 부분이 쓸모없이 사용될 것이다. 이상적 정책 검토는 이전의 지원이 무엇을 이루었으며 어떻게 더 많은 것을 이룰 수 있는지에 대하여 고려할 것을 요구한다. 달리 말하면, 정책 검토는 경험으로부터 배우게 하며 지원 활동을 어떻게 향상시키는가를 고려하게 만든다. 그러나 이러한 정책 검토가 잘 이루어지지 않는 것은, 부분적으로는 어렵거나 비용이 많이 들기 때문이고, 또 다른 측면에서는 더 잘 할 수 있는가를 생각하지 않고 일하는 것에 대해 재단의 이사들이 문제의식을 갖지 않기 때문이다.

수혜자에 대한 모니터링과 평가

"어느 정도의 모니터링과 평가가 필요한가?"는 각 재단의 지원 스타일에 달려 있다. 만일 재단이 기부자로서 소액다건 지원을 한다면, 모니터링은 어느 정도 필요할지는 모르지만 평가는 부적합하다. 그러나 평가의 적절성은 지원의 크기 그 자체보다 지원의 목적에 의존한다. 예를 들면, 피아노 구입을 위한 300파운드의 지원을 평가하는 것은 비용 면에서 적절하거나 효과적이지 않다. 이 경우에는 서면 형태로 지원을 모니터링 하거나 수혜자에게 영수증을 요구하는 것만으로도 충분하다. 그러나 만일 재단이 "수혜단체의 회원을 증가시키기 위해 피아노 구입을 지원했다"면 평가는 이 지원이 소기의 목적을 달성했는가의 측면에서 이루어 질 수 있다 (하지만 이러한 평가는 비용효율성 면에서 여전히 효과적이지 않다).

실제로 재단이 투자자나 협동사업가로서 다액소건 지원을 한 경우가 아니라면 재단이 평가를 원하거나 또 모든 지원을 평가하기는 상당히 어렵다. 하지만 소액다건 지원이라고 해서 평가의 적합성이 항상 배제되어야 하는 것은 아니다. 만일 그 지원이 전형적인 형태를 지닌다면 소액지원이라도 이에 대한 평가는 비용효율적인 것으로 볼 수 있다. 예를 들면, 재단의 부분지원에 대한 효과를 이러한 지원의 샘플을 통해 평가한다면, 이러한 각자의 평가는 평가의 전체 비용보다 더 가치 있을 것이다.

평가를 고려하면서 재단이 하는 가장 중요한 질문은 "왜 평가를 하느냐?" 혹은 "어떤 목적을 위해 평가를 활용하는가?"다. 그 해답은 아마도 다음과 같을 것이다.

- 효과적인 지원에 대해 더 배우기
- 특정 분야에서 재단의 기여를 나타내기
- 과연 그리고 왜 어떤 일이 잘 되었는지 혹은 그렇지 못한지를 이해함으로써 앞으로의 정책과 실천에 기여하기
- 특별히 어려운 분야에 대한 향후 지원을 도와주기

이러한 질문에 대답하는 것은 재단이 "무엇을 평가하길 원하는가?"를 결정하도록 도와주게 된다.

다음 단계는 지원의 목적 다음에 와야 하는 올바른 평가 질문들을 만들어 가는 일이다. 평가의 시기는 단순히 행정적 편의에 좌지우지 되어서는 안 된다. 평가의 시기는 그 결과에 영향을 준다. 예를 들면 프로젝트를 시작한 지 6개월 후에는 이 프로젝트의 목적을 하나도 이루지 못하고 2년 후에는 모두 이루고, 마지막 5년에는 이 성과가 모두 사라져 버릴 수도 있

다. 회사의 대차대조표처럼 평가도 특정 시기의 순간적 포착이다.

결과 보급의 중요성

이것은 평가의 마지막 요점이다. 만일 평가가 일반적 지식을 보태고, 정책에 영향을 주고, 다른 유사한 프로젝트를 촉진하거나 다시 같은 실수를 하는 것을 막아주도록 고안되었다 하더라도 그 결과가 보급되지 않는다면 무용지물이다. 평가에 대한 모든 토론은 보급의 비용과 수단을 아울러 고려해야 한다. 재단이 원래 언급한 목적을 하나도 성취하지 못한 것을 보여 주는 사업보고서를 출판한다는 것은 당황스러운 일이다. 그러나 어떻게 그리고 왜 그러한 일이 생겼는지를 보여주는 평가는 다른 재단과 공공기관의 정책과 이의 실천에 크게 기여할 수 있다.

점검사항: 모니터링과 평가

1. 지원스타일은 어떤 것인가? - 기부자, 투자자, 혹은 협동사업가 - 그리고 지원의 종류에 따라 이것은 달라지는가?
2. 지원의 크기와 지원 건수는 어떠한가? 각 지원에 대해 재단의 목적은 명확한가?
3. 재단의 관점에서 보아 모니터링과 평가의 전체적 목적은 무엇인가? 모니터링과 평가의 정도와 범위, 비용과 시기 면에서 좀 더 구체적인 결정은 바로 이러한 목적과 관련된 좀 더 근본적인 문제제기에 의해 이루어져야 한다.

7장. 책임: 양방향의 과정

재단은 좀 더 개방적이고 책임감 있기를 점차 요구 받고 있다. 이러한 요구는 무엇을 의미하는가?

책임이란 무엇인가?

책임은 좀 모호한 개념이므로 책임을 논함에 있어 재단은 서로 다른 의미
와 양상을 명확히 할 필요가 있다. 재단과 관련된 책임이란 양방향의 개념
이다. 재단은 일차적으로 정부단체와 기부자와 수혜자 그리고 재단 자체
에 책임이 있다. 그러나 서로 다른 종류의 책임도 있다. 첫째, 기관을 잘 운
영하는 것과 관련된 회계적 책임이 있다. 둘째, 올바른 과정을 잘 지키고
말한 대로 행동하는 것과 관련된 과정상의 책임이 있다. 셋째, 성과와 관련
된 프로그램상 책임이 있다. 이러한 세 가지 종류의 책임은 재단에 서로 다
른 종류의 요구를 한다. 회계와 과정의 책임은 어떤 형태의 모니터링에 의
해 만족되며 반면에 프로그램 책임은 일반적으로 어떤 형태의 모니터링과
평가를 수반한다.

누구를 위하여, 무엇에 대해, 왜 지원하는가?

재단은 서로 다른 그룹에 대해 또 서로 다른 프로젝트의 지원에 대해 책임
이 있다. 법적으로 재단은 감독기관에 대해 회계와 진행과정에 관련된 책
임이 있다. 그러나 현재 재단의 프로그램에 대한 책임은 요구하는 경우는
없다. 이러한 공공기관에 대한 책임 이외에 서로 다른 재단은 서로 다른 그
룹에 책임이 있다. 이 부분은 수입의 원천과 관련이 될 수 있다. 그러나 모
든 재단은 기금을 모금하여 운영하든지 기본 재산으로 운영하든지 간에 기
부자 혹은 출연자에 대한 책임의 한계와 적당한 본질에 대해 아주 어려운
문제를 제기할 필요가 있다. 법적으로 혹은 도덕적으로 기부자 혹은 출연

자의 지원 의도가 중요하지만 동시에 기부자가 재단 자체의 판단으로 적합하다고 생각되는 단체를 지원하라는 위임이기도 하다는 사실을 기억할 필요가 있다.

재단이 책임을 져야 할 상황을 확인하는 것과 그 의미를 밝히는 것은 그 자체로도 중요하다. 이것은 재단이 책임에 어떤 식으로 대응하는가에 영향을 주는 중요한 사항이다. 서로 다른 종류의 책임은 서로 다른 과정과 서로 다른 그룹의 사람들과 대화하는 데 필요한 서로 다른 통신수단을 요구한다. 예를 들면 열 명의 기부자와 대화하는 일은 5백만 명과 대화할 때와는 다르다. 마찬가지로 수혜자와 소통하는 것은 잠재적 수혜대상자와 소통하는 것과 다르다. 사업보고서는 책임의 모든 문제를 해결하지 못하고 아마도 재단의 어떤 목적에는 매우 부적합할 수 있다. 각 재단에 가장 적합한 전략은 처음으로 돌아가 무엇을 소통하길 원하고 누구와 대화하길 원하는지를 묻는 것이다. 거기서부터 재단은 이러한 서로 다른 목적들을 어떻게 성취할지를 질문할 수 있다.

어떤 수혜자는 재단의 책임성을 간섭으로 오해할 수도 있다. 가장 좋은 책임은 서로 배우면서 경험으로 얻는 것이다. 만일 수혜자가 재단에 책임을 느끼지 않는다면 재단 또한 이미 그 재원의 사용을 해당 기관에 위임하였기 때문에 책임을 느낄 필요가 없다. 수혜자가 갖는 책임을 생각하는 데 있어 회계, 과정, 프로그램이라는 앞서 언급한 세 가지 기본 구분이 적용된다. 아마도 거의 대부분의 재단은 수혜자에게 최소한의 회계보고를 요구할 것이며 이것이 얼마나 까다로운지, 더 이상의 어떤 것을 보고해 주길 원하는지는 각 재단의 지원의 스타일과 지원의 목적과 지원액과 관련되어 있다(6장의 모니터링과 평가 참조).

재단은 어떻게 그리고 무엇에 대한 수혜자의 보고를 요청할 때, 특히 이러한 정보를 향후 활용하고자 한다면 현실적일 필요가 있다. 많은 재단은 모든 수혜자에게 보고서를 쓰도록 요구하지만, 때로는 재단이 이 보고서를 통해 무엇을 원하는지를 구체화시키지도 않는다. 어떤 경우에 재단은 그 수혜자가 또 다른 지원신청을 한 경우가 아니라면 시간이 없어서 이러한 보고서를 읽어 보지도 않는다. 어떤 재단은 영수증을 요구한 후에 사용하지 않은 지원금을 회수하고자 한다. 다른 재단은 두 번째 지급 이전에 결과에 대한 보고서를 요구한다. 어떤 경우에는 이러한 일이 정형화 되지만 어떤 재단은 이러한 과정 없이 운영되다가 놀랍게도 잔금 지급이 요청되지 않는 경우를 보게 된다. 즉 프로젝트의 진행에 문제가 있었지만 재단은 잔금지급 때야 이 사실을 발견하게 되는 것이다.

수혜자로부터의 보고와 관련된 적합한 체계를 만들기 위해서는 첫째, 정보의 목적은 무엇인가? 둘째, 무엇을 알 필요가 있는가? 셋째, 어떻게 우리는 그러한 정보를 얻을 수 있는가?에 대한 질문들이 필요하다. 짤막한 설문지, 다양한 각도에서의 보고서, 개인적 방문 등이 이를 성취하기 위한 가능한 방법들이다. 마지막으로, 재단은 서로 다른 기대치를 지닌 그룹에 책임을 가진다는 것을 깨달아야 한다. 재단은 해당 수혜 기관에 대해 단지 여러 지원기관 중 하나이거나 고객에 불과하다. 수혜 기관의 책임과 관련된 이슈가 진정한 양 방향의 교환이며 단지 형식적인 것에 그치지 않기 위해서 재단은 수혜 기관에게 부과된 다양한 종류의 책임의 내용을 확실히 파악하고 있어야 한다.

1. 누구에게 혹은 누가 책임이 있는가? 특히 모든 재단은 기부자에 대해 책임의 한계와 적당한 본질을 고려해야 할 필요가 있다.
2. 무엇에 대해 책임이 있는가? - 돈? 과정? 성과?
3. 서로 다른 그룹에게 서로 다른 종류의 책임을 효과적으로 전달하는 방법은 무엇인가?

결언. 재단과 수혜자

재단은 수혜자에게 돌아가는 혜택을 위해 존재하며 이러한 목적을 혜택을 공급하는 기관이나 단체를 지원함으로써 성취하려고 한다. '공급자'에 대한 신뢰는 재단의 지원의 혜택을 정확하게 반영한다는 사실을 믿게 한다. 어떤 경우에는 이 믿음은 옳은 것으로 판명되지만 다른 경우에는 진실과 거리가 먼 경우도 있다. 모든 재단은 접수된 지원신청서와 재단에 재원을 공급하는 측(재단 설립자, 재단 설립 기업, 정부 등)의 관심을 넘어서서 지원정책을 바라보아야 한다는 도전을 안고 있다.

참고문헌

국내 문헌

구광모(1999), 『문화정책과 예술진흥』(서울: 중앙대 출판부)

김해동(1996), 「기업문화의 제요인이 조직효율성에 미치는 영향」(한양대대학원 박사논문)

말(1991), 「대기업 문화재단의 비리백태」, 91년 3월호

문순영(2001), 「민간복지자원의 새로운 가능성: 기업과 민간비영리기관의 파트너쉽」, 『기독교사회복지』 제10호

문화관광부(1998), 「2000년대를 준비하는 국민의 정부: 새 문화정책」(서울: 문화관광부)

문화관광부(2001), 『문화정책백서 2001』(서울: 문화관광부)

서울시(2003), 『서울문화재단 설립 및 운영기본계획(안)』(서울: 서울시)

선혜진(2004), 「사회공헌활동을 통한 우리나라 기업 PR의 고찰: 기업재단을 중심으로」, 『언론과학연구』, 제4권 2호(2004년 8월)

손경년(2004), 「기초자치단체, 문화재단, 사업적 역량을 결집할 때다」『문화예술』 2004년 9월호(서울: 한국문화예술진흥원)

손원익(1996), 『문화활성화를 위한 조세지원 방안』(서울: 한국문화정책개발원)

시사저널(2005), 「친철한 라희씨, 통도 크네」, 통권 830-831호 (서울: 독립신문사)

연세대 동서문제연구원(1999), 『비영리 조직에 대한 법과 규제』(서울: 연세대 동서문제연구원)

이중한 외(1994), 『기업의 문화예술 지원과 방법』(서울: 신구미디어)

임학순(1987), 「한국문화예술 지원체계분석」(서울대 행정대학원 석사 논문)

임학순(1998), 「문화예술진흥기금의 지원프로그램에 대한 역사적 분석『문화정책논총』 제9집(서울: 한국문화정책개발원)

전국경제인연합회(2000), 『1999사회공헌백서』(서울: 전경련)

전병태 외(2005), 「예술 지원의 원칙에 대한 연구」(서울: 한국문화관광정책연구원)

정구현(2000), 「정보지식시대의 기업과 사회: 기업사회공헌 활동의 새로운 방향」『1999

사회공헌백서』(서울: 전경련)

조선일보(2005), 「나누며 사는 기업들」, 12월 5일(www.chosun.com/national news/
    200512/200512080383.html).

한국기업메세나협의회, 『연차보고서 1998-2001』(서울: 한국기업메세나협의회)

한국문화예술진흥원, 『기업 메세나 운동의 이해』(서울: 한국문화예술진흥원)

한명희 외(1992), 「특집: 예술과 정치」월간『객석』1월호

한국문화정책개발원(1994), 「NEA의 예술교육지원정책 현황과 분석」(서울: 한국문화정
    책개발원)

한국문화정책개발원(1996), 「국민문화복지 재원 조성방안」(서울: 한국문화정책개발원)

한국문화정책개발원(1996), 「미국의 문화정책: 정부와 예술 I, II」(서울: 한국문화정책개
    발원)

한국문화정책개발원(2001), 「문예진흥기금 적정규모 산정 및 재원조달방안에 대한 연구」
    (서울: 한국문화정책개발원)

황창순(1998), 「한국공익법인의 성격과 기능: 기업재단을 중심으로」『동서연구』, 제10권
    2호 (서울: 연세대 동서문제연구소).

해외 문헌

▌ 문화정책 및 예술경영

ADAMS, Don & GOLDBARD, Arlene, 1986. *Cultural Policy in U. S. History*
    (http://www.wwcd.org).

ALEXANDER, Victoria, D., 2000. "Pictures at an Exhibition: Conflicting Pressures in
    Museums and the Display of Art" in BRADFORD, Gigi, GRAY, Michael &
    WALLACH, Glenn (eds.), *The Politics of Culture: Policy Perspectives for
    Individuals, Institutions, and Communities* (New York: The New Press).

THE AMERICAN ASSEMBLY, 1984. *The Arts and Public Policy in the United States*
    (New Jersey: Prentice-Hall Inc.).

THE ARTS COUNCIL OF ENGLAND, 1993. *A Creative Future* (London: HMSO).

THE ARTS COUNCIL OF ENGLAND, 1996. *The Arts Funding System* (London: The
    Arts Council of England).

THE ARTS COUNCIL OF ENGLAND, 1996. *Creative Partnership* (London: The Arts

Council of England).

THE ARTS COUNCIL OF ENGLAND, 1997a. *National Lottery Funding. Capital Programme Application Pack* (London: The Arts Council of England).

THE ARTS COUNCIL OF ENGLAND, 1997b. *Annual Report 1996/97* (London: The Arts Council of England).

THE ARTS COUNCIL OF ENGLAND, 1997c. *New and Alternative Mechanisms for Financing the Arts* (London: The Arts Council of England).

THE ARTS COUNCIL OF ENGLAND, 1997d. *The Agreement between the ACE and the DCMS* (London: The Arts Council of England).

THE ARTS COUNCIL OF ENGLAND, 1999. *The National Lottery and the Arts* (London: The Arts Council of England).

THE ARTS COUNCIL OF ENGLAND, 2001. *Working Together for the Arts* (London: The Arts Council of England).

THE ARTS COUNCIL OF ENGLAND, 2002. *Ambitions for the Arts* (London: The Arts Council of England).

THE ARTS ENQUIRY, 1946. *The Visual Arts: A Report Sponsored by the Dartington Hall Trustees* (London: Oxford University Press).

ASENOVA, Darinka el al., 2002. "Partnership, Value for Money and Best Value in PFI Projects: Obstacles and Opportunities" in *Public Policy and Administration*, Vol. 17, No. 4, Winter.

BECK, Anthony, 1989. *The Impact of Thatcherism on the Arts Council* (*Unpublished paper).

BENEDICT, Stephen(ed.), 1991. *Public Money and the Muse* (New York: W. W. Norton & Company).

BENNETT, Oliver(ed.), 1994. *Cultural Policy and Management in the United Kingdom* (Warwick: University of Warwick).

BODO, Carla, 1998. *Foreword* in BOORSMA, Peter B. & HEMEL, Annemoon van & WIELEN, Niki van der (eds.), *Privatization and Culture: Experiences in the Arts, Heritage and Cultural Industries in Europe* (Boston: Kluwer Academic Publichers).

BOLTON, Richard(ed.), 1992. *Culture Wars* (New York: The New Press).

BOORSMA, Peter B. & HEMEL, Annemoon van & WIELEN, Niki van der (eds.), 1998. *Privatization and Culture: Experiences in the Arts, Heritage and Cultural Industries in Europe* (Boston: Kluwer Academic Publichers).

BORZELLO, Frances, 1987. *Civilising Caliban: The Misuse of Art 1875-1980* (London:

Routledge & Kegan Paul).

BRADEN, S., 1978. *Artists and People* (London: The Gulbenkian Foundation).

BRADFORD, Gigi, GRAY, Michael & WALLACH, Glenn (eds.), 2000. *The Politics of Culture: Policy Perspectives for Individuals, Institutions, and Communities* (New York: The New Press).

BYRNES, William J., 2003. *Management and the Arts* (London: Focal Press).

CARGO, Russell A., 1995. *Cultural Policy in the Era of Shrinking Government* in *Policy Studies Review*, Vol. 14, No. 1/2, Spring/Summer.

CARVENDISH, Elizabeth A., 1986. "Public Provision of the Performing Arts: A Case Study of the Federal Theatre Project in Connecticut" in DiMaggio, Paul J., *Nonprofit Enterprise in the Arts: Studies in Mission and Constraint* (New York: Oxford Univ. Press).

CASEY, B. & DUNLOP, R. & SELWOOD, S., 1996. *Culture as Commodity?* (London: Policy Studies Institute).

CAVES, Richard E., 2000. *Creative Industries* (London: Harvard Univ. Press).

CHERBO, Joni Maya, 1992. "A Department of Cultural Resources: A Perspective on the Arts" in *The Journal of Arts Management, Law and Society*, Vol. 22, No. 1, Spring.

CHERBO, Joni Maya & WYSZOMIRSKI, Margaret Jane (eds.), 2000. *The Public Life of the Arts in America* (London: Rutgers University Press).

CHONG, Derrick, 2002. *Arts Management* (London: Routledge).

COUNCIL OF EUROPE / ERIC Arts, 2006. *United Kingdom* in *Compendium of Cultural Policies and Trends in Europe*.

CREIGH-TYTE, Anne, 2001. "Why does Government Fund the Cultural Sector?" in SELWOOD, S.(ed.), *The UK Cultural Sector* (London: Policy Studies Institute).

CUMMINGS, JR. Milton C., 1991. "Government and the Arts: An Overview" in BENEDICT, Stephen(ed.), *Public Money and the Muse* (New York: w.w.Norton & Company).

D'ANGELO, Mario & VESÉRINI, Paul, 1999. *Cultural Policies in Europe: Method and Practice of Evaluation* (Council of Europe Publishing).

DAVIES, Stuart & SELWOOD, Sara, 1998. *English Cultural Services: Government Policy and Local Strategies* in *Cultural Trends*, Issue 30 (London: PSI).

DEPARTMENT FOR CULTURE, MEDIA, AND SPORT, 1998a. *A New Cultural Framework* (London: DCMS).

DEPARTMENT FOR CULTURE, MEDIA, AND SPORT, 1998b. *The Comprehensive*

Spending Review: A New Approach to Investment in Culture (London: DCMS).

DEPARTMENT FOR CULTURE, MEDIA, AND SPORT, 1999. *Efficiency and Effectiveness of Government Sponsored Museums and Galleries* (London: DCMS).

DEPARTMENT FOR CULTURE, MEDIA, AND SPORT, 2000. *Centres for Social Change: Museums and Galleries and Archives for All* (London: DCMS).

DEPARTMENT FOR CULTURE, MEDIA, AND SPORT, 2001. *Creative Industries Mapping Document 2001* (London: DCMS).

DEPARTMENT FOR CULTURE, MEDIA, AND SPORT, 2002a. *DCMS Business Plan* (London: DCMS).

DEPARTMENT FOR CULTURE, MEDIA, AND SPORT, 2002b. *2003-2006 Service Delivery Agreement* (London: DCMS).

DEPARTMENT FOR CULTURE, MEDIA, AND SPORT, 2003a. *The Government's Response to the House of Commons Culture, Media and Sports Committee Report on National Museums and Galleries: Funding and Free Admission* (London: The Stationery Office Ltd.).

DEPARTMENT FOR CULTURE, MEDIA, AND SPORT, 2003b. *Guide to Arts Funding in England* (London: DCMS).

DEPARTMENT FOR CULTURE, MEDIA, AND SPORT, 2003c. *Three Year Funding Agreement(2003-06) Between the Department for Culture, Media and Sports and the British Museum* (London: DCMS).

DCMS ARTS DIVISION, 2000. *Getting Britain Giving to Culture*, http://DCMS.or.uk.

DEPARTMENT FOR CULTURE, MEDIA, AND SPORT & THE DEPARTMENT FOR EDUCATION & EMPLOYMENT, 2000. *The Learning Power of Museums: A Vision for Museum Education* (London: DCMS & DfEE).

DEPARTMENT OF NATIONAL HERITAGE, 1996. *Annual Report* (London: HMSO).

DIMAGGIO, Paul J., 1983. "Can Culture Survive the Marketplace?" in *Journal of Arts Management, Law and Society*, Vol. 13, No. 1, Spring.

DIMAGGIO, Paul J. & USEEM, Michael, 1978. "Cultural Property and Public Policy: Emerging Tensions in Government Support for the Arts" in *Social Research*, Summer.

DOBSON, Laura C. & WEST, Edwin G., 1997. "Performing Arts Subsidies and Future Generations" in TOWSE, Ruth (ed.), *Cultural Economics: The Arts, the Heritage and the Media,* Vol. I (Cheltenham: An Elgar Reference Collection).

DUBIN, Steven C., 1993. "Arresting Images: Impolite Art and Uncivil Actions" in

Journal of Arts Management, Law and Society, Vol. 23, No. 3, Fall.

EVERITT, Anthony, 1997. *Joining In: An Investigation into Participatory Music* (London: The Gulbenkian Foundation).

FEIST, Andy, 2001. "The Relationship between the Subsidised and the Wider Cultural Sector" in SELWOOD, S.(ed.), *The UK Cultural Sector* (London: Policy Studies Institute).

FELD, Alan L., O'HARE Michael, SCHUSTER, J. Mark Davidson, 1983. *Patrons Despite Themselves: Taxpayers & Arts Policy* (New York: New York Univ. Press).

FISHER, Rod, 1998. *EU Culture Programmes: The Shape of Things to Come?* Issue 186-May (European Information Service).

FRAYLING, Christopher Sir, 2005. *Art and Public Value* (London: Arts Council England).

FRIEDMANN, Wolfgang, 1972. *Law in a Changing Society* (Harmondsworth: Penguin Books).

GALLIGAN, Ann M. & ALPER, Neil O., 2000. "The Career Matrix: The Pipeline for Artists in the US" in CHERBO, Joni M. & WYSZOMIRSKI, Margaret J.(eds.), *The Public Life of the Arts in America* (New Jersey: Rutgers Univ. Press).

GARNHAM, Nicholas, 2001. *Afterward: The Cultural Commodity and Cultural Policy* in SELWOOD, S.(ed.), *The UK Cultural Sector* (London: Policy Studies Institute).

GARY, Michael, 2000. "Supporting Culture" in BRADFORD, Gigi, GRAY, Michael & WALLACH, Glenn (eds.), *The Politics of Culture: Policy Perspectives for Individuals, Institutions, and Communities* (New York: The New Press).

GILMORE, Samuel, 1993. "Minorities and Distributional Equity at the NEA" in *Journal of Arts Management, Law and Society*, Summer.

GLOBERMAN, S., 1983. *Cultural Regulation in Canada* (Montreal: Institute for Research on Public Policy).

GRAY, Clive, 2000. *The Politics of the Arts in Britain* (London: Macmillan Press).

GREEN, Michael & WILDING, Michael, 1970. *Cultural Policy in Great Britain* (UNESCO).

GREYSER, S.A.(ed.), 1973. *Cultural Policy and Arts Administration* (Boston: Harvard Summer School Institute in Arts Administration, Harvard University).

HANSEN, T.B., 1995. "Measuring the Value of Culture" in *European Journal of Cultural Policy*, Vol. 1, No. 2.

HEWISON, Robert, 1995. *Culture and Consensus: England, Art and Politics since 1940*

(London: Methuen).

HILLMAN-CHARTRAND, Harry & MCCAUGHEY, Claire, 1989. "The Arm's Length Principle and the Arts: An International Perspective – Past, Present and Future" in CUMMINGS M.C.J. & SCHUSTER J.M.D., *Who's to Pay for the Arts?* (New York: American Council for the Arts).

HOLDEN, John, 2004. *Capturing Cultural Value* (http://www.demos.co.uk accessed 1 May 2005).

HUTCHISON, R., 1982. *The Politics of the Arts Council* (London: Sinclair Browne).

HUTCHISON, R., & FEIST, A., 1991. *Amateur Arts in the UK* (London: Policy Studies Institute).

JEFFRI, Joan, 1991. "The Artist in an Integrated Society" in BENEDICT, Stephen(ed.), *Public Money and the Muse* (New York: W.W. Norton & Company).

JENSEN, Richard, 1995. *The Culture Wars, 1965-1995: A Historian's Map* (http:www.members.aol.com/dann01/cwar.html).

JOWELL, Tessa, 2004. *Government and the Value of Culture* (London: DCMS).

JUDY, Spours, 2002. *Arts and Science: Recent Collaborations in the UK* (London: The City University, M.A. Thesis).

KAMMEN, Michael, 2000. "Culture and the State in America" in BRADFORD, Gigi, GRAY, Michael & WALLACH, Glenn(eds.), *The Politics of Culture: Policy Perspectives for Individuals, Institutions, and Communities* (New York: The New Press).

KAWASHIMA, N.(ed.), 1997. *Aspects of Theatre Policy in Britain* (School of Theatre Studies, University of Warwick, *Unpublished Paper).

KELLY, Owen, 1996. *Digital Creativity* (London: The Gulbenkian Foundation).

KHAN, N., 1976. *The Arts Britain Ignores* (Community Relations Commission).

KIM, Yersu, 1976. *Cultural Policy in the Republic of Korea* (UNESCO).

KING, K. & BLAUG, M., 1976. "Does the Arts Council Know What It Is Doing?" in BLAUG, M.(ed.), *The Economics of the Arts* (London: Martin Robertson).

LANGSTED, Jorn, 1990. "Double Strategies in a Modern Cultural Policy" in *Journal of Arts Management, Law and Society*, Vol.19, No.4, Winter.

LEE, Stephen(ed.), 2001. *NEA* (http:www.newsaic.com/mwpublicarts.html).

LEWIS, Justin, 1995. *Art, Culture and Enterprise: The Politics of Art and Cultural Industries* (London & New York: Routledge).

LEWIS, Justin, 2000. "Designing a Cultural Policy" in BRADFORD, Gigi, GRAY, Michael & WALLACH, Glenn(eds.), *The Politics of Culture: Policy Perspectives for Individuals, Institutions, and Communities* (New York: The New Press).

LIBERAL DEMOCRATS, 1996. *Arts Consultation Paper*, No. 26, March.

LILA WALLACE-READER'S DIGEST FUND, 1999. *Engaging the Entire Community: A New Role for Permanent Collections* (New York: Lila Wallace-Reader's Digest Fund).

LILA WALLACE-READER'S DIGEST FUND, 2000. *Service to People: Challenge and Rewards – How Museums Can Become More Visitor-Centered* (New York: Lila Wallace-Reader's Digest Fund).

LORD BRIDGES, 1959. *Help for the Arts* (London: The Gulbenkian Foundation).

LORD REDCLIFFE-MAUD, 1976. *Support for the Arts in England and Wales* (London: The Gulbenkian Foundation).

MATTICK, Jr., Paul, 1994. *Some Aspects of Art and Philanthropy in the United States* in PATNER, Andrew(ed.), *Challenging Designs for Arts Philanthropy* (Washington: Grantmakers in the Arts).

MCANDREW, Clare & DALLAS-CONTE, Lorna, 2002. *Droit de Suit (Artists' Resale Right) in England* (London: The Arts Council of England).

MCCARTHY, Kathleen D., 1984. "American Cultural Philanthropy: Past, Present, and Future" in *The Annals of American Academy of Political and Social Science,* Vol. 471 (Sage).

MCCARTHY, Kathleen D., 1994. "Twentieth Century Cultural Patronage" in PATNER, Andrew(ed.), *Challenging Designs for Arts Philanthropy* (Washington: Grantmakers in the Arts).

MCCARTHY, Kevin et al., 2001. *The Performing Arts in a New Era* (http:www. rand.org/publication/MR/MR1367).

MCGUIGAN, Jim, 1996. *Culture and the Public Sphere* (London: Routledge).

MCGUIGAN, Jim, 2001. "Three Discourses of Cultural Policy" in STEVENSON, Nick (ed.), *Cultural Citizenship* (London: Sage).

MEREDYTH, Denise & MINSON Jeffrey(eds.), 2000. *Citizenship and Cultural Policy* (London: Sage).

MEREDYTH, Denise & MINSON Jeffrey, 2000. "Introduction: Resourcing Citizenries" in MEREDYTH, Denise & MINSON Jeffrey(eds.), *Citizenship and Cultural Policy* (London: Sage).

MILLER, Toby & YUDICE, George, 2002. *Cultural Policy* (London: Sage).

MINIHAN, Janet, 1977. *The Nationalisation of Culture: The Development of State Subsidies to the Arts in Great Britain* (London: Hamish Hamilton).

MOODY, E.(ed.), 1994. *Developing the Visual Arts* (London: Dept. of Arts Policy and Management, City University).

MULCAHY, Kevin V. & WYSZOMIRSKI, Margaret Jane(eds.), 1995. *America's Commitment to Culture: Government and the Arts* (Boulder: Westview Press).

MULCAHY, Kevin V., 2000. "The Government and Cultural Patronage: A Comprehensive Analysis of Cultural Patronage in the US, France, Norway, and Canada" in CHERBO, Joni Maya & WYSZOMIRSKI, Margaret Jane (eds.), *The Public Life of the Arts in America* (London: Rutgers University Press).

MULGAN, Geoff & WORPOLE, Ken, 1986. *Saturday Night or Sunday Morning? From Arts to Industry - New Forms of Cultural Policy* (London: Comedia Publishing Group).

MULLIN, R., 1984. *AIM: A Report on the Arts Initiative and Money Project 1980-1983* (London: The Gulbenkian Foundation).

MULCAHY, Kevin V. & SWAIM, Richard, 1982. *Public Policy and the Arts* (Boulder: Westview Press).

THE NATIONAL ENDOWMENT OF THE ARTS, *1988-89 Annual Report* (Washington: NEA).

THE NATIONAL ENDOWMENT OF THE ARTS, *1998 NEA Annual Report* (http://arts.endow.gov/learn/98Annual/First.html.)

THE NATIONAL ENDOWMENT OF THE ARTS, 2001a. *Guide to the National Endowment for the Arts* (Washington: NEA).

THE NATIONAL ENDOWMENT OF THE ARTS, 2001b. *1965-2000 A Brief Chronology of Federal Support for the Arts* (Washington: NEA).

O'HAGAN, John W., 1998. *The State and the Arts: An Analysis of Key Economic Policy Issues in Europe and the United States* (Cheltenhan: Edward Elgar).

O'HARE, Michael & FELD, Alan L., 1984. *Indirect Aid to the Arts* in *The Annals of the American Academy of Political and Social Science,* Vol.471 (Sage).

O'NEILL, M. & AUSTIN, Dennis, 2000. *Democracy and Cultural Diversity* (New York: Oxford Univ. Press).

PARSONS, Wayne, 1995. *Public Policy: An Introduction to the Theory and Practice of Policy Analysis* (Edward Elgar Publishing Ltd.).

PEARSON, Nicholas M., 1982. *The State and the Visual Arts: A Discussion of State Intervention in the Visual Arts in Britain, 1760-1981* (Milton Keynes: The Open University Press).

PICK, J., 1986. *Managing the Arts? The British Experience* (London: Rhinegold

Publishing Ltd.).

PICK, J., 1988. *The Arts in a State* (London: Bristol Classical Press).

PIETERSE, Jan Nederveen, 2004. *Globalisation and Culture: Global Mélange* (Oxford: Rowman & Littlefield Publishers, Inc.).

POLICY STUDIES INSTITUTE, 1995. *Cultural Trends 27* (London: Policy Studies Institute).

THE PRESESIDENT'S COMMITTEE ON THE ARTS & HUMANITIES, *Creative America —A Report to the President*, 1997 (http://www.arts.endow.gov: 591/forms-new /pub/general-pub.html.)

PROTHEROUGH, Robert & PICK, J., 2002. *Managing Britannia* (Norfolk: The Brynmill Press Ltd.)

PUFFELEN, Frank van, 1996. *Abuses of Conventional Impact Studies in the Arts* in *Cultural Policy*, Vol.2, No.2 (Amsterdam: Harwood Academic Publishers).

PUTNAM, R. D., 1993. *Making Democracy Work: Civic Traditions in Modern Italy* (Princeton: Princeton Univ. Press).

ROBERTSON, Ian(ed.), 2005. *Understanding International Arts Markets and Management* (London: Routledge).

ROBINSON, Gerry, 2000. *The Creativity Imperative: Investing in the Arts in the 21st Century* (London: The Arts Council of England).

ROCKEFELLER FOUNDATION, 1999. *A New Course of Action* (New York: The Rockefeller Foundation).

ROSE, Nikolas, 2000. "Community, Citizenship, and the Third Way" in MEREDYTH, Denise & MINSON, Jeffrey (eds.), *Citizenship and Cultural Policy* (London: Sage).

SABBAGH, Karl, 2000. *Power into Art* (London: The Penguin Press).

SAINBURY'S, *Fresh Idea in the Community* (London: Sainsbury's).

SAWERS, David, 1993. *Should the Taxpayer Support the Arts?* (London: IEA).

SCHUSTER, J. Mark Davidson, 1985. *Supporting the Arts: An International Comparative Study* (*Unpublished report).

SCHUSTER, J. M. Davidson, 1987. *Making Comprises to Make Comparisons in Cross-National Arts Policy Research* in *Journal of Cultural Economics*, Dec. 1-36.

SCHUSTER, J. M. Davidson, 1989. "The Search for International Models: Results from Recent Comparative Research in Arts Policy" in CUMMINGS, JR. Milton C. & SCHUSTER(eds.), J.M. Davidson(eds.), *Who's to Pay for the Arts?* (New York: American Council for the Arts).

SCHUSTER, J. Mark Davidson, 1989. "Government Leverage of Private Support: Matching Grants and the Problem with New Money" in WYZOMIRSKI, M. Jane and CLUBB, Pat (ed.), *The Cost of Culture: Patterns and Prospects of Private Arts Patronage* (New York: American Council for the Arts).

SCHUSTER, J. Mark Davidson, 2002. *Informing Cultural Policy* (New Jersey: Center for Urban Policy Research).

SCHWARTZ, David T., 2000. *Art, Education, and the Democratic Commitment: A Defense of State Support for the Arts* (Dordrecht: Kluwer Academic Publishers).

SEAMAN, Bruce A., 2002. *National Investment in the Arts* (Conference for Arts and Culture) (http://www. Culturalpolicy.org/pdf/investment.pdf.)

SEDGEMORE, Brian, 2000. "Politics and Culture: The State and the Artist" in WALLINGER, M. & WARNOCK, M., *Art for All?* (London: Peer).

SELWOOD, S., 1994. *Developing the Visual Arts* in MOODY, E. (ed.), *Developing the Visual Arts* (London: Dept. of Arts Policy and Management, City University).

SELWOOD, S., 1999. *Access, Efficiency and Excellence: Measuring Non-economic Performance in the English Subsidised Cultural Sector* in *Cultural Trends*, Issue 35(London: PSI).

SELWOOD, S. (ed.), 2001. *The UK Cultural Sector* (London: Policy Studies Institute).

SHAW, Phyllida, 1999. *Latent Talent* (London: The Calouste Gulbenkian Foundation).

SHAW, Roy, 1987. *Arts and the People* (London: Jonathan Cape).

SINCLAIR, A., 1995. *Arts and Cultures: The History of the 50 Years of the Arts Council of Great Britain* (London: Sinclair-Stevenson).

SMITH, Chris, 1998. *Creative Britain* (London: Faber & Faber).

SMITH, James Allen, 2000. "Preface" in BRADFORD, Gigi, GRAY, Michael & WALLACH, Glenn(eds.), *The Politics of Culture: Policy Perspectives for Individuals, Institutions, and Communities* (New York: The New Press).

STVENSON, Nick(ed.), 2001. *Culture and Citizenship* (London: Sage).

SWAIM, C. Richard(ed.), 1989. *The Modern Muse: The Support and Condition of Artists* (American Council for the Arts: New York).

SWARTZ, David T., 2000. *Art, Education, and the Democratic Commitment* (Dordrecht: Kluwer Academic Publishers).

TANNENBAUM, Judith, 1993. "Public Funding for the Arts: The Chill after the Storm" in *The Journal of Arts Managements, Law, and Society*, Vol.23, No.3.

TAYLOR, Andrew, 1997. "Arm's Length But Hands On. Mapping the New Governance: The Department of National Heritage and Cultural Politics in Britain" in *Public*

Administration Vol. 75, Autumn (441-466) (Oxford: Blackwell Publishers Ltd.).

TAYLOR, Billy, 1978. *Toward a More American Tradition* in *Cultural Post*, Sept. /Oct.

TOWSE, Ruth, 1997. "Achieving Public Policy Objectives in the Arts and Heritage" in TOWSE, Ruth(ed.), *Cultural Economics: The Arts, the Heritage and the Media*, Vol.II(Cheltenham: An Elgar Reference Collection).

TURNER, Bryan S., 2001. "Outline of a General Theory of Cultural Citizenship" in STEVENSON, Nick(ed.), *Culture and Citizenship* (London: Sage).

TUSA, John, 1999. *Arts Matters: Reflecting on Culture* (London: Methuen).

WALLINGER, Mark & WARNOCK, Mary(eds.), 2000. *Arts For All?: Their Policies and Our Culture* (London: Peer).

WALLINGER, Mark & WARNOCK, Mary(eds.), 2000. "Commons Debate: Terry Dicks, MP and Tony Banks, MP (The Arts)" in WALLINGER, Mark & WARNOCK, Mary(eds.), *Arts for All? Their Policies and Our Culture* (London: Peer).

WALSH, Kieron, 1995. *Public Services and Market Mechanisms: Competition, Contracting and the New Public Management* (London: Macmillan).

WILLIAMS, Raymond, 1979. "The Arts Council" in *The Political Quarterly*, Vol. 50, No. 2. April-June.

WYSZOMIRSKI, Margaret Jane, 1999. "Background on Cultural Policies and Programs in the US" in ZEMANS, Joyce & KLEINGARTNER, Archie(eds.), *Comparing Cultural Policy: A Study of Japan and the United States*(London: Altamira Press).

ZEIGLER, Joseph Wesley, 1994a. *Arts in Crisis: The National Endowment for the Arts Versus America* (Chicago: A Callella Books).

ZEIGLER, Joseph Wesley, 1994b. *Striving for Positive Passivity: Ideas for a Future NEA* in *The Journal of Arts, Management, Law, and Society*, Vol.24, No.1 (Washington: Heldref Publications).

ZEMANS, Joyce, 1999. "A Comparative Overview" in ZEMANS, Joyce & KLEINGARTNER, Archie(eds.), *Comparing Cultural Policy: A Study of Japan and the United States* (London: Altamira Press).

ZEMANS, Joyce & KLEINGARTNER, Archie(eds.), 1999. *Comparing Cultural Policy: A Study of Japan and the United States* (London: Altamira Press).

1973. *Partnership in Practice: The Work of Regional Arts Association* (Newcastle-pon-Tyne: The Standing Conference of Regional Arts Association).

1982. *Public and Private Funding of the Arts* in *House of Commons Eighth Report from the Education Service and Arts Committee*, Session 1981-82, (London: Her Majesty's Stationary Office).

1984. *The Annals of the American Academy of Political and Social Science*, Vol. 471 (Sage).

▌ 비영리기관 경영

ANHEIER, Helmut K. & KENDALL, Jeremy(eds.), 2001. *Third Sector Policy at the Crossroad: An International Nonprofit Analysis* (London& New York: Routledge).

BECKFORD, James A., 1991. "Great Britain: Volunteerism and Sectional Interests" in WUTHNOW, Robert (ed.), *Between States and Markets: The Voluntary Sector in Comparative Perspective* (Princeton: Princeton Univ. Press).

BERKEL, U., NEUHOFF, K., SCHINDLER, A., & STEINSDÖRFE, E., 1989. *Stiftungshandbuch* (Baden-Baden: Nomos).

BRILLIANT, Eleanor L, 2001. "The American Third Sector at the End of the 20th Century: Public and Private Revisited" in ANHEIER, Helmut K. & KENDALL, Jeremy(eds.), *Third Sector Policy at the Crossroad: An International Nonprofit Analysis* (London & New York: Routledge).

BRUCE, I. & RAYMER, A., 1992. *Managing and Staffing Britain's Largest Charities* (London: VOLPROF, City University Business School).

BRUSTEIN, Robert, 2000. "Coercive Philanthropy" in BRADFORD, Gigi, GRAY, Michael & WALLACH, Glenn(eds.), *The Politics of Culture: Policy Perspectives for Individuals, Institutions, and Communities* (New York: The New Press).

CHARITY AID FOUNDATION, 1997. *The Non-Profit Sector in the UK* (London: The Charity Aid Foundation).

CHARITY COMMISSION FOR ENGLAND & WALES, 1997. *Report of Charity Commission for England and Wales 1996* (London: The Stationery Office).

CLOTFELTER, Charles T.(ed.), 1992. *Who Benefits from the Nonprofit Sector?* (Chicago: The University of Chicago Press).

COBB, Nina Kressner, 1996. "Looking Ahead: Private Sector Giving to the Arts" in *The Journal of Arts Management, Law and Society*, Vol.26, No.2.

COBB, Nina Kressner, 2002. "The New Philanthropy: Its Impacts on Funding Arts and Culture" in *The Journal of Arts Management, Law and Society*, Vol.32, No.2.

COLLINS, Michael, 2004. *Assessing Venture Capitalist Approaches to Philanthropy*, (http://pages.prodigy.net/michael_collins/VP/VP.htm).

COMMUNITY WEALTH VENTURES INC., 2000. *Venture Philanthropy: Landscape and Expectations* (Merino Institute).

COURTNEY, Roger, *Strategic Management for Voluntary Nonprofit Organisations* (London & New York: Routledge).

CUTT, James & MURRAY, Vic, 2000. *Accountability and Effectiveness Evaluation in Non-Profit Organisations* (London & New York: Routledge).

DIMAGGIO, Paul J., 1984. "The Nonprofit Instrument and the Influence of the Marketplace on Politics in the Arts" in THE AMERICAN ASSEMBLY, *The Arts and Public Policy in the United States* (New Jersey: Prentice-Hall Inc.).

FIRSTENBERG, Paul B., 1996. *The 21st Century Nonprofit: Ranking the Organisation in the Post-Government Era* (New York: The Foundation Center).

FIRSTENBERG, Paul B., 2003. *Philanthropy's Challenge: Building Nonprofit Capacity Through Venture Grantmaking* (New York: The Foundation Center).

FORD, Kevin, 1993. *The Effective Trustee* (London: A Directory of Social Change).

GARFIELD WESTON FOUNDATION, 1997. *Report and Accounts of the Trustees* (London: The Garfield Weston Foundation).

GIDRON, Benjamin, KRAMER, Ralph M., & SALAMON, Lester M.(eds.), 1992. *Government and the Third Sector* (San Francisco: Jossey-Bass Inc. Publishers).

THE GRANTMANSHIP CENTER, 2001. *The Grantmanship Center Magazine*, Issue 43, Spring (Los Angeles).

GRAUBARD, Stephen R., 1987. "Philanthropy, Patronage, Politics: Preface" in *Daedalus*, Winter Vol.116, No.1.

HANVEY, Chris & PHILPOT, Terry(eds.), 1996. *Sweet Charity: The Role and Workings of Voluntary Organisations* (London: Routledge).

HIRSCHFIELD, Laura, 1999. *Richard Hugo House: A Study in Social Entrepreneurship* in *Lessons Learned: Case Studies* (http://www.arts.endow.gov/pub/lessons).

HOPKINS, B. & MOORE, C., 1992. "Using the Lessons Learned from England and U.S. Law to Create a Regulatory Framework for Charities in Evolving Democracies" in *Voluntas, 2*.

HUDSON, Mike, 1995. *Managing without Profit - The Art of Managing Third-sector Organisations* (London: Penguin Books).

INSTITUTE OF EAST & WEST STUDIES, 1998. *Bibliography on Asia-Pacific Philanthropy* (Seoul : Institute of East & West Studies, Yonsei University).

KASPER, Gabriel, 2005. *A Legacy of Innovation* (www.futurephilanthropy.org).

KENDALL, Jeremy & Knapp, Martin, 1992. *The Nonprofit Sector in Advanced Industrial Societies: The United Kingdom* (*Unpublished Paper).

KESSNER, Thomas & ROSENBLUM, Ariel, 1999. *American Philanthropy, the State, and the Public Sector, 1890-1970* (Center for the Study of Philanthropy).

KIM, Junki, 2003. *Governance, Organisational Effectiveness and the Nonprofit Sector: Korea*, Background Paper of the Asia pacific Philanthropic Consortium, 5-7 September.

KOTLER, P. & ANDREASEN, Alan R., 1996. *Strategic Marketing for Non Profit Organizations* (New Jersey: Prentice Hall, Inc.).

KREIDLER, John, 2000. "Leverage Lost: Evolution in the Nonprofit Arts Ecosystem" in BRADFORD, Gigi, GRAY, Michael & WALLACH, Glenn(eds.), *The Politics of Culture: Policy Perspectives for Individuals, Institutions, and Communities* (New York: The New Press).

LEAT, Diana, 1972. *Grant-giving: A Guide to Policy-making* (York: The Joseph Rowntree Foundation).

LEAT, Diana, 1988. *Voluntary Organisations and Accountability* (London: National Council for Voluntary Organisations).

LEAT, Diana, 1993. *Managing across Sectors* (London: VOLPROF, City University Business School).

MANSON, S. & Taylor, R., 1990. *Tackling Deprivation in Rural Areas: Effective Use of Charity Funding* (ACRE, Action with Communities in Rural England).

MARTIN, M., 1994. *The Use of Volunteers by Arts Organisations* (London: The Arts Council of England).

MAURICE, Clare & LACEY, Mark, 1992. *Charity Trustees: Making Senses of the Law* (London: A Third Sector Guide).

MOLCH, J.R., 1990. *The Shadow State: Government and Voluntary Sector in Transition* (New York: The Foundation Center).

NETZER, Dick, 1992. *Arts and Culture* in CLOTFLTER, Charles T.(ed.), *Who Benefit from the Nonprofit Sector?* (Chicago: The Univ. of Chicago Press).

NIGHTINGALE B., 1973. *Charities* (London: Allen Lane).

NORTON, Michael, 1988. *A Guide to the Benefits of Charitable Status* (London: A Directory of Social Change).

O'NEILL, M., 1989. *The Third America: The Emergence of the Nonprofit Sector in the United States* (San Franscisco: Jossey-Bass).

PALMER, P. & HARROW, J., 1994. *Rethinking Charity Trusteeship* (ICSAPublishing).

PASSEY, Andrew, HEMS, Les & JAS, Pauline, 1996. *The UK Voluntary Sector Almanac 2000* (London: NCVO Publications).

PATNER, Andrew(ed.), 1994. *Challenging Designs for Arts Philanthropy* (Washington: Grantmakers in the Arts).

PHILLIPS, Andrew, 1988. *Charitable Status: A Proposal Handbook* (London: Interchange Books).

POWELL, Walter W.(ed.), 1987. *The Nonprofit Sector: A Research Handbook* (New Haven & London: Yale Univ. Press).

SALAMON, Lester M. & ANHEIER, Helmut, K., 1992. "In Search of the Nonprofit Sector: The Problem of Definition" in *Voluntas*, Vol. 3, No. 2.

SALAMON, Lester M. & ANHEIER, Helmut, K., 1996. *The Emerging Nonprofit Sector: An Overview* (Manchester: Manchester Univ. Press).

SALAMON, Lester M. & ANHEIER, Helmut, K., 1997. *Defining the Nonprofit Sector: A Cross-National Analysis* (Manchester: Manchester Univ. Press).

SALAMON, Lester M., 1995. *Partners in Public Service: Government-Non-Profit Relations in the Modern Welfare State* (Baltimore & London: The Johns Hopkins Univ. Press).

SALAMON, Lester M., 1999. *America's Nonprofit Sector: A Primer* (New York: The Foundation Center).

SALAMON, Lester M., 2001. "The Nonprofit Sector at a Crossroads: The Case of America" in ANHEIER, Helmut K. & KENDALL, Jeremy(eds.), *Third Sector Policy at the Crossroad: An International Nonprofit Analysis* (London & New York: Routledge).

SCHILLER, T., 1969. *Stiftungen im Gesellschaftlichen Prozeß* (Baden-Baden: Nomos).

TAYLOR, Marilyn, 1992. "The Changing Role of the Nonprofit Sector in Britain: Moving Toward the Market" in GIDRON, Benjamin, KRAMER, Ralph M., & SALAMON, Lester M.(eds.), *Government and the Third Sector* (San Francisco: Jossey-Bass Inc. Publishers).

TGCI, 2001. *The Grantsmanship Center Magazine*, Issue 43, Spring(Los Angeles).

VENTURE PHILANTHROPY PARTNERS, 2001. *Effective Capacity Building in Nonprofit Organisations* (www.venturephilanthropypartners.org).

WARBURTON, Jean, 2000. "Charity – One Definition for All TAX Purposes in the New Millennium?" in *British Tax Review*, No. 3 (London: Sweet & Maxwell).

WARE, Alan (ed.), 1989. *Charities and Government* (Manchester: Manchester University Press).

WARE, Alan, 1989. *Between Profits and State: Intermediate Organisations in Britain and the US* (Cambridge: Polity Press).

WINFIELD, Roger, 1996. "A Lawful Endeavour: Charities and the Law" in HANVEY, Chris & WOLFE, Alan(ed.), 1991. *America at Century's End* (University of California Press).

WUTHNOW, Robert, 1991. "The Voluntary Sector: Legacy of the Past, Hope for the Future?" in WUTHNOW, Robert(ed.), *Between States and Markets: The Voluntary Sector in Comparative Perspective* (Princeton: Princeton Univ. Press).

WUTHNOW, Robert (ed.), 1991. *Between States and Markets: The Voluntary Sector in Comparative Perspective* (Princeton: Princeton Univ. Press).

WYSZOMIRSKI, Margaret Jane, 1987. "Philanthropy, the Arts, and Public Policy" in *The Journal of Arts Management, Law and Society*, Vol.16, No.4, Winter (Washington: Heldref Publications).

▌재단

ANDREW W. MELLON FOUNDATION, 1980. *Annual Report* (New York: Andrew W. Mellon Foundation).

ANDREWS, F. Emerson, 1956. *Philanthropic Foundations* (New York: Russell Sage Foundation)

ANHEIER, Helmut K. & TOEPLER, Stefan, 1999. "Why Study Foundations?" in ANHEIER, Helmut K. & TOEPLER, Stefan(eds.), *Private Funds, Public Purpose: Philanthropic Foundations in International Perspective* (New York: Kluwer Academic/Plenum Publishers).

ANHEIER, Helmut K. & TOEPLER, Stefan (eds.), 1999. *Private Funds, Public Purpose: Philanthropic Foundations in International Perspective* (New York: Kluwer Academic/Plenum Publishers).

ANHEIER, Helmut K. & ROMO, Frank P., 1999. "Foundations in Germany and the United States: A Comparative Analysis" in ANHEIER, Helmut K. & TOEPLER, Stefan (eds.), *Private Funds, Public Purpose: Philanthropic Foundations in an International Perspective* (New York: Kluwer Academic/Plenum Publishers).

ARNOVE, Robert F.(ed.), 1980. *Philanthropy & Cultural Imperialism: Foundations at Home and Abroad* (Bloomington: Indiana Univ. Press).

ASSOCIATION OF CHARITABLE FOUNDATION, 1997. *Promoting the Effectiveness of UK Grant-making Trusts, Annual Review 1996/97* (London: ACF).

THE ASPEN INSTITUTE, 1998. *Foundations: Exploring Their Unique Roles and*

Impacts on Society (Washington: The Aspen Institute).

BAILEY, T., & SCOTT, I., 1989. *Rural Arts: A Discussion Document for the Calouste Gulbenkian Foundation* (*Unpublished paper).

THE BARING FOUNDATION, 1997. *The Baring Foundation Report on Activities* (London: The Baring Foundation).

BLUMENTHAL, Barbara, 2003. *Investing in Capacity Building: A Guide to High-Impact Approaches* (New York: The Foundation Center).

BORIS, Elizabeth T. & WOLPERT, Julian, 2001. "The Role of Philanthropic Foundations: Lessons from America's Experience with Private Foundations" in ANHEIER, Helmut K. & KENDALL, Jeremy(eds.), *Third Sector Policy at the Crossroad: An International Nonprofit Analysis* (London & New York: Routledge).

BULMER, Martin, 1995. "Some Observations on the History of Large Philanthropic Foundations" in *Britain and the United States* in *Voluntas*, Vol.6, No.3.

BULMER, Martin, 1999. "The History of Foundations in the United Kingdom and the United States: Philanthropic Foundations in Industrial Society" in ANHEIER, Helmut K. & TOEPLER, Stefan(eds.), *Private Funds, Public Purpose: Philanthropic Foundations in International Perspective* (New York: Kluwer Academic/Plenum Publishers).

THE CALOUSTE GULBENKIAN FOUNDATION (THE UK BRANCH), 1977. *Twenty-one Years: An Anniversary Account of Policies and Activities 1956-1977* (London: The Gulbenkian Foundation).

THE CALOUSTE GULBENKIAN FOUNDATION (THE UK BRANCH), *Press Notice from 1957 to 1969* (*Unpublished Paper)

THE CALOUSTE GULBENKIAN FOUNDATION (THE UK BRANCH), *The Calouste Gulbenkian Foundation Arts Programme – General Information* (*Unpublished Paper)

THE CALOUSTE GULBENKIAN FOUNDATION (THE UK BRANCH), *Annual Report* from 1973 to 2001 (London: The Gulbenkian Foundation).

THE CALOUSTE GULBENKIAN FOUNDATION (THE UK BRANCH), 1975. *Training in the Conservation of Painting and Drawing* (London: The Gulbenkian Foundation).

THE CALOUSTE GULBENKIAN FOUNDATION (THE UK BRANCH), 1982. *The Arts in School: Principle, Practice, and Provision* (London: The Gulbenkian Foundation).

THE CALLOUSTE GULBENKIAN FOUNDATION (THE UK BRANCH), 1985. *The Economic Situation of the Visual Artist* (*Unpublished Report).

THE CALOUSTE GULBENKIAN FOUNDATION, 1993. *Calouste Gulbenkian Foundation* (Lisbon: The Gulbenkian Foundation).

THE CALOUSTE GULBENKIAN FOUNDATION, 1998. *Calouste Gulbenkian Foundation* (Lisbon: The Gulbenkian Foundation).

THE CALOUSTE GULBENKIAN FOUNDATION, 2000. *Strange and Charmed: Science and the Contemporary Visual Arts* (London: The Gulbenkian Foundation).

THE CARNEGIE UNITED KINGDOM TRUST, 1998. *Annual Report 1998*(Fife: The Carnegie United Kingdom Trust).

THE CARNEGIE UNITED KINGDOM TRUST, *Quinquennial Grants Policy Guidelines 1996-2000* (Fife: The Carnegie United Kingdom Trust).

THE CLORE DUFFIELD FOUNDATION, 2004. *Clore Cultural Leadership Programme*, (http:www.cloreduffield.org.uk/fullcultleadertaskforce02.html).

DIMAGGIO, Paul J., 1986. "Support for the Arts from Independent Foundations" in DIMAGGIO, Paul J.(ed.), *Nonprofit Enterprise in the Arts: Studies in Mission and Constraint* (New York: Oxford Univ. Press).

A DIRECTORY OF SOCIAL CHANGE, 1993. *A Guide to the Major Trusts*, Vol. I (London: A Directory of Social Change).

EDIE, John A., 1987. "Congress and Foundations: Historical Summary" in ODENDAHL, Teresa(ed.), *America's Wealthy and the Future of Foundations* (New York: The Foundation Center).

EDIE, John A., 1991. *Legal Standards for Corporate Foundations and Contributions Programs* in SHANNON, James P.(ed.), *The Corporate Contribution Handbook: Devoting Private Means to Public Needs* (Oxford: Jossey-Bass Publichers).

THE ESMEE FAIRBAIRN CHARITABLE TRUST, 1998. *Annual Report and Accounts 1997* (London: The Esmée Fairbairn Charitable Trust).

EVERITT, Anthony(ed.), 1996. *Trial, Trust and Tribulation: The Distribution of Roles and Changing Nature Relations between Governments and Arts Councils, Association and Foundations* (Helsinki: The Arts Council of Finland).

FISHER, Donald, 1983. "The Role of Philanthropic Foundations in the Reproduction and Production of Hegemony: Rockefeller Foundations and the Social Sciences" in *Sociology*, Vol.17, No.2, May.

FITZHERBERT, Luke & ADDISON, Dominic & RAHMAN Faisel(ed.), 1999. *A Guide to the Major Trusts*, Vol.1 (London: A Directory of Social Change).

FORD FOUNDATION, *1999 Ford Foundation Annual Report* (New York: The Ford Foundation).

FORD FOUNDATION, 2000. *Ford Foundation Report*, Winter (New York: The Ford Foundation).

FREEMAN, David F. & THE COUNCIL ON FOUNDATIONS, 1991. *The Handbook on Private Foundations* (The Foundation Center: New York).

THE HENRY MOORE FOUNDATION, 1998. *The Henry Moore Foundation Review* (Hertfordshire: The Henry Moore Foundation).

INSTITUTE OF EAST & WEST STUDIES, 1998a. *Asia-Pacific Directory of Foundations* (Seoul: Institute of East & West Studies, Yonsei University).

JAIN, Vinay, 2003. "Upfront: Satisfaction Not Guaranteed Foundation Grantees Want More Responsive, Not Just More Cash" in *Stanford Social Innovation Review*, Spring.

THE JOHN ELLERMAN FOUNDATION, 1996. *Annual Report and Financial Statements* (London: The John Ellerman Foundation).

THE JOHN ELLERMAN FOUNDATION, 1997. *Annual Report 1996-1997* (London: The John Ellerman Foundation).

KARL, Barry D. & KATZ, Stanley N., 1987. "Foundations and Ruling Class Elites" in *Daedalus*, Winter Vol.116, No.1.

KIM, Kyung-Uk, 1998. *The Arts Programme of the Gulbenkian Foundation*, M.A. Thesis (London: City University).

LAGEMANN, Ellen Condliffe, 1989. *The Politics of Knowledge: The Carnegie Corporation, Philanthropy, and Public Policy* (Connecticut: Wesleyan Univ. Press).

LEAT, Diana, 1992. *Trusts in Transition: The Policy and Practice of Grant-giving* (York: The Joseph Rowntree Foundation).

LEAT, Diana., 1999. "British Foundations" in ANHEIER, Helmut K. & TOEPLER, Stefan (eds.), *Private Funds, Public Purpose: Philanthropic Foundations in International Perspective* (New York: Kluwer Academic/Plenum Publishers).

LEAT, Diana, 2001. "On the Role of Philanthropic Foundations: Lessons from America's Experience with Private Foundations" in ANHEIER, Helmut K. & KENDALL, Jeremy(eds.), *Third Sector Policy at the Crossroad: An International Nonprofit Analysis* (London & New York: Routledge).

LETTS, Christine W., RYAN, William & GROSSMAN, Allen, 1997. "Vicious Capital: What Foundations Can Learn from Venture Capitalists" in *Harvard Business*

Review, March-April.

LETTS, Christine W., RYAN, William, & GROSSMAN, Allen, 2003. "Filling the Performance Gap: High Engagement Philanthropy What Grantees Say About Power, Performance, and Money" in *Standford Social Innovation Review* (www.ssireview.org).

LILA WALLACE-READER'S DIGEST FUND, 1999. *Annual Report* (New York: Lila Wallace-Reader's Digest Fund).

MAGAT, Richard, 1979. *The Ford Foundation at Work: Philanthropic Choices, Methods, and Styles* (New York: Plenum Press).

MARGO, Robert A., 1992. "Foundations" in CLOTFELTER (ed.), Charles T., *Who Benefit from the Nonprofit Sector?* (Chicago: The Univ. of Chicago Press).

MARTIN, Bulmer, 1999. "The History of Foundations in the United Kingdom and the United States: Philanthropic Foundations in Industrial Society" in ANHEIER, Helmut K. & TOEPLER, Stefan(eds.), *Private Funds, Public Purpose: Philanthropic Foundations in International Perspective* (New York: Kluwer Academic/Plenum Publishers).

MCILNAY, Dennis P., 1998. *How Foundations Work* (San Francisco: Jossey-Bass Publishers).

THE MONUMENT TRUST, 1998. *Annual Report* (London: The MonumentTrust).

NIELSON, Waldemar A., 1972. *The Big Foundations* (Columbia: Columbia Univ. Press).

NIELSON, Waldemar A., 1996. *Inside American Philanthropy: The Drama of Donorship* (Norman: University of Oklahoma Press).

ODENDAHL, Teresa(ed.), 1987. *America's Wealthy and the Future of Foundations* (New York: The Foundation Center).

OROSZ, Joel, 2000. *The Insider's Guide to Grantmaking: How Foundations Find, Fund, and Manage Effective Programs* (San Francisco: Jossey-Bass).

PARK, Tae-Kyu, 1994. "Non-profit Foundations in Korea" in JUNG, Ku-Hyun(ed.), *Evolving Patterns of Asia-Pacific Philanthropy* (Seoul: Institute of East and West Studies, Yonsei Univ.)

THE PAUL HAMLYN FOUNDATION, *Annual Report and Accounts 1996-1997* (London: The Paul Hamlyn Foundation).

THE PAUL HAMLYN FOUNDATION, *Annual Report and Accounts 1997-1998* (London: The Paul Hamlyn Foundation).

THE PAUL HAMLYN FOUNDATION, 1997. *Guidance Notes* (London: The Paul

Hamlyn Foundation).

PERDIGAO, Jose de Azeredo, 1971. *Calouste Gulbenkian Collector* (Lisbon: The Gulbenkian Foundation).

THE PEW CHARITABLE TRUSTS, 1999. *Program Resource Guide 1998* (Philadelphia: The Pew Charitable Trusts).

THE PEW CHARITABLE TRUSTS, 2000a. *Trust*, Vol.3 No.1, Winter (Philadelphia: The Pew Charitable Trusts).

THE PEW CHARITABLE TRUSTS, 2000b. *Trust*, Vol.3 No.2, Spring (Philadelphia: The Pew Charitable Trusts).

THE PEW CHARITABLE TRUSTS, 2000c. *Trust*, Vol.3 No.3, Summer (Philadelphia: The Pew Charitable Trusts).

RENZ, Loren, *Executive Summary of Arts Funding Revised: An Update on Foundation Trends in the 1990s.*

RENZ, Loren, 1994. "The Role of Foundations in Funding the Arts" in *The Journal of Arts, Management, Law, and Society*, Vol.24, No.1(Washington: Heldref Publications).

RENZ, Loren, 2002. *The Foundation Center's 2002 Arts Funding Update* (http://www.fdcenter.org/focus/arts/)

RENZ, Loren & LAWRENCE, Steven, 1997. *Arts Funding: An Update on Foundation Trends* (New York: The Foundation Center).

RENZ, Loren & LAWRENCE, Steven, 2002. *Foundation Growth and Giving Estimates: 2001 Review* (New York: The Foundation Center).

RENZ, L., MANDLER, C., & TRAN, T., 1997. *Foundation Giving: Yearbook of Facts and Figures on Private, Corporate and Community Foundations* (New York: The Foundation Center).

SCHUSTER, J. Mark Davidson, 1996. "American Foundations – A Model for Europe?" in THE ARTS COUNCIL OF FINLAND(ed.), *Trial, Trust and Tribulation: The Distribution of Roles and Changing Nature of Relations between Government and Arts Councils, Associations and Foundations* (Helsinki: The Arts Council of Finland).

SELDES, Lee, 1996. *The Legacy of Mark Rothko* (New York: Da Capo Press).

SIEDERER, Nigel, 1996. "Giving in Trust: The Role of the Grant-making Trust" in HANVEY, Chris & PHILPOT, Terry (eds.) *Sweet Charity: The Role and Workings of Voluntary Organisations* (London: Routledge).

SIEVERS, Bruce, 1997. "If Pigs Had Wings" in *Foundation News & Commentary*

Nov./Dec. (http://int1.cof.org/fnc/sievers.html).

SUTTON, Francis X., 1987. "The Ford Foundation: The Early Years" in *Daedalus*, Winter, Vol.116, No.1.

THOMAS, David N., 1996. *Oil on Troubled Waters* (London: A Directory of Social Change).

TOEPLER, Stefan, 1999. "Operating in a Grantmaking World: Reassessing the Role of Operating Foundations" in ANHEIER, Helmut K. & TOEPLER, Stefan(eds.), *Private Funds, Public Purpose: Philanthropic Foundations in International Perspective* (New York: Kluwer Academic/Plenum Publishers).

VAN DER PLOEG, Tymen J., 1999. "A Comparative Legal Analysis of Foundations: Aspects of Supervision and Transparency" in ANHEIER, Helmut K. & TOEPLER, Stefan(eds.), *Private Funds, Public Purpose: Philanthropic Foundations in International Perspective* (New York: Kluwer Academic/Plenum Publishers).

VENTURE PHILANTHROPY PARTNERS, 2003. *Venture Philanthropy 2002* (www.venturephilanthropypartners.org).

VENTURE PHILANTHROPY PARTNERS, 2002. *Venture Philanthropy: The Challenge Landscape: 2001* (www.venturephilanthropypartners.org).

WHITAKER, B., 1974. *The Foundations: An Anatomy of Philosophy and Society* (London: Eyre Methuen).

THE WOLFSON FOUNDATION, *Annual Report 1996-1997* (London: The Wolfson Foundation).

ZEALLEY, Christopher, 1994. *Creating a Charitable Trust: A Handbook on Personal Grant-making Trusts* (London: The Directory of Social Change).

1970. *Foundations, Private Giving, and Public Policy* (Chicago: University of Chicago Press).

The Clore Duffield Foundation: Cultural Leadership Report (http://art-work.org.uk)

The Foundation Center-User Friendly Guide (all) (http://fdcenter.org/onlib/ufg/ufa_all.html).

The Mapplethorpe Foundation (http:www.mapplethrope.org/foundation.html)

What is a Social Entrepreneur? (www.ashoka.org/fellow/social-entrepreneur.cfm).

▌ 기업 스폰서십

ABSA, 1987. *ABSA Award: A Celebration of 10 Years Business Sponsorship of the Arts*

(London: ABSA).

ABSA, 1998. *ABSA Annual Report* (London: ABSA).

ALLEN, Mary, 1990. *Sponsoring the Arts: New Business Strategies for the 1990s* (London: The Economist Intelligence Unit Ltd. and Business International).

LEVY, Reynold, 1999. *Give and Take: A Candid Account of Corporate Philanthropy* (Boston: Harvard Business School Press).

SHANNON, James P.(ed.), 1991. *The Corporate Contribution Handbook: Devoting Private Means to Public Needs* (Oxford: Jossey-Bass Publichers).

SHAW, Roy(ed.), 1993. *The Spread of Sponsorship in the Arts, Sports, Education, the Health Service & Broadcasting* (Newcastle upon Tyne: Bloodaxe Books).

TAYLOR, Peter, 1984. *The Smoke Ring: Tobacco, Money & Multinational Politics* (London: Sphere Books).

WILSON, A., 2000. *Making Community Investment Work* (http://www.ilo.org /public/english/bureau/inst/download/dp11800.pdf(ILO).

WU, Chin-Tao, 2002. *Privatising Culture: Corporate Art Intervention Since the 1980s* (London: Verso).

▌예술교육

BALFE, Judith H. & HEINE, Joni Cherbo(eds.), 1988. *Arts Education beyond the Classroom* (New York: American Council for the Arts).

BUMGARNER, Constance M., 1994. "Artists in the Classroom: The Impact and Consequences of the NEA's Artist Residency Program on K-12 Arts Education" in *Arts Education Policy Review*, Jan-April.

DIMAGGIO, Paul J. & USEEM, Michael, 1980. "The Arts in Education and Cultural Participation: The Social Role of Aesthetic Education and the Arts" in *Journal of Aesthetic Education,* October.

LEE, Hye-Kyung, 2003. *Reinventing the Non-profit Theatre: A Study of the Growth of Educational Work in British Non-profit Theatres from the 1990s to the Present*, PhD thesis (Warwick: University of Warwick).

LIPMAN, Samuel, 1988. "On Adult Arts Education" in BALFE, Judith H. & HEINE, Joni Cherbo(eds.), *Arts Education beyond the Classroom* (New York: American Council for the Arts).

READ, Herbert, 1956. *Education through Art* (New York: Pantheon).

REISS, Vivienne, *The Role of Artists in Sites for Learning* (http://www.interrupt-symposia.org) (accessed 01 May 2005).

▮ 세제

ALEXANDER, Con & WALKER, Alice Faure, 2000. "Charities and Charitable Giving – Sections 38-46" in *British Tax Review*, No.5 (London: Sweet & Maxwell).

ANDERSON, Arthur, 1998. *Business Support of the Arts: A Guide to the Tax Implications for Business and Arts Organisations* (London: ABSA).

BANKS, J. & TANNER, S., 1998. "Taxing Charitable Giving" in INSTITUTE FOR FISCAL STUDIES, *Commentary 75* (London: Institute for Fiscal Studies).

BITTKER, Boris I., 1972. "Charitable Contributions: Tax Deductions or Matching Grants?" in *Tax Law Review* 37-63.

CLOTFELTER, Charles T., 1980. "Tax Incentives and Charitable Giving: Evidence From a Panel of Taxpayers" in *Journal of Public Economics* 13: 319-340.

CREIGH-TYTE, Anne & THOMAS, Barry, 2001. "Taxation" in SELWOOD, S.(ed.), *The UK Cultural Sector* (London: Policy Studies Institute).

GALE, W., 1997. "What Can America Learn from the British Tax System?" in *Fiscal Studies*, 18:342-370.

PHAROACH, Cathy & WALKER, Catherine, 2002. "An Overview of Tax-effective Giving" in WALKER, Catherine et al., *A Lot of Give: Trends in Charitable Giving for the 21st Century* (London: Hodder & Stoughton).

ROMNEY-ALEXANDER, Debbie, 2002. "Payroll-giving: Access to Charitable Tax Reliefs Through the Payroll" in WALKER, Catherine et al., *A Lot of Give: Trends in Charitable Giving for the 21st Century*(London: Hodder & Stoughton).

SCHUSTER, J. Mark Davidson, 1986. "Tax Incentives as Arts Policy in Western Europe" in DiMaggio, Paul J., *Nonprofit Enterprise in the Arts: Studies in Mission and Constraint* (New York: Oxford Univ. Press).

▮ 문화경제학

BAUMOL, W. J. & BOWEN, W. G., 1966. *Performing Arts – The Economic Dilemma* (Boston: The M.I.T. Press).

BLAUG, M.(ed.), 1976. *The Economics of the Arts* (London: Martin Robertson).

DICKENSON, Victoria, 1997. "Museum Visitor Surveys: An Overview", 1930-1990 in TOWSE, Ruth(ed.), *Cultural Economics: The Arts, the Heritage and the Media*, Vol. I (Cheltenham: An Elgar Reference Collection).

GREFFE, Xavier, 2002. *Arts and Artists from an Economic Perspective* (Paris: Economica).

HEILBRUN, James & GRAY, Charles, M., 2001. *The Economics of Art and Culture* (Cambridge: Cambridge University Press).

HUGHES, Gordon, 1989. *Measuring the Economic Value of the Arts* in *Policy Studies*, Spring, Vol.9.

KIREHBERG, V., 1998. "Entrance Fees as a Subject Barrier to Visiting Museums" in *Journal of Cultural Economics*, February.

MOORE, T., 1968. "The Economics of the American Theater in the Arts" in BLAUG, M.(ed.), 1976. *The Economics of the Arts* (London: Martin Robertson).

NETZER, Dick, 1978. *The Subsidized Muse* (Cambridge: The Syndics of the Cambridge Univ. Press).

PEACOCK, A., 1969. "Welfare Economics and Public Subsidies to the Arts" in BLAUG, M.(ed.), 1976. *The Economics of the Arts* (London: Martin Robertson).

THROSBY, D. & WITHERS, G., 1979. *The Economics of the Performing Arts* (New York: St. Martin Press).

THROSBY, David, 1997. "Privatization and Culture: Some Economic Issues" in HEMEL, A. van & WIELEN, van der(eds.), *Privatization/Désétatisation and Culture: Limitations or Opportunities for Cultural Development in Europe?* (Amsterdam: Boekman Foundation/Twente University).

THROSBY, David, 2001. *Economics and Culture* (New York & Cambridge: Cambridge Univ. Press).

TOWSE, Ruth(ed.), 1997. *Cultural Economics: The Arts, the Heritage and the Media*, Vol. I, II (Cheltenham: An Elgar Reference Collection).

▌ 재원조성 · 마케팅

BROPHY, Michael, 2002. "Foreword" in WALKER, Catherine & PHAROAH, Cathy et al., *A Lot of Give: Trends in Charitable Giving for the 21st Century* (London: Hodder & Stoughton).

CAMELOT GROUP, 1998. *Annual Review* (London: Camelot Group plc).

THE CANADA COUNCIL, 1982. *Lotteries and the Arts: The Canadian Experience 1970 to 1980* (Toronto: The Canada Council).

CREIGH-TYTE, Stephen & GALLIMORE, Joanne, 2000. "The UK National Lottery and the Arts: Reflections on the Lottery's Impact and Development" in *International Journal of Arts Management*, Vol.3, No.1, Fall.

DOULTON, A. M., 1994. *The Arts Funding Guide* (London: A Directory of Social Change).

DUNOLP, Rachael & SELWOOD, Sara, 2001. "Funding from the Private Sector" in SELWOOD, S.(ed.), *The UK Cultural Sector*(London: Policy Studies Institute).

FITZHERBERT, Luke & RRHODES Lucy(ed.), 1997. *The National Lottery Yearbook* (London: A Directory of Social Change).

FLANAGAN, Joan, 1991. *Successful Fundraising: A Complete Handbook for Volunteers and Professionals* (Chicago: Contemporary Books, Inc.).

FLEUR, La, 1997. *European Lottery Abstract* (TLF Publications).

HEAD, Victor, 1988. *Successful Sponsorship* (Cambridge: Director Books).

HEMS, Les, 2002. "What Makes a Cause Worth Giving To?" in WALKER, Catherine et al., *A Lot of Give: Trends in Charitable Giving for the 21st Century* (London: Hodder & Stoughton).

HEDLEY, Rodney & ROCHESTER, Colin, 1993. *Grant-making: A Guide to Good Practice* (London: Association of Charitable Foundation).

HERO, Peter deCourcy, 1993. " The Silicon Valley Arts Fund: Financial Stabilization of Cultural Organisations by Joint Venture Development" in *The Journal of Arts Management, Law and Society*, Vol.23, No.3, Fall(Washington: Heldref Publications).

HILL, Elizabeth, O'SULLIVAN, Catherine & O'SULLIVAN, Terry, 1995. *Creative Arts Marketing* (Oxford: Butterworth Heinemann).

THE HONG JOCKEY CLUB, 1989. *Annual Report* (Hong Kong: The Hong Kong Jockey Club).

HOPKINS, K. B. & FRIEDMAN, C. S., 1997. *Successful Fundraising for Arts and Cultural Organizations* (Oryx Press).

KAPLAN, Ann E.(ed.), 2000. *Giving USA* (AAFRC Trust for Philanthropy Publisher).

KNIGHT, Barry, 2002. "The Future of Civil Society" in WALKER, Catherine et al., *A Lot of Give: Trends in Charitable Giving for the 21st Century* (London: Hodder & Stoughton).

KOTLER, P. & SCHEFF, J., 1997. *Standing Room Only: Strategies for Marketing the Performing Arts* (Boston: Harvard Business School Press).

KOLB, Bonita M., 2000. *Marketing Cultural Organisations: New Strategies for Attracting Audiences to Classical Music, Dance, Museums, Theatre and Opera* (Dublin: Oak Tree Press).

KRESSENER, Nina, 1996. "Looking Ahead: Private Sector Giving to the Arts and the Humanities" in *The Journal of Arts Management, Law and Society*, Vol. 26, No.2 (Washington: Heldref Publications).

MARGIE, Dian, 1997. *Arts Funding into the 21st Century* – An Essay Prepared for *Creative America* (*Unpublished Paper).

MULLIN, Redmond, 2002. "The Evolution of Charitable Giving" in WALKER, Catherine et al., 2002. *A Lot of Give: Trends in Charitable Giving for the 21st Century* (London: Hodder & Stoughton).

OSTROWER, Francie, 1995. *Why the Wealthy Give: The Culture of Elite Philanthropy* (New Jersey: Princeton Univ. Press).

RAFOOL, Mandy & LOYACONO, Laura, 1995. *Creative Solution for Funding the Arts* (Washington: National Conference of State Legislatures).

REISS, Alvin H., 1992. *Arts Management: A Guide to Finding Funds and Winning Audiences* (Rockville: Fund Raising Institute).

RENZ, Loren & ATLAS, Caron, 2001. *Arts Funding 2000: Funder Perspectives on Current and Future Trends* (New York: The Foundation Center).

SCHUSTER, J. Mark Davidson, 1994. "Funding the Arts and Culture through Dedicated State Lotteries – Part I: The Twin Issues of Additionality and Substitution" in *The European Journal of Cultural Policy* Vol.1 No.1 (Harwood Academic Publishers).

SHIFRIN, Tash, 2003. "Lottery to Fund Olympic Games" in *Guardian,* Thursday, May 15.

TAYLOR, Russell Willis, 1995. *Fundraising for Museums and the Arts* (London: Museums & Galleries Commission).

WALKER, Catherine et al., 2002. "A Lot of Give: Trends" in *Charitable Giving for the 21st Century* (London: Hodder & Stoughton).

WALKER, Catherine, 2002. "Altruism, Guilt and the Feel-Good Factor – Why Do People Give to Charity" in WALKER, Catherine et al., *A Lot of Give: Trends in Charitable Giving for the 21st Century* (London: Hodder & Stoughton).

1997. *Financial Times Survey: The Lottery Business* in *Financial Times*, 19/11/1997.

1998. *La Fleur's Lottery, worldwide lottery efficiency study* (http://www.lafleurs.

com/english/lotworld/jul98.htm).

1999. *Arts Funding:* An Update on Foundation Trends(http://fdcenter.org/grantmaker/trends/arts_ed3.html.)

1999. *Arts Funding 2000: Funder Perspectives on Current and Future Trend* (http://fdcenter.org/grantmaker/trends/arts_2000.html).

2000. "Arts Funding is Climbing to New Heights" in *Arts Management*, No. 216, Summer.

2000. "Korea Racing Association" in *The Korea Herald,* 27/12/2000.

The Korea Racing Association(http://www.kra.co.kr/information/sub/111.htm).

National Endowment for the Arts − Lessons Learned: Case Studies(http://arts.endow.gov/pub/lesson/casestudies.html).

1995. *Oxford Advanced Learner's Dictionary of Current English.*

❚ 문화사회학

BOURDIEU, Pierre, 1984. *Distinction: A Social Critique of the Judgement of Taste* Trans. Richard Nice (London: Routledge).

FRANK, R. H. & COOK, P. J., 1995. *The Winner-Take-All Society* (New York: Free Press).

SWARTZ, David, 1997. *Culture and Power: The Sociology of Pierre Bourdieu* (Chicago: The Univ. of Chicago Press).

찾아보기

김경욱

· 연세대 영문과 학사 및 연세대 국문학과 대학원 석사(현대문학 전공) 학위 취득
· 런던 시티대학 문화정책 및 예술경영 대학원 석사 및 박사과정 수료 (Mphil 취득 예정)
· 재단법인 대우재단 학술사업부 근무
· 한국문화경제학회 학회지 편집위원 역임 및 현 한국예술경영학회 이사
· 문화관광부 공공미술추진위원회 위원 및 도봉구 구정평가위원 역임
· 조선대 IRP 과정 겸임교수 역임
· 한국예술종합학교, 명지대, 추계예대, 단국대, 서강대, 숙명여대 등 학부 및 대학원에서 문화정책, 예술경영 및 재원조성 등 강의
· 서울문화재단 네트워크2부 및 학술연구부 부장 및 문화교육팀 팀장 근무
· 현재 서울특별시의회 교육문화위원회 전문위원으로 재직중

논문 및 저술 목록

The Arts Programme of the Gulbenkian Foundation
석사논문, City Univ., 1998년 8월
「영국의 기업예술 후원」
『메세나 뉴스레터』, 1999년 겨울호, 사단법인 한국기업메세나협의회
「기업의 지원과 예술단체가 할 일」
『메세나 뉴스레터』, 2000년 봄호, 사단법인 한국기업메세나협의회
「경기도박물관의 성과와 전망」
『박물관소식』, 2000년 가을호, 사단법인 한국박물관협회
「문화정책과 팔길이 원칙」
『민족예술』2000년 11월호, 한국민족예술총연합회
「예술의 경제적 가치 및 공적 지원의 정당성 논쟁」I, II
『민족예술』, 2000년 2월호-3월호 연재, 한국민족예술총연합회
「유럽의 문화정책」
『민족예술 』2000년 12월호, 한국민족예술총연합회
『문예진흥기금의 적정수요산정 및 재원조달방법연구』
공동연구, 2001년 9월 출간, 한국문화정책개발원
「문화민주주의와 문화정책에 대한 새로운 시각」
『한국문화경제연구』2003년 12월, 한국문화경제학회

「문화도시 서울을 위한 서울문화재단의 중장기과제」
정책무크지『문화+서울』창간호 2005년 5월, 서울문화재단

「방과 후 교실을 활용한 문화예술교육」
월간지『문화도시 문화복지』2006년 3월호, 한국문화관광정책연구원

「유럽의 문화수도 탐방 - 오스트리아 린츠」
월간지『너울』 2006년 8월호, 한국문화관광정책연구원

『공공미술이 도시를 바꾼다』
공동연구, 공공미술추진위원회, 2006년 9월

『서울의 자치구 축제현황조사 및 새로운 서울형 축제모델 개발』
서울문화재단, 2006년 12월

『인천광역시 교육의 질 향상방안』
공동연구, 인천발전연구원, 2007년 9월